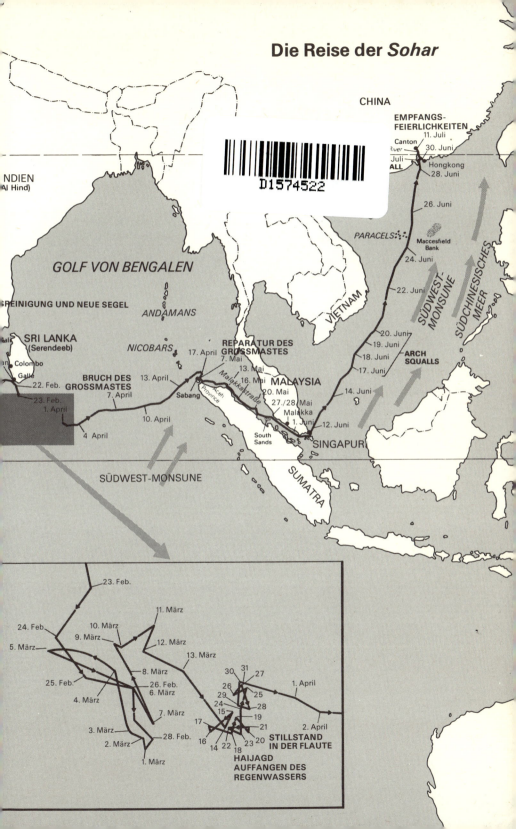

Timothy Severin

Auf den Spuren Sindbads von Arabien nach China

Eines der letzten großen Abenteuer unserer Zeit

Mit 20 farbigen Fotos
und drei Zeichnungen im Anhang

Aus dem Englischen von
Charlotte Franke

Hoffmann und Campe

Titel der Originalausgabe: The Sindbad Voyage
Erschienen bei Hutchinson & Co. (Publishers) Ltd.
17-21 Conway Street, London WIP 6 JD
First published 1982
© Timothy Severin 1982

Die Aufnahmen stammen aus dem Archiv des Autors

CIP-Kurztitelaufnahme der Deutschen Bibliothek

Severin, Timothy:
Auf den Spuren Sindbads von Arabien nach China :
e. d. letzten großen Abenteuer unserer Zeit / Timothy Severin.
Aus d. Engl. von Charlotte Franke.
– 1. Aufl. – Hamburg : Hoffmann und Campe, 1983.
(Maritim)
Einheitssacht.: The Sindbad voyage ⟨dt.⟩
ISBN 3-455-08726-4

Copyright © 1983 by Hoffmann und Campe Verlag, Hamburg
Schutzumschlaggestaltung: Jan Buchholz und Reni Hinsch
Gesetzt aus der Garamond-Antiqua
Satz: Fotosatz Otto Gutfreund, Darmstadt
Lithographie: Buss & Gatermann, Hamburg
Druck- und Bindearbeiten: Richterdruck, Würzburg
Printed in Germany

Inhalt

Vorwort

Die Sindbad-Reise verdankt ihr Zustandekommen der großzügigen Unterstützung Seiner Majestät Sultan Qaboos bin Said. Die offizielle Hilfestellung leistete das omanische *Ministry of National Heritage and Culture*, dessen Minister, H. H. Sayyid Faisal al Said, uneingeschränkt für dieses Wagnis eintrat. Ein derart warmherziger Rückhalt dürfte einer Expedition selten zuteil geworden sein, und ich kann nur hoffen, daß der Erfolg der Sindbad-Reise diese außerordentliche Großzügigkeit, die allerbester arabischer Tradition entspricht, in irgendeiner Weise zu rechtfertigen vermag.

Planung und Durchführung der Reise haben fast fünf Jahre in Anspruch genommen, und ihre Auswertung in Wort, Bild und Film ist noch immer in vollem Gang. In diesen ganzen fünf Jahren hat Sarah Waters auf bemerkenswert kompetente Art und völlig auf sich allein gestellt die Arbeit eines ganzen Teams bewältigt. Sie war das Nervenzentrum des Unternehmens. Über ihren Schreibtisch gingen sämtliche Papiere und Schreibarbeiten. Ohne jede Hilfe erledigte sie all die Telexnachrichten, organisierte die Verladung von Vorräten, war bei der Ankunft von Flugzeugen zur Stelle und hielt Kontakt zu den Familien der Mannschaftsmitglieder. Jeder, der irgendwie an der Sindbad-Reise beteiligt war, schuldet ihr großen Dank, vor allem ich schulde ihn ihr.

Gulf Air, die Fluggesellschaft, die Bahrain, Oman, Qatar und den Vereinigten Arabischen Emiraten gehört, führte den Transport aller Frachtstücke und Personen, die mit dem Projekt in Zusammenhang standen, umsonst durch – auch ein Beispiel arabischer Großzügigkeit. Die Firma Petroleum Development Oman stellte uns während der hektischen Vorbereitungen in letzter Minute vor dem Auslaufen ihre technischen Mittel zur Verfügung und garantierte uns außerdem einen Zuschuß für die Finanzierung des Films, der von der Reise berichten sollte. Diesem Geschenk schloß sich die British Bank of the Middle East an, und im Verlauf der Reise durfte ich die angenehme Erfahrung machen, welche ungeahnten Erleichterungen uns die Stammhäuser der Bank, die *Hongkong and Shanghai Bank*, zu verschaffen vermochten, um die uns Sindbad bestimmt beneidet haben würde. Die Gastfreundschaft und Hilfe der Bank erreichte in Hongkong, wo sich die Bank als unser Agent betätigte, ihren absoluten Höhepunkt.

In diesem Buch, das von dem gewagten Unternehmen berichtet, wie es das komplexe Projekt der Sindbad-Reise darstellte, können nur einige wenige ausgewählte Charaktere und Ereignisse Erwähnung finden. Aber ich hoffe sehr, daß die Auswahl, die ich getroffen habe, dazu beiträgt, einen ehrlichen – und unterhaltsamen – Einblick in die Reise zu vermitteln, und daß niemand enttäuscht ist, der vielleicht nicht erwähnt wurde. Hinten im Buch habe ich eine Liste all derjenigen angefügt, die bei dem Projekt mitgeholfen haben. Aber selbst diese Liste ist bei weitem nicht vollständig. Immerhin zeigt sie vielleicht, auf wieviel Hilfe und Begeisterung man angewiesen ist, wenn man ein arabisches Schiff aus dem Mittelalter nachbauen und damit bis nach China segeln will. Kapitän dieses Schiffs gewesen zu sein, war für mich ein unvergeßliches Erlebnis, und ich wünsche mir nur, daß meine Leser durch diesen Bericht über die Reise auf den Spuren Sindbads an dem gesamten Projekt genausoviel Freude finden, wie sie mir zuteil geworden ist.

Frühjahr   Tim Severin
1982   Courtmacsherry
                                            Co. Cork
                                            Irland

1
Zurück zu den arabischen Nächten

Der Hai war todmüde. Die ganze Nacht war er hilflos durch die warmen tropischen Gewässer gezogen worden. Im ersten Schreck hatte er sich heftig gewehrt, hatte mit wilder Kraft an dem fremden, spitzkantigen Fisch gerissen und gezerrt, der sich so überraschend in seinem Oberkiefer festgehakt hatte. Aber jetzt war der Hai erschöpft. Während der vergangenen vier Stunden hatte er widerstandslos an der unsichtbaren Leine gehangen, die ihn ohne Erbarmen weiterzog. Der Hai hatte den Köder in der vergangenen Nacht, in den ersten Stunden der Dunkelheit, angegriffen. Er war den verlockenden Vibrationen gefolgt, die seine Beute durch das Wasser sandte, während sie ungerührt dahinschwamm und eine geisterhafte, lumineszierende Fährte hinter sich zurückließ. Der Angriff war mörderisch. Der über zwei Meter lange, torpedoförmige Leib des Hais stieß aus der Tiefe hervor, rollte sich auf den Rücken, so daß sein gefährlicher Rachen mit den zahlreichen Zahnreihen weit aufklaffte, als er sich hungrig auf seine Beute stürzte. Einen Augenblick lang war nichts geschehen. Und dann war der kleine Fisch, unglaublicherweise, weitergeschwommen und hatte seinen Angreifer durch das Wasser hinter sich hergezogen. Der Hai versuchte sich freizumachen. Er riß den Mund auf und warf den Kopf von einer Seite auf die andere. Aber der Fisch ließ sich nicht abschütteln. Das kleine Tier hatte sich im Rachen des Haifischs festgekrallt und wollte einfach nicht loslassen. Der Hai kämpfte. Er riß und zerrte, lehnte sich wie wild gegen die unerwartete Stärke des Fischs auf. Er bemühte sich, nach unten abzutauchen. Er schwamm im Kreis, um den starken Zug des Köders abzuschwächen. Aber es war alles umsonst. Die Sprünge des Hais wurden immer kraftloser – und seltener. Der kleine Fisch schwamm unbeirrt weiter und zog seinen viel größeren Angreifer hinter sich her.

Die Sonne stieg höher, und durch die oberen Schichten des Wassers, in denen der Hai erschöpft dahintrieb, sickerte Tageslicht. Der Hai spürte eine neue, seltsame Bewegung in seinem Mund. Die Bewegung störte ihn, und er warf sich erschrocken hin und her. Der fremde Fisch zerrte ihn jetzt mit aller Kraft ruckweise vorwärts. Der Hai fühlte, wie er nach vorn und nach oben geworfen wurde, bis an die Oberfläche des Meeres. Mit dem Kopf voran wurde er aus dem Wasser gezogen, dann schwebte sein halber Körper in der Luft. Als der Hai zu ersticken drohte, geriet er in Panik. Verzweifelt warf er sich herum. Über sich sah er die Silhouetten fremdartiger Gestalten, die geschäftig hin und her liefen. Eine lange Stange mit einem groben Haken am Ende stieß vorsichtig gegen den Hai. Der Haken rutschte auf der glitzernden, nassen Haut des Fischs immer wieder ab, suchte nach einer verwundbaren Öffnung, einem Auge, einem Kiemenspalt, dem Mund. Aber dann ging etwas schief. Mit letzter Kraft warf sich der Hai mit dem Gewicht seines ganzen Körpers auf die Stange, die gerade quer über der Leine lag. Das straff gespannte Seil riß, und der Hai fiel zurück ins Wasser, harrte dort einen Augenblick regungslos aus und sank dann, nachdem er sich müde langsam um sich selbst gerollt hatte, zurück ins Meer.

»Verdammt!« sagte eine Stimme. »Ich hatte mich schon auf ein frisches Haifischsteak zum Frühstück gefreut.«

»Habt ihr den Schiffshalter gesehen, der an seinem Bauch steckte?« fragte jemand. »Der war mindestens vierzig Zentimeter lang.«

»Ich frage mich, wie lange wir ihn wohl schon hinter uns hergeschleppt haben«, bemerkte eine dritte Stimme. »Für mich sah der wie ein Menschenhai aus.«

Die Männer, die an der Reling des Schiffs gestanden hatten, begannen sich zu zerstreuen. Sie waren wirklich ein merkwürdig aussehender Haufen, dachte ich, während ich ihnen zusah. Alle Hautfarben waren vertreten – von tiefschwarzem Elfenbein bis zu grellem Rosa, wie es die erbarmungslose Sonne auf weißer Haut einbrennt. Die meisten Männer waren bis zur Taille nackt, und alle gingen sie barfuß. Manche trugen Shorts, andere hatten sich Lendentücher umgeschlungen, und fast alle hatten einen Turban auf dem Kopf, so daß sie etwas ausgesprochen Piratenhaftes ausstrahlten. Wieder einmal konnte ich es fast nicht glauben, daß alles Wirklichkeit war. Obwohl ich die festen Holzplanken unter meinen Füßen fühlte, kam mir die ganze Situation fast wie ein Traum vor. Überall war ich von dem unglaublich blauen tropischen Meer umgeben, das sich von einem Horizont zum andern erstreckte. Über meinem Kopf erhoben sich deutlich die eleganten Silhouetten dreier dreieckiger Segel und blähten sich in dem warmen Monsunwind auf, so daß das scharlachrote Emblem in ihrer Mitte – zwei sich kreuzende Schwerter und ein gebogener Dolch – herausfordernd anschwoll. Mein Blick folgte dem komplizierten Netzwerk der Takelage – Taue und Blöcke in geometrischer Vollkommenheit – vorbei an den gewundenen Schiffswänden, zum Bug des Schiffs, wo sich die lange, schlanke Lanze des Klüverbaums jetzt mit dem auf und ab wogenden Wasser hob und senkte, während das Schiff die Wellen durchschnitt. Ich kannte jeden Zoll dieses Schiffs, jeden Holzspan und jede Taufaser, und doch versetzten mich seine Eleganz und seine Grazie immer wieder in Entzücken. Es war einzigartig. Es war das einzige Schiff seiner Art auf der ganzen Welt, und es war mit uns, mit den zwanzig Mitgliedern seiner Crew, auf dem Weg nach China. Es schien alles zu phantastisch, um wahr zu sein, ein Traum, ein Wunder, und ich mußte an den Augenblick zurückdenken, in dem dieses ungewöhnliche Abenteuer Gestalt annahm.

Begonnen hatte es vor drei Jahren, am Ende einer ganz anderen Reise, in einem weit entfernten und weitaus kälteren Meer und in einem sehr viel kleineren Boot. Damals steuerte ich gerade mit meinen drei Reisegefährten in einer winzigen offenen Nußschale aus Rinderhäuten die Küste Neufundlands an. Zweck dieser Reise war zu prüfen, ob es den irischen Mönchen einst möglich gewesen sein konnte, fast tausend Jahre vor Kolumbus nach Nordamerika zu gelangen. Unser kleines Fahrzeug war eine Nachbildung des Originals, das die irischen Mönche benutzt haben sollen, und wurde zu Ehren des berühmtesten aller irischen Schiffsheiligen *Brendan* getauft, nach Saint Brendan, dem Seemann, dem Helden einer berühmten Legende aus dem Mittelalter, die davon handelte, wie er und seine Mönche den Ozean überquerten und auf der anderen Seite, weit entfernt, in ein fremdes Land kamen. An jenem Tag im Juni 1977 war mir klar, daß meine Gefährten und ich, wenn nichts Unvorhergesehenes eintrat, drauf und dran waren zu beweisen, daß die Legende vom heiligen Brendan wahrscheinlich zutraf, daß irische Mönche im 6. Jahrhundert tatsächlich über den Nordatlantik gereist waren. Obgleich die Küste Nordamerikas noch nicht in Sicht war, konnten wir schon deutlich die Nadelholzwälder Neufundlands riechen; und ich wußte, in ein oder zwei Tagen würden wir bezeugen können, daß man in einem Boot aus Rinderhäuten tatsächlich den nordatlantischen Ozean überqueren konnte. Und so ließ ich meine Gedanken schweifen und überlegte, anhand welcher Reiserouten man noch versuchen konnte, unser Wissen über Forschung und Seefahrt früherer Zeiten zu erweitern.

Die Brendan-Expedition hatte gezeigt, daß die Methode, ein altes Schiff nachzubauen, der Forschung sehr nützlich war. So hatten wir gelernt, wie diese Boote aus Tierhäuten gebaut wurden, welches Material verwendet wurde und wie man mit ihnen umging. Wir hatten auch einen Geschmack von dem Leben bekommen, das die Seeleute früher an Bord eines solchen Boots geführt haben müssen. Und nun reizte mich die Idee, den Spuren einer anderen legendären Seefahrerfigur zu folgen. Wenn Saint Brendan den Test bestanden hatte, gab es vielleicht noch andere Heldengestalten, deren Ruhm auf wirkliche Begebenheiten zurückging. In diesem Augenblick fiel mir die Antwort ein: Warum nicht dem berühmtesten Seefahrer aller Zeiten nachspüren, einem Seefahrer, den jedes Kind kennt, das die Geschichten aus *Tausendundeine Nacht* gelesen hat, ein Mann, dessen Name für die Seefahrt selbst steht: Warum nicht der Legende von Sindbad dem Seefahrer nachspüren?

Selbst dort, fünfzig Meilen vor der Küste Neufundlands, in einem offenen Boot, waren mir die außergewöhnlichen Aufzeichnungen über die arabische Seefahrt so gegenwärtig, daß sich mir die Frage stellte, ob die Geschichte von Sindbad dem Seefahrer nicht vielleicht doch etwas mehr als nur Legende war. Schon bald nach Gründung des Islam zu Beginn des 7. Jahrhunderts erweiterten die Araber ihren Einflußbereich in (für damalige Verhältnisse) geradezu schwindelerregendem Tempo. An Land drangen ihre Armeen bis nach Marokko und Zentralasien vor; und zu Wasser fuhren ihre Schiffe bis an die Küsten von Sansibar und China. Arabische Kaufleute hatten das ausgedehnteste Seehandelsnetz der damals bekannten Welt. Erst siebenhundert Jahre später gelang es einem europäischen Schiff, erstmals den Globus zu umsegeln. Nach gängiger Vorstellung gelten die Araber als »Söhne der Wüste«, deren Leben und Kultur von den endlosen Sandflächen ihrer Heimat geprägt sind. Aber das trifft nur teilweise zu. Die arabischen Völker haben einige der kühnsten und tüchtigsten Seefahrer hervorgebracht, von denen die Geschichte zu berichten weiß. Vor zwölf Jahrhunderten traten arabische Seefahrer Reisen an, die meist bis zu drei oder vier Jahren dauerten.

Tatsächlich waren manche Araber auf dem Meer ebenso zu Hause wie in der Wüste; und ihre Philosophie wäre den irischen Mönchen nicht fremd gewesen. Die Mönche aus der Zeit des Saint Brendan hatten geschrieben, daß sie ›eine Wüste im Ozean‹ suchten, was bedeutet, daß sie in den großen Weiten der Meere geistige Erfahrungen zu machen hofften. Die Araber begegneten dem Meer mit jener philosophischen Ruhe, die ihnen auch dazu verhalf, die großen Wüsten ihrer Heimat zu durchqueren. Sie machten sich auf den Weg und vertrauten auf das Ziel, das Allah ihnen zeigen würde, und beide, sowohl der Kameltreiber der Wüstenkarawane wie auch der arabische Kapitän, richteten sich nach denselben Sternen, um ihren Weg zu finden, und glaubten fest, daß Gott die Sterne eigens zu diesem Zweck geschaffen hätte. An Bord der *Brendan* brauchte ich nur zum Himmel zu sehen, um das Erbe der arabischen Seefahrt würdigen zu können: Von den für die Navigation wichtigsten Sternen trugen die meisten arabische Namen, denn arabische Gelehrte hatten die Kunst der Astronavigation entwickelt.

Und so begann ich schon bei nächster Gelegenheit, den Hintergrund der Legende von Sindbad dem Seefahrer zu erforschen. Seine Geschichten werden in *Tausendundeine Nacht* erzählt, einer Sammlung alter Märchen, die in Europa erst vom Anfang des 18. Jahrhunderts an zu lesen waren – entdeckt von einem französischen Literaturwissenschaftler, der in Syrien auf einige Manuskripte gestoßen war. Derselbe Gelehrte, Antoine Galland, sammelte im Nahen Osten noch andere, mündlich überlieferte Geschichten und schrieb sie auf. Sie waren offenbar viel älter als irgendeines der Manuskripte, und kein Literaturwissenschaftler würde wagen, ihr genaues Alter und ihren Ursprung zu schätzen. Die Geschichten aus *Tausendundeine Nacht* sind aus einer ganzen Reihe verschiedener Quellen zusammengetragen, einige stammen aus Indien, andere aus Persien und viele aus der arabischen Welt. Sie wurden von einer Generation an die nächste weitergegeben, die ältesten sind wohl mindestens 1500 Jahre alt. Die Geschichten, die als »Reisen des Sindbad vom Meere«, wie die arabische Version heißt, bekannt sind, sollen in der Zeit von 786 bis 809 n. Chr. spielen, als Harun al Rashid Kalif von Bagdad war. Wahrscheinlicher ist jedoch, daß die Abenteuer Ende des 8. oder Anfang des 9. Jahrhunderts von einem einzigen Autor zusammengestellt wurden, der sich vielfältiger Quellen bediente, einschließlich arabischer Geographiebücher und Reiseberichte, aber auch alter Seemannsgeschichten.

Schon bald stellte ich fest, daß die Legenden von Sindbad dem Seefahrer in die Zeit der blühenden arabischen Geographie zwischen dem 8. und dem 11. Jahrhundert fielen: Sindbads Abenteuer spielen häufig in Ländern, die in den ersten arabischen Geographiebüchern beschrieben sind. Tatsächlich fanden sich in den Geographiebüchern und den Erzählungen von Sindbad hier und da fast identische Sätze, wenn es galt, besondere Merkmale eines Ortes hervorzuheben. Interessant daran ist, daß die arabischen Geographen den größten Teil ihrer Information über entfernte Länder von weitgereisten Seeleuten erhielten. Wahrscheinlich war also der Schauplatz der Sindbadschen Abenteuer den ersten arabischen Geographiebüchern entliehen. Vor allem in einem Buch mit Seefahrergeschichten, *Marvels of India*, aus dem 7. Jahrhundert fand sich eine ganze Menge Material, das auch in den Erzählungen von Sindbad dem Seefahrer auftauchte. Darin war auch von Kapitänen die Rede, die weite Reisen unternahmen. War einer von ihnen vielleicht Vorbild für die Sindbad-Legende? Hatte es Sindbad wirklich gegeben? Wenn meine Nachforschungen auf diese spezielle Frage vielleicht auch keine Antwort ergaben, so konnte ich doch wenigstens versuchen, die Abenteuer in Dichtung und Wahrheit aufzuteilen und herauszufinden, was aus den Geschichten von Sindbad dem Seefahrer auf tatsächliche Taten und Errungenschaften arabischer Seeleute zurückgeht.

Aber wenn ich das tun wollte, müßte ich den Umfang meiner Untersuchungen ausdehnen und alle Quellen mit einbeziehen, die für die Geschichten von Sindbad in Frage kamen. Ich würde mich mit der alten arabischen Navigationskunst vertraut machen müssen, um zu erfahren, wie die Araber ihre Schiffe steuerten. Ich würde mich mit den Charakteristiken der alten arabischen Handelsflotte befassen müssen. Und ich würde die Geschichten von Sindbad mit anderen arabischen Erzählungen vergleichen müssen. Kurz und gut, Sindbad der Seefahrer war ein Symbol für die ungewöhnlich weit entwickelte frühe Seefahrt der Araber. So wird es wohl auch der Autor von Sindbads Abenteuern gesehen haben, der aus verschiedenen Quellen eine ganze Serie tollkühner Begebenheiten zusammentrug. In *Tausendundeine Nacht* begibt sich Sindbad auf sieben Reisen, immer erleidet er Schiffbruch, wird ausgeplündert oder von anderem Unglück heimgesucht, so daß er ganz gegen seinen Willen in immer neue Abenteuer getrieben wird. Anhand dieser Konstruktion kann der Erzähler seinen Stoff in Form einer fortlaufenden Serie berichten und seine Zuhörer in Spannung halten von einer Episode zur anderen. Ich dagegen hatte die Absicht, den Prozeß umzukehren und eine einzige Reise zu unternehmen, um zu erfahren, wie sich die verschiedenen Elemente in den Geschichten verbinden und welche Verbindung sich zu den großen Tagen der arabischen Expansion auf den Meeren herstellen ließ. Eines wurde schon jetzt deutlich: Beim nochmaligen Lesen von *Tausendundeine Nacht* erkannte ich, daß die meisten der bei Sindbad erwähnten Orte auf der Meeresstraße östlich des arabischen Golfs liegen. Es konnte einfach kein Zufall sein; diese Meeresstraße war mit Hilfe der großen Navigationskunst arabischer Seeleute entdeckt worden. Vor mir lag eine Reise von nicht weniger als sechstausend Meilen, über Ceylon und Südostasien, bis hin zu den sagenumwobenen Häfen Chinas.

In diesem Stadium der Planung war ich entmutigt. Die Kompliziertheit eines solchen Projekts schien den Rahmen des Möglichen zu sprengen. Diese Reise würde nicht, wie die *Brendan*-Reise, in einem kleinen, offenen Boot stattfinden, das mit Hilfe einiger Freunde gebaut werden konnte. Die Sindbad-Reise war ein weitaus ehrgeizigerer Plan, der die Erforschung, den Entwurf und den Bau eines großen Segelschiffs erforderte. Wir brauchten einen geeigneten Platz, um es zu bauen, einen Hafen, um es auszurüsten, und eine starke Mannschaft, um es in Gang zu setzen. Es mußten genügend Ersatzteile und Materialien an Bord sein, um ein Schiff frühmittelalterlicher Konstruktion wenigstens acht Reisemonate lang zu unterhalten, und genügend Nahrung und Wasser für die gesamte Reise. Darüber hinaus wäre es sinnlos, die Reise anzutreten, ohne alles genau aufzuzeichnen. Dazu brauchte ich einen Fotografen, einen Filmkameramann, einen Tonmeister. Ich würde auch jemanden finden müssen, der mit einem nach arabischer Art aufgetakelten Segelschiff umgehen konnte, und um das zu ermöglichen, würde ich arabisch lernen müssen... die Liste der Schwierigkeiten war endlos. Auch mußte ich mir eingestehen, wie risikoreich dieses Unterfangen war. Mir war die Tatsache bekannt – und sie ließ mich frösteln –, daß in der ersten Hälfte unseres Jahrhunderts von zehn arabischen Segelschiffen auf Fahrt durch den Indischen Ozean eines sein Ziel nicht erreicht hatte und auf dem Meer verlorengegangen war. Und zu Sindbads Zeiten hielt man die Reise nach China für so gefährlich, daß ein erfahrener Schiffskapitän, der wohlbehalten heimkehrte, als außergewöhnlich guter Navigator galt. Nach einer erfolgreichen Rückkehr aus China hatte ein Mann zwar für den Rest seines Lebens ausgesorgt, aber seine Chancen, sie heil und gesund zu überstehen, waren äußerst gering. Es gab zahlreiche Schiffe, die ihre Heimathäfen nie wiedersahen, die Verluste waren enorm. Alles in allem war für die Sindbad-Reise nicht nur eine massive finanzielle Unterstützung erforderlich, vielmehr würde jeder, der sein Geld in dieses Projekt steckte, eine gehörige Portion Vertrauen – zu dem Schiff und zu seiner Mannschaft – aufbringen müssen.

Ich fühlte mich überfordert, schob das Problem der Finanzierung erst einmal beiseite und konzentrierte mich statt dessen auf das Schiff selbst, das für dieses Unternehmen historisch absolut korrekt rekonstruiert sein müßte. Glücklicherweise haben sich eine ganze Reihe Historiker mit der Geschichte der arabischen Schiffe beschäftigt, so daß es mehrere aufschlußreiche Untersuchungen über den Bau alter arabischer Schiffe gab. Viele Wissenschaftler waren der Ansicht, die Bauart arabischer Schiffe habe sich radikal geändert, nachdem die erste europäische Flotte, angeführt von Vasco da Gama, 1498 im arabischen Golf eingetroffen war. Schon bald, nachdem die Araber damit begonnen hatten, europäische Schiffe nachzubauen und ihre Schiffe mit Plattgatthecks versahen, anstatt, wie früher bei den alten arabischen Schiffen, mit einem Spitzgatt, das heißt, daß sie an Bug und Heck spitz ausliefen. Der einzige meerestaugliche Spitzgattschiff-Typ, der im arabischen Golf noch weit verbreitet ist, war ein Schiff, das die Araber ein Boom nannten. Seine Bauweise entsprach genau meiner Vorstellung: Es war ein Frachtschiff; es war ein Segelschiff; und die Spitzgattform des Schiffsrumpfs schien sich in all der Zeit, die seit der Aufzeichnung vergangen war, wenig verändert zu haben. Dennoch ergab sich ein Problem: Einige Seefahrthistoriker waren der Meinung, das Boom sei erst im 19. Jahrhundert entwickelt worden. Mit anderen Worten: Das Boom war ein modernes Schiff und für meine Zwecke ungeeignet. Ich war verblüfft. Das Boom war ein perfektes, auch über lange Strecken seetaugliches Handelsschiff. Es hätte eigentlich viel älter sein müssen. Seine Konstruktion war einfach, elegant und geräumig – ein ideales Handelsschiff. Aber wie konnte ich nachprüfen, ob es das Boom schon gegeben hatte, bevor die Europäer im Arabischen Meer eintrafen? Die alten arabischen Schriften erwähnten hier und da einige Dinge über diesen Typ, denen ich einiges über Größe, Bauweise usw. entnehmen konnte, aber über die Form seines Rumpfs war nirgends etwas erwähnt. Ich machte zwei Darstellungen dieser Schiffe von arabischen Künstlern ausfindig, die einem Boom mehr glichen als alle anderen Typen. Doch waren die Bilder stark stilisiert und keine allzu große Hilfe. Wer konnte ein arabisches Schiff aus voreuropäischer Ära gezeichnet haben? Und wer verstand genug davon, um die Konstruktion richtig darzustellen? Am ehesten kam dafür ein Seemann in Frage, einer, der arabische Schiffe gesehen hatte, bevor ihre Bauart unter europäischem Einfluß geändert wurde. So schien es mir plausibel, in portugiesischen Archiven zu suchen, denn schließlich hatten die Portugiesen das Kap der Guten Hoffnung als erste umrundet und waren in arabische Gewässer vorgedrungen. Daher zog ich die ältesten portugiesischen Karten vom Indischen Ozean zu Rate, und dort fand ich, wonach ich gesucht hatte: Auf den freien Flächen einer Seekarte vom Indischen Ozean aus dem Jahre 1521 fand ich eine ganze Schiffsflotte. Einige davon waren portugiesische Karavellen, am christlichen Kreuz auf ihren Segeln erkennbar. Aber daneben gab es auch arabische Schiffe mit dem islamischen Halbmond... und die meisten von ihnen waren Booms. Ich war einen Schritt weitergekommen. All die kleinen arabischen Schiffe auf der alten Karte wiesen das große, dreieckige Segel auf, das für arabische Schiffe auch heute noch typisch ist. Diese Segel sind wirklich gewaltig. Die Rundhölzer, die sie hochhalten, sind oft so lang wie das Schiff selbst, und wenn seine Fahrtrichtung beim Kreuzen geändert werden soll, muß das Segel samt Zubehör von einer Seite des Masts auf die andere gebracht werden, was nicht nur heikel, sondern ausgesprochen gefährlich ist. Wie gefährlich ein solches Manöver sein konnte, sollten meine Crew und ich noch selbst feststellen.

Aber zuvor galt es erst einmal, ein schier unüberwindliches Problem ganz anderer Art zu lösen – mein Schiff mußte ohne einen einzigen Nagel gebaut und zusammengehalten werden. Das war eine echte Herausforderung. Die alten Schriften ließen keinen Zweifel: Arabische Seeleute hatten ihre Schiffe ohne Nägel gebaut; statt dessen wurden die Planken mit Fäden aus Kokosnußschalen »zusammengenäht«. Ein scheinbar recht unsicheres Verfahren, um ein seetüchtiges Schiff zu bauen. Alle Autoren waren sich dennoch darin einig, daß diese außergewöhnliche Bauweise das hervorstechendste Merkmal eines arabischen Schiffs war. Manche brachten Gründe dafür an. Es hieß, ein genähtes Schiff sei flexibler, es könne nicht so leicht auseinanderbrechen, wenn es gegen ein Korallenriff stieß, sondern den Aufprall geschmeidig abfangen. Einer behauptete gar, die Araber nähten ihre Schiffe zusammen, weil sie glaubten, daß sich am Meeresboden ein großer Magnet befände, der die Eisennägel aus dem Rumpf zöge, wenn das Schiff darüber hinwegfuhr. Für mich klang das alles wie gutes, altes Seemannsgarn, und ich überlegte, wer hier wohl wen zum Narren hielt. Doch selbst Marco Polo, ein bemerkenswert genauer und verläßlicher Beobachter, hatte die zusammengenähten arabischen Schiffsrümpfe erwähnt, obgleich er davon nicht weiter beeindruckt war. »Ihre Schiffe sind sehr schlecht«, schrieb er, »und viele von ihnen gehen unter, weil sie nicht mit Eisennägeln gebaut sind, sondern mit Fäden aus Kokosnußschalen zusammengenäht werden. Sie weichen die Schalen so lange ein, bis das Gewebe wie Pferdehaare aussieht; dann machen sie daraus einen Faden, mit dem sie ihre Schiffe zusammennähen... dadurch ist es eine riskante Sache, sich mit diesen Schiffen aufs Meer zu wagen. Und ich gebe euch mein Wort, daß die meisten versinken, denn im Indischen Ozean geht es oft sehr stürmisch zu.« Auch moderne Schiffshistoriker ermutigten mich nicht gerade. Sie schrieben von arabischen Schiffen, die im Sturm auseinanderbrachen und buchstäblich in ihre Einzelteile zerfielen; von Männern, die pausenlos undichte Kielräume ausschöpften, von gekenterten Schiffen, von Schriffswracks. Sie sagen auch, die Araber hätten diese Bauweise aufgegeben, weil genähte Schiffe dem Rückstoß einer Deckkanone nicht standhielten, sondern dabei selbst in Stücke gerissen wurden. Es ist eine düstere Geschichte, und selbst wenn ich die Warnungen unbeachtet ließ – wie sollte ich es anstellen, die dicken Holzplanken eines seetüchtigen Segelboots zusammenzunähen? Ich las, daß die Fäden der Kokosnußschalen die schwächsten aller Naturfasern seien. Es war schon ein irgendwie tollkühner Gedanke, sich in einem Schiff, das mit einem Faden zusammengenäht war, mit dem man nicht einmal ein Paket verschnüren würde, auf eine Reise zu begeben, die fast um ein Fünftel des Globus führen sollte. Aber ich erinnerte mich auch meiner Erfahrung mit der *Brendan*, die mich gelehrt hatte, mich nicht einfach über die alten Schriften hinwegzusetzen. Schließlich waren auch die Ochsenhäute, aus denen der Rumpf der *Brendan* bestand, mit Flachsfäden zusammengenäht. Kritiker hatten vorausgesagt, daß weder der Faden noch die Naht das Eintauchen ins Meerwasser überleben würden. Dennoch hatte die *Brendan* den Nordatlantik überquert und sogar Kollisionen mit Eisschollen überstanden. Daher wußte ich, daß die noch so weit hergeholte und anscheinend unlogische Erklärung, die man in alten Schriften findet, wahr sein konnte und daß man jede dieser Erklärungen sorgfältig prüfen und, wenn möglich, einem praktischen Test unterziehen sollte. Davon konnte es abhängen, ob ein Schiff sank oder nicht. Auch wußte ich, daß man auch an modernen Schiffen Bauweisen entdeckt, die man auf den ersten Blick als überholt ansieht. Um ein Modell eines alten genähten arabischen Schiffes zu finden, mußte ich mich zuerst einmal an den Küsten des Arabischen Meeres umsehen.

Und so reiste ich in das Sultanat von Oman, ein Land im äußersten Südosten der Arabischen Halbinsel. Das Schicksal seiner Bewohner ist seit jeher eng mit dem Meer verflochten. Die Schiffe kommen auf ihrem Weg nach Indien, Afrika oder in den arabischen Golf dicht an Oman vorbei, und die omanischen Seeleute sind weithin berühmt. Omanische Schiffe vertrieben die Portugiesen aus dem Indischen Ozean. Einst erstreckte sich das omanische Reich über die Meere von den Küsten Persiens bis hin zu der Insel Sansibar. Und was vielleicht noch wichtiger ist – Oman hat das Erbe der arabischen Schiffahrt bis heute erhalten, denn bis 1970 war das Land völlig von der Außenwelt abgeschnitten. Acht Jahre danach war es noch immer nicht einfach, eine Reise nach Oman zu arrangieren. Das Sultanat betrieb gegenüber ausländischen Besuchern noch immer eine sehr strenge Einreisepolitik. Ein Visum erhielt nur, wer einen triftigen Grund angeben konnte. Mit Hilfe des liebenswürdigen omanischen Botschafters in London bewarb ich mich um ein Visum. Der Botschafter riet mir, an das *Ministry of National Heritage and Culture* in Maskat, der Hauptstadt Omans, zu schreiben und anzufragen, ob es meinen Besuch zur Besichtigung alter Schiffe unterstützen könne. Es dauerte entsprechend lange, bis der Antrag von London nach Maskat ging, vom einen Ministerium zum anderen weitergereicht, bearbeitet und wieder zurückgegeben wurde. Aber am Ende bekam ich das Visum in meinen Paß gestempelt. Allerdings hatte es mehrere Monate gedauert, bis ich dann zum erstenmal in das Land kam, das für die nächsten zwölf Monate mein Zuhause werden sollte und in dem der Traum von der Reise auf den Spuren Sindbads schließlich Wirklichkeit wurde.

Schon der erste Eindruck bei der Ankunft auf dem Flughafen weckte in mir eine ermutigende Vorahnung. Der Flughafen Seeb, außerhalb Maskats, strahlte Frische und Sauberkeit aus, und es war fast völlig still. Alles war auf Hochglanz poliert: die Servicewagen für die Wartung der Flugzeuge, die Marmorfußböden im Ankunftsgebäude, die Glasfenster des Kontrollturms, die Knöpfe der steif gestärkten, nach britischem Vorbild geschneiderten Uniformen der königlich-omanischen Polizei, die am Einwanderungspult stand. Nachdem ich meine Koffer geholt hatte, nahm ich ein Taxi zum billigsten Hotel in Maskat. Es war nicht schwer zu finden. Mein Reiseführer nannte für das gesamte Sultanat nur fünf Hotels. Die nächsten zehn Tage verbrachte ich in einem merkwürdigen Schwebezustand. Aus purer Höflichkeit rief ich beim *Ministry of National Heritage and Culture* an, um dort meine Ankunft mitzuteilen und um mich dafür zu bedanken, daß man mir diesen Besuch gestattet hatte. Aber da ich noch nicht arabisch konnte, war es mir unmöglich, mich verständlich zu machen. Außerdem hatte ich den Verdacht, daß mein Visumsantrag bereits ganz unten in irgendeinem Aktenstapel lag. Ich blieb also mir selbst überlassen und ging an den Stränden von Oman spazieren und hielt nach alten arabischen Schiffen Ausschau.

Die Landschaft ist überwältigend schön. In Sichtweite des Meeres ragen bizarre Felsformationen auf. Verschiedene Minerale verleihen dem Gestein verblüffende Farben – malvengrün, abgestufte Grautöne und olivbraun. Dichte grüne Palmengärten heben sich scharf von dem goldgelben Sand- und Kalkstein ab, von dem das kleine Flüßchen gesäumt und durchzogen ist. Die lederfarbenen Häuser in den Dörfern, mit getrocknetem Lehm verkleidet, waren so geschickt in die Hügel hineingebaut, daß sie wie Korallenkolonien aussahen. An allen strategisch wichtigen Punkten der Dörfer und Pässe standen mit Zinnen besetzte Befestigungen und Wachtürme, und über jeder Festungsmauer und jedem Dorfplatz flatterte die rot-weiß-grüne Fahne des Sultanats. Es war, als hätte sich das ganze Land auf einen historischen Festzug vorbereitet.

Am Sandstrand, der sich nordwestlich von Maskat meilenweit erstreckt, fand ich ein Küstenboot, wie es sicher schon vor zweitausend Jahren gebaut worden war. Es hieß *shasha* und war aus den Mittelrippen der Blätter von Dattelpalmen gemacht. Diese Blätter wurden in einer ganz bestimmten Jahreszeit geschnitten, abgestreift und getrocknet. Dann wurden die Rippen an beiden Enden mit einem Seil zusammengebunden, so daß ein Bündel entstand. Auf diesem Gefährt, halb Boot, halb Floß, saß ein einzelner Fischer, der damit aufs Meer hinausruderte, um nach seinen Netzen und Fischfallen zu sehen, bis sich die Palmenwedel mit Wasser vollgesogen hatten und zu schwer wurden und er zurückrudern, seine Nußschale aus dem Wasser und auf den Strand ziehen mußte, um sie trocknen zu lassen. Ich begegnete einem alten Mann, der gerade dabei war, ein solches *shasha* anzufertigen. Er schnitt die Palmenwedel mit einem gebogenen Messer zurecht, webte den Rahmen zusammen und paßte die Seitenplatten des merkwürdig geformten Rumpfs zusammen. Er war, wie ich erst viel später erfuhr, der beste aller *shasha*-

Bauer. Die Fischer kamen von weither, um bei ihm ihre Boote in Auftrag zu geben. Ich erfuhr davon, wie gesagt, erst über ein Jahr später, und zwar von seinem Neffen, der später zu meiner Segelcrew gehören sollte. Er verließ diesen stillen Strand, um mit uns den langen Weg bis nach China zu segeln.

An derselben Küste stieß ich auch zum erstenmal auf ein genähtes arabisches Schiff. Es war aufgegeben worden und lag auf die Seite gekippt am Strand. Die Planken des Rumpfs waren von der Sonne grau gebleicht, und seine Nähte klafften weit auseinander. Aber es sah noch immer außergewöhnlich aus. Es war neun Meter lang und wie ein Dolch geformt. Der lange, schlanke und flache Rumpf lief in einer scharfen, nadelspitzen Nase aus, ähnlich der Ramme einer alten Kriegsgaleere. Der Achtersteven ragte in einer eleganten Kurve gute drei Meter über dem Boden auf. Bei näherer Betrachtung sah ich, daß die Bug- und Heckausbuchtungen und die oberste Planke alle durch Nahtstiche an ihrem Platz gehalten wurden. Das Boot war sehr alt, und die Naht war viele Male ersetzt worden. Die ursprüngliche Kokosfaser war mit Fischschnüren versetzt worden, mit alten Nylonseilen, ja, sogar einem Elektro-Haushaltskabel. Es war ein *bedan*, eines der schnittigen Küstenschiffe, die einst überall entlang der omanischen Küste auf Fischfang und zum Handel unterwegs waren. *Bedans* werden jetzt kaum noch verwendet, denn man braucht eine Crew von zehn oder zwölf Leuten, um sie zu rudern. Dennoch fand ich ihre Überreste in fast jedem Fischerdorf, mit den gleichen Nahtmustern, den gleichen Knoten und der gleichen Befestigungsart, übrigens auch an anderen Bootstypen, und zwar nicht nur in Oman, sondern auch auf der anderen Seite des Arabischen Meeres, an der Malabarküste Indiens.

Auf demselben Küstenstreifen lag die Stadt Sohar, und dort stieß ich gewissermaßen direkt auf die Spuren, nach denen ich suchte, auf die Sindbads des Seefahrers. In den Tagen der großen arabischen Schiffsreisen war Sohar einer der größten Häfen der arabischen Welt. Der arabische Geograph Istakhri, der im zehnten Jahrhundert lebte, schrieb, sie wäre »die volkreichste und wohlhabendste Stadt in Oman, und weder an der Küste des Persischen Golfs noch in irgendeinem anderen islamischen Land gibt es eine Stadt, die schönere Gebäude und so viele fremdländische Waren aufzuweisen hatte wie Sohar«. Es sei die Heimat vieler Kaufleute, schrieb er, die mit anderen Ländern Handel trieben. Und sein Zeitgenosse Al-Muquaddasi nannte Sohar »das Tor nach

China, das Warenhaus des Ostens«. Und Sindbad der Seefahrer sollte hier geboren sein, eine Behauptung, die sich schwer nachprüfen ließ. Ein schriftliches Zeugnis dafür gibt es nicht, nur die hartnäckige Legende, Sindbad der Seefahrer stamme ursprünglich aus Sohar.

Den alten Schriften zufolge war Sindbad Sohn eines reichen Kaufmanns. Als sein Vater starb, brachte er ebenso töricht wie zügellos seine gesamte Erbschaft durch. Er verkaufte den Rest seiner Habe, investierte das Geld in Waren und befuhr als Kaufmann die Meere. In *Tausendundeine Nacht* heißt es, daß Sindbad in Bagdad lebte, damals die Metropole der arabischen Welt und Hauptstadt des Kalifen Harun al Rashid, und von dort aus seine Geschäfte betrieb. Aber der Kalif selbst war eine derart schillernde Figur und so sagenumwoben, daß es sich spätere Geschichtenerzähler zur Angewohnheit machten, der Regierungszeit Harun al Rashids alle möglichen großen Abenteuer und wundersamen Dinge zuzuschreiben, und dazu gehörten natürlich auch die Heldentaten von Sindbad dem Seefahrer. Daher war ich verblüfft, daß Sindbad hier in Oman mit der Stadt Sohar in Verbindung gebracht wurde, und zwar von Leuten, die sich der historischen Parallele wahrscheinlich gar nicht bewußt waren, daß Sohar ausgerechnet zu der Zeit, in der die Sindbad-Geschichten höchstwahrscheinlich zusammengestellt wurden, eine der führenden arabischen Kaufmannsgemeinden war. Hatte das zu bedeuten, daß Sindbad der Seefahrer tatsächlich ein Kaufmann aus Sohar gewesen war, dessen Heldentaten und Wohnsitz einfach um ein Jahrhundert zurückversetzt und der Regierungszeit und Hauptstadt des halblegendären Harun al Rashid zugeschrieben wurden? Oder stammte Sindbad ursprünglich aus Sohar und war später nach Bagdad gezogen? Die Antwort bleibt in jenem geheimnisvollen Dunkel, aus dem Heldensagen und Märchen entstehen, die dennoch so oft auf historischen Tatsachen beruhen. Sicher war Sindbad im geschichtlich korrekten Sinne kein konkretes Individuum. Viel eher dürfte es einen berühmten arabischen Kaufmann gegeben haben, der sehr viel herumreiste und über den man sich Geschichten erzählte. Und dann wurden ihm nach und nach die Reisen und Heldentaten anderer Männer zugeschrieben. Und schon hatte sich ein Held etabliert, eine Kunstfigur aus Dichtung und Wahrheit. So trägt es sich normalerweise zu. So verhielt es sich wohl auch mit den Reisen des Odysseus oder den Fahrten des Saint Brendan.

Jene ersten Tage, die ich an den Stränden von Nordoman verbrachte, übten eine eigenartige Wirkung auf mich aus. Ich hatte das Gefühl, als erlebte ich Zeitsprünge mit, durch die ich in einem Augenblick im 20. Jahrhundert verweilte und im nächsten zurückversetzt wurde ins Mittelalter. Die Atmosphäre meiner Umgebung prägte mich: Oman beherbergte Vergangenheit und Gegenwart mit gleicher Eindringlichkeit. Bis vor acht Jahren hatte das Sultanat zu den archaischsten und isoliertesten Ländern der Welt gehört. 38 Jahre lang wurde es von einem streng konservativen Sultan regiert, der in modernen Erfindungen keinen Segen zu sehen vermochte – einem Autokraten, der sein Land absichtlich von der Außenwelt abschnitt. Im Landesinnern kannte kaum ein Omani elektrischen Strom oder gar Autos – kurz, nichts, was über die enge Welt seines Stammeslebens hinausging. Selbst in der Hauptstadt lebte man praktisch wie in biblischen Zeiten. Wenn man nach Einbruch der Dunkelheit die Hauptstadt besuchen wollte, fand man das große Tor der Stadt auf Anordnung des Sultans verschlossen. Und wer bei Dunkelheit durch das Stadtinnere ging, mußte sich von einer Eskorte begleiten lassen, die eine Laterne trug, damit das Gesicht des Betreffenden zu erkennen war.

Dieser Dornröschenschlaf dauerte bis 1970, als ein junger Sultan den Thron bestieg. Sultan Qaboos war dynamisch, im Ausland erzogen und verfügte, daß es an der Zeit sei, das Land zu modernisieren. In den darauffolgenden Jahren geschahen erstaunliche Dinge. Mit dem Geld aus relativ bescheidenen Ölfunden wurden ausgezeichnete Autobahnen quer durch die Berge gezogen. Jede Stadt bekam ihr Krankenhaus. Überall wurden Schulen eingerichtet, die jeder besuchen konnte, denn praktisch bestand die gesamte Bevölkerung aus Analphabeten. In den Tagen des alten Sultans hatte es drei Schulen, zwei Postämter und zwölf Krankenhausbetten gegeben – für eine Bevölkerung, deren Zahl zwischen 750000 und 1,5 Millionen geschätzt wurde. Niemand kannte die genaue Zahl, denn es hatte noch nie eine Volkszählung gegeben. Acht Jahre später hatte sich die Zahl der Schulen und Krankenhausbetten bereits verhundertfacht, und es gab eine Station für den Empfang über Erdsatelliten, die Radio- und Fernsehverbindungen herstellte. Der Kontrast zwischen alt und neu war enorm. Wer in Oman eine der schönen schwarzgepflasterten Straßen entlangfuhr, konnte von dort die Kamele im nahegelegenen Wadi beobachten, mit Brennholz beladen, geführt von einem bewaffneten und wild aussehenden Omani – bis dieses Bild dann plötzlich von einem wuchtigen Konvoi mit 14-Tonnen-Lastern verdeckt wurde. Vielleicht war man auch gerade in den Anblick einer omanischen Fe-

stung versunken, während die Sonne in hellen Streifen durch das Mauer-
werk fiel, nur um vom Donnern der Düsenmaschinen aus seinen Träumen gerissen zu werden, die von den Piloten des Sultans über die
Palmenspitzen gejagt werden.

In Oman herrschte eine Stimmung von erregender Dynamik. Das Land
pulsiert vor Vitalität, so, als hätte es einen langsameren Rhythmus noch
nicht gefunden. Vor allem aber ist es ein Land, in dem man zu leben
versteht. Die Omani lieben alles Repräsentative und Strahlende, ob es
nun die glänzenden roten Schärpen der Soldaten sind oder die Triumphbögen, die sich quer über die Straßen zogen, um den Nationalfeiertag
anzukündigen, aus allem sprach ein ausgeprägtes Gespür für Theatralik.
Sie freuten sich daran zu zeigen, was sie inzwischen geschafft haben. In
ihrer Nationalkleidung sahen sie prächtig aus – ein fleckenloses weißes
Baumwollgewand, *dishdasha*, das zusammen mit einem farbigen Turban, auf unterschiedliche Art geschlungen, getragen wird, und mit
einem dicken Filigrangürtel aus Silber, in dem der Dolch steckt, *khanja*,
und dazu vielleicht ein goldgesäumter Umhang aus feinster Wolle, um
dem Ganzen etwas modischen Pfiff zu verleihen.

Ich sah mir auch den omanischen Hafen Sur an, der direkt am Kap Ras al
Hadd liegt, dem östlichsten Punkt der gesamten Arabischen Halbinsel.
Hier war, noch innerhalb lebender Erinnerung, eine große Flotte von
Handelsschiffen gebaut und unterhalten worden, die von Sur aus den
arabischen Golf hinaufgefahren und östlich bis zu den Häfen Indiens
und nach Süden bis Sansibar gekommen waren. Oft hatten mehr als
hundert Segelschiffe vor der Sandbank bei Sur vor Anker gelegen und
darauf gewartet, daß der Monsunwind umschlug und eine neue Saison
einleitete. Die Schiffe und Seeleute von Sur waren bis Kuwait, Bombay
und Daressalam berühmt. In den Oasenstädten von Wahiba Sands hinter
Sur stehen die hochherrschaftlichen Häuser omanischer Familien, die
durch den Gewürznelkenhandel mit Ostafrika ein Vermögen verdienten
oder deren Schiffe regelmäßig Holz und Gewürze von der indischen
Malabarküste brachten. Und hoch oben in den Gebirgsdörfern traf man
Menschen, die nicht nur arabisch sprachen, sondern auch Suaheli, die
Sprache Ostafrikas. Dorthin nämlich fuhren die Schiffe jedes Jahr. Und
dann hatte sich alles geändert. Wegen der politischen Unruhen in
Ostafrika waren die Häfen von Tansania für arabische Schiffe gesperrt.
Das Öl ermöglichte es den Omani, sich dem harten Leben auf See zu
entziehen. Wenig später erließ die indische Regierung geradezu mörderi-

sche Steuern und extrem strenge Exportkontrollen. Der Handel mit Indien wurde regelrecht abgewürgt. In weniger als zehn Jahren verschwand die gesamte Handelsflotte von Sur von der Bildfläche, wurde verkauft oder versenkt. Die Stadt selbst versank in Lethargie.

So war der Besuch in Sur ein ziemlich beunruhigendes Erlebnis. Zwischen der Lagune von Sur und dem Meer, wo früher einmal Dutzende großer Handelsschiffe zugleich im Bau waren, wurden jetzt nur etwa zehn kleine Fischerboote fertiggestellt. Die Schiffbauer von Sur benutzen noch immer ihre traditionellen alten Werkzeuge – Krummaxt, Handsäge und den Bogenbohrer, der wie eine Geige gehandhabt wird. Und sie bauten ihre Boote noch immer allein nach Augenmaß, ohne dafür die Zeichnung eines Schiffbauingenieurs zu benötigen. Ihre Arbeit aber hat nicht mehr den Glanz früherer Schiffbauer in dieser Stadt, zu Zeiten, als die Handwerksleute von Sur noch die großen Baggalas bauen konnten, hölzerne Handelsschiffe mit bis zu vierhundert Tonnen Nutzlast, die genauso massiv und imposant waren wie die spanischen Galeonen. Ein einziges Ghanjah, ein Schiff, das dem Baggala sehr ähnelte, war noch in Sur zu sehen, es war auf Pflöcken in der Lagune aufgebockt. Ein wohlhabender Kaufmannssohn aus Sur hatte es zur Erinnerung an seinen Vater aufstellen lassen – ein prächtiges Schiff, von dem Motiv des Vogelkopfs, mit dem der Bug geschmückt war, über das ungewöhnlich stark geschwungene Deck bis hin zu dem herrlich geschnitzten Heck. Aber dieses Schiff würde nie wieder segeln können. Seine Planken waren aufgerissen, und bei jeder Flut wurde Wasser in seinen Laderaum gespült. Entlang der ganzen Küste herrschte die gleiche traurige Verwüstung, ein Friedhof für unbrauchbar gewordene, verrottende Boote. Die Araber verwenden den Begriff »Dau« nicht, obgleich es ein passendes Wort, womöglich ostafrikanischer Herkunft, für arabische Schiffe ganz allgemein ist. Die Araber ziehen es vor, jedes Schiff nach seinem speziellen Typ und seiner Bauweise zu benennen. Hier in Sur war ein ausrangiertes Sambuk, das früher fleißig zwischen Bombay und Oman hin- und hergereist war; dort ein in Indien gebautes *kotia*, dessen Gangspill überall aus den Spanten ragte; das Wrack eines *dhangi* mit stumpfem Bug; und dann noch ein fremdartiges, schnittiges Schiff, das angeblich ein Kriegsschiff aus Jemen sein sollte. Auf den fauligen Hölzern thronten Felsenreiher. Sogar das alte Zollhaus lag verlassen da, dort war der frühere Sultan bei seinen Besuchen in Sur immer abgestiegen. Die große Doppeltür am Eingang war fast gänzlich unter einer

Sanddüne vergraben, und nach und nach häufte der Wind immer mehr Sand an den Außenwänden an.

Ich nahm die kleine Fähre, die dicht neben dem verlassenen Zollhaus abfuhr, und überquerte die hundert Meter glitzerndes blaues Wasser, das mich vom anderen Ufer trennte, von dem Städtchen Al Aija. Der Landeplatz wird von einer schlichten weißen Moschee überragt. Dahinter liegt der Strand, halbkreisförmig, der die Bucht einrahmt, in der früher die Flotte von Al Aija Schutz gesucht hatte. Hier fand ich ein einzelnes Sambuk, das sich gerade im Bau befand. Es wurde solide und wahrheitsgetreu nachgebildet, aber es gab nur drei Schiffbauer, die diese Arbeit verrichten konnten. Zwei davon schienen nur Gehilfen zu sein, aber der dritte war offensichtlich ein geübter Handwerker. Er war von imposanter Statur, augenscheinlich mit viel afrikanischem Blut in den Adern, und er begrüßte mich mit einem charmanten kleinen Lächeln. Mit seinen Gefährten sprach er Suaheli. Ich sah ihm über eine Stunde lang fasziniert zu, und auch hier wußte ich noch nicht, daß seine Familie von Schiffbauern ebenfalls ein Mitglied für meine Segelcrew stellen würde, den Jüngsten des Teams.

Am vorletzten Tag meines Besuchs in Oman erhielt ich eine Nachricht vom *Ministry of National Heritage and Culture*. Der Minister persönlich fragte mich, ob ich vor einer kleinen ausgewählten Zuhörerschaft einen Vortrag über meine *Brendan*-Reise halten könne. Ich nahm an, daß ihm einer seiner Berater von meiner Reise auf den Spuren des Saint Brendan erzählt hatte. Zum Glück hatte ich eine Kopie des Reisefilms in meinem Gepäck, den ich in London zeigen wollte, bevor ich nach Irland zurückkehrte. Der Minister war Mitglied der omanischen Herrscherfamilie; pünktlich traf er mit seinen Freunden ein und setzte sich in die vorderste Reihe. Eine etwas bizarre Situation, dachte ich. Hier stand ich und sollte eine Forschungsreise beschreiben, die, in einem Boot aus Rinderhäuten quer über das Eismeer, den Spuren eines christlichen irischen Heiligen folgte – vor einer Zuhörerschaft, die vorwiegend aus gläubigen Moslems bestand, in *dishdashas* und mit Turbanen und Dolchen ausgestattet. Auf der Leinwand würden Bilder vom Eis Grönlands zu sehen sein, während hier in Oman die Temperaturen bis weit über 40 Grad Celsius stiegen. Die Männer hörten geduldig zu, und als der Vortrag zu Ende war, gingen sie mit ernsten Mienen aus dem Raum, und ich begann darüber nachzusinnen, welche unglaublichen Wendungen das Leben doch nehmen kann.

26

Der nächste Tag war mein letzter in Oman, und als ich nach unten ging, um meine Hotelrechnung zu bezahlen, stellte sich heraus, daß es gar keine gab. Der Portier teilte mir mit, das Ministerium habe alles bezahlt, und gab mir eine Nachricht vom Minister, der mich bat, ihn aufzusuchen. Ich ging in sein Büro, wo er sich eingehend nach meinen Forschungen und der geplanten Sindbad-Reise erkundigte. Dann bedankte er sich bei mir für den Vortrag und gab mir ein prächtiges altes omanisches Schlachtschwert als Geschenk. Es war eine Geste, die mich tief berührte. Instinktiv hatte der Minister gewußt, mit welchem Geschenk er mir die größte Freude bereiten würde. Am selben Abend befand ich mich, mit dem Schwert in meinem Gepäck und einem Schreiben des Ministers, das mir ausdrücklich gestattete, es außer Landes zu bringen, auf meinem Weg zurück nach Irland.

Nach knapp zwei Wochen in der Heimat erreichten mich zwei Telegramme gleichzeitig, beide vom Minister in Maskat. Beide Telegramme hatten denselben Inhalt: Der Sultan war von meinem Projekt angetan, ich sollte bei nächster Gelegenheit nach Oman zurückkehren, um die Angelegenheit zu besprechen. Bereits 24 Stunden später befand ich mich wieder in den Büros Seiner Hoheit Sayyid Faisal, dem Minister des *Ministry of National Heritage and Culture*.

»Ich bin glücklich, Ihnen mitteilen zu können, daß ich mit Seiner Majestät über Ihr Projekt gesprochen habe, und Seine Majestät hat seine Zustimmung gegeben, daß das *Ministry of National Heritage and Culture* es unterstützt«, begann der Minister.

Ich wußte nicht, was in diesem Fall mit »Unterstützung« gemeint war, und antwortete zunächst nicht. Der Minister fuhr fort:

»Wir möchten, daß Sie dieses Projekt für Oman durchführen und daß das Schiff ein omanisches Schiff ist, das unter omanischer Flagge segelt. Oman hat eine lange und berühmte Geschichte als Seefahrernation. Wir waren der erste arabische Staat, der ein Schiff in die Vereinigten Staaten von Amerika geschickt hat. Das war 1840. Nächstes Jahr feiern wir unseren 10. Nationalfeiertag, und bis dahin sollte das Schiff fertig sein.«

»Wann ist der Nationalfeiertag?« fragte ich.

»Die Feiern werden eine Woche lang dauern, und sie beginnen am 18. November.«

Ich rechnete schnell im Kopf nach. Dann hatte ich nur fünfzehn Monate Zeit, um das Material für den Bau des Schiffs aufzutreiben, was außerordentlich schwierig sein würde, für den Bau selbst, um eine Mannschaft zusammenzustellen und anzulernen und die notwendigen Tests im Wasser durchzuführen. Die Zeit drängte.

»Euer Hoheit«, sagte ich, »ich glaube, ich könnte das Schiff bis dahin fertigstellen – falls keine wesentlichen Verzögerungen auftreten. Der November ist auch wegen der Winde ein günstiger Zeitpunkt, um mit der Reise zu beginnen.«

»Gut. Lassen Sie mich wissen, was Sie vorhaben, und wir werden alles tun, um Ihnen behilflich zu sein.«

Ich muß noch immer ziemlich verblüfft ausgesehen haben, denn ich hatte überhaupt keine Ahnung, welcher Art die Hilfe des Ministers, mit Zustimmung von Sultan Qaboos, sein sollte. Sayyid Faisal muß mein Erstaunen gespürt haben, denn er wiederholte sein Angebot und versicherte mir, daß die Reise die volle Unterstützung des Ministeriums haben würde. Trotzdem war ich verwirrt und völlig im unklaren. Je mehr er es mir zu erklären versuchte, um so größer wurde meine Verwirrung. Das Gespräch war von einer peinlichen Pause unterbrochen.

»Möchten Sie eine schriftliche Bestätigung über diese Abmachung?« fragte der Minister schließlich.

Alles war mir recht, was diese Verwirrung klären konnte, dachte ich.

»Ja, bitte, Euer Hoheit.«

Er zog die Schublade seines Schreibtischs auf, nahm ein Blatt Papier heraus, das als Briefkopf die Krone des Sultanats trug, schob es mir, leer, wie es war, über den Tisch und sagte: »Vielleicht möchten Sie den Brief selbst entwerfen, damit ich ihn unterzeichnen kann.«

Plötzlich dämmerte es mir. Mit dem Einverständnis von Sultan Qaboos bot mir das *Ministry of National Heritage and Culture* an, die gesamten Kosten für meine Sindbad-Reise zu übernehmen. Diese großzügige Geste nahm mir den Atem. Ich hatte nicht darum gebeten. Diese Hilfe wurde mir angeboten, weil die Geschichte der omanischen Seefahrt in den Herzen der omanischen Bürger verwurzelt ist. Der Minister traute mir zu, für sein Land dieses Sindbad-Schiff zu bauen und damit bis zum anderen Ende von Asien zu segeln. Ein solches Vertrauen und ein solcher Großmut waren mehr, als ich je zu erhoffen gewagt hatte. Es hatte den Anschein, als wäre die Welt der arabischen Nächte noch immer eine Realität.

2
Die Malabarküste

Das Holz zum Bau der omanischen Schiffe wird, über eine Entfernung von fast 1300 Meilen, von der Malabarküste in Indien geholt. Dieser Handel besteht schon so lange, wie es schriftliche Aufzeichnungen gibt: In Oman gibt es keine Bäume, die groß genug wären, um gutes Holz für den Schiffbau zu liefern. Daher fuhr ich jetzt an die Malabarküste, um große Bäume auszusuchen, wie sie für den Bau des Schiffs benötigt wurden. Im Verlauf der nächsten sieben Monate sollte ich noch ein halbes Dutzend weiterer Reisen nach Indien unternehmen, um alles erforderliche Material zu kaufen. In dieser Zeit lernte ich jenen Teil Indiens kennen, zu dem das 20. Jahrhundert noch keinen Zugang zu haben schien. Ich kam in abgelegene Gebiete, in denen Elend und Schönheit einen starken Kontrast bildeten, handwerkliches Können und Schikanen einander abwechselten.

Ich fuhr mit drei ziemlich schillernden Figuren nach Indien, die mir das *Ministry of National Heritage and Culture* als Begleitung mitgegeben hatte. Als erstes war da Said al Hatimy, ein sympathischer stattlicher Mann mit leuchtendweißem Turban und prächtigem vorstehendem Bart, der ihn als religiösen und studierten Mann kennzeichnete. Wegen seines Wissens wurde Said häufig mit dem ehrenvollen Titel »Scheik« angeredet; und da er früher einmal Lehrer auf Sansibar gewesen war, sprach er mit tiefer Baßstimme ein untadeliges Englisch mit Oxford-Akzent. Er sollte als Dolmetscher fungieren und das Ministerium repräsentieren. Der zweite war Hoodaid, ein Schiffbaumeister aus Sur. Hoodaids Aufgabe bestand darin, mich bei der Auswahl des Holzes zu beraten. Er war groß und sanft, hatte einen glitzernden Goldzahn im stets lächelnden Mund

und eine Vorliebe für beigefarbene *dishdashas*. Er sprach kein einziges Wort englisch und war sich nie ganz sicher, ob der fromme Said al Hatimy sein Rauchen guthieß. Daher verzog er sich, wenn er rauchen wollte, in ein stilles Eckchen, von wo aus er mir ein wenig naiv zulächelte, wenn sich unsere Blicke kreuzten. Der vierte Mann in unserem Team war der Lebensmittellieferant im Palast von Maskat und hieß Dharamsy Nensey. Dharamsy war ein sehr lebhafter älterer Herr, mindestens siebzig Jahre, und war zum Zahlmeister des Projekts auserkoren. Dharamsy – ein richtiges Juwel – war ein hochangesehener indischer *banyan* oder Kaufmann, stammte ursprünglich aus Gujarat und hatte 46 Jahre lang in Maskat nahe dem Palast gelebt. Ursprünglich hatte sein Geschäft die Palastküche mit Lebensmitteln versorgt, aber als sich der Reichtum und die Macht des Sultans mehrten, profitierte auch Dharamsy Nensey davon. Wenn man ihn heute um etwas bat, konnte er es von einer Minute zur anderen besorgen, vom Rolls-Royce bis zu einer Handvoll Pistazien. Er unterhielt eine kleine Armee indischer Angestellter, die in einem Kontor hinter dem Palast von Maskat über ihren Hauptbüchern saßen und damit beschäftigt waren, die königlichen Wünsche zu befriedigen. Dharamsys drei Söhne konnten das Geschäft während seiner Indienreise weiterführen, so beschloß er, als der Minister ihm die Finanzierung des Projektes anvertraute, gleich selbst bei der Beschaffung des Holzes anwesend zu sein. Er war in ein langes weißes Hemd gekleidet, unter seinem Lendentuch ragten spindeldürre Beine hervor, und neben allem anderen gab Dharamsy einen charmanten Reisegefährten ab. Wir verständigten uns in einer sonderbaren Mischung aus englisch, arabisch und Hindi, und seinen scharfen Augen konnte auch nicht das geringste entgehen. Am Ende eines 18stündigen Reisetages hüpfte er so munter und lebendig wie ein Sperling durch die Gegend, dabei hielt er ständig etwas mit den Händen umklammert, das wie ein Zaubertäschchen aussah. Eigentlich war es nur ein ganz einfacher Beutel aus weißem Baumwollstoff, ungefähr zwanzig bis fünfundzwanzig Zentimeter im Durchmesser, kaum größer als ein Briefumschlag. Aber was immer gerade gebraucht wurde – Dharamsy zog es aus diesem Beutel hervor, als sei er ein Taschenspieler. Dieser Beutel wurde nie schmutzig und war immer zur Stelle und enthielt alles mögliche: Tickets, Lesestoff, Tagebuch und jede Währung in schier unerschöpflichen Mengen. Dharamsys Baumwollbeutel war offenbar bodenlos, und sein Inhalt setzte mich immer wieder aufs neue in Erstaunen.

Für die Inder waren wir eine erstaunliche Gesellschaft. Wo immer wir haltmachten, um zu essen, stürzten wir das Personal des betreffenden Lokals in größte Verwirrung. An seiner Kleidung und an seinem Benehmen erkannten die Leute sofort, daß Dharamsy Vegetarier war und daß er seine Diätregeln strikt einhalten würde. Sie wußten auch, daß die beiden Araber mit den Turbanen kein Schweinefleisch, dafür aber alles mit den Fingern aßen, während ich, als Europäer, Messer und Gabel erwartete. Daher versuchte man uns zuerst immer an getrennten Tischen unterzubringen und war dann höchst erstaunt, wenn wir darauf bestanden, alle an einem zu sitzen, ohne uns von den Eßgewohnheiten der jeweils anderen auch nur im geringsten stören zu lassen. In klapprigen Taxis holperten wir über die miserablen, mit Schlaglöchern durchzogenen Straßen der Malabarküste von einem Hafen zum nächsten. Die Fahrzeuge brachen zusammen und blieben liegen, während der Monsunregen wie aus Gießkannen schüttete. Kurz, die Suche nach geeignetem Bauholz wäre lästig und mühsam gewesen, hätten meine Reisegefährten daraus nicht ein faszinierendes Erlebnis gemacht. Dreimal täglich hielten wir an, damit Scheik Said seine Gebete sprechen konnte, und mindestens doppelt so oft unterbrachen wir unseren Weg bei irgendwelchen Basaren, dann stürzten sich die beiden Omani in die Läden in den Hintergäßchen und feilschten um Schnickschnack und Raritäten. Duftstoffe waren besonders begehrt, und ich gewöhnte mich allmählich daran, in Parfümerien gezerrt zu werden, mir den Ärmel hochkrempeln zu lassen und Rosenwasser und diverse andere Düfte auf die Haut gespritzt zu bekommen. Ich genoß den erwartungsvoll aufblitzenden Blick der Ladenbesitzer, die glaubten, zwei reiche Araber vor sich zu haben, die sie ausnehmen könnten. Dieser Blick erlosch in dem Augenblick, in dem Dharamsy Nensey quietschvergnügt auf der Bildfläche erschien, mit seinem kleinen weißen Täschchen in der Hand und den verschlagenen braunen Augen, aus denen man ablesen konnte, daß er sich kaum betrügen lassen würde.

Angelpunkt all unserer Aktivitäten war Calicut, der Hafen, der dem Kaliko seinen Namen gab. Als Vasco da Gama mit der ersten europäischen Handelsflotte, die bis in den Indischen Ozean gelangte, 1498 zum erstenmal nach Calicut kam, hatten arabische Kaufleute dort schon seit mindestens sieben Jahrhunderten Handel getrieben. Heute läuft nur noch eine Handvoll arabischer Schiffe Calicut an, um Gewürze, Holz und andere Ware zu laden. Früher lebte ein ganzer Ort von den

Nebeneinkünften aus dem arabischen Handel. Es gab Segelmacher, Schiffbauer, Geldverleiher, Seilmacher, eine Kolonie indischer Moslems. Häufig heirateten arabische Seemänner Frauen aus dieser Kolonie, eine Sitte, an die wir uns bald erinnern sollten: Als wir uns Calicut näherten, bekam Hoodaid, der früher selbst einmal zur See gefahren war, einen ausgesprochen gehetzten Blick. Ich fragte Scheik Said, ob mit Hoodaid irgend etwas nicht stimme. Scheik Said lachte tief und kehlig. »Genau!« sagte er. »Er macht sich Sorgen, daß man ihn erkennen könnte. Er hat aus der Zeit, als er zur See fuhr, noch eine Frau in Calicut. Er war schon mehrere Jahre nicht mehr hier, und Geld hat er ihr auch keins geschickt. Nach mohammedanischem Gesetz sollte er sich um sie kümmern. Wenn ihre Familie herausfindet, daß er sich in der Stadt aufhält, wird Hoodaid für die ganze zurückliegende Zeit ihren Unterhalt zahlen müssen.« Wie sich herausstellte, handelte Hoodaid, wie es sich gehörte. Am Abend unserer Ankunft in Calicut machte er sich auf, seine Frau zu suchen und die rückständige Summe zu zahlen. Am nächsten Morgen kehrte er zurück – ein unterworfener und zweifellos erheblich ärmerer Mann.

Heute gibt es nur noch zwei Kaufmannsfamilien in Calicut, die nennenswerten Handel mit den Arabern treiben, die Baramys und die Koyas. Sie wohnen in fast identischen Häusern am Strand, so daß man den Ankerplatz überblicken kann. Es sind langgestreckte, flache Bungalows. Dahinter liegen ein Hof und mehrere Hütten, in denen Kisten mit Schiffsnägeln, Seilrollen, Dosen mit gereinigter Butter, geheimnisvolle Pappkartons und ein Haufen handgearbeiteter Anker aufbewahrt werden. Alles Leben spielt sich auf einer langen, eleganten Veranda ab. Hier konnte man zu jeder Stunde des Tages, aber vor allem zur Zeit des Gebets bei Sonnenuntergang, eine ganze Runde arabischer Kaufleute antreffen, die es sich auf den Bänken und Rohrsesseln bequem gemacht hatten, Tee oder Kaffee schlürften und hinausstarrten auf die Reede, wo die Wellen des Arabischen Meers gegen den Strand donnerten, und gelegentlich schlich sich ein Bettler ans Geländer, um im Namen von Allah um Almosen zu bitten. Die Oberhäupter der beiden Kaufhäuser, Baramy und Koya, sind innerhalb der Gemeinde von Calicut hoch angesehen. Sie kontrollieren praktisch jeden Kontakt zwischen den Arabern und den Lieferanten von Holz, Gewürzen und anderen Gütern. Abdul Kader Baramy, den wir aufsuchten, war von der Müdigkeit eines gehetzten Geschäftsmanns gezeichnet. Er hatte sieben Brüder – ein sicheres Zeichen für Allahs Gunst –, aber es war Tradition in seinem Unternehmen, daß nichts ohne seine Zustimmung getan werden konnte. Seine Brüder, alle in den gleichen hübschen weißen Gewändern, hatten strategisch wichtige Posten inne: einer war Leiter der Baramy-Schiffswerft in Beypore, zehn Meilen entfernt an der Küste, wo man moderne Motor-Daus für die Araber baute. Ein anderer reiste regelmäßig zum Golf, um die arabischen Kunden zu besuchen. Einen dritten schickte man vielleicht nach Delhi, um dort mit den Verwaltungsbeamten zu verhandeln. Die anderen hielten sich bereit, waren auf dem Sprung, um anfallende Aufträge sofort übernehmen zu können. Abdul Kader selbst wußte über den Holzhandel und den Schiffbau vielleicht besser Bescheid als jeder andere an der Malabarküste. Unser Unternehmen beurteilte er ausgesprochen pessimistisch: Es würde sehr schwierig sein, Teakhölzer von der Größe zu finden, wie wir sie suchten, in der verfügbaren Zeit jedoch so gut wie unmöglich. Mehr noch, die indische Regierung hatte den Export von Teakholz untersagt. Abdul Kader präsentierte eine Regierungsmitteilung, in der eine ganze Reihe von Harthölzern, darunter auch Teakholz, aufgeführt war, die unbearbeitet nicht außer Landes gebracht werden durften. Vom Bau genähter Schiffe hatte er zwar schon gehört, hielt unsere Idee aber dennoch für absurd. Schiffbauer, die sich in dieser Bauweise auskannten, gab es einfach nicht mehr. Abdul Kader empfahl, die Idee fallenzulassen. Er könne uns in Indien ein genageltes Schiff bauen lassen, und es würde innerhalb eines Jahres fertig sein. Natürlich könnten wir weiter nach Holz suchen, aber er hielt unseren Plan für so gut wie aussichtslos.

Wir waren enttäuscht, aber nicht endgültig. Als ich im Jahr zuvor in Indien war, um mir alte Schiffe anzusehen, war ich zu einem kleinen Fluß nördlich von Mangalore im Staat Karnataka gelangt. Es war ein abgelegener, öder Ort, ein Friedhof für Schiffe, die man aus dem Schlamm gezogen hatte. Was meinen Besuch lohnenswert machte, war die Tatsache, daß drei der auf den Strand gesetzten Schiffe genäht waren. Sie wurden genauso zusammengehalten, wie ich es bei den Schiffen an den Stränden von Oman gesehen hatte. Das Holz dieser Schiffe war kein Teak, sondern ein sehr ähnliches Holz mit dem Namen *aini*. Ich prüfte die charakteristischen Eigenschaften von *aini*. Dieser Baum ist mit dem Brotfruchtbaum verwandt, und das Holz läßt sich zum Hausbau verwenden, für Türen und Fensterrahmen – und auch für Schiffe. Technisch gesehen ist es praktisch identisch mit Teakholz – in Stärke, Dichte

und Gewicht sind sich diese beiden Hölzer fast gleich. Der *aini*-Baum wird ziemlich hoch, und sein Holz läßt sich leicht verarbeiten. Aber es hat einen großen Nachteil. Es splittert leicht, wenn man Nägel hineinschlägt. Aber natürlich hatte ich nicht die Absicht, mein Schiff zusammenzunageln, ich wollte ein genähtes Schiff bauen, und dafür eignete sich *aini* hervorragend. Ich berücksichtigte auch die Tatsache, daß seine Holzfasern sehr kalkhaltig sind, so daß es sich schwer streichen läßt, weil der Kalk die Farbe wegbrennt. Dafür wird kalkhaltiges Holz weniger von Schiffsbohrwürmern angegriffen. Indische Schiffbauer haben mir erzählt, daß *aini* im Wasser sogar noch länger hält als Teakholz. Darüber hinaus kostet es nur halb soviel wie Teakholz. Aber der entscheidende Faktor, der mich veranlaßte, es für die Nachbildung des Schiffs zu wählen, war, daß die indische Regierung es nicht auf die Liste der für den Export verbotenen Hölzer gesetzt hatte. Abdul Kader Baramy prüfte alle Listen mit Hölzern, die die Regierung für den Export gesperrt hatte. Darauf waren fast alle Harthölzer verzeichnet, aber durch ein Versehen, oder vielleicht, weil es ein relativ unbekanntes Holz war, hatten die indischen Behörden die Ausfuhr von *aini* nicht dazugezählt. Davon ermutigt, suchten und fanden meine Gefährten und ich das Holz, das wir benötigten, in den Hügeln hinter Cochin. Dort ließen die indischen Holzhändler *aini*-Bäume fällen. Unsere Ankunft in den Bergen löste eine kleine Sensation aus. Auf der einen Seite freuten sich die Holzhändler darüber, mit einem arabischen Kunden ins Geschäft zu kommen; andererseits waren sie es aber absolut nicht gewöhnt, daß ihre Kunden in die Berge hinaufkamen, im Wald umhergingen, Bäume abmaßen, mit dem Hammer gegen die Stämme klopften – was wir taten, um verborgene Mängel zu entdecken – und mit den Forstleuten plauderten. Hoodaid, Scheik Said und Dharamsy mußten nach Oman zurück, aber ich blieb in den Wäldern, fest entschlossen, die besten Stämme für mein Schiff zu finden. Auch wollte ich die Tricks beim Holzhandel besser durchschauen lernen.
Indische Holzhändler stehen in dem Ruf, die größten Gauner im ganzen Land zu sein, und auf eine merkwürdige Weise sind sie fast stolz darauf. Man hatte mich davor gewarnt, nie jemals irgend etwas gutgläubig zu kaufen, und mir geraten, jeden Stamm nach Fehlern zu untersuchen und darauf zu achten, daß die Stämme, die ich kaufte, auch tatsächlich dieselben waren, die die Sägemühle erreichten, und nicht etwa unterwegs ausgetauscht wurden, und so weiter. Zu meinem heimlichen

Vergnügen entdeckte ich, daß der Holzhändler, mit dem ich verhandelte, die Spielregeln perfekt beherrschte. Am allerersten Tag zog ich in seinem Büro am Rande der Wälder mein nagelneues Meßband heraus, mit dem ich die Maße jedes einzelnen Stammes prüfen wollte. Das Meßband war noch im Verpackungskarton, und der Holzfäller bat, es sich ansehen zu dürfen, er drückte Bewunderung aus. Fünf Minuten später bemerkte ich, daß das Meßband verschwunden war. Ich entschuldigte mich, verließ sein Büro und ging hinters Haus. Dort fand ich den Vorarbeiter des Holzhändlers. Er hatte das Meßband am Boden ausgebreitet, um zu prüfen, ob seine Markierungen mit denen seines eigenen Meßbandes übereinstimmten. Offenbar war der Händler so mißtrauisch, daß er annahm, ich hätte ein Meßband mit falschen Markierungen mitgebracht, um ihn zu betrügen.

Meine Ausflüge in die Wälder machten mir großen Spaß. Ich genoß es, mich auf die dröhnenden Schläge der Äxte einzustimmen, während wir uns einen Weg durchs Unterholz bahnten, oder dem gewaltigen Brechen der Äste zuzuhören, wenn ein großer Baum zu schwanken begann und umfiel. Dann wurde es im Wald einen Augenblick lang ganz still, und es war nichts zu hören außer dem unheimlichen prasselnden Geräusch von Hunderten von Zweigen und Blättern, die auseinandergerissen werden, wenn ein solcher Riese zu Boden stürzt. Ich verbrachte Stunden damit, den Elefanten dabei zuzusehen, wie sie die Stämme aus dem Wald zogen. Die Intelligenz und Geschmeidigkeit der gewaltigen Tiere versetzte mich immer wieder in Erstaunen. Ein Elefant bewegt sich auf den gefällten Baumstamm fast mit der Anmut einer Katze zu, wartet, die Ohren bewegen sich wie Fächer ständig vor und zurück, während der Holzfäller die großen Äste abschlägt und in das Ende des Stammes ein Loch schneidet, um die Kette durchzuziehen. Dann bringt der Elefantenführer den Elefanten durch kleine Stöße mit den Fersen in die richtige Position. Der Rüssel streckt sich mit gebogener Spitze nach vorn, ergreift die Kette, hebt sie auf und nimmt die dicken weichen Seilenden zwischen die Kiefer. Dann stemmt sich der Elefant mit seinen kräftigen Beinen fest gegen den Boden. Der Rüssel gleitet wie eine Pythonschlange entlang der Kette zurück und wickelt sich fest um die Glieder, so daß die Kette genau im richtigen Winkel liegt. Dann verlagert der Elefant sein gesamtes Gewicht nach hinten. Und dann zieht er mit einem sanften Ruck seines Körpers den Stamm durch den Schlamm. Und einen Augenblick später steht er schon wieder in einem anderen Winkel zum Stamm. Ein erneuter kurzer Ruck an der Kette, und der Stamm hängt zwischen den Behinderungen und Wurzeln und landet direkt vor uns auf der Straße.

»Elefanten sind sehr kostspielig«, murmelte der Holzhändler, der vorsichtshalber in einiger Entfernung von dem großen Tier stand und an der Vorführung des Elefanten offensichtlich nichts Romantisches finden konnte. »Ich muß sie stundenweise von dem Elefantenverleih anheuern, und es braucht viel Zeit, sie zu waschen. Die müssen dreimal am Tag gebadet werden, sonst kriegen sie's an der Haut, und dann arbeiten sie nicht ordentlich. Und für ihr Fressen muß ich auch zahlen.« Sein Gesicht hellte sich auf. »Aber ich kaufe mir jetzt selbst einen, und der wird viele, viele Jahre für mich arbeiten. Wenn er nicht krank wird und stirbt, wird er vielleicht sogar noch für meine Söhne arbeiten. Ein Elefant ist besser als ein Traktor. Ich habe mir die Sache genau überlegt. An steilen Hängen kann man mit den Traktoren nicht viel anfangen, und im Wald gibt es niemanden, der was vom Motor versteht. Außerdem ist es schwierig, Ersatzteile zu bekommen. Ja, ein Elefant ist viel, viel besser.«

Allmählich begann ich mich für Mr. Sunny, den Holzhändler, zu erwärmen, denn er bemühte sich tapfer, mit seinem exzentrischen Kunden Schritt zu halten. Er begleitete mich auf jedem meiner Holzkäufe, sein uraltes Auto quälte sich mühsam durch die Schlammwege. Nur am letzten Abend verließ ihn der Mut, als ich nach Einbruch der Dunkelheit darauf bestand, die Holzparks aufzusuchen, um noch ein paar schöne Stücke auszusuchen. Als ich aus dem Auto in den glitschigen Sumpf stieg – der Regen prasselte nur so herunter –, kurbelte Mr. Sunny das Fenster auf, reichte mir eine Taschenlampe nach draußen und rief mir, als ich zwischen den Bäumen verschwand, besorgt nach: »Passen Sie auf die Schlangen auf. Hier gibt es viele giftige Schlangen. Sie kommen in der Dunkelheit raus und suchen nach Fröschen... Kobras, Kraits, Vipern... es gibt 'ne Menge Vipern und über zweihundert verschiedene Sorten Schlangen in Indien.« Aber obgleich ich ziemlich lange durch die Dunkelheit stolperte, habe ich keine einzige Schlange zu Gesicht bekommen.

Ich hatte eine Liste meiner Holzkäufe erstellt, eine Aufstellung jeder einzelnen Planke, jedes Balkens und jedes Rahmens, auf der auch Größe und Form genau festgehalten waren. Die Liste war nach einer Boom-Rekonstruktion zusammengestellt, die mir Colin Mudie, ein hervorragender Schiffsarchitekt, gegeben hatte. Er hatte seinerzeit schon die Pläne für die *Brendan* angefertigt. Ich hatte zu Colin volles Vertrauen. Er hatte bereits einen Satz Zeichnungen angefertigt und sich dabei auf noch existierende Booms und auf historische Daten gestützt. Dann zeigte ich den omanischen Dau-Schiffbauern in Sur ein Modell dieser ersten Version der Nachbildung, bat sie um Änderungsvorschläge, die Colin später bei seinen endgültigen Plänen berücksichtigte. Alle waren sich einig, daß der Kiel des Schiffs das Wichtigste der gesamten Konstruktion war. Der Kiel eines Booms ist lang, gerade und wuchtig. Er ist das Rückgrat des Schiffs und bestimmt seine übrigen Dimensionen und Proportionen. Wenn der Kiel erst einmal gelegt ist, stehen alle anderen Hölzer in einem bestimmten Winkel oder in einem bestimmten Größenverhältnis dazu. So daß ein arabischer Schiffbauer, wenn er den Schiffstyp kennt – Boom oder Sambuk beispielsweise – und dazu die Länge seines Kiels, genau weiß, wie groß das fertige Schiff sein und welche Form es haben wird. Während europäische Schiffbauer die Größe eines Schiffs nach seiner Gesamtlänge oder der Länge auf dem Wasser bemessen, berechnet der arabische Schiffbauer sie nach der Länge des Kiels.

Das Problem bestand darin, daß das Kielstück meiner Nachbildung an die 22 m lang, im Durchmesser über 3,50 m mal 4,50 m und kerzengerade sein mußte. Auch verlangte Colin, daß es aus einem einzigen Holzstück geschnitten wurde. Dazu benötigte man einen prächtigen, großen Stamm eines Hartholzes, wie es ihn in Europa praktisch nicht gibt. Sogar die indischen Holzfäller schüttelten verwundert den Kopf, als sie davon hörten. Ich ließ mich von ihrer Skepsis nicht beirren und machte mich auf die Suche nach einem solchen Stamm. Am Ende wurde meine Suche belohnt. Im Juli fand ich den großen Baum, der den Kiel meines Schiffs liefern würde. Es war ein Prachtexemplar, das von seinen Besitzern ein halbes Jahrhundert lang gepflegt worden war. Die Tochter der Familie wollte heiraten, und der Verkauf des Baumes sicherte gewissermaßen ihre Mitgift. Ein Forstarbeiter kletterte hinauf, um ein Seil zu befestigen, das beim Fallen die Richtung bestimmte, dann kamen zwei Holzfäller, und innerhalb von zwei Stunden lag der Baum am Boden. Die Äste wurden abgehackt und die Rinde geschält, um die charakteristische bananengelbe Farbe des frisch geschnittenen *aini*-Holzes freizulegen, die sich nach ein paar Wochen zu einem dunklen, rötlichen Braun verfärben würde. Wie man mir versichert hatte, mußte das Holz nicht erst abgelagert werden. Wir benötigten zwei Elefanten, um den großen Stamm hinunter zur Straße zu schaffen. Dort wurde er auf Böcke gelegt und von zwei Männern mit einer großen Säge in Stücke geschnitten. Der eine Mann stand neben dem Stamm, und der andere hockte am Boden, um die Schneide nach unten zu ziehen, während die feuchten Sägespäne auf ihn herabrieselten. Sie brauchten vier harte arbeitsreiche Tage, um den Stamm zuzuschneiden. Das Kielstück wurde auf einen Lastwagen geladen, der von einem Elefanten über die Haarnadelkurven talabwärts dirigiert wurde.

Inzwischen hatten mir meine Besuche in Indien eine kleine ständige Gefolgschaft beschert. Meine Anwesenheit bedeutete für andere die Chance, einen Job zu finden. So stellte ich fest, daß ich einen Fahrer benötigte, der die Straßen kannte und sich um das Auto kümmerte; einen Zimmermann, der mit den Forstleuten über das Holz reden konnte; und einen Dolmetscher samt Assistenten, der all die vielen Arrangements traf, angefangen vom Quartier für die Nacht bis zur richtigen Höhe von Bestechungsgeldern. Zum Beispiel wurden zwischen Cochin und Coa, dem Küstenstreifen, wo ich nach Material jagte, in den Dörfern mindestens vier verschiedene Sprachen gesprochen, und meine Suche führte mich ständig in kleine Weiler und abgelegene Dörfer, wohin sich Fremde nur selten verirrten und Ausländer unbekannt waren. Daher mußte mein Dolmetscher vielseitig sein – und das war er auch. Er kam mit einem Empfehlungsschreiben eines indischen Meeresbiologen, der ihn kennengelernt hatte, als er auf der einsamen Koralleninsel Minicoy, 220 Meilen vor der indischen Küste, Meeresproben gesammelt hatte. »Er ist unbezahlbar«, hieß es in dem Brief, »er spricht vierzehn Sprachen und geht jedem Thema nach, das ihn interessiert.« Unbezahlbar, daran mußte ich immer wieder denken. Und er hielt das Versprechen. Sein Name war Ali Manikfan, und er war der Sohn des letzten Oberhaupts von Minicoy. Jetzt lebte er auf dem Festland, weil ihm die Insel zu eng geworden war. Er hatte einen ausgeprägten Sinn für seine eigene Würde und seine Fähigkeiten und konnte gegenüber anderen Indern sehr arrogant sein. Aber wenn es darauf ankam, konnte er kochen und nähen, segeln, eine Maschine reparieren oder die Buchführung erledigen. Aus der Zeit, als er Meeresproben gesammelt hatte, kannte er von jedem Fisch und jeder Muschel auf seinen Heimatinseln den lateinischen Namen, und er sprach sogar etwas arabisch, da er, wie alle Bewohner von Minicoy, Mohammedarmer war und die Koran-Schule besucht hatte. Mit Dharamsy Nensey teilte er die Fähigkeit, mit leichtem Gepäck reisen zu können. Jedesmal, wenn ich nach Indien kam, war

Ali zur Stelle, um mich in Empfang zu nehmen, mit einem breiten Lächeln unter der kleinen weißen Kappe, die auf seinem Kopf thronte, und einer kleinen Aktentasche unter dem Arm, die sein einziges Gepäckstück darstellte.

Die Männer von Minicoy haben an der ganzen Malabarküste einen ausgezeichneten Ruf. Sie leben auf ihrer nur vierzig Quadratmeilen großen Insel und haben eine erstaunlich eigenständige Kultur entwickelt. Es wird von jedem Mann erwartet, daß er für sich selbst sorgt, fischen geht und die Kokosnußbäume pflegt, sich sein eigenes Haus baut, kocht und schwimmt und auch im Team mitarbeitet. Die Männer von Minicoy sollen auch die besten Seeleute Indiens sein; sie waren die eigentlichen Laskaren, die seit Generationen als Matrosen auf fremden Schiffen anheuerten. Häufig taten sie viele Jahre lang in Übersee Dienst, bevor sie wieder auf ihre Heimatinsel zurückkehrten. Sogar im Hafen von Bombay genießen die Männer von Minicoy einen hervorragenden Ruf. Die Besatzung der Boote des Bombay Pilot Service besteht fast ausschließlich aus den Männern von Minicoy, und wie es heißt, haben die Bombay Pilots nicht nur die schönsten und am besten gepflegten Boote im gesamten Hafen, sondern sie werden auch noch, egal was geschieht, bei jedem Wetter und jeder Notlage von den Minicoy-Männern sicher gesteuert. Darüber hinaus, und das ist vielleicht das bemerkenswerteste überhaupt, heißt es, daß die Männer von Minicoy in dem überfüllten Hafen von Bombay noch niemals in den Streik getreten sind.

Minicoy gehört zu der Inselgruppe, die von den ersten arabischen Geographen als »Kokosfaserinseln« bezeichnet wurden, weil die arabischen Schiffe die Kokosfaserseile, die zum Schiffbau verwendet wurden, dort verluden. Es besteht kaum ein Zweifel, daß mit den Kokosfaser-Inseln in Wirklichkeit die Lakkadiven gemeint waren, und noch bis in unser Jahrhundert hinein waren die Kokosfasern, die Seile, die aus Kokosnußschalen gemacht werden, das einzige Exportgut der Lakkadiven. So erschien es mir nur logisch, die Kokosfaserseile für meine Nachbildung eines genähten Schiffes aus derselben Quelle zu besorgen wie die Araber. Aber die indische Regierung verbot Ausländern den Besuch der Lakkadiven, sie fürchtete, daß Fremde die Kultur der Eingeborenen zerstören könnten. Daher spielte Ali Manikfan eine doppelt wichtige Rolle für mich. Er konnte mich mit den Bewohnern der Lakkadiven zusammenbringen, wenn sie aufs Festland kamen, um Reis,

Zigaretten und Lebensmittel zu kaufen. Eine Schlüsselstellung hatte dabei ein Insulaner inne, ein geradezu genialer Gauner von der Insel Agatti namens Kunhikoya. Er war ein schneller Denker, lebhaft und stets mit einem Grinsen im Gesicht – ein echter Gauner. Kunhikoya wußte viel über den Handel mit Kokosfasern und hatte gelegentlich schon selbst ein bißchen mit genähten Schiffen zu tun gehabt. Er sagte mir, daß ich für den Bau einen ganz speziellen Kokosfaden benötigte. Er mußte mit der Hand gedreht sein und die Kokosnußschale von allerbester Qualität. Die Schalen mußten in Meereswasser eingeweicht oder verrottet sein, um die Fasern zu lockern. Die meisten Kokosfasern werden in frischem oder Brackwasser aufgeweicht, sagte Kunhikoya, aber diese Fasern waren für meine Zwecke nicht zu gebrauchen. Sie waren nicht fest genug für ein Schiff. Nachdem sie im Meerwasser verrottet waren, wurden die Kokosnußschalen in der Sonne getrocknet und dann mit Holzschlegeln auf Holzblöcken geklopft, um den Staub zu lösen. Wenn man Metallhämmer benutzte, würden die Fasern zermalmt und deshalb das Seil zu schwach. Danach müßte man die Fasern mit der Hand zu einem Faden drehen. Wenn man sie mit der Maschine drehte, würden die Fäden nicht fest genug.

Kunhikoya verkündete, daß ich an die 1500 Knäuel Kokosfäden benötigte, um mein Schiff zu bauen. Ich rechnete die Gesamtlänge aus und kam auf 640000 Meter! Das kam mir unwahrscheinlich vor, aber wie sich herausstellte, sollte Kunhikoya recht behalten. Mit seiner Hilfe versuchten Ali und ich zuerst einmal, in den kleinen Dörfern im Hinterland der Malabarküste gute Kokosfaserschnüre zu kaufen. Es war richtig spannend, die beiden Inselbewohner bei dieser Arbeit zu beobachten. Sie waren Experten. Sie wußten genau, was sie wollten, und sie kannten auch die meisten Tricks, mit denen man versuchen würde, sie hereinzulegen. Wenn man ihnen ein Stück Kokosfasergarn zur Prüfung hinhielt, schnitt Kunhikoya eine theatralische Grimasse, nahm die Probe in die Hand und zog mit einer schnellen Drehung seines Handgelenks den gedrillten Faden auseinander. Dann zerriß er ihn, scheinbar mühelos, wie einen Baumwollfaden und ließ die beiden Enden mit dem Ausdruck größten Abscheus auf den Boden fallen. Natürlich gibt es Tricks, einen Faden zu zerreißen, aber Kunhikoya war ein so guter Schauspieler und hatte ungeheuer kräftige Muskeln an den Unterarmen, daß bei ihm der stärkste Faden zerbrechlich aussah. Um zu prüfen, ob die Fasern richtig präpariert worden waren, griff er sich eine Probe und stopfte sie wie Spaghetti in den Mund, kaute darauf herum, um den charakteristischen Salzgeschmack von im Meerwasser aufgeweichten Kokosfasern aufzuspüren. Schmeckte er nichts, drehte er sich zu mir um und bot mir ein Stück an. Ich kaute dann mit ernster Miene auf dem Kokosseil herum, bemühte mich, nicht an den Schmutz und Schlamm des stinkigen, abgestandenen Wassers zu denken, in dem die Kokosnuß-schalen eingeweicht wurden.

Schließlich mußte ich die Tatsache akzeptieren, daß der einzige Ort, an dem ich ordentliches, in Meereswasser präpariertes Kokosseil erhalten konnte, die Lakkadiven waren, und zwar über Kunhikoya als meinem Agenten. Ich war dann später keineswegs überrascht, daß ich, als die Bündel geliefert wurden und Kunhikoya sich viele Meilen entfernt in Sicherheit befand, feststellen mußte, daß er mir einige maschinengesponnene Garne untergeschoben hatte. Aber das nahm ich nicht weiter tragisch. Immerhin hatte mich Kunhikoya vor weitaus größeren Schwindeleien in Indien bewahrt.

Manches vom Zubehör für meinen Schiffbau war schon recht ausgefallen, etwa die Schalen von 50 000 Kokosnüssen, die als eine Art Polsterung dienen sollten, Schnüre in zwei ganz bestimmten Stärken und vierzig Bündel mit einem merkwürdig knorrigen Holz von den Inseln, das wie Mangrovenwurzeln aussah. Dieses Holz war ungeheuer fest und hart, und Kunhikoya sagte, es würde für die Hebel gebraucht, mit denen die Seilmacher die Laschen am Schiff festzurrten. Darüber hinaus verwendeten wir noch eine Vierteltonne Baumgummi, das *chundruz* genannt wurde, ein natürliches Harz, aus dem sich billiger Weihrauch herstellen ließ. Die Schiffbauer benutzten es als eine Art Schellack und strichen es in die Ritzen zwischen den Planken. Bevor er seine Wahl traf, nahm Kunhikoya eine Handvoll Körner dieses Harzes und zündete sie an, um zu prüfen, wie sie brannten. Diese Feuerproben dauerten fast einen Tag. Dann erst gab er sich zufrieden und entschied sich für eine Sorte *chundruz*. Leider aber waren unsere Bemühungen vergebens. Wir kauften sechs große Säcke *chundruz*, versiegelten sie, beschrifteten sie und lagerten sie in einem unter Zollverschluß stehenden Lagerhaus. Aber als die Säcke in Oman ankamen und wir sie öffneten, mußten wir feststellen, daß sie zu zwei Drittel mit Kieselsteinen gefüllt waren: Wir waren Opfer der notorischen »Substitution«.

Kunhikoya wollte auch ein halbes Dutzend Barrel Fischöl haben, das mit aufgelöstem Zucker vermischt an die Außenseite des Rumpfs gestrichen werden sollte. Kleine Fische wurden in Bottichen gesiedet, und dann wurde das Fett abgeschöpft. Der Gestank des Öls war unbeschreiblich. Als nächstes kauften wir eine halbe Tonne Kalk, der auf den Teil des Rumpfs aufgetragen werden sollte, der unter Wasser lag. Um den Kalk zu besorgen, suchten wir einen Kalkbrenner in der Nähe der Fischbottiche auf. Frauen in einer langen Reihe trugen Eimer mit Schalen von Meerestieren auf dem Kopf und schütteten sie vor einer langgestreckten niedrigen Hütte, durch deren strohbedecktes Dach Rauch aufstieg, auf einen Haufen. Im Innern der Hütte trat ein sehr alter Mann, dünn wie ein Skelett, ein Rad, um in die mit Kohle beheizten Wannen mit den brennenden Schalen Luft zu pumpen. Andere – ebenfalls äußerst magere – Männer, die sich Tücher um den Kopf gebunden hatten, rührten mit langen Holzstangen in den Bottichen. Zwei Kinder taumelten durch die stickige Hitze und schütteten immer neue Schalen in die Wannen. Alle waren in Schweiß gebadet und husteten, wenn sich der Wind drehte, ihre Augen waren von den ätzenden Dämpfen gerötet; eine scheußliche Arbeit, die noch dazu gerade so viel einbrachte, daß es für ein kärgliches Essen reichte.

Punkt für Punkt sammelten wir nach Kunhikoyas Anweisung das Material für den Bau unseres Schiffs: sechs große Bohrer; weiche Eisenmeißel zum Schneiden von Holz; ein Knäuel Flachsseil; vier große Brecheisen; zwei Vorschlaghämmer; eine altmodische Hebelwaage; mehrere Kisten mit verschiedenem Werkzeug. Der einzige Posten, den ich absolut nicht auftreiben konnte, waren die Schwänze von sechs Stechrochen. »Wozu werden die denn gebraucht?« fragte ich Kunhikoya. »Um damit Löcher in die Planken zu machen, für die Nahtstiche.« – »Aber wieso Rochenschwänze?« – »Wir machen damit die Löcher weich, damit sie nicht in das Seil schneiden.« Jetzt verstand ich, was er meinte. Die Einwohner der Lakkadiven lebten so isoliert, daß sie anstelle von Holzdübeln die groben Schwänze der Stechrochen verwendeten. Erleichtert erklärte ich Kunhikoya, daß ich Metallfeilen besorgen könne, die denselben Zweck erfüllten.

Kunhikoyas endgültiger Triumph, aber auch die endgültige Katastrophe waren gekommen, als wir nach Beypore zurückfuhren, um die Masten und Rundhölzer für das Schiff zu kaufen. Wir suchten jetzt nach einem besonderen Holz, das die Inder *poon* nennen. Wie ein gewaltiger Speerschaft ragt ein ausgewachsener *poon*-Baum manchmal fünfzehn Meter in die Höhe, ehe auch nur ein einziger Zweig wächst. Seit

Jahrhunderten wissen die Seeleute, daß *poon* hervorragendes Material für Masten und Rundhölzer abgibt. Tatsächlich schickte die Royal Navy extra Vertreter nach Indien, um dort *poon*-Rundhölzer für ihre Segelboote einzukaufen. *Poon* wächst nicht in ganzen Beständen wie *aini*, sondern steht gewöhnlich für sich, und es ist nicht leicht, ihn zu bekommen. Heute werden diese Bäume zerhackt und zu Furnierholz verarbeitet. Aber in Beypore läßt man die Stämme auch heute noch den Fluß hinunterschwimmen und hebt sie für den Segelschiffbau auf. An den Flußufern liegen Flöße aus *poon*-Stämmen, halb im Wasser, wie triefende Krokodile in toten Gewässern. Das Wasser selbst ist verwest, faulig von Schleim und verrotteten Pflanzen und den Abwässern aus den Siedlungen. An heißen Tagen ist der Gestank so schlimm, daß einem übel wird. Aber der Gestank konnte Kunhikoya nicht schrecken. Er war an diesem Morgen ausgelassenster Laune, hüpfte wie ein Eichhörnchen von einem Baumstamm zum andern, gefolgt von dem Vorarbeiter des Holzlagers, der sein Lendentuch hochraffte, damit es nicht mit dem schmutzigen Wasser in Berührung kam. Kunhikoya schwenkte ein kleines Beil, und wann immer er zu einem Baumstamm gelangte, der für unsere Zwecke in Frage kam, hackte er ein kleines Stück Holz heraus, um die Unterseite der Oberfläche zu inspizieren. Der Gehilfe des Vorarbeiters trug das Meßband, denn die Rundhölzer wurden nach Länge verkauft. Zum Glück erinnerte ich mich an meine Erfahrungen auf diesem Gebiet und bat, das Band ansehen zu dürfen. Zuerst einmal fehlten die ersten hundert Zentimeter, so daß ich jedesmal einen Meter Holz zuviel bezahlt hätte. Der Vorarbeiter war ziemlich unverfroren. Das Ende des Bandes wäre bei der Feuchtigkeit verfault, erklärte mir der Mann. Aber ich bemerkte auch, daß er noch einen anderen Trick anwendete. Als wir auf einem im Wasser treibenden Baumstamm standen, um ihn auf Fehler hin zu überprüfen, drehte der Vorarbeiter mit seinen nackten Füßen den Stamm, so daß ich akrobatische Verrenkungen machen mußte, um nicht in die faulige Brühe des Flusses zu fallen, und gar nicht dazu kam, mir den Baumstamm näher anzusehen.

Gegen Mittag hatten wir alle Rundhölzer gefunden, sie mit Kunhikoyas Beil markiert und gekauft. Jetzt fehlte uns nur noch ein Baumstamm für den Hauptmast. Den Rest des Tages machten wir uns auf die Suche, steckten unsere Nasen in Sägemühlen und Lagerplätze, bis wir schließlich spätabends direkt am Strand einen ausgezeichneten Baumstamm fanden, über zwanzig Meter lang und von genau der richtigen Stärke.

Man brauchte ihn kaum zurechtzustutzen, er hatte die richtigen Maße für den Hauptmast meines Schiffs. Mit Jubelrufen lief Kunhikoya auf dem Stamm hin und her, klopfte mit seinem Beil dagegen, um sich zu vergewissern, daß das Holz fest und gesund war. Es war so spät am Abend, daß die Holzverkäufer schon heimgegangen waren. Daher hockten Ali und ich uns neben dem Baum auf den Boden, und Kunhikoya steckte Streichhölzer an, damit wir ein Zeichen einritzen konnten, wie es jeder Holzhändler an wichtigen Stämmen tut, die ihm gehören! Als wir noch damit beschäftigt waren, wurde es plötzlich sehr laut, und ein ganzer Pulk wütender Inder kam den Strand entlang auf uns zugelaufen. Manche fuchtelten wild mit Stöcken in der Luft. Sie stießen ein wütendes Geschrei aus und bedrohten uns. Ich überlegte, was im Himmel wir angestellt hatten. Hatten wir gegen irgendwelche Sitten und Gebräuche verstoßen? Es war eine häßliche Szene. Die aufgebrachte Menge wälzte sich auf uns zu. Schreiend und brüllend stürzten sie sich auf Kunhikoya. Ali und mich beachteten sie nicht. Dann zerrten sie Kunhikoya auf die Seite, redeten auf ihn ein und drohten ihm.

Zu meiner Überraschung wollte sich Ali vor Lachen ausschütten. »Was hat er denn getan? Was ist los?« fragte ich. »Werden sie ihm auch nichts tun?« Ali grinste über das ganze Gesicht. »Nein, sie werden ihm schon nichts tun«, erwiderte er. »Jemand hat Kunhikoya wiedererkannt. Diese Männer sind Verwandte seiner Frau. Er hat sie in Calicut geheiratet, und dann ist er auf und davon. Seitdem war er nicht mehr dort. Jetzt bringen ihn der Bruder und die Vettern seiner Frau zu ihr zurück. Er wird vor den Richter kommen: Er wird für die ganze Zeit, während der er weg war, zahlen müssen.« Zuerst Hoodaid aus Sur und jetzt Kunhikoya von der Agatti-Insel, dachte ich. Ich schien eine Begabung dafür zu haben, aus Calicut weggelaufene Ehemänner zurückzubringen. Am Ende engagierten mich die Frauen noch, weitere Drückeberger aufzutreiben. Daß dieser Gedanke gar nicht so abwegig war, sollte ich ein Jahr später erleben, allerdings würde ich dann den offenbar unersättlichen Damen der Hafenstadt keine Drückeberger zuführen, sondern eine feine Auswahl potentieller Ehemänner.

Meine heikelste Aufgabe an der Malabarküste war das Anheuern von Zimmerleuten und Seilflechtern, die mit nach Sur kommen sollten, um das genähte Schiff zusammenzusetzen. Die Schiffseigentümer in Sur hatten mir gesagt, daß sie schon oft indische Zimmerleute eingestellt hätten, weil sie ausgezeichnete Arbeit leisteten. Und außerdem ging es um bares Geld. Es war für mich viel billiger, indische Zimmerleute einzustellen, anstatt Schiffbauer aus Oman, und bei meinem Aufenthalt in Sur hatte ich eindeutig festgestellt, daß ich nicht genügend omanische Schiffbauer fand und daß ich sie mir auch gar nicht leisten konnte, um mein Schiff in den sechs Monaten, die mir zur Verfügung standen, fertigzubauen. Die guten Zimmerleute in Sur waren mit anderen Arbeiten beschäftigt, und so viele gab es auch gar nicht. Seit zehn Jahren war in Sur kein einziges großes Schiff mehr gebaut worden. Heute bestellt man sein neues Schiff gleich in Beypore. Zwischen der brodelnden Menschenmenge in den Werften von Beypore waren mir schon die weißen *dishdashas* und Kopfbedeckungen der Männer aus Oman und Bahrain aufgefallen. Sie beaufsichtigten die indischen Arbeiter beim Bau ihrer Motordaus.

Schiffbauer anzuheuern, die von Beypore mit nach Oman kamen, war nicht weiter schwer. Es standen genügend fähige Männer zur Verfügung. Wirklich kompliziert war es nur, Seilmacher zu finden, die das Schiff mit Kokosfasergarn zusammennähen konnten. Abdul Kader Baramy hatte recht gehabt, als er sagte, daß man sie an der Malabarküste nicht finden würde. Zwar hatte ich verlautbaren lassen, daß ich Männer suchte, die darin geübt waren, Boote zu nähen, und es meldeten sich jede Menge eifrige Anwärter, die mir alle versicherten, daß sie sich mit dieser Arbeit auskennen würden. Sie waren geradezu versessen darauf, mit nach Oman zu kommen. Aber als ich sie aufforderte, ein paar Planken zusammenzunähen, war das Ergebnis katastrophal. Nicht ein einziger wußte auch nur, was er eigentlich tat. Sie hantierten ungeschickt mit den Schnüren herum, knüpften Knoten, die wieder aufgingen, und brachten die Seile völlig durcheinander. Diese Szene amüsierte offenkundig einen kleinen verrunzelten Mann, der in der Nähe im Sand hockte und eine Zigarette rauchte. Ich forderte ihn auf, es einmal selbst zu versuchen. Der Fremde suchte sich die »geschicktesten« der Scharlatane als Helfer aus und brachte prompt ein Dutzend guter fester Nahtstiche zustande. Ich wollte wissen, woher er käme. Von der Insel Chetlat auf den Lakkadiven, erwiderte er. Er war nur für ein paar Tage zu Besuch auf dem Festland. Ob er mit nach Oman käme, um dabei zu helfen, ein großes Schiff zu nähen? Er schüttelte heftig den Kopf. Er würde seine Insel nie verlassen, um in ein fremdes Land zu gehen. Schon nach Indien herüberzukommen, war schlimm genug. Man betrog die Inselbewohner und beutete sie aus. Zuerst gab man ihnen Arbeit und versprach ihnen eine gute Bezahlung. Aber wenn die Arbeit getan war, jagte man sie fort, ohne sie dafür zu bezahlen. Da sie nirgends eine Bleibe hatten und auch keinen Einfluß, kehrten sie auf ihre Inseln zurück. Gerade jetzt wartete er auf ein Boot, um wieder nach Hause zu fahren.

Das Mißtrauen gegenüber Fremden war bei den Einwohnern der Lakkadiven tief verwurzelt, das war schlimm, denn ich brauchte sie dringend. Sie waren nun einmal die einzigen Menschen auf der Welt, die sich in der alten Kunst, hochseetüchtige genähte Schiffe zu bauen, auskannten. Und selbst hier war diese Kunst schon fast ausgestorben. Wie ich hörte, waren auf den gesamten Lakkadiven nur zwei Boote dieser Art zu finden, und an ihnen war seit vier Jahren nicht mehr gearbeitet worden. Es war nicht genügend Zeit, nicht genügend Material und nicht genügend Interesse vorhanden. Wahrscheinlich würden sie nie fertiggebaut werden. Gegen alle Prinzipien der Wahrscheinlichkeitsrechnung schickte ich Ali auf eine Erkundungsreise auf die Inseln. Er kam mit einer Liste zurück, auf der die Namen von zwanzig Seilmachern standen, die Erfahrung mit dem Bau von genähten Booten hatten und die ihm versprochen hatten, daß sie aufs Festland kommen würden, um mit mir zu reden. Aber leider tauchten nur zehn wirklich in Calicut auf, und von diesen zehn waren zwei ganz eindeutig nur an einem Ausflug aufs Festland interessiert. Ich kam mir ein bißchen so vor wie ein Rekrutierungsbeamter aus dem 18. Jahrhundert. Ali war mein Sergeant, der sich bemühte, die Männer zu überreden. Ich traf mich immer wieder mit den Insulanern, um ihnen von meinem Projekt zu erzählen. Der Gedanke, in ein fremdes Land zu gehen, war für sie äußerst ungewöhnlich. Ich brauchte mehrere Stunden, sie davon zu überzeugen, daß sie nicht versklavt werden sollten. Als Anreiz bot ich ihnen eine kleine Barzahlung im voraus an und versprach ihnen Unterkunft und Verpflegung und daß sie ärztlich betreut würden. Dafür sollten sie ein Schiff zusammennähen, das größer war als alle, die sie bislang gesehen hatten. Ich redete und wartete und redete wieder. Ohne diese vorsichtigen Männer wäre es unmöglich, eine genaue Rekonstruktion anzufertigen. Wenn ich sie so betrachtete, fragte ich mich, ob ich nicht zu optimistisch sei. Einer der Männer war schon so alt, daß ich nicht sicher war, ob er die Reise überleben würde. Ein anderer hatte nur ein Auge; und dann gab es noch einen sanften kleinen Dümmling, der ständig ein seeliges Lächeln auf den Lippen trug und offenbar nicht ganz richtig im Kopf war. Schließlich war es Kunhikoya, der die Dinge zum Guten wendete. Er versprach, sein Bruder Abdullakoya, genauso ausgelassen und opportunistisch wie er selbst, werde die Gruppe nach Oman bringen. Aber vorher müßten sie alle auf ihre Insel zurück, ihre Werkzeuge holen, sich Pässe besorgen, ihren Familien Lebewohl sagen. Da ich befürchtete, sie könnten im Chaos auf dem Flughafen von Bombay verlorengehen, veranlaßte ich, daß alle Freiwilligen knallgrüne Hemden trugen, damit sie auf der Reise zusammenblieben.

Jetzt galt es, noch eine letzte Hürde zu nehmen. Ich hatte das Material und die Männer, aber ich mußte noch immer einen Weg finden, um die 140 Tonnen Holz, zum Teil große, sperrige Stämme, nach Sur zu transportieren. Ein regulärer Transport stand gar nicht erst zur Diskussion. In früheren Zeiten wurde das Holz einfach auf arabische Daus verladen. Aber der Holzhandel existierte praktisch nicht mehr, und nur gelegentlich fuhren noch indische Motorboote von Calicut aus in den Golf. Ich mußte ein Schiff mit Kapitän chartern, das meine Ladung an Bord nahm und damit nach Sur übersetzte und das Holz, wie vor tausend Jahren, einfach an der Küste ablud. Als ich den Holzhändlern von Malabar diese Idee unterbreitete, rollten sogar diese abgebrühten Erzgauner die Augen vor Entsetzen. War mir denn nicht klar, daß Holzhändler im Vergleich zu Schiffseignern geradezu eine Ausgeburt an Ehrlichkeit waren? Jeder ordentliche Kapitän war mit dem normalen Handel an der Küste voll ausgelastet. Ein Schiffseigner, der meine Charter nach Sur auch nur in Betracht zöge, hätte entweder ein Schiff, das kurz vorm Absaufen stünde, und wäre nur auf die Versicherung scharf. Oder er verspräche sich von der Sache eine erstklassige Möglichkeit, mich zu betrügen: Er würde mein Holz verladen, es ein paar Meilen die Küste rauffahren und es dann über Bord werfen. Seine Komplizen würden es in kleinen Booten an Land bringen und irgendwo verkaufen. Später würde mir dann der Kapitän mit wehleidiger Miene von einem großen Sturm erzählen und daß man gezwungen gewesen sei, deshalb die Ladung über Bord zu werfen. Ich ging diesen Horrorgeschichten nach, sie stimmten. Es war unmöglich, auf einem indischen Schiff Holzladungen an Deck zu versichern.

Wochenlang hetzte ich die Küste hinauf und hinunter und fand schließlich einen Kapitän, allerdings einen, der in jedem trivialen Krimi die Schurkenrolle hätte übernehmen können. Ja, er würde mir ein Schiff zur Verfügung stellen und meine Ladung befördern. Aber ich müßte die gesamten Frachtkosten im voraus bezahlen. Von tiefstem Mißtrauen erfüllt, feilschte ich um den Preis und besichtigte das Schiff. Es machte den Eindruck, als könnte es die Fahrt gerade noch überstehen, ohne zu sinken, ein hohes Risiko, aber ich hatte keine andere Wahl. Ich stellte für den Chartervertrag eine einzige Bedingung – daß ich ein Mitglied der Schiffsmannschaft selbst auswählen, bezahlen und an Bord bringen durfte. Die Bedingung wurde akzeptiert, und da ich nur den Männern von Minicoy traute, wählte ich einen jungen Mann von Alis Insel aus. Holz, Harz, 50000 Kokosnußschalen, Fischöl, Kalksäcke und all die anderen Dinge wurden verladen. Man präsentierte mir eine Rechnung, die doch tatsächlich einen Posten aufwies, der als Bestechungsgeld für den Leiter der Hafenarbeiter-Gewerkschaft deklariert war. Dann tukkerte das Schiff mit meinem Aufpasser aus Minicoy an Bord in Richtung Sur davon.

3
Die Grünhemden

Ich sah die kostbare Ladung mit dem Holz und dem Baumaterial erst Mitte Dezember wieder, als das heruntergekommene, häßliche kleine Schiff mit dem reichlich unpassenden Namen *Mohammed Ali* sich in die Bucht von Sur schob und Anker warf. Ein Polizeiboot brachte mich dorthin, und ich kletterte auf das schmutzige, unordentliche Deck. Die Atmosphäre roch förmlich nach einem Schurkenstreich. Die ausweichenden Blicke der Mannschaft weckten in mir den Verdacht, daß irgend etwas nicht stimme, und dann fiel mein Blick auf meinen Vertrauensmann aus Minicoy, der sich im Hintergrund hielt und offenbar allein mit mir reden wollte. Die Mannschaft, augenscheinlich überwiegend Galgenvögel, teilte mir mit, daß sich der dritte Sohn des Besitzers an Bord befände. Obgleich dies seine erste Schiffsreise war, führte er das Kommando, denn einen Kapitän gab es nicht, nur den Ersten Offizier, der das Schiff gesteuert hatte. Mir war klar, daß sich hier jeder vor der Verantwortung zu drücken suchte. Jemand ging nach unten, um den Sohn des Schiffseigentümers zu holen. Er kam eine Leiter raufgeklettert und rieb sich noch den Schlaf aus den Augen. Er war nicht gerade ein einnehmender Zeitgenosse, ungefähr 25 Jahre alt, unterwürfig und zu fett. Schon in seinem jugendlichen Alter hing ihm ein wabbeliger Wanst über Gürtel und offene Hose; und sein blumengemustertes grelles Hemd klaffte über dem plumpen Körper auseinander. Er trug zwei verschiedene Schuhe mit Keilabsätzen und kam – ein schleimiges Lächeln aufgesetzt – auf mich zugetaumelt. Es sei eine entsetzliche Fahrt gewesen, winselte er. Er hätte um sein Leben gebangt; das Schiff wäre fast untergegangen; die Charter hätte sich in keiner Weise gelohnt. Sie hätten sehr viel Zeit gebraucht und unendlich viel Arbeit und Mühe gehabt. Deshalb müsse er Geld nachfordern. Der gute Mann wirkte so verschlagen, daß er einfach etwas im Schilde führen mußte. Er teilte mir mit, daß er wegen des Ärgers mit den Dockarbeitern nicht das gesamte Holz hätte verladen können. Einen Teil Holz hätte er leider zurücklassen müssen.

Die Nachricht erschütterte mich. Als ich mich auf dem Deck umsah, fiel mir auf, daß es halb leer war. Warum hatte man meine Fracht nicht verladen? Der junge Mann zuckte mit den Schultern. Er wisse es nicht, erwiderte er, er wäre nur Kaufmann, kein Kapitän. Aus verklebten braunen Augen sah er mich lauernd an. Jetzt wurde mir klar, worauf er hinauswollte. Man hatte absichtlich einen Teil der Ladung zurückgelassen, um mich zu zwingen, das Schiff noch einmal zu mieten und es, zum gleichen lukrativen Preis, ein zweites Mal auf die Reise zu schicken. Ich war wütend. Ich drehte mich zu dem Polizeiinspektor um und erklärte ihm die Situation. »Er will die Regierung betrügen«, erklärte ich. »Dann ist es nicht schwer«, erwiderte der Inspektor energisch. »Dann stellen wir das Boot einfach unter Arrest. Sagen Sie ihm, daß er sich nicht ohne Erlaubnis fortbewegen darf. Und Sie können die Pässe der Mannschaft einziehen, und wenn Sie der Meinung sind, daß man sie wieder fahrenlassen kann, dann lassen Sie es mich wissen.«

Und so lag die *Mohammed Ali* während der nächsten drei Wochen vor Anker. Der Mann aus Minicoy, der für mich an Bord aufgepaßt hatte, schlich sich an Land und erzählte mir unter Tränen die ganze Geschichte. Offenbar hatte die Mannschaft der *Mohammed Ali* nicht einmal den Versuch unternommen, das Holz zu verladen. Man hatte das Holz auf dem Deck so gestapelt, daß es möglichst viel Platz einnahm. Und dann hatte sich die Mannschaft geweigert, die gesamte Fracht an Bord zu nehmen. Mein Mann aus Minicoy hatte protestiert, aber vergebens, die Mannschaft hatte sich nicht umstimmen lassen. Auf dem Weg nach Sur hatten die »Seeleute« sogar gedroht, ihn umzubringen, wenn er die Wahrheit erzähle. Eines Nachts, während er schlief, hatte man die Fracht umgeladen, und er selbst war von herumrollenden Baumstämmen verletzt worden. Er bat mich, ihn nicht wieder an Bord des Schiffs zu schicken. Er war überzeugt, daß ihn die Mannschaft auf dem Rückweg nach Indien aus Rache über Bord werfen würde.

Ich schickte den Mann aus Minicoy per Flugzeug nach Hause, ließ die *Mohammed Ali* weiterhin vor Anker liegen, auch, als die Holzladung schon gelöscht war. Einmal behaupteten sie, es wäre ein gefährlicher

Wind aufgekommen, und versuchten sich entlang der Küste aus dem Staub zu machen. Aber ein Hubschrauber der königlich-omanischen Polizei machte sie schon bald ausfindig – sie hatten sich am Ufer eines Flüßchens versteckt – und zwang sie, mitsamt dem Schiff umzukehren, und so lag die *Mohammed Ali* schon bald wieder in Sur vor Anker. Erst später gab ich ihnen die Pässe zurück, und der gräßliche grüne Rumpf der *Mohammed Ali* verschwand am Horizont.

Kurz vor Weihnachten trafen die Schiffbauer und Seilmacher per Flugzeug ein. Sie sahen adrett aus in ihren neuen grellgrünen Uniformhemden, die ich ihnen in Indien verschafft hatte, und ihr erster Job bestand darin, das vom *Ministry of National Heritage and Culture* für mich gemietete Haus – für die nächsten acht Monate unser Zuhause – aufzuräumen.

Es war ein richtig herrschaftlicher Besitz. Er stammte von einer wohlhabenden Kaufmannsfamilie in Sur, die ihn vor zweihundert Jahren nach der traditionellen omanischen Baukunst um einen großen Innenhof hatte errichten lassen. Der Hof war mit Korallenstücken ausgelegt, die unter den Füßen knirschten. Zu ebener Erde war der Hof von einer Anzahl Türen, die zu einer ganzen Zimmerflucht im Schutz der äußeren Wand führten, unterbrochen. Hier gab es Zimmer in allen Formen und Größen, manche groß genug, um als Schlafsäle zu dienen, andere kleiner, als Küche oder Speisekammer geeignet. Es war auch ein Raum mit einem Wasserabfluß wie in einer Waschküche vorhanden. Andere Zimmer wurden als Lagerräume benutzt. Tatsächlich war die große Villa für unsere Zwecke geradezu perfekt, so, als sei sie eigens für ein Team von Schiffbauern entworfen worden. Es gab ein separates Gebäude für den Vorarbeiter und die Zimmermannsmeister. Es gab einen langen, niedrigen, kühlen Raum für die 50000 Kokosnußschalen. Es gab einen Raum für all unsere wertvollen Dinge, und es gab sogar eine Ecke, in der wir eine kleine Schmiede aufstellen konnten, um die Eisenteile für das Schiff anzufertigen. Vom Hof aus führte eine Außentreppe zu den Räumen im ersten Stock. Hier oben, wo einst der ursprüngliche Besitzer gewohnt hatte, richtete jetzt ich mich ein. Jedes der vier großen Zimmer hatte einen kleinen Nebenraum, der als Bad oder Küche dienen konnte; und selbst im heißesten Monat hielten die fast einen Meter dicken Wände die Zimmer kühl; durch die Holzfensterläden wehte immer ein sanftes Lüftchen herein. Der Blick, den die Fenster freigaben, war überwältigend. Man sah weit über die Lagune, in deren warmem Wasser Schildkröten schwammen. Davor stieg der sandige Boden zu einer kleinen Hügelkuppe an, die von den verfallenen Resten eines Befestigungsforts gekrönt wurde, und in der Ferne waren die Umrisse von Bergen zu erkennen, die Sur von dem siedend heißen Ödland der Wahiba Sands trennten. An den meisten Abenden waren die Berge am Horizont vor der untergehenden Sonne in tiefrote Farben getaucht.

Schon bald war das Haus schön hergerichtet. Es machte Spaß, ihm wieder seinen einstigen Glanz zu verleihen. Die Grünhemden arbeiteten zehn Tage lang, um das Haus wiederherzustellen. Bei ihrer Ankunft war sein Zustand beklagenswert. In den Zimmern grasten Ziegen, überall war Schmutz und Kot. In einer Ecke des Hofs war sogar eine Kuh angebunden. Die Grünhemden fegten und putzten. Von der Küste wurden fünf Wagenladungen mit Korallenstücken angefahren und im Hof verteilt. Dharamsy schickte drei Dutzend Bettgestelle aus Eisen, und mehrere Zimmer wurden als Schlafräume eingerichtet. Oben bei mir verteilte ich meine Teppiche und Kissen nach traditionellem Brauch, denn alles andere schien mir der Schönheit des Hauses unangemessen. Die Wände wurden innen und außen mit Kalkfarbe getüncht. Die große Doppeltür am Eingang wurde abgekratzt und eingeölt. Am Ende unserer Bemühungen war das große Haus wie umgewandelt. Aus diesem Anlaß gab ich für die Grünhemden eine Party. Unter dem samtigen Himmel bewegten sich die Gestalten der Männer wie Leuchtkäfer durch die kühle Nacht, als sie die Sturmlampen ringsum an den Wänden des Innenhofs verteilten. Nur das Geräusch ihrer gedämpften Unterhaltung und das leise Scharren ihrer Füße auf den Korallensplittern war zu hören. Es war ein Bild tiefer Zufriedenheit.

Das große Haus hatte einen weiteren Vorteil: Es lag genau in der richtigen Entfernung zu der Stelle, an der ich das Schiff zu bauen gedachte. Das heißt, es war nicht zu weit, um zu Fuß zur Arbeit zu gehen, aber weit genug, um sich nicht untertags unbemerkt in die Schlafräume schleichen zu können. Denn mein Vertrauen in die Arbeitskräfte war allmählich etwas geschrumpft. Der Platz, den ich für den Bau des Schiffs ausgesucht hatte, war kaum mehr als ein etwas erhöhter Erdwall vor der Küste. Es war einer von drei möglichen Standorten, die ich bei meiner Suche entdeckt hatte, und ich war nicht weiter erstaunt, als man mir sagte, alle drei Stellen seien früher von den Schiffbauern von Sur benutzt worden. Unser Platz hatte allerdings einen großen Nachteil: Er wurde während der Frühjahrsfluten überschwemmt. Früher war das nicht weiter schlimm. Die Schiffbauer hatten eben einfach gewartet, bis die Flut zurückging, und waren dann wieder an ihre Arbeit zurückgekehrt. Aber ich konnte es mir nicht erlauben, auch nur einen einzigen Arbeitstag zu verlieren. Ich kämpfte gegen die Zeit, um das Schiff bis zum zehnjährigen Jubiläum des Staates Oman, Mitte November, fertigzubekommen, und ich hatte mir ausgerechnet, daß ich eine niedrige Kiesunterlage, etwa einen Meter dick, benötigte, um die Arbeit trotz der Flut nicht unterbrechen zu müssen.

Der Bau dieser Plattform war ein Beispiel für die Geschwindigkeit und die Tüchtigkeit, mit der die Dinge in Oman abgewickelt wurden, wenn es erforderlich war. Gleich am ersten Tag fuhr ich nach Maskat, um in dem entsprechenden Ministerium für den Bau der Plattform um Erlaubnis zu bitten. Vierundzwanzig Stunden später hatte ich sie. Als nächstes wandte ich mich an eine große Baufirma, deren Wagen ich in der Nähe von Sur in der Wüste gesehen hatte. Ob sie mir helfen könnten? Ja, natürlich konnten sie. Der Direktor ihrer Zweigstelle fertigte eine Skizze an und schätzte, daß für die Plattform dreihundert Tonnen Kies gebraucht würden. Er bat mich nur, die Stelle genau mit Pfählen abzustecken. In drei Tagen, so versprach er, würden die Maschinen eintreffen, um die Arbeit zu erledigen. Ich kehrte an den Strand von Sur zurück. Und was mußte ich entdecken? – Genau in der Mitte des von mir vorgesehenen Standortes stand eine ziemlich wacklige Sperrholzhütte. Sie gehörte zwei Mechanikern aus Sur, die Schiffsmotoren reparierten. Sie bewahrten darin einen chaotischen Haufen rostiger Werkzeuge auf – kaputte Motorteile, halbleere Öldosen und alles mögliche andere. Ich redete mit den beiden Mechanikern: Dieses Stück Land gehöre dem Ministerium, und ob sie wohl bitte so freundlich wären, ihre Hütte ein paar Meter weiter aufzustellen, ganz egal wo, so daß ich meine Plattform bauen konnte? Die beiden Mechaniker willigten sofort ein. Das sei überhaupt kein Problem. Sie versprachen mir, die Hütte am nächsten Tag eigenhändig abzureißen. Ich riet ihnen, sich an diesen Termin zu halten, denn die Lastwagen träfen in drei Tagen ein.

Der nächste Tag kam, und am Abend hatte sich die Hütte noch keinen einzigen Zentimeter von der Stelle bewegt. Nirgends war auch nur die geringste Spur von Aktivität zu erkennen. Ich suchte einen der beiden Mechaniker auf und redete noch mal mit ihm. Ich warnte ihn und schärfte ihm ein, daß ich in zwei Tagen mit meiner Arbeit auf der Plattform beginnen müsse, weil die Lastwagen, die den Kies brachten, schon bestellt wären. »Kein Problem, kein Problem«, versicherte er mir. Die Hütte würde gleich morgen verschwinden. Doch auch am nächsten Tag geschah nichts. Die Hütte blieb, wo sie war. Am dritten Tag tat sich etwas: Die beiden Mechaniker lagen vor ihrer Hütte in der Sonne, ruhten sich aus, rauchten und hielten ein Schwätzchen ab. Ich sagte ihnen, daß die Lastwagen mit dem Kies noch am selben Morgen eintreffen würden, daß ihre Hütte aber noch immer in der Mitte des Vierecks stünde, das durch die Pfähle markiert war. Sie zuckten liebenswürdig die Schultern. Sie glaubten augenscheinlich nicht, daß sich so schnell etwas täte. Ich kehrte ins Haus zurück, um zu frühstücken, und als ich eine Stunde später wieder zur Stelle war, fand ich zwei völlig entnervte Mechaniker vor. Über ihrer Hütte ragte ein riesiger Bagger auf, so hoch, daß der Fahrer, dessen Kopf in einen Schal gehüllt war und der eine Schutzbrille trug wie ein Raumfahrer, von unten nicht viel größer aussah als eine Spielzeugpuppe. Das Dröhnen der Motoren schien die klapprige alte Hütte durchzuschütteln, und über allem hing eine Wolke aus feinem Staub – von den 15 Tonnen Kies, die der Riese gerade auf einen Haufen schüttete. Die beiden Mechaniker waren außer sich. »Halten Sie das Ding an«, bettelten sie, »sonst wird unsere Hütte vergraben. Wir werden sie noch heute morgen wegschaffen. Bitte, holen Sie einen Kran, der uns dabei hilft.« Ich sagte ihnen, daß es keinen Kran gäbe und daß es sowieso zu spät sei dafür. Auf der Straße sah ich, wie sich mächtige Staubwolken näherten, weitere Bagger, tonnenweise mit Kies beladen. Ich erbot mich, den Mechanikern dabei zu helfen, die Hütte zu versetzen. Sie waren mit allem einverstanden, wenn nur etwas geschähe. Der ältere warf seinen Turban auf den Boden und schlug sich die Hände vors Gesicht.

Ich machte meinen zwanzig Grünhemden, sie hatten die ganze Vorstellung mit grinsenden Gesichtern verfolgt, ein Zeichen. Und schon liefen sie fröhlich zur Hütte und zogen und schoben sie beiseite. Wie Ameisen, die ihre Eier aus einem zerstörten Ameisenhaufen zu retten versuchen, tauchten die Grünhemden wieder auf und schleppten verschiedene rostige Motorteile und einzelne Stücke aus der Gefahrenzone. Noch einmal stürzten alle hinein, und schon war die Hütte leergeräumt. Dann holten die Grünhemden Vorschlaghämmer. Peng, peng, peng, und das gewellte Blechdach flog herunter und wurde davongetragen. Bumm, bumm, bumm, und die Sperrholzwände der Hütte fielen buchstäblich wie ein Kartenhaus in sich zusammen. Fünf Grünhemden hoben jeweils eine Wand auf, und die einzelnen Teile der Hütte wurden eilig davongetragen. Dann wurden die vier Eckpfosten ausgegraben, und keine zwanzig Minuten später war die Hütte verschwunden.

Der Konvoi riesiger Lastwagen rollte immer näher heran, schüttete seine Kiesladungen mit lautem Getöse in das abgesteckte Quadrat und donnerte wieder in die Wüste davon. Eine Planierraupe rollte rasselnd von ihrem Transporter und begann damit, den Kies zu verteilen und festzustampfen. Überall ringsum war Staub und Lärm und ein wahnwitziger Tumult. Vier Stunden später schob der Bulldozer die letzte Schaufel Kies an Ort und Stelle und kroch, von einem Grünhemd dirigiert, davon, um an dem großen Kielstück des Schiffs befestigt zu werden. Der Bulldozer setzte vorsichtig zurück, auf die Plattform, und zog das Kielstück hinter sich her, brachte es in die richtige Position und fuhr dann davon. Das gesamte Unternehmen hatte dreieinhalb Tage gedauert, und ich hatte mir damit an der Küste einen Spitznamen verdient. Von diesem Zeitpunkt an nannten mich die Hafenarbeiter immer Mr. Alyom, »Mr. Today«. Sie witzelten darüber, daß es völlig überflüssig sei, mich zu fragen, wann ich eine Arbeit erledigt haben wollte, denn die Antwort wäre immer dieselbe – ›today‹, heute. Die beiden Mechaniker waren entzückt. Die Grünhemden hatten ihre Hütte schon wieder aufgestellt. Jetzt stand sie auf einer eigenen kleinen Plattform aus Kies, über dem Flutpegel und fast dreihundert Meter von der Stelle entfernt, wo sie noch vor acht Stunden gestanden hatte. Die Arbeitsplattform wurde am Silvestertag 1981 errichtet und war das schönste Neujahrsgeschenk, das ich mir hätte wünschen können. Sobald die fünfzehn Meter langen Kielstücke auf in den Kies gerammte Holzblöcke gehievt waren, fragte Hoodaid den omanischen Oberschiffbauer, ob er und seine Kollegen eine Ziege opfern dürften, die dem neuen Schiff Glück bringen sollte. Ich hatte gehört, daß eine unfruchtbare Frau, die über den Kiel eines neuen Schiffs springt, danach Kinder bekommen kann. Aber die Schiffbauer behaupten, das brächte einen bösen Bann über das Schiff, und versuchen, die Frauen davon abzuhalten. Ich habe nie erfahren, was Hoodaid und seine Männer von diesem Glauben hielten, aber ich bemerkte, daß sie über Nacht am Kiel eine Wache aufstellten. Am nächsten Morgen wurde eine Ziege geopfert und ihr Blut über dem ganzen Kiel verschmiert. Das Ziegenfleisch war für die omanischen Schiffbauer ein Festessen. Dann rief ich Hoodaid und die beiden ältesten indischen Schiffbauer zusammen, um mit ihnen Colin Mudies Baupläne zu besprechen. Normalerweise würden natürlich weder Hoodaid noch die Grünhemden irgendwelche Zeichnungen verwenden, um ein Schiff zu bauen. Sie arbeiteten nur aus ihrer Erfahrung heraus und nach Augenmaß. Aber Hoodaid hatte noch nie einen Segel-Boom gebaut, nur Booms, die von Motoren angetrieben wurden. Andererseits stützten sich Colin Mudies Zeichnungen auf Daten, die ich mühsam den alten Texten entnommen hatte, und auf meine Betrachtungen genähter Schiffe an den Küsten des Arabischen Meeres. Während wir über den technischen Zeichnungen brüteten, entdeckte ich, daß einer der Grünhemden Colins Zeichnungen nicht nur verstand, sondern auch offenbar eine Vorstellung davon hatte, wie man den Plan in die Tat umsetzen konnte. Das war ungeheuer wichtig, und ich wunderte mich gar nicht, als ich erfuhr, daß der Mann von den Minicoy-Inseln stammte. Er hieß Mohammed Ismail, und es war nur einem Glücksfall zu verdanken, daß er überhaupt in Sur war. Ali Manikfan, mein unbezahlbarer Dolmetscher, hatte ursprünglich Ismail, Mohammeds Vater, als Vorarbeiter empfohlen, weil dessen Familie auf Minicoy berühmte Schiffbauer waren. Aber als Ismail kam und seinen Sohn mitbrachte, stellte sich heraus, daß es eigentlich der Sohn war, der die Tradition der Familie pflegte. Mohammed besaß eine natürliche Begabung für dieses Handwerk. Er war gerade Ende Dreißig, aber er war in seinem Urteil schon so sicher und so scharfsinnig, daß ihn die andern Grünhemden wie selbstverständlich als ihren Führer ansahen. Zum Beispiel entdeckte Mohammed im Kielstück sofort eine kleine Rundung. Dort war das Holz ein wenig verbogen, aber so geringfügig, daß ich es selbst gar nicht wahrgenommen hatte. Mohammed war ein Perfektionist. Er forderte vier Grünhemden auf, unter dem fehlerhaften Teilstück ein großes Loch zu graben, vergrub dann einen Stützpfeiler darin und wickelte, indem er den Pfeiler zum Abstützen benutzte, ein schweres Seil um das Kielstück und befestigte es an einem Querholz, bis der Kiel buchstäblich flach nach unten gezogen wurde und er zufrieden war.

Auch Hoodaid akzeptierte Mohammeds Können gleich bei der ersten technischen Besprechung. Sie unterhielten sich darüber, wie sie die großen Bug- und Heckteile am Kiel befestigen sollten, und nachdem sie schnell ein paar Skizzen in den Sand gezeichnet hatten, waren sie sich bald vollkommen einig. Die Grünhemden zimmerten eine komplizierte Fuge ins Holz, und der zehn Meter lange Vorsteven wurde in seine Position gebracht. Zu diesem Zeitpunkt begann ich zu ahnen, wie gut Mohammed sein Handwerk verstand. Der Holzbalken, der für den Achtersteven ausgesucht worden war, fehlte. Er hatte die gleiche Länge wie das Holz, das von den Gaunern der *Mohammed Ali* vorsätzlich in Indien zurückbehalten worden war. Mohammed Ismail zeigte sich gelassen. Er durchsuchte sorgfältig den Holzstoß, maß verschiedene Stücke ab und teilte mir mit, daß er als Ersatz einen neuen Achtersteven herstellen könnte, indem er zwei Holzbalken ineinanderpaßte. Auch für den Rest der fehlenden Hölzer hatte Mohammed Ismail schon Ersatz geplant: Planken und Balken, die so kurz waren, daß sie in große Container paßten. Der unermüdliche Dharamsy Nensey organisierte in Indien mit Hilfe von Freunden in Dubai eine weitere Lieferung.

In den nächsten Tagen wurde mir auch klar, wie mühselig und kompliziert es sein würde, den Rumpf zu bauen. Das Schiff sollte die Form einer Eierschale haben; das heißt, wir mußten die Planken so anordnen, daß sie einen kompliziert gerundeten Rumpf bildeten, bevor wir die Spanten anbrachten. Der Grund für diese scheinbar umständliche Methode ist leicht zu erklären; wir konnten die Planken von innen nicht nähen, wenn uns die Spanten im Weg waren. Diese Tatsache zwang uns zu unendlich mühsamer Arbeit. Wir konnten nämlich die Planken nicht gegen die Spanten biegen, sondern mußten jede Planke buchstäblich einzeln vorformen, bevor wir sie in die richtige Lage brachten. Deshalb mußte die Biegung und Drehung jeder einzelnen Planke zuerst auf irgendeine Weise ins Holz gebracht werden, bevor sie eingesetzt und an Ort und Stelle angenäht werden konnte. Diese Methode des Schiffbaus war in Europa vor dreihundert Jahren üblich, aber längst aufgegeben worden, weil sie so schwierig, kompliziert und zeitraubend war. Und jetzt waren wir damit beschäftigt, auf dieselbe Art und Weise ein großes Handelsschiff zu bauen.

Wie schwer diese Aufgabe war, zeigte sich, als wir die erste Planke einzupassen versuchten. Sie war nur dreieinhalb Meter lang, bildete nur den Mittelteil des Kielgangs, die erste Planke gleich neben dem Kiel. Dieses Holzstück war sieben bis acht Zentimeter dick, und wir brauchten vier Tage, bis wir es zurechtgebogen hatten. Als nächstes mußten wir die Kante des Kiels selbst glätten, wir schabten sie Millimeter um Millimeter ab, damit sie einen perfekten Sitz bekam. Dann bohrten wir mit einem Handbohrer sorgfältig eine Reihe Nahtlöcher, dabei stemmten wir die Planke vorübergehend mit einem Holzdübel gegen den Kiel. Schließlich war Mohammed zufrieden. Die erste Planke war fertig und konnte genäht werden. Wie der Steinmetz einer mittelalterlichen Kathedrale, der seinen Namen in das Gewölbe meißelt, beugte sich Mohammed über die Planke und schrieb mit seinem Bleistift Stunde, Tag und Jahr darauf, an denen die erste Planke des Schiffs angebracht worden war. Es war drei Uhr nachmittags, am 4. Februar 1981.

Wie auf Befehl erschien jetzt eine merkwürdige Abordnung auf den Sandhügeln, die zum Haus führten. Ein Dutzend Seilarbeiter, die in einer langen Reihe gingen, trugen auf ihren Schultern etwas, das wie eine fünfzehn Meter lange Pythonschlange aussah. Es war eine genau 15,85 Meter lange, dünne Wurst aus Kokosnußschalen. Sie waren ausgeklopft und aneinandergelegt und dann mit einem Faden umwickelt worden, um eine Art Polsterung, etwa von der Dicke eines Feuerwehrschlauchs, zu bilden. Diese »Pythonschlange« legten sie innen im Rumpf in den Winkel zwischen Kiel und erster Planke. Dann legten sie entlang der Python-schlange dicke Stränge von Kokosnußfasern aus und bedeckten sie damit. Das alles geschah mit großer Präzision – die Anzahl der Stränge mußte genau stimmen, und sie mußten die richtige Spannung haben. Als Kasmikoya, der älteste Seilmacher, fertig war, teilte er seine Leute in Paare ein, einen »Innenmann« und einen »Außenmann«. Jedes Paar war damit beschäftigt, einen Strang Kokosschnüre von erster Qualität durch ein Loch in der Planke nach draußen und durch das gegenüberliegende Loch im Kiel wieder zurückzubringen, dann um die Pythonschlange zu schlingen und wieder nach draußen und so fort. Draußen schlang sein Partner das Seil um einen Hebel aus dickem Holz, stemmte seine Füße gegen den Rumpf, lehnte sich zurück und zog die Schnur, so fest er konnte, an. Drinnen klopfte der »Innenmann« die Schnur, um sie noch fester zu spannen, und schlug mit einem Schlegel auf die Pythonschlange, um die Kokosnußfasern zu pressen. Die Schnur wurde immer fester und fester und die Pythonschlange allmählich immer kleiner, bis sie sich nicht weiter zusammenziehen ließ. Der Stich wurde vorübergehend mit einem Holzstöpsel festgemacht, und dann kamen die nächsten Löcher an die Reihe, und die ganze Prozedur begann von vorn. Die Teams der Männer bewegten sich ziehend, klopfend und schlagend in regelmäßi-gem Rhythmus auf und ab. Dreimal, Stich und Überstich, so befestigten sie Planke, Kiel und Python aneinander, bis schließlich die letzten Nahtstiche mit kleinen Büscheln grober Kokosnußfasern zugestopft wurden. Sie benötigten fast den ganzen Tag, aber als die Arbeit getan war, war die Pythonschlange so hart und steif wie ein Holzschaft, und die erste Planke saß genau, wo sie hingehörte. Die Schiffbauer von Sur versammelten sich darum und strichen anerkennend über die Naht. »*Tamam. Mazboot*«, murmelten sie voller Bewunderung. »Gut so, richtig.«

Die Seilarbeiter waren ein merkwürdiges Grüppchen. Sie hielten sich von den anderen Grünhemden deutlich fern, vielleicht weil sie schüchtern waren, vielleicht aber auch, weil sie alle von einer Insel stammten und lieber unter sich blieben. In Indien standen diese Inselbewohner in dem Ruf, träge zu sein, und es stimmte durchaus, daß sich die meisten von ihnen mit fast schwerfälliger Bedächtigkeit bewegten. Und doch täuschte ihre Art, sich zu bewegen. Ich bemerkte, daß sie sich nur dem Arbeitstempo der Zimmerleute anpaßten. Wenn eine Planke fertig war und genäht werden konnte, dann waren die Seilarbeiter auch bereit – mit ihrer Pythonschlange, der richtigen Schnurlänge und den Stöpseln. Und wenn die Seilarbeiter die letzten Schnüre Kokosnußfasern an einer Planke festzogen, dann geschah das immer genau zu dem Zeitpunkt, an dem die Zimmerleute für sie die nächste Planke fertig vorbereitet hatten. Abdullakoya, Konhikoyas Bruder und praktisch sein Zwilling, war die treibende Kraft unter den Seilarbeitern. Er war ein übler Schreihals und Meckerfritze, und wenn er die anderen schalt, klang seine Stimme wie eine Kreissäge. Dennoch gelang es ihm kaum, die Trägheit seiner Arbeitskameraden zu beheben. Mehr als die Hälfte der Seilarbeiter waren Männer zwischen fünfzig und sechzig, auf ihrer Heimatinsel, auf der die Lebenserwartung nicht einmal fünfzig Jahre beträgt, ein beinahe greisenhaftes Alter. Sur muß ihnen sehr fremd vorgekommen sein – mit all den modernen Errungenschaften, wie etwa den Autos und dem Fernsehen. Ich entdeckte, daß nicht einmal die jüngeren Agatti-Männer eine Ahnung hatten, wie ein Telefon funktioniert. Als im Haus einmal das Telefon kaputtging, fragte ich den »unbezahlbaren« Mann, wer von dem Team wohl am besten auf Kokosnußbäume klettern könne, und er deutete auf einen muskulösen jungen Seilarbeiter aus Agatti. Wir gingen zusammen am Strand entlang, folgten den Telefonmasten, bis ich den Fehler entdeckte: Es war ein Draht gerissen. Doch der Agatti-Mann hatte in seinem ganzen Leben noch nie zwei Drähte zusammengefügt, ich mußte ihm erst zeigen, wie man das tat. Dann kletterte er am Telefonmast hinauf und holte ein kleines Stück Kokosnußseil hervor, das er sich um die Füße band. Mit der einen Hand umfaßte er den Mast von hinten, mit der anderen von vorn, dann stemmte er die Füße dagegen und kletterte senkrecht nach oben, als spaziere er eine Straße entlang. Oben angekommen, verknüpfte er – offenbar mühelos – die Drahtenden miteinander. »Das ist ja wirklich erstaunlich«, sagte ich zu Ali. Der schnaubte verächtlich durch die Nase: »Er hätte das Seil an den Füßen nicht nötig gehabt. Er ist aus der Übung. So was kann auf unserer Insel jedes Kind.«

Die Arbeit der Zimmermänner am Schiff war genauso bemerkenswert wie die Näherei. Die arabischen Schiffbauer, unter Leitung von Hoodaid, waren dafür verantwortlich, die wichtigsten Rahmen für das Schiff vorzubereiten. Sie saßen im Schatten einer Segeltuchplane, schabten mit rasiermesserscharfen Breitbeilen an den fast zwei Meter dicken Holzbalken, die wir für den Gerüstbau ausgesucht hatten, und verließen sich dabei – wie immer – allein auf ihr Augenmaß. Dagegen arbeiteten die Grünhemden unter dem Schutz eines Palmenstrohdachs in großer Hetze, bei der brütenden Hitze eine erstaunliche Leistung. Ihre Werkzeuge waren Hammer und Meißel, ob es galt, einen dicken Holzklotz auf die richtige Größe zurechtzustutzen oder einen feinen Holzspan anzufertigen. Säge oder Hobel nahmen sie nur höchst ungern zur Hand. Der weiche Eisenmeißel war ihr Werkzeug, und damit bewirkten sie wahre Wunder. Ihre Väter, Großväter und Urgroßväter waren Zimmerleute. Schon im Kindesalter war es für sie keine Frage gewesen, daß sie ebenfalls Zimmerleute würden; und sie hatten damit begonnen, sobald sie groß genug waren, einen Holzhammer in den Händen zu halten. Jetzt, als erwachsene Männer, beherrschten sie ihr Handwerk perfekt. Keine Arbeit schien sie zu langweilen, wie monoton sie auch sein mochte, nichts schien ihnen zu kompliziert.

Wir erwarteten von unseren Zimmermännern ungewöhnliche Präzision. Da der Rumpf zusammengenäht wurde, konnte er nicht verstemmt werden, wir konnten also kein Füllmaterial in die Ritzen zwischen den Planken stopfen, bevor das Schiff zu Wasser gelassen wurde. Beim Festklopfen des Füllmaterials würden die Nahtstiche nur gedehnt und die Planken auseinandergedrückt werden. Die Planken mußten einwandfrei aneinandergesetzt werden, so daß auch nicht die kleinste Ritze offenblieb. Europäische Ingenieure, die unsere Arbeit besichtigten, hielten unseren Plan nicht nur für undurchführbar, sondern auch für absolut unfinanzierbar. Der erforderlichen Präzision wegen wurde jede Planke mindestens dreimal eingepaßt, bevor sie endlich angenäht werden konnte. Erst wenn beide Oberflächen sich nahtlos aneinanderfügten, gab

Mohammed grünes Licht für die letzte Arbeitsphase: Die Holzoberfläche wurde dünn mit aufgetautem Baumgummi bestrichen und darüber wiederum ein dünner Streifen Musselingewebe festgeklopft. Zuletzt ergriff Mohammed dann die vorstehenden Ränder eines Musselinstreifens und versuchte den Stoff mit einem scharfen Ruck herauszuziehen. Danach ordnete er an, den gesamten Vorgang zu wiederholen. Wir hatten einen Ingenieur zu Gast, der errechnete, daß diese Arbeit entlang der vollen Länge der Planke eine Genauigkeit von mehr als 1,64 Zoll erforderte.

Diese exquisite Sorgfalt hatte ihren Preis: Ein solches Schiff zu bauen erforderte zwei- oder dreimal soviel Zeit, als wenn man es genagelt hätte. Dharamsys bester Schiffbauer in Indien hatte eine Zeit von achtzehn Monaten veranschlagt; doch nach unseren Erfahrungen mit dem Einsetzen der ersten Planken schätzten einheimische Fachleute die Bauzeit auf zwei bis drei Jahre. Doch niemand hatte geahnt, wie hart die Grünhemden arbeiten konnten. Sie glichen Marathonläufern, die sich vorgenommen hatten, die bevorstehende Strecke im Sprint zurückzulegen. Sie begannen um sechs Uhr früh, und zwar mit einem Nachdruck und einer Begeisterung, die auch zwölf Stunden später, am Ende eines Arbeitstags, noch unvermindert anhielt.

Erstaunlicherweise schien ihnen der Streß ganz gut zu bekommen. Sie nahmen zu, denn die anstrengende Arbeit hatte offenbar einen gewaltigen Appetit zur Folge. Sie lachten und scherzten, und ihre gute Laune war ansteckend. Der Lärm, den sie machten, war ein Ausdruck ihrer Begeisterung. Das Klopfen der Holzhämmer, von dem die Arbeit an den Seilen begleitet war, vermischte sich mit dem der Hammerschläge der Zimmermänner.

Jeder Zimmermann hörte schon bald auf seinen bestimmten Spitznamen, denn ihre »richtigen« Namen setzten sich aus einem entsetzlichen Durcheinander verschiedener Silben in Malajalam zusammen, der zungenbrechenden Sprache der Malabarküste. Da war »Big Foot«, größter der Zimmerleute, ein hochgewachsener, kräftiger Mann, der sich unweigerlich immer mit dem kleinsten der Zimmermänner, den wir sofort »mächtiger Knirps« nannten, zusammentat. »Mächtiger Knirps« war der Kleinwüchsigste mit dem kleinsten Turban aller Zimmerleute, dafür trug er das breiteste Grinsen im Gesicht, und wenn er über die Planken hüpfte und tanzte, mußte ich immer an Rumpelstilzchen denken. Dann gab es noch den ernsten und stillen Zimmermann, den wir »Yorkshire-

Mann« nannten. Bevor er seine Arbeit begann, machte er immer ein nachdenkliches, bedächtiges Gesicht. Er sprach nur selten und legte sein Werkzeug nie beiseite, bevor die Arbeit, und zwar gut, getan war. Sogar der Jüngste, eigentlich nur Gehilfe, hat sich im Verlauf unserer gemeinsamen Arbeit zu einem vollwertigen Handwerker gemausert.

Gewöhnlich begann der Tag für uns um fünf Uhr früh, beim ersten Schein des Tageslichts, begleitet vom Weckruf zum Gebet, der von der kleinen Moschee neben dem großen Haus ertönte. Vom Balkon meines Zimmers konnte ich die Hähne krähen hören und die schabenden Geräusche der Ziegen, die unter meinen Fenstern nach Gras suchten. Die Ziegen fraßen den Abfall und hielten die engen Gäßchen sauber. Ein anderes Geräusch war das rhythmische Pumpen in der Küche, wo die Köche die Kerosin-Herde fürs erste Frühstück anheizten, und während ich mich wusch, konnte ich das leise Tuckern der Motoren hören, wenn die Sambuks auf ihrem Weg zu den Fischgründen vorbeikamen. Das Klirren eines Zinntabletts kündigte das erste Frühstück an, für jeden eine Schüssel Reis und Linsen. Dann, um sechs Uhr, trat ich hinaus auf den Balkon und pfiff das Signal zum Sammeln. Den Grünhemden gefiel das. Sie kamen aus ihren Schlafzimmern geschlendert, streiften sich ihre grünen Arbeitshemden über, lasen ihre Werkzeuge auf und ermahnten notorische Bummelanten zur Eile. Wie es seinem Rang gebührte, erschien der Vorarbeiter Mohammed eine Minute später als die anderen und schlenderte gemessen quer über den Hof, um sich mit mir an der Treppe zu treffen und das Arbeitsprogramm des Tages zu besprechen. Bei dieser Gelegenheit fragte ich ihn immer, ob jemand krank sei, wenngleich meine Hausapotheke nicht mehr enthielt als Aspirin und Abführmittel. Jedes ernstere körperliche Leiden hätte eine Fahrt zur nächsten Apotheke in der Stadt unumgänglich gemacht.

Danach gab Mohammed das Programm für den Tag bekannt, suchte seine Männer für die Tagesarbeit aus. Sie arbeiteten bis halb zehn vormittags, denn dann tauchten die beiden Köche mit ihren Töpfen auf den Köpfen am Strand auf. Darin waren stapelweise dicke, goldgelbe Pfannkuchen, drei oder vier für jeden, Reis oder Bohnen. Das zweite Frühstück dauerte eine halbe Stunde, dann ging die Arbeit bis zum Mittagessen weiter, das im Haus eingenommen wurde, gefolgt von einer kurzen Siesta, um der schlimmsten Hitze des Tages zu entgehen. Energische Trommelschläge weckten die Mittagsschläfer um 14 Uhr zur zweiten Arbeitsrunde, die regulär bis fünf Uhr nachmittags dauerte. Von da an war offiziell Schluß.

Dennoch arbeiteten sie häufig bis sechs oder sieben am Abend weiter, bevor sie nach Hause zurückkehrten, hundemüde, sich wuschen und dann mit gekreuzten Beinen auf den Matten saßen, die im Hof verteilt lagen, um eine weitere Portion Reis zu vertilgen. Gegen halb neun Uhr abends schliefen sie schon tief und fest. Auf Unterhaltung legten sie wenig Wert. Sie waren in Oman, um für ihre Familien in Indien hartes Bargeld zu verdienen, und sie hoben ihren Lohn sorgfältig für den Tag auf, an dem sie nach Hause fahren würden.

Die Grünhemden hatten jetzt Verstärkung bekommen. Alle Männer in dieser dritten Gruppe waren aus Minicoy, von derselben Insel wie Mohammed und der »unbezahlbare« Mann. Sie waren Mädchen für alles. Sie konnten leichte Zimmermannsarbeit verrichten und auch Seile herstellen, aber natürlich nicht im entferntesten so kunstfertig wie die Profis, die ihr Leben lang nichts anderes getan hatten. Die Männer von Minicoy allerdings waren überwiegend Seeleute, die an Land arbeiteten. Sie bereiteten die Gestelle und Hebeeinrichtungen vor, mit deren Hilfe die schweren Holzbalken in die richtige Position gebracht wurden, reparierten den Arbeitsschuppen und bauten das Gerüst rings um den Schiffsrumpf. Wie die meisten Seeleute kamen sie mit fast jeder Arbeit zurecht, auch mit der Bedienung des einzigen maschinellen Werkzeugs, das wir beim Bau des Schiffs verwendeten – dem Handbohrer, mit dem wir die Nahtlöcher in den Planken ausbohrten, und dem Fräser, der die Vertiefungen für die Nahtstiche ausfräste. Die Seeleute von Minicoy bedienten auch die furchterregende indische Bandsäge, mit der die groben Umrisse der Spanten geformt wurden. Diese Bandsäge war eine schreckliche Erfindung, eine ständige Bedrohung für die Männer. Ihre großen Speichenräder drehten sich ständig wie wild geworden um sich selbst, und ihr Sägeblatt war buchstäblich über einem Holzkohlefeuer zusammengelötet worden. Ich hatte Angst, daß sich eines Tages die Schneide lösen würde und jemanden schwerer verletzen könnte. Aber ebensowenig wie den Zimmermännern ein Hammerschlag daneben geriet, verursachte die Säge je einen Unfall.

Der Februar war unser schlimmster Monat. Ein grausiger Wind blies von den Wahiba-Sänden herab zu uns herüber. Die strohbedeckte Hütte quietschte und ächzte unter den Stößen. Staub wirbelte auf und peitschte den Männern in die Augen. Sogar ein kleines Feuer brach aus, als glühende Kohle in die Hütte geblasen wurde. Die hastig gerufenen Grünhemden bildeten eine Kette und schütteten eimerweise Wasser auf die Flammen, eine Warnung, wie schnell unser Projekt bei der geringsten Unachtsamkeit gefährdet werden konnte. Den schlimmsten Schaden richtete der Wind an den Planken des Schiffs an. Um sie leichter biegen zu können, erhitzten wir die Hölzer in einer selbstgebastelten Dampfkiste. Nachdem sie drei oder vier Stunden im Dampf gelegen hatten, öffneten wir die Kiste, holten die Planken heraus und trugen sie hastig zu einem Gerüst am Boden. Dort wurden sie zwischen einen Hebelklotz gespannt. Die Planken quietschten und kreischten unter der Belastung. Wenn jedoch der Wüstenwind blies, trockneten viele Planken so schnell aus, daß sie laut zersplitterten: Die Arbeit eines ganzen Vormittags war vergebens. An besonders harten Tagen gerieten die Männer in Wut, vielleicht weil es zu heiß war oder weil sie in der sengenden Sonne besonders viele Vitamine brauchten. Ich erinnerte mich der Aufzeichnungen Kapitän Cooks und ordnete an, jeden Tag frische Zitronen zu essen.

Inzwischen war Bruce Foster, Berufsfotograf aus Neuseeland, bei uns eingetroffen. Seine Aufgabe bestand darin, jeden Schritt unserer Arbeit im Bild festzuhalten. Wahrscheinlich war dies das letzte große genähte Schiff, das je gebaut wurde; und ich wollte eine vollständige Aufzeichnung dieses einzigartigen Vorgangs. Ich hatte Bruce auf einer Vortragsreise in Neuseeland kennengelernt, und er hatte sich bereit erklärt, das Projekt zu unterstützen. Wann immer ich Sur verlassen mußte, um nach Maskat zu fahren, übernahm Bruce meine Vertretung und beaufsichtigte die Grünhemden. Bruce war viel gereist, darunter zweimal nach Indien, so kannten wir unsere Grünhemden beide recht gut. Wir wußten, daß sie außergewöhnlich gute Arbeiter waren, aber sie würden keine Gelegenheit auslassen, unsere Leichtgläubigkeit auszunutzen, eine Lektion, die Trondur Patursson, ein alter Freund von mir, noch lernen mußte. Trondur kam nach Sur, um für Bruce Urlaubsvertretung zu machen. Eigentlich war er Künstler, lebte auf den Färör-Inseln und war Mitglied der *Brendan*-Mannschaft. »Gut. Das ist gut«, sagte er anerkennend, als er zum ersten Mal am Bug des Schiffs hochkletterte und dessen Länge maß; dabei sah er mit seinem buschigen Bart und den gelockten Haaren aus wie eine nordische Gottheit. »Siehst du, Tim, das ist die Form eines Wals, eines Blauwals, wie er im Meer schwimmt.« Trondur war von seiner Frau Borgne und seinem zweijährigen Sohn Brandur begleitet. Ihre blasse Hautfarbe wirkte zunächst befremdlich. Doch bald waren auch sie tiefbraun und trugen nur noch die leuchtende omanische

Kleidung: Die Frauen von Sur gaben Borgne ihre ausgebeulten Pantalons und Überhemden, und der kleine Brandur krabbelte in einem winzigen *dishdash* und einem Turban herum, unter dem seine knallroten, von der Sonne verbrannten Ohrläppchen hervorsahen. Trondur verliebte sich in die Farben und Formationen der Wüste hinter Sur, und an den Wochenenden packte er seinen Skizzenblock ein und machte sich in der von Staub erfüllten Dämmerung auf den Weg, um die bizzarre Gestalt der Sanddünen zu malen.

Er blieb in Sur und überwachte den Bau des Schiffs, während ich einen Abstecher nach London machte, und schon nach wenigen Tagen begannen die Gerisseneren unter den Grünhemden damit, Trondurs Autorität auf die Probe zu stellen. Die Grünhemden hielten ihn für einen sanften, vernünftigen Mann. Und er beklagte sich auch nicht, wenn sie ihren Arbeitsplatz vor Feierabend verließen oder sich für fehlendes Werkzeug und Material entschuldigten. Sie konnten ihn auch davon überzeugen, die vielen indischen und omanischen Nationalfeiertage zu respektieren. Das Arbeitstempo verlangsamte sich alarmierend. Unser Zeitplan war längst überschritten. Doch hatten die Anführer der Grünhemden nicht mit Borgne gerechnet. Sie beobachtete alles genau, und als sie glaubte, die Situation nicht mehr verantworten zu können, fuhr sie aus der Haut. Wie ein zorniger Zankteufel der alten Wikinger schrie sie die Agatti-Männer an; sie beschimpfte die Köche, und sie tadelte Mohammed, weil er die Männer nicht auf Trab hielt. All dies erzählte mir Trondur nach meiner Rückkehr ebenso breit wie erstaunt grinsend. »Borgne große, große Wut«, gestand er, »Arbeit jetzt viel besser.«

So nahm unser Schiff langsam, aber sicher Gestalt an, und allmählich stellten sich Besucher ein. Sayyid Faisal kam, um den Fortlauf der Arbeit zu besichtigen. Sein Ministerium war ein idealer Sponsor. Er ließ uns in Ruhe arbeiten, und Dharamsy Nensey versorgte uns mit allem, was wir brauchten. Einmal monatlich schickte Dharamsy einen Lastwagen, der mit den wichtigsten Eßvorräten beladen war – Säcke mit Reis und Bohnen, Tüten mit Kardamomen, klebrige Pakete mit Koreander und Dosen mit Kokosnußöl. Er sandte auch einen indischen Buchhalter, der mitten auf dem Hof mit gekreuzten Beinen am Boden saß, während sich die Grünhemden in einer Reihe aufstellten, um ihr Geld entgegenzunehmen, dann wurden die Beträge fein säuberlich mit roter Tinte in ein Hauptbuch eingetragen, das auf einem Kissen vor ihm lag.

Es hatte sich herumgesprochen, daß am Strand von Sur ein großes

Segelboot nach alter Tradition gebaut wurde, und von überall aus der Provinz kamen Würdenträger, um es zu bewundern. Es waren prächtige Gestalten, mit Silberdolchen bewaffnet und von feierlichen Askaris eskortiert, die Gewehre und eindrucksvoll bestückte Patronengurte trugen. Die erhabenen Besucher kletterten auf das Podium, lugten hinunter in die Eingeweide des Schiffs und nickten zustimmend mit dem Kopf. »*Tamam. Wayid gawi* – toll. *Mazboot* – richtig«, verkündeten sie anerkennend und klopften auf die felsenharten Kokosnußnähte. So wurde das – noch im Bau befindliche – Schiff fast zu einer Berühmtheit, und jeder verfolgte den Fortschritt der Arbeit mit Sympathie.

Unter den Besuchern war auch ein zwergenhafter alter Mann mit hagerem Gesicht. Er humpelte stark, aber das hielt ihn nicht davon ab, auf das Gerüst zu klettern, das jetzt dreieinhalb Meter hoch war, und mit seinem Kamelstecken gegen die Plankenbindungen zu klopfen. Hoodaid sagte mir, daß er Saleh Khamees hieße und ein pensionierter Kapitän sei, vielleicht der beste von ganz Sur, und daß mir niemand mehr über die Handelsschiffahrt von früher erzählen könne als er. So suchte ich Saleh Khamees' zu Hause in Sur auf und verbrachte dort einen anregenden Nachmittag. Er war das Äquivalent zu einem omanischen Seemann, Seemannsgarn spinnend, vital und begeisterungsfähig, als sei er ein Jüngling. Er erzählte mir davon, wie er zum ersten Mal das Kommando eines Schiffs übernommen hätte. Damals war er zwölf Jahre, und sein Vater – Besitzer des Schiffs – war auf der Rückreise von Indien gestorben. Der zwölfjährige Junge hatte das Schiff heimgebracht und war die darauffolgenden vierzig Jahre regelmäßig nach Indien gesegelt. Saleh Khamees fuchtelte aufgeregt mit den Armen, und seine Augen glänzten, als er von Stürmen und Schiffbrüchen sprach, von Männern, die man aus dem Wasser gerettet hatte, von Rekordfahrten und wie schließlich sein eigener Sohn, der das Schiff übernommen hatte, als er selbst schon zu alt war, vor der südomanischen Küste auf Grund gelaufen war: Totalschaden. Danach lohnte sich der Bau weiterer Schiffe nicht mehr, denn der Handel erstarb. Saleh hatte aber seine alten Karten und seinen Sextanten als Souvenirs aufbewahrt, und er kramte zwischen den Kisten und Bündeln in seinem Zimmer, um sie hervorzuholen und sie mir stolz zu zeigen.

Eine seiner Geschichten war besonders interessant: Von Sur reiste er los, und sein Schiff geriet vor Ras al Hadd in einen schweren Sturm. Die See war so rauh, und die Wellen schlugen so hoch, daß sein Schiff Gefahr lief zu sinken. Deshalb ließ er die gesamte Ladung über Bord werfen. Nur 6000 Kilo Datteln behielt er im Kielraum, um das Schiff vor dem Kentern zu bewahren. So erfuhr ich, nach welchen Kriterien ich den erforderlichen Ballast für mein Schiff errechnen mußte.

Saleh Khamees erzählte mir auch, warum die großen Häuser am Meer, einschließlich unseres eigenen, aufgegeben worden waren und leer standen. Das war die Folge einer großen Katastrophe, die die Generation seiner Eltern heimgesucht hatte. Die afrikanische Flotte von Sur kehrte nach Hause zurück, bis obenhin beladen mit Ware aus Sansibar, als sie von einem Sturm überrascht wurde, der auf die Küste von Oman zustürmte. Die Kapitäne steuerten, um ihre Schiffe in Sicherheit zu bringen, die Kuria-Muria-Inseln an und warfen dort Anker. Aber der Sturm war so heftig, daß selbst dort noch die Leinen rissen und die gesamte Flotte an die Küste geworfen wurde und strandete – eine Katastrophe, die erschreckend viele Opfer forderte. Es hieß, allein das größte Schiff, ein *ganja*, der Stolz von Sur, sei mit mehr als zweihundert Menschen, Männern, Frauen und Kindern, gesunken. Es ist kein Wunder, daß nach diesem schicksalhaften Ereignis die Schiffbauer von Sur resignierten: Sie waren moralisch und finanziell ruiniert.

Die Paturssons konnten nur ein paar Monate in Sur bleiben, und ich mußte einen neuen Vertreter für mich finden. Während meines London-Aufenthalts erhielt ich einen Brief, dessen Verfasser mich bat, ihm die technischen Pläne der *Brendan* zu schicken. Der Brief war von einem Modellbauer, der eine lebensechte Nachbildung dieses Boots bauen wollte. Seine Anfrage war so detailliert und sachkundig, daß ich ihn zu einem Treffen einlud. Er war Amerikaner, hieß Tom Vosmer und sah aus wie ein Teddybär mit großem, buschigem Bart und solidem, ruhigem Benehmen. Tom jobbte gewissermaßen »rund um den Globus«, nahm alle erdenklichen Arbeiten an, und als ich ihn nach Schiffsmodellen, die er im Auftrag gebaut und repariert hatte, fragte, kam mir der Gedanke, daß er genau *der* Mann für mein Schiff sei. Es gab niemanden auf der ganzen Welt, der Erfahrung damit hatte, ein mittelalterliches arabisches Schiff nachzubauen. Aber es gab jemanden, der, en miniature, schon alle möglichen alten Schiffe gebaut hatte, von Kanonenbooten aus dem 18. Jahrhundert bis zu römischen Galeeren. Als ich ihn fragte, ob er mir dabei helfen wolle, die Rekonstruktion eines mittelalterlichen Booms in realer Größe anzufertigen, funkelten Toms Augen vor Freude. Er sagte sofort zu. Wenn er drei Wochen Zeit hätte, um seine Angelegenheiten in London zu regeln, dann würde er umgehend nach Oman kommen. Tom und seine Freundin Wendy trafen pünktlich ein; wie die Paturssons mußten auch sie sich den Prüfungen der Grünhemden unterziehen. Eines Tages traf für einen der Agatti-Männer ein Telegramm ein. Wenige Minuten später kam ein Zimmermann von Malabar zu Tom und fragte ihn, was wohl »dahinscheiden« zu bedeuten hätte.

»Tod. Es bedeutet sterben«, erwiderte Tom automatisch. Nach einer Pause fragte er: »Warum willst du das wissen?«

»Weil Kasmikoya ein Telegramm von zu Hause erhalten hat, darin steht, daß ein Mitglied seiner Familie ›dahingeschieden‹ sei.«

Tom war sehr traurig. Er ging zu Kasmikoya und fand ihn fast ohnmächtig vor Schmerz vor, umgeben von anderen Inselbewohnern mit bekümmerten Gesichtern. In dem Telegramm hieß es: »Komm nach Hause. Tochter Jameela dahingeschieden.«

Voller Mitgefühl begleitete Tom Kasmikoya zurück zum Haus und brachte ihm Tee. Dann kam er zu mir, um zu reden.

»Kasmikoyas Tochter ist gestorben«, sagte er betrübt. »Er hat gerade ein Telegramm bekommen. Die Männer sind ganz durcheinander. Ich habe ihm den Nachmittag freigegeben.«

Sofort hatte ich einen Verdacht. Ich kannte doch meine Grünhemden, also sah ich auf den Kalender. Ja, wir hatten gerade Zahltag gehabt, und die Bedingungen für eine kleine »Schikane« waren günstig. Kasmikoya hatte sich vertraglich verpflichtet, so lange zu arbeiten, bis das Schiff zu Wasser gebracht wurde. Wenn er uns hinterging und vorzeitig abreiste, würden die anderen Seilmacher folgen, und das Schiff würde nie fertig werden.

»Hier ist das Telegramm«, sagte Tom und reichte mir das Papier.

Ich las. Es war tatsächlich von Agatti abgeschickt worden. Ich ließ Kasmikoya rufen. Er kam hereingeschlurft und wirkte nervös.

»Kasmikoya«, begann ich und bemühte mich, meine Stimme so neutral wie möglich klingen zu lassen. »Es tut mir wirklich sehr leid zu erfahren, daß du dieses Telegramm erhalten hast, in dem dir der Tod deiner Tochter Jameela mitgeteilt wird. Was glaubst du, wer es wohl abgeschickt hat?«

»Mein Vetter. Es wird von meinem Vetter sein.«

»Möchtest du heimfahren?«

»Ja, ich muß zu meiner Familie. Meine Frau ist auch schon gestorben, und es ist niemand da, der sich um meine Kinder kümmern kann.«

»Aber dieses Telegramm könnte auch ein Trick sein. Von jemandem, der dich traurig machen will. Bevor du losfährst, werde ich mich nach allen Einzelheiten erkundigen. Es wird besser sein, alles genau zu wissen.« Kasmikoya sah zu Boden.

»Ich werde ein Telegramm nach Agatti schicken«, fuhr ich fort. »Ich werde das Telegramm an den offiziellen Vertreter der Insel schicken und ihn um Einzelheiten über den Tod deiner Tochter bitten.«

Kasmikoya verließ das Zimmer. Eine halbe Stunde später klopfte es schüchtern an die Tür. Davor stand ein anderer Mann aus Agatti. »Kasmikoya will nicht, daß Sie das Telegramm schicken«, sagte er unbeholfen. »Er wird so lange hierbleiben, bis das Schiff fertig ist.«

Am nächsten Morgen sah Kasmikoya nicht etwa beschämt aus. Er war erstaunlich heiter, so, als hätte er noch nie etwas von dem besagten Telegramm gehört. Auch die andern Grünhemden waren guter Stimmung. Sie machten witzige Bemerkungen, winkten und kicherten, als Kasmikoya zur »Morgenparade« erschien. Tom lernte, daß er keine Aussage der Grünhemden jemals für bare Münze nehmen durfte.

Inzwischen war es Mai geworden, und die Hitze war unerträglich, 47 Grad Celsius im Schatten. Selbst in der kühlenden Nähe des Wassers war Arbeit so gut wie unmöglich. Die Hunde krochen zu den spärlichen Schattenplätzen, die sie sich mit in der Hitze japsenden Ziegen teilen mußten. Dennoch ging die Arbeit am Schiff weiter. Am Strand dröhnte das ununterbrochene Gehämmer von Hammer und Meißel, und das Schiff nahm immer mehr Gestalt an. Während der Mittagshitze konnten wir allerdings nicht arbeiten. Also standen wir im Morgengrauen auf, arbeiteten bis mittags und lagen dann bis drei Uhr nachmittags erschöpft in unseren Kojen. Wenn es etwas kühler wurde, ging es wieder zurück zum Schiff und zur Arbeit – bis spät in den Abend hinein. Nachts schliefen die Grünhemden auf Matratzen, die sie in den Hof gelegt hatten – und wir erhielten einen weiteren Experten, der uns half. Einen Riesen und genialen Schiffbauer, Robert Marten, der nicht weit von meinem Haus im County Cork, in Irland, wohnte. Robert war der einzige, den die Grünhemden niemals hereinzulegen versuchten. Er gestand, daß die Grünhemden in der Kunst des Betrugs im Vergleich zu manchen irischen Schiffbauern reinste Anfänger seien. Aber es gab noch einen anderen Grund, warum es den Grünhemden unmöglich war, Robert zu täuschen: Er konnte die handwerkliche Fähigkeit eines jeden Zimmermanns sofort überprüfen. Sein geübtes Auge erkannte die Handschrift eines Handwerkers am kleinsten Detail. So konnte er zu jeder Tageszeit herumgehen und genau beurteilen, wer wieviel Arbeit geleistet hatte.

Wir waren nun dabei, die letzten Spanten einzusetzen; und auch sie wurden an Ort und Stelle eingenäht, so daß sie sich gegen die Haut des Schiffs biegen und glätten konnten. Quer über dem Schiff wurde ein großer Balken angebracht, der das Gewicht des Mastes trug; dann wurde das Deck auf seine Planken gelegt, und die Agatti-Männer, die mit dem Nähen fertig waren, verbrachten eine Woche damit, Pfropfen aus Kokosnußfasern in die Nahtlöcher in den Planken zu stopfen. Das war eine mühsame, aber notwendige Arbeit. Ich schätze, wir hatten über zwanzigtausend Löcher in die Planken gebohrt, und wenn diese Löcher nicht ordentlich abgedichtet waren, würde das Schiff so durchlässig sein wie ein riesiges Sieb. An der Außenseite des Rumpfes wurden die Löcher mit Kitt abgedichtet, der aus geschmolzenem Baumgummi gemischt mit gestampften Schalen und auf einem Brett ausgerollt hergestellt wurde. Endlich kletterten die Agatti-Männer ins Innere des Rumpfs. Wir reichten ihnen Dosen mit Pflanzenöl hinunter, das sie mit Lappen und Bürsten auf die Nähte der »Pythonschlangen« verteilten. Die Kokosnußfasern saugten das Öl auf. Die Seilmacher sagten mir, daß es wichtig sei, das Seil immer zu ölen, sonst könne das Schiff nicht überleben. Wenn das Seil alle vier oder sechs Wochen in Öl getaucht würde, sei das eine Garantie dafür, daß das Schiff sechs Jahre hielte, vielleicht aber auch hundert Jahre. Ich zweifelte nicht daran, daß sie recht hatten. Ich hatte die Planken eines sechzig Jahre alten Schiffs gesehen und seine Nähte untersucht. Das Kokosfaserseil zwischen den Planken war so gut wie neu.

In der letzten Woche, vor dem Stapellauf des Schiffs, bestrichen wir die Außenseite des Rumpfs mit Holzschutzmittel, das den Angriff von Schiffswürmern abwehren sollte. Holzanstrich war ein traditionelles Mittel, Überzug aus Kalk, vermischt mit Hammelfett. Es wird per Hand aufgetragen. Wir kochten Fettklumpen, rührten Kalkpuder hinein und machten uns an die Arbeit. Die Zeit war so knapp, daß ich im Trainingslager der Marine des Sultans anrief. Natürlich waren sie bereit, mir Hilfskräfte zu schicken – eine Klasse mit Offiziersanwärtern. Vierzig junge Omani in Shorts und Trikots kamen prompt in Militärfahrzeugen angereist. Die Unteroffiziere erteilten Kommandos, und schon strichen die Kadetten das übelriechende, klebrige Hammelfett auf. Als diese

Masse getrocknet war, zeigte die Unterseite sich in hübschem Weiß. Die Männer von Minicoy waren gerade dabei, das Gerüst abzubauen; als sie die Rollen aus Palmenmatten wegzogen, erhob sich das neue Schiff wie ein Schmetterling, der aus seiner Larve schlüpft. Es wirkte ungeheuer groß, erhob sich hoch über den Sand, ein Denkmal menschlicher Tüchtigkeit, 140 Tonnen rohen Holzes, die zu einem einzigartigen, eleganten Artefakt gefügt worden waren, jedes Teil und jeder Nahtstich dazu bestimmt, seine Funktion auf einer langen Reise im Meer zu erfüllen.

Wir montierten eine Bootsklampe unter den Rumpf, klopften die Kielpallen weg und ketteten einen Traktor an unsere Neuschöpfung, der sie an den Strand zog. Unter die Stützbalken der Klampe legten wir unser letztes indisches, in Hammelfett eingeweichtes Holz. Der Motor des Traktors kam auf Touren und setzte sich langsam in Bewegung. Mit lautem Klirren löste sich das Stahlseil. Wir versuchten es noch einmal, wieder riß das Seil. Wir begannen von vorn, wieder und wieder, mit schwereren Kabeln, mit Hebeln von achtern und mit Telefonmasten, die unter jede Seite des Schiffs gezerrt wurden. Fünfzehn Grünhemden hingen wie Affen daran und versuchten den Rumpf zu lösen. Dennoch rührte sich das Schiff nicht von der Stelle. Ringsum herrschte Ratlosigkeit. Am folgenden Morgen hätte das Schiff vom Stapel laufen sollen, das Ministerium hatte eine offizielle Feier organisiert. Ich kam mir vor wie ein Pyramidenbauer, der nicht weiß, wo er den obersten Stein plazieren soll. Von der Baustelle in der Wüste eilte ein hilfsbereiter Ingenieur herbei und brachte einen Theodoliten, machte seine Messungen, und sein Ergebnis war absolut negativ: Das Schiff stand schief auf der Plattform.

Es gab nur einen Ausweg – wir mußten den Kies wegräumen und genügend Erde unter das Schiff schieben, um einen abschüssigen Hang zu schaffen – eine Herkulesarbeit. Alle, einschließlich der Köche, arbeiteten die ganze Nacht mit Brecheisen und Schaufeln. Wir verlagerten Tonne um Tonne von Erde. Bei Lampenlicht schufteten wir ohne Unterbrechung achtzehn Stunden lang. Zentimeter für Zentimeter zogen wir das Schiff in Richtung Wasser. Die Grünhemden waren schließlich so erschöpft, daß sie sich wahllos zwischen die Kieshaufen legten und einschliefen, wo sie gerade lagen, nur um eine Stunde später wieder geweckt und zurück an die Arbeit gerufen zu werden. Bei Sonnenaufgang waren wir zwar alle fix und fertig, aber wir hatten das Schiff auf den flachen Sandstrand gezogen. Groß und schwer hockte es da und wartete auf die Feierlichkeiten, deren Anlaß es war.

»Also, wo soll denn die Party nun stattfinden? Wo sind die denn alle?« fragte Robert und sah sich um. Weit und breit war keine einzige Seele in Sicht, alles war leer, der Strand verlassen. »Hat man denen denn nicht gesagt, daß heute die Feiern für den Stapellauf stattfinden?« Im selben Augenblick hörten wir ein leises, merkwürdiges Geräusch. Es hörte sich an wie das Zerstampfen von Schneckenschalen in der Ferne, vermischt mit dem Dröhnen von Trommeln. Das seltsame Geräusch kam näher, und wir hörten rhythmischen Gesang und Händeklatschen. Woher kam das Geräusch? Bestimmt nicht von den Sanddünen in unserem Rücken. Ein Phänomen offenbar, das sich vom Meer her näherte. Dann sahen wir es. Direkt aus der Meeresbucht kam ein stattliches Fischerboot, ein Sambuk, mit voller Geschwindigkeit und voll aufgedrehten Motoren auf uns zu. Von der Spitze seines Mastes flatterte eine imponierende Flagge. An den Seiten war es mit Stöcken geschmückt, auf denen bunte Fähnchen flatterten, die sich im Wind blähten. An Deck wimmelte es von Menschen. Es waren mindestens fünfzig. Sie standen mit dem Gesicht zur Küste, und alle tanzten, stampften und klatschten zum Rhythmus einer Gruppe von Trommlern und Flötenspielern. Es war ein bewegender Augenblick. Sie waren aus den Küstendörfern gekommen, um die Geburt eines neuen Schiffs zu feiern. Sie sangen alte Lieder, um das neue Schiff zu begrüßen, während ihr Boot vorbeijagte, einen Kreis zog und auf den Strand zusteuerte. Dann sprangen die Tänzer in das hüfttiefe Wasser. Ohne daß sie ihre Musik auch nur für einen Augenblick unterbrachen, wurde die Band auf den Schultern der Kameraden durch das flache Wasser getragen. Auf dem Sand begannen die Männer einen schwungvollen, wirbelnden, stampfenden Tanz; die Szene war von fliegenden Gewändern, schlenkernden Armen und dem Chaos wirbelnder Töne beherrscht.

Dann war plötzlich noch mehr Musik zu hören. Aus der Richtung der Häuser von Sur kamen drei Menschengruppen. Vorn in jeder Gruppe waren Tänzer und Sänger und ein ganzer Wald von Fahnen und Flaggen, Kolonnen, die wie Bataillone einer mittelalterlichen Armee aussahen. Ein Heer von Kamelstöcken winkte zum Rhythmus der Lieder, und von Zeit zu Zeit brachen Gruppen von Männern aus, um, schwingende Schwerter in der Hand, Tänze vorzuführen. Die Kolonnen umringten das Schiff, und schon bald war sein Rumpf von einer Woge summender, singender und tanzender Menschen umgeben. Die Luft war von ohrenbetäubendem Trommellärm und dem schrillen Kreischen der Flöten erfüllt. Es waren afrikanische Rhythmen, und die Hautfarbe der Zuhörer war demnach auch überwiegend schwarz. Eine regelrechte Jubelfeier. Männer hüpften auf und nieder und winkten mit Porträts von Sultan Qaboos; andere bildeten tanzende Schlangen, die sich stampfend und singend durch die Menge kämpften. Frauen waren in prächtige schwarze Seidengewänder gehüllt, die mit Silberfiligran bedeckt waren und glitzerten und glänzten. Um den Hals trugen sie schwere goldene Schmuckstücke, und an den Ohren und auf den Wangen baumelten Goldketten, die zwischen Ohrläppchen und Nasenlöchern befestigt waren. Während sie tanzten und herumwirbelten, klirrten die Spangen an ihren Knöcheln, und dazu stießen sie jauchzende Töne aus. Noch nie in meinem Leben hatte ich eine solche Party erlebt.

Die steigende Flut bereitete der Feier ein Ende, das Wasser vertrieb uns vom Strand, und wir widmeten uns der wichtigen Aufgabe, das Schiff zu Wasser zu lassen. Zuerst dachte ich, das sei ganz einfach. Das Schiff schwebte für einen Augenblick auf der Flutwelle und bewegte sich ein paar Meter weiter nach vorn. Aber dann stieß der Unterbau des Boots gegen eine Sandbank, das Schiff schlingerte und saß dann fest. Die Flutwelle rollte zurück, und unser Schiff, das noch immer zögerte, sich seinem natürlichen Element hinzugeben, saß hilflos auf dem Strand. Wir arbeiteten eine zweite Nacht durch, das Wasser sank, und wir hatten nur noch einen Tag Zeit, eine Rinne zu graben. Am darauffolgenden Tag waren wir fertig, wir hatten zwei Anker in den Strom gelegt, ein Trupp Männer stand bereit, um es von einem vor Anker liegenden Boot aus zu ziehen, und die Grünhemden standen bis zur Brust im Wasser, um das Schiff zu schieben. Die Männer von Minicoy schwammen wie Fische, tauchten hinunter, um die Umgebung des Schiffsrumpfs nach Hindernissen abzusuchen.

Endlich hatte das Wasser seinen höchsten Punkt erreicht. Ich stand auf dem Deck des Schiffs und gab den Marinesoldaten ein Zeichen, und sie begannen zu ziehen. Die Grünhemden sangen und hievten das Schiff hoch. Ich sah nach achtern: die Küste schien zu schwanken. Das Schiff bewegte sich. Sanft und weich glitt es ins Wasser. Es schwamm! Ich hörte Triumphgeschrei. Im flachen Wasser tanzten die Grünhemden, machten Freudensprünge und stießen Jubelrufe aus, eine richtige Ekstase! »Großer Fuß« schlug einen Purzelbaum in der Luft und landete mit einem riesigen Bauchklatscher; und »Mighty Mite«, der »Mächtige Knirps«, der nicht einmal schwimmen konnte, stürzte sich in unglaublichem Übermut über die Reling ins Wasser und mußte wieder herausgeholt werden. Wir zogen das Schiff weiter hinaus bis zu einer vertäuten Boje in der Mitte des Stroms, lösten den Unterbau; und dann kam der wunderbare Augenblick, in dem Mohammed und ich, oben an der Treppe stehend, einander jeweils den Vortritt lassen wollten. Wir wollten beide unter Deck gehen und den Rumpf besichtigen. Gemeinsam überprüften wir den Bauch des Schiffs. Ein Rinnsal floß herein, das aber würde aufhören, sobald sich das noch trockene Holz endgültig vollgesogen hatte.

»Gratuliere, Mohammed«, sagte ich, »du hast wunderbare Arbeit geleistet. Es ist prächtig.« Er war unverkennbar stolz auf dieses Kompliment, kletterte aber dann wieder die Treppe hinauf und ließ mich in dem leeren Rumpf allein. Das Schiff hob und senkte sich und schaukelte sanft in der Strömung. Ich konnte das Gurgeln und Plätschern des Wassers hören, das an der »Haut« des Schiffs vorbeistrich. Ich legte meine Hand auf die Planken, deren Herstellung so viel Zeit und Mühe in Anspruch genommen hatte. Ich konnte fühlen, wie das Schiff beim Ziehen und Zerren der Wellen erzitterte. Mein Schiff lebte! Es hatte Zeit gebraucht, um es zu bauen, aber nicht drei Jahre, auch keine sechzehn Monate, wie man mir prophezeit hatte. Nur einhundertundfünfundsechzig Tage.

4

Omanische Seeleute

Auf Anordnung des Sultans erhielt unser Schiff den Namen *Sohar* – zu Ehren des alten Handelshafens Sohar, einst blühendste Stadt in ganz Oman, berühmt für die vornehmen Häuser seiner Kaufleute und für seinen großen Marktplatz mit allen erdenklichen Waren aus dem Osten. Der Hafen Sohar an der Batinah-Küste wurde in alten Zeiten regelmäßig von Schiffen angelaufen, die auf dem Weg in den Orient waren oder von dort zurückkehrten, und wurde »Tor von China« genannt.

Nun, da die *Sohar* ihren Namen hatte, konnten wir die Mannschaft auswählen und an Bord nehmen. Wir hatten errechnet, daß ungefähr zwanzig Männer nötig waren. Acht davon sollten Kern des Teams sein – omanische Seeleute, die das Schiff auf traditionelle Art bedienen würden. Es mußten erstklassige Seeleute sein, die sich gut auskannten, denn sie würden die restliche Mannschaft anlernen müssen. Während der ganzen Reise hatten sie die Verantwortung für die wichtigsten Arbeiten auf der *Sohar* zu tragen: das Aufziehen der Segel, das Einrichten der Takelage, die allgemeine Bedienung des Schiffs. Wir hatten aber auch Europäer an Bord: Bruce Foster wollte fotografieren, Tom Vosmer sollte das kleine Amateurfunkgerät des Schiffs bedienen; und ein Kameramann und ein Tonaufzeichner sollten über die Reise einen Film drehen. Auch ein Zahlmeister wurde gebraucht, ein Taucher und natürlich ein Koch.

Mein erster omanischer »Freiwilliger« war von der Marineabteilung der königlich-omanischen Polizei, ein Korporal in schicker taubengrauer Uniform, mit schwarzem Polizeibarett, das keck auf seinen dunklen Locken saß, und blitzblanken Schuhen, Abzeichen und Knöpfen. Er salutierte ausgesprochen militärisch, Habachtstellung eingeschlossen. »Khamees Sbait, Sir! Ich möchte mit nach China segeln.« Seine steife Haltung ging in ein breites Grinsen über, als er, von dieser wohl ungewohnten militärischen Begrüßung etwas aus der Bahn geworfen, nachträglich Begeisterung äußerte. Khamees (arabisch: Donnerstag) hatte die Figur eines Weltergewichtsboxers. Er war ein äußerst lebensfroher und dementsprechend temperamentvoller Mann aus Sur. Er hatte den Bau des Schiffs aufmerksam verfolgt. Gleich als er hörte, daß wir für die Schiffsmannschaft Freiwillige anwarben, war er zu seinem Vorgesetzten gelaufen, um sich die Erlaubnis geben zu lassen, zu uns zu kommen. »Warum wolltest du die Sindbad-Reise mitmachen?« fragte ich. »Um die Welt kennenzulernen«, antwortete er. Angst vor einer so langen Reise hatte er offenbar nicht. O nein, er hatte keine Familie, von seiner verwitweten Mutter abgesehen. Sie würde sein Gehalt von der Polizei bekommen, das weitergezahlt würde, solange er auf See war; und darüber hinaus wolle er tun, was seine Vorfahren auch getan hatten. Ihm würde schon nichts geschehen; es sei ein wunderbares Schiff, und die Reise würde herrlich werden. Wenn ich noch mehr solche Enthusiasten auftrieb, dachte ich im stillen, würde sich mein Schiff fast von alleine fortbewegen.

»Khamees Police«, so nannte man ihn, hatte diesen Spitznamen durchaus verdient. Während der nächsten acht Monate ließ seine Begeisterung für unser Projekt nicht im geringsten nach. Vom ersten Tag unserer Segelversuche an, als wir das Schiff ausprobierten, war Khamees Police immer der erste, wenn es galt, über das Deck zu laufen; er hüpfte vor Freude auf und ab wie ein Feuerwerkskörper, schwang sich an einem losen Seil hin und her oder band ein flatterndes Segel fest. Nicht ein einziges Mal verließ ihn seine gute Laune, mit seiner optimistischen Ausstrahlung steckte er die gesamte Mannschaft an.

Der junge Eid, ebenfalls von der Marinepolizei, war viel ruhiger. Mit seinen zweiundzwanzig Jahren war er der jüngste unserer »Freiwilligen«. Auch er stammte aus Sur. Seine tiefschwarze Haut und der afrikanische Gesichtsschnitt zeigten deutlich, daß es einst enge Verbindungen gegeben hatte zwischen der Bevölkerung von Sur und der von Sansibar. Tatsächlich hielt man ihn auf den ersten Blick für einen reinrassigen Afrikaner, und ich erkannte sofort die Ähnlichkeit zwischen ihm und dem sanften Meisterschiffbauer, den ich bei meinem ersten Besuch in Oman in Al Aija hatte ein Sambuk bauen sehen. Er bestätigte mir, daß der sein Vetter sei. Eid war in Al Aija geboren und entstammte einer Familie von Schiffbauern und Fischern. Er selbst war ziviles Mitglied der Marinepolizei gewesen. Eid war auf angenehme Weise naiv und wollte um jeden Preis die Enge seiner Heimat verlassen, um zu sehen, wie andere Menschen leben. Unsere Sindbad-Reise bedeutete für ihn mehr als eine Fahrt ins Ungewisse, aber das verängstigte ihn nicht. Die Reise war für ihn die Möglichkeit, ein Abenteuer zu erleben.

Ein stärkerer Kontrast zwischen Eid und dem Offiziersanwärter der Marine des Sultans in makelloser Uniform, der ebenfalls an Bord der *Sohar* kletterte, war kaum denkbar. Und ich überlegte, ob er wohl wußte, daß sein Offiziersrang an Bord meines Schiffs keinerlei Bedeutung haben würde. Ich hätte mir keine Sorgen zu machen brauchen. Khamees Navy war einer der motiviertesten unter den omanischen Mitgliedern der Schiffsmannschaft. Er glaubte, die Sindbad-Reise würde, Erfolg vorausgesetzt, dem Ruhme des Sultanats zugute kommen. Deshalb wollte er dabeisein, komme, was wolle. Dieser unverfälschte Patriotismus sollte Khamees in den folgenden Monaten immer wieder Auftrieb geben. Sein Pflichtbewußtsein und seine bedingungslose Bereitschaft waren bewundernswert, und später stellte ich fest, daß Khamees unter den anderen Omani so etwas wie ein Außenseiter war. Er unterschied sich von ihnen sowohl durch seinen familiären Hintergrund als auch durch seine Bildung und seinen Geschmack. Khamees stammte aus einer jener omanischen Familien, die wohlhabend genug waren und genügend gute Verbindungen besaßen, um ihre Söhne ins Ausland zu schicken und ihnen dort eine Ausbildung zu ermöglichen, die unter der Regierung des früheren Sultans in Oman undenkbar gewesen wäre. Daher hatte man Khamees nach Kuwait geschickt, dort war er zur Schule gegangen, hatte englisch sprechen gelernt und sich darauf vorbereitet, zu einer Offiziersausbildung nach Oman zurückzukehren, just als Sultan Qaboos auf den Thron gelangte und beschloß, sein Land zu modernisieren.

Khamees Navy stammte von Beduinen ab. Das heißt, viele Mitglieder seines Stamms waren Halbnomaden, ohne festen Wohnsitz in Städten oder an der Küste. Khamees' Stamm, Al Araimi, lebte im Hinterland von Sur, in der Ostprovinz von Oman, einem wilden, kargen Land mit kahlen braunen Hügeln und steilen Hängen und ein paar Dörfern dazwischen, die um Wasserlöcher oder in den Wadis entstanden waren. Manche der Al Araimi waren Geschäftsleute und Händler, aber die traditionsverbundenen Mitglieder des Stamms zogen – von den wechselnden Jahreszeiten getrieben – durchs Land. Im Winter wanderten sie bis hinunter zur Küste, wo sie während des Nordostmonsuns Fische fingen. Die abfallende Küste gewährte ihnen Schutz vor den Winden, und vor ihnen lag ein Meer, in dem es Fische, auch Haie und große Thunfische, in Mengen gab. Sie blieben an der Küste, bis der Wind Richtung Südwesten umschlug und große schäumende Brecher von Ostafrika herüberbrachte, die sich mit unwiderstehlicher Kraft an den Stränden von Oman brachen und die Schiffahrt an der Küste fast unmöglich machten. Dann trieben die Al-Araimi-Beduinen, wie sie es seit Menschengedenken getan hatten, ihre Ziegenherden zusammen und zogen ins Landesinnere, in ihre Häuser nahe den Dattelgärten, bis die Fischsaison erneut begann. An ihrem Teil der Küste hatte es immer Seeräuber gegeben, die bis weit ins 19. Jahrhundert hinein ihr Unwesen trieben. Eine richtige Piratenküste, und Khamees Navys Vorfahren hatten sich ihren Lebensunterhalt damit verdient, Schiffe zu plündern, sie mit schnellen, schlanken Piratenbooten anzugreifen und ihre Waren zu erbeuten. Es war in der Tat nicht schwer, sich Khamees Navy mit Piratenturban und Lendenschurz an Bord eines *bedan* vorzustellen, darauf wartend, ein vorbeifahrendes Handelsschiff zu entern. Sein Gesicht war durch und durch arabisch, wenngleich er nicht die hagere, irgendwie adlerartige Gestalt der Wüstenbewohner hatte. Khamees' schmale, leicht gebogene Nase, seine schwarzen, fast mandelförmigen Augen, seine vollen, aber kleinen Lippen und sein kurzer schwarzer Bart, der die hohen Backenknochen umrahmte, gaben ihm ein klassisch südarabisches Aussehen. Er hatte ein Gesicht, wie man es auf südarabischen Münzen aus dem 6. Jahrhundert findet, die im Reich der Königin von Saba geprägt wurden.

Musalam war der zweite Freiwillige von der Marine des Sultans, ein gutaussehender, ruhiger Mann, Unteroffizier; er stammte aus der kleinen Stadt Suwaiq an der Batinah-Küste. Sein Onkel baute *shasha*-Boote, die aus Palmwedeln gemacht werden. Musalam brachte drei Zivilisten aus Suwaiq mit, die ebenfalls der Mannschaft der *Sohar* beitreten wollten. Hatten sie Erfahrung mit dem Meer? fragte ich. Natürlich, erwiderte er, sie stammten alle aus Fischerfamilien und waren alle am Wasser aufgewachsen. Sie betrieben ein wenig Fischfang und hatten mehrere Reisen gemacht. In meinen Ohren klang das ziemlich vage, und so fragte ich, warum diese Männer die Sindbad-Reise mitmachen wollten. Weil sie keine Arbeit hätten, erwiderte er schlicht und winkte den drei Gestalten im Turban zu, die sich scheu im Hintergrund gehalten hatten. Sie kamen, und er stellte sie mir vor, ein merkwürdig zusammengewürfeltes Trio. Der absonderlichste der drei war ein großer, etwas schlaffer Mann, mit fast so dunkler Haut wie der junge Eid und mit den gleichen stark ausgeprägten afrikanischen Zügen. Sein müdes Aussehen wurde noch von seinem einen Augenlid verstärkt, das ständig nach unten rutschte und den Eindruck erweckte, als wäre er kurz vorm Einschlafen. Er trug einen schmuddeligen *dishdasha*. Paradoxerweise lautete sein Name Jameel, was soviel wie »Schönheit« bedeutet. Der untersetzte Mann neben ihm, der eine Figur wie eine Tonne hatte, war offenbar Seemann, denn er hatte einen rollenden Gang, und seine kräftigen, mit schwarzen Haaren bedeckten Arme sahen aus, als hätte er damit Netze gezogen oder sein Leben lang Ruder gepullt. Er hieß Abdullah. Das dritte Mitglied des Trios war der älteste. Er war ein feingliedriger Mann mit zartem Knochenbau, seine Züge waren wie gemeißelt, fast aristokratisch, und er trug ein sauberes, einfaches Gewand. Was ihn besonders hervorhob, war sein Benehmen. Er trug eine geradezu gelassene Würde zur Schau, die bemerkenswert war. Er machte den Eindruck eines selbstbewußten Mannes, der viel gesehen hatte und mit allem zurechtkam. Sein Name war Jumah, erklärte Musalam, und er wäre ein professioneller Seemann, eine durchaus zutreffende Beschreibung. Jumah war sein ganzes Leben lang auf Daus gesegelt. Er kannte nichts anderes, und als ich ihn fragte, warum er anfangs zur See gefahren war, erklärte er ganz einfach, daß er keine andere Wahl gehabt hätte. Er gehörte einer armen Familie in einem Küstendorf an, und die einzige Möglichkeit, Arbeit zu finden, war an Bord eines Schiffs. Sonst wäre es ihm nicht einmal möglich gewesen, genügend Geld zu verdienen, um zu heiraten. Daher hatte er sich anheuern lassen, mit nicht viel mehr als der Hoffnung, daß ihm sein Kapitän am Ende einer erfolgreichen Reise auch wirklich seinen Lohn zahlen würde. Einen Vertrag hatte es nie gegeben, keinen festgesetzten Lohn, keine Vereinbarungen über Arbeitszeit. Man hatte einfach Vertrauen zu Allah und segelte los.

Jumah war von unschätzbarem Wert und wußte alles über die traditionellen alten arabischen Segelschiffe. Er äußerte seine Meinung nur selten, außer wenn er gefragt wurde, aber seine Ratschläge waren vernünftig und bewiesen große Erfahrung. Er konnte einen dabei beraten, wie man die *Sohar* auftakelte und segelte, und später sollte ich erfahren, daß er auch genau wußte, wie man sich in Krisensituationen an Bord verhält, welche Leine man werfen mußte, in welche Richtung man das Schiff drehen sollte. Er war so lange zur See gefahren, daß er nicht mehr wußte, wohin ihn seine Reisen überall geführt hatten. Er war in seinem Leben ein halbes Dutzend Mal in Ostafrika gewesen, genauso oft in Indien und unzählige Male in den arabischen Golf gefahren. Er wußte nicht einmal, wie alt er war. Er war zu einer Zeit geboren, als es in Oman noch keine Geburtenregistrierung gab. Er behauptete, zwischen vierzig und fünfzig Jahre alt zu sein, aber es waren bestimmt an die zehn Jahre mehr. Und doch war er so fit und aktiv wie ein Fünfundzwanzig-jähriger. Er hatte etwas für Possen übrig, machte gern Späße, wobei ein boshafter Glanz in seine Augen trat, so daß er wie ein schelmischer kleiner Kobold aussah. Für ihn war unsere Reise vielleicht eine Art Abschied vom Seemannsleben. Alle alten Schiffe wären verschwunden, sagte er mir. Seit fünfzehn Jahren war er nun schon an Land, lebte still in seinem Haus, sah seine Kinder aufwachsen, sprach mit den Nachbarn, dachte an die Vergangenheit. Jetzt hatte er von der *Sohar* gehört und daß wir eine Reise ins ferne China planten, wo er noch nie gewesen war. Es gab nichts, das ihn zurückhalten konnte. Seine Kinder waren erwachsen, er hatte das Leben an Land satt, und er wollte noch eine Fahrt mitma-chen, noch eine Reise, einmal noch leben wie früher. Er war das deutlichste Beispiel für jenes Phänomen, das als »Ruf der Meere« bekannt ist.

Jumah, Abdullah, Jameel und Musalam – das waren jetzt vier omanische Mannschaftsmitglieder von der Batinah-Küste, und diesen vieren stan-den die anderen vier gegenüber, die aus der östlichen Provinz hinter Sur stammten, weil Eid, die beiden Khamees, Navy und Police, durch Saleh ergänzt worden waren. Ich bin mir nicht sicher, wann Saleh zum ersten Mal auftauchte. Ich bemerkte ihn nur eines Tages während unserer Segelversuche, einen ziemlich wild aussehenden Mann mit einem mal-venfarbenen Turban und flatterndem, kiltartigem Lendentuch. Jemand sagte mir, daß Saleh Fischer sei und daß er der Erste Offizier an Bord eines Fangschiffes vor Kuwait gewesen war und auch, daß er als Matrose in der Abu-Dhabi-Marine gedient hätte. Aber die Art und Weise, wie sich Saleh an Bord der *Sohar* bewegte, ließ nicht den geringsten Zweifel offen, daß er auch zu segeln verstand. Und so hatte ich mein achtes omanisches Mitglied der Crew gefunden, die der rest-lichen Mannschaft beibringen würde, wie man ein Boom bediente.

Aber vorerst legten wir mit unserer *Sohar* in einem der aufregendsten Häfen der Welt, in Maskat, an. Auf der einen Seite ragten hoch oben die Mauern von Fort Mirani auf, eine hoch aufschießende Festung, die ursprünglich von den Portugiesen errichtet worden war, um die Bucht von Maskat gegen Eindringlinge zu schützen. Jetzt flatterte die blutrote Flagge der *Royal Guard* im leichten Ostwind, denn das Fort war die Kaserne der Leibwache des Sultans. Jeden Morgen fuhren wir auf dem Weg zur Arbeit an Armeewagen vorbei, die bis obenhin beladen waren und von schwerbewaffneten Wachen in Baretten, Kampfanzügen und Wüstenstiefeln begleitet wurden. Am Geburtstag des Sultans rollten die Soldaten eine ganze Reihe Artilleriekanonen heraus, deren Messingteile so blank poliert waren, daß sie förmlich blendeten, und gaben 21 Salutschüsse ab, die von den Hügeln rings um die Bucht als Echo zurückgeworfen wurden. An Bord der *Sohar* bekamen wir den Knall unvermindert zu hören. Wir hielten uns die Ohren zu, denn die Geschütze waren direkt auf uns gerichtet, und wir konnten den Flammenstoß aus den Rohren schießen sehen. Die Salutschüsse galten dem Fahnenpalast des Sultans, ein außergewöhnlicher Bau aus blassen Marmorsäulen mit regenschirmartiger Spitze und riesigen Glasfenstern, der von einem makellosen smaragdgrünen Rasen gesäumt war. Mit seinen Brunnen und den riesigen Laternen, die über den Arkaden hingen, sah der Fahnenpalast genauso aus – die moderne Version jener Paläste, die die großen indischen Prinzen und Maharadschas zu ihren offiziellen Residenzen gemacht hatten. Links vom Palast konnte man von Deck aus gerade noch die Fahnen der amerikanischen und britischen Botschaft sehen, die in schönen alten omanischen Häusern saßen. Weiter links, das Panorama abschließend, lag der mit Zinnen versehene Komplex von Fort Jabali, dem Zwillingswächter der Bucht, und dann der berühmte Hügel, der wie ein Walrücken geformt ist und auf dessen Flanken die Namen von Schiffen gemalt sind, die während der vorangegangenen zwei Jahrhunderte in der Bucht von Maskat festgemacht hatten. Die neueren Namen waren deutlich mit frischer Farbe gemalt und zählten Zerstörer, Truppen- und Handelsschiffe auf. Aber andere Namen, die fast verblichen waren, gingen zurück bis ins 19. Jahrhundert, und wie es heißt, soll Nelson selbst mit von der Partie gewesen sein, als der Name seines Schiffs an den Hügel gemalt wurde. Inmitten einer derart ungewöhnlichen Mischung aus Geschichte und Pomp kam es einem gar nicht mehr so merkwürdig vor, eine mittelalterliche Dau auszustatten, ihren massiven, achtzehn Meter hohen Vormast mit der charakteristischen Vorwärtsbiegung zu errichten, die Takelage aus Kokosnußseilen zu flechten und die großen Rundhölzer hochzuziehen. Die Silhouetten der Seeleute, die die Takelung der *Sohar* hinaufkletterten oder auf der Groß-bramrah balancierten, nahmen sich vor dem Hintergrund der Bucht mit ihren Befestigungen fast normal aus.

Für das Auge war das alles sehr romantisch, aber die Nase gewann einen völlig anderen Eindruck. Die *Sohar* stank. Der Geruch war nicht zu bemerken, wenn man sich dem Schiff in einem kleinen Boot näherte, oder selbst wenn man auf Deck stand, außer wenn man sich in der Nähe der offenen Luken aufhielt und gelegentlich von unten ein ganzer Schwall heraufzog. Aber in dem Augenblick, in dem man ins Innere des Schiffsrumpfs kletterte, war der Gestank entsetzlich, ähnlich dem ver-faulter Eier oder dem einer Stinkbombe. Ich erkannte den Geruch von Schwefelwasserstoff. Der Geruch selbst bekümmerte mich nicht. Er war widerwärtig, aber man konnte damit leben. Das Problem war, daß dieses Gas auch Metallgegenstände angriff. Ein Silberarmband, das unter Deck zurückgeblieben war, begann beispielsweise schon innerhalb einer Stun-de anzulaufen. Einen Tag später würde es schwarz sein. Mir wurde bange, wenn ich daran dachte, was mit den Metallschaltungen eines Funkgeräts geschehen würde, das ein halbes Jahr lang unter Deck bleiben mußte. Selbst wenn wir die Luken offenließen, wäre das Gas nicht zu vertreiben, und wenn wir die Luken über Nacht zudeckten, strömte uns am nächsten Morgen, wenn wir sie wieder aufmachten, ein dicker Schwall scharfer Gase entgegen.

Der Gestank kam aus dem Kielraum. Wenn man nur eine Bodenplanke hochhob, verursachte der Gasschwall Brechreiz. Es schien keine Mög-lichkeit zu geben, das Problem zu lösen. Wir spülten den Kielraum mit frischem Meerwasser aus, aber das machte keinen nennenswerten Unter-schied. Am nächsten Morgen war der Gestank genauso schlimm wie vorher. Mit großer Anstrengung luden wir den gesamten Ballast des Schiffs um, warfen fünfzehn Tonnen Sandsäcke über Bord und füllten bei sengender Hitze fünfzehn Tonnen gewaschenen Sand in neue Säcke. Noch bevor wir diese rückgratkrümmende Aufgabe beendet hatten, schlug uns erneut der widerwärtige Geruch entgegen. Ich konsultierte Wasserwissenschaftler. Sie nahmen Proben und bestätigten, daß das Kielwasser Schwefelwasserstoff abgab. Und sie warnten mich, daß wir uns daran alle vergiften konnten. Aber einen Vorschlag, wie man das

Gas loswerden könne, machten sie nicht, und woher es kam, fanden sie auch nicht heraus. Ich hatte den Verdacht, daß das Gas etwas mit dem Zusammenwirken von Meereswasser und dem Pflanzenöl zu tun hatte, das in die Nähte des Schiffs verteilt worden war, um die Kokosnußseile zu konservieren. Daher traute ich mich nicht, den Kielraum mit irgendwelchen Reinigungsmitteln zu säubern, die das Öl zersetzen oder, schlimmer noch, die Nähte selbst angreifen könnten. Dann würde das gesamte Schiff auseinanderfallen.

Mohammed Ismail, mein »Oberschiffbauer«, machte sich überhaupt keine Sorgen. Er zuckte nur mit den Schultern und meinte, daß es aus den Luken der Handelsschiffe, die aus Holz wären, immer so röche. Ich versuchte mich mit dem Wissen zu trösten, daß hölzerne Kriegsschiffe im 18. Jahrhundert unter Deck so kräftig gerochen hatten, daß sie immer einen Kadettenanwärter hinunterschickten, der das untere Deck der ganzen Länge nach mit einem Silberlöffel entlanggehen mußte. Wenn er wieder oben an Deck erschien, gab er den Löffel dem Kapitän, der ihn in Augenschein nahm. Wenn sich der Löffel verfärbt hatte, wurde der Schiffsrumpf gescheuert. Und doch machte ich mir auch weiterhin Sorgen. Schließlich war es unmißverständlich der Geruch von Fäulnis, und ich stellte mir vor, wie die Fäden, die das Schiff zusammenhielten, sich allmählich zersetzten, bis sie sich eines Tages ganz auflösten. Dann würden die Nähte der *Sohar* wie eine angeschwollene Samenhülse zerspringen. Täglich ging ich heimlich, damit die Mannschaft es nicht merkte, hinunter und lockerte ein Bodenbrett und stach mit einer Speerfischgräte in die Kokosnußfasern der Naht, um festzustellen, ob sie schon weich und schwammig wurde.

Die *Sohar* war Ziel und Zentrum hektischer Aktivitäten. Die beiden Gummidingis, die wir auf der Reise als Beiboote verwenden würden, pendelten jetzt ständig hin und her, transportierten Zimmermänner und Vorräte, freiwillige Seeleute und Neugierige. Das Schiff begann sich schnell mit den Hunderten von Teilen, die für die weite sieben- oder achtmonatige Reise nötig waren, anzufüllen. Die Vorpiek war mit Ersatzteilen für das Schiff vollgepackt – Rolle auf Rolle von Seilen in jeder Größe, Bündel mit Schnüren und Leinen, bis zu acht Zoll dicke Falleinen. Da waren dutzendweise Ersatzklötze, jeder sorgfältig aus einem einzigen Holzstück geschnitzt, kleine Kunstwerke – die Grünhemden waren mit Recht Stolz darauf. Da gab es Säcke mit Kalk für den Tag, an dem wir das Schiff in einem fremden Hafen auf Kiel legen und einen neuen Überzug des Holzschutzmittels anbringen würden, Dosen mit übelriechendem Hammelfett, das später mit Kalk vermischt auf Seile und Geräte aufgetragen werden sollte. Es gab Schwertfischgräten und Holzhämmer, Kisten mit Zimmermannswerkzeug, Hölzer in verschiedenen Längen, Ballen mit Segeltuch, Ketten. Nach meiner Erfahrung mit dem Lederboot *Brendan* nahm ich noch verschiedene Stücke Ochsenhaut mit und die Nadeln und den Faden, um schadhafte Stellen ausbessern zu können. Wir hatten nicht weniger als vier Anker, davon einen traditionellen arabischen Dragganker, mit den vier gebogenen Haken, den Marinetaucher aus der Bucht von Maskat geborgen hatten. Er war am Bug der *Sohar* befestigt und sah genauso aus wie auf den historischen Bildern.

Aber auch moderne Ausrüstungsstücke wurden verladen. Ein kleiner Generator, um die Batterien für das Funkgerät und die Navigationslampen aufzuladen. Ich hatte ziemliche Zweifel, ob der Generator die lange Reise überleben würde, und achtete darauf, daß wir außerdem jede Menge Hand- und Sturmlampen mitnahmen. Dann noch die Sicherheitsausrüstung für das Schiff; Rettungsboote, Rettungswesten und Leuchtfeuer, Notproviant und einen großen Vorrat an Feuerlöschern, denn ich war mir darüber im klaren, daß wir in einem Holzschiff segelten, das mit Öl vollgesaugt und an der tropischen Sonne getrocknet worden war. Die Notausrüstung nahm wertvollen Platz ein, aber ich war der Meinung, daß auch unsere abenteuerliche Expedition nicht unnötig Menschenleben aufs Spiel setzen durfte. Wenn ich bei meinen Nachforschungen oder beim Bau einen Fehler gemacht hatte oder wenn ich in tiefschwarzer Nacht in der Malakkastraße von einem Tanker gerammt wurde oder im Südchinesischen Meer in einen Taifun geraten sollte, sollte die Mannschaft die besten Überlebenschancen haben.

Die Verpflegung mußte zusammengestellt, verpackt und verladen werden. Bei einer Mannschaft von zwanzig hart arbeitenden, hungrigen Männern war nicht genügend Platz vorhanden, um den Proviant für die gesamte Reise zu verstauen. Ich rechnete mir einen »Grundstock« aus, der dann unterwegs ergänzt und aufgefüllt werden sollte. Wir kauften Nüsse und getrocknete Früchte, mehrere hundert Eier, die in Fett konserviert und in Sägemehl verpackt waren, Säcke mit Zwiebeln, getrockneten Erbsen, Reis und ganze Pakete mit Gewürzen. Zur Abwechslung gab es noch Dosennahrung und Soßen. Kochen würden wir über einem einfachen Holzkohlefeuer in einer Sandmulde an Deck. Der

Gedanke an frische Fische, gegrillt oder in Kohle gebacken, ließ einem schon jetzt das Wasser im Mund zusammenlaufen. Etwas wollte ich jedoch unbedingt in großen Mengen an Bord haben – Datteln. Die omanischen Datteln waren wegen ihres süßen Geschmacks in der ganzen arabischen Welt berühmt. Zu Sindbads Zeiten machten sie den Hauptteil der Fracht aus; aber sie waren auch eine wichtige Nahrungsquelle für die Seeleute. Tatsächlich waren die Datteln als Fracht so wichtig, daß die Araber die Kapazität ihrer Schiffe nach der Zahl der Dattelsäcke berechneten. Als ich zusah, wie eine Tonne Datteln in Säcken an Bord der *Sohar* verfrachtet wurde, dachte ich, wie beruhigend dieser Ballast in den alten Tagen gewesen sein mußte. Die Säcke, die jeder bis zu 100 Kilo wogen, fielen mit einem satten Plumps an Deck und bildeten am Ende einen schönen großen Haufen. Wir hatten besonderes Glück. Die Datteln für die *Sohar* wurden direkt von dem Königlichen Hoflieferanten, meinem alten Freund Dharamsy Nensey, geliefert und waren von der gleichen Güte wie die für die königlichen Küchen.

Die Liste der notwendigen Dinge war endlos. Eine halbe Tonne Holzkohle für die Kochkiste; zwei prächtige omanische Tabletts und ein alter omanischer Kaffeetopf, für den Fall, daß wir in fremden Häfen einmal Besucher empfangen würden. Impfstoffe für die Mannschaft gegen Pocken, Cholera, Typhus und Tetanus. Bruce Foster erwies sich als ein wahres Genie, wenn es galt, in den gewundenen Gassen der Souks seltsame, aber lebenswichtige Dinge aufzuspüren. Zwei- oder dreimal die Woche brauste er in einem kleinen Lastwagen zum Flughafen, um wichtige Ausrüstungsstücke für das Schiff abzuholen, die per Luftfracht eingetroffen waren.

Wir hatten noch ein weiteres großzügiges Hilfsangebot für unser Projekt bekommen – Gulf Air, die Luftfahrtgesellschaft, die gemeinsam den Staaten Oman, Bahrain, Qatar und den Vereinigten Arabischen Emiraten gehörte, hatte sich bereit erklärt, unsere gesamte Ausrüstung und die Passagiere, alles, was mit dem Projekt zu tun hatte, kostenlos zu transportieren. »Ihre Sindbad-Reise ist für alle Golfländer wichtig«, hatte Yusif Shirawi, Präsident der Luftfahrtgesellschaft, zu mir gesagt, »wir Golfländer haben ein Interesse an der Geschichte der Seefahrt, und wenn Ihr Abenteuer gelingt, wird es uns an unsere Vergangenheit erinnern. Ich weiß, daß dieses Projekt von Oman gefördert wird, aber ich glaube, daß alle Mitgliedsstaaten, denen die Luftlinie gehört, zustimmen, wenn wir Ihnen kostenlose Transport- und Reisemöglichkeiten bieten – und damit meine ich nicht nur Sie selbst, sondern auch Ihre Mannschaft und Ihre gesamte Fracht.« Diese Großzügigkeit wurde für mich noch verständlicher, als ich erfuhr, daß Yusif Shirawis Vater als Kapitän zur See gefahren war.

Der Geist der modernen ölreichen Golfstaaten war immer noch von ihrer Seefahrergeschichte geprägt. In der Klondike-Welt des arabischen Golfs mit ihren brandneuen Betonstädten, den mit Klimaanlagen ausgestatteten Luxuslimousinen und allem, was sonst noch dazugehört, hat sich unterschwellig ein Sinn fürs Nostalgische, für die traditionelle Lebensart aus Zeiten vor dem Ölboom erhalten. Auch wenn sie für die Wohltaten des Reichtums, die ihnen das Öl verschafft, dankbar sind, glauben viele der älteren Generation, daß durch die Flut der Modernisierung und die Dollarschwemme viele alte Werte verlorengegangen seien. Viele erfolgreiche Männer in den Golfstaaten, die neuen Geschäftsprinzipale und dynamischen Minister, stammen aus Familien, die viele Generationen lang als Schiffseigentümer und Schiffskapitäne ihren Reichtum angesammelt haben. Ihre Erinnerungen sind unentwirrbar mit den alten arabischen Handelsschiffen verknüpft, und mit dem größten Vergnügen sprechen sie auch heute noch von den Schiffen und den Reisen ihrer Jugendzeit. Dieses Phänomen berührte mich zutiefst, und ich überlegte, ob die gemischte Mannschaft aus Omani und Europäern an Bord der *Sohar* auch fähig sein würde, ihren Erwartungen gerecht zu werden.

Nach und nach traf die technische Ausrüstung ein. Bei der Planung der Reise war mir die Idee gekommen, daß die *Sohar* eine praktische Beobachtungsstation für Meeresforschung abgeben würde. Sie würde über 6000 Meilen über die Meere segeln, oft in Gebiete, die weit entfernt lagen von den üblichen Schiffsstraßen. Ich nahm mit verschiedenen Universitäten und Instituten für Meeresforschung Kontakt auf. Gab es irgend etwas bei der Meeresforschung, das von dem Schiff aus getan werden konnte? Man brachte mich mit mehreren Meeresforschern zusammen, und wir arbeiteten ein wissenschaftliches Programm aus. Ich würde an Bord der *Sohar* Plätze für drei Wissenschaftler freihalten, und sie würden kommen und gehen können, wie und wann sie wollten, wir würden uns vorher abstimmen, wo wir an Land festmachten, damit sie dort an Bord kommen konnten, wo die Reise für sie am interessantesten war.

Während sich die Kisten der Wissenschaftler an der Dockseite immer höher stapelten, zeichnete sich auch das wissenschaftliche Programm immer deutlicher ab. Da sah man einen riesigen hohlen Torpedo. Er gehörte dem Meeresbiologen, der die Rankenfußkrebse studieren wollte. Er schlug vor, den Torpedo hinten ans Schiff zu hängen, und zwar den ganzen Weg bis China, und abzuwarten, welche Rankenfußkrebse daran festmachten. Ich fürchtete, daß die Rankenfußkrebse vorher an Altersschwäche sterben würden, denn der Torpedo war so schwer, daß er die Fahrt des Schiffs erheblich verlangsamen würde. Daher ließ ich ihn zurückgehen und akzeptierte statt dessen einen kleineren. Dann gab es noch einen Schlitten, zum Glück relativ klein, mit saugfähigen Kissen, die wie Babywindeln aussahen, das mußte etwas mit dem Pollutionsprogramm zu tun haben, um Öl aufzufangen, das an der Meeresoberfläche trieb. Das tiefgefrorene Paket mit dem Antischlangenserum gehörte offenbar dem Mann, der auf unserer Reise Seeschlangen zu fangen hoffte. Darüber hinaus stapelte sich ein endloser Vorrat an Plastikkrügen, Schleppnetzen, Sieben und anderem Zubehör an Bord. Ich mußte an Captain Cooks dritte Reise denken, auf der sein Wissenschaftlerteam für die Ausrüstung so viel Platz an Bord des Schiffs beanspruchte, daß man allen Ernstes erwogen hatte, noch ein weiteres Deck darüberzubauen, um genügend Abstellmöglichkeit zu schaffen. Da er wußte, daß das Schiff dadurch schwerfällig und gefährdet sein würde, hatte Kapitän Cook dieses Ansinnen abgelehnt; und ein Teil der Wissenschaftler war verärgert von dannen gezogen. Hoffentlich waren die Wissenschaftler auf der *Sohar* ein bißchen flexibler, dachte ich.

Die drei Wissenschaftler für die erste Etappe der Reise trafen pünktlich in Maskat ein, und ich machte mich daran, sie ihrer Ausrüstung zuzuordnen. Andrew Price war es, den die Seeschlangen und das Plankton interessierten. John Harwood von der Cambridge University hatte nur ein Bestimmungsbuch für Wale und ein Fernglas bei sich, daher mußte er der Mann von der Forschungsgruppe für Meeressäugetiere sein. Der Besitzer des Torpedos würde erst in Sri Lanka zu uns stoßen. Der dritte Wissenschaftler für die erste Reiseetappe war Robert Moore. Als er eintraf, hielt er einen kunstvoll gefalteten Karton eigener Konstruktion umklammert, der mit blitzenden Teströhren und Fläschchen und geheimnisvollen Krügen mit Chemikalien vollgestopft war. Er hatte eine korrekte, steife Art, ernste braune Augen hinter der dicken Brille und einen Ziegenbart. Und aus seinen flatternden Shorts kamen stockähnliche Beine hervor. Hätte man ihm ein Schmetterlingsnetz in die Hand gedrückt, hätte er ausgesehen wie der Prototyp jenes oft belächelten Forschers aus viktorianischer Zeit.

»Ich fürchte, davon können wir nur die Hälfte an Bord nehmen«, sagte ich zu den drei Wissenschaftlern und deutete auf die drei Stöße mit ihrer Ausrüstung. »Zuerst einmal müssen Sie alles aussortieren, was nicht unbedingt notwendig ist, und es hierlassen oder wieder an Ihre Universitäten zurückschicken. Danach werden wir versuchen, für das, was noch übrig ist, an Bord einen Platz zu finden. Sobald das geschehen ist, wäre es mir lieb, wenn Sie beim Verladen und Auftakeln des Schiffs behilflich sein könnten.«

»Aber wir sind hier als Wissenschaftler...«, begann Andrew.

»Nicht auf der *Sohar*, fürchte ich«, unterbrach ich ihn, »hier ist jeder zuerst und vor allem ein Seemann, sonst kann das Schiff nicht funktionieren. Ich möchte, daß Sie alle mithelfen, die Seile und Takelungen zu bedienen und Wache zu halten. An erster Stelle die Seeleute und an zweiter Stelle die Wissenschaftler.« Die drei sahen mich zweifelnd an.

Der Tag unserer Abreise wurde bekanntgegeben: 23. November, letzter Tag der Feierlichkeiten zum zehnjährigen Jubiläum Omans. Ganz Oman befand sich in einem Taumel der Erregung und bereitete sich auf diesen 10. Jahrestag vor. Über die Straßen wurden Triumphbögen gezogen, Bilder des Sultans prangten an Straßenlaternen und Zäunen und hingen von den Balkonen der Privathäuser herab. Ganze Arbeitertrupps kletterten über die Fassade jedes einzelnen Büro- und Amtsgebäudes und zogen an Schnüren befestigte bunte Lampen auf, die nachts die ganze Hauptstadt in eine Märchenkulisse verwandelten. Experten trafen ein, um das große Feuerwerk vorzubereiten. Techniker errichteten vier große Tableaus, die Szenen aus dem omanischen Leben darstellten, darunter auch eine Karte des Indischen Ozeans, über die ein kleines Modell der *Sohar* gesetzt war. Linien, die von Maskat ausgingen, zeigten die alten Seewege der omanischen Schiffahrt, und bei Nacht markierten aufblitzende kleine Perlen die Route nach China.

Auch die *Sohar* wurde für den Nationalfeiertag herausgeputzt. Rings um den Rumpf malten wir ein Band in roter, weißer und grüner Farbe, den Nationalfarben von Oman, und an den beiden großen schrägen Rundhölzern befestigten wir Lämpchen, so daß die *Sohar* während des Feuerwerks in der Bucht von Maskat, wenn Fort Jalili von dem enormen Schauspiel in Donner und Rauch gehüllt war, ihren festen Platz zwischen der ganzen Flotte von Geschützbooten und Patrouillenschiffen, die in Licht getaucht waren, einnahm. Das einzige Problem der *Sohar* war, daß ihr winziger Generator viel zu klein war, um all die Lämpchen an der Takelage zum Aufleuchten zu bringen, und so hatten wir uns extra einen Generator besorgt, der auf einem Gummiboot längsseits der *Sohar* für Energie sorgte. Die Nacht, in der das Feuerwerk stattfand, war eine ideale Gelegenheit, für die Grünhemden eine Abschiedsparty zu geben. In ihrer feinsten Aufmachung kletterten sie an Bord und starrten ehrfürchtig zu den Feuerwerkskörpern empor, die über ihren Köpfen zerbarsten, und konsumierten zum letzten Mal eine üppige Mahlzeit aus Hühnerreis, gefolgt von klebrigen Kuchenstücken mit Zuckerguß. Am nächsten Abend luden die Offiziere des Marinestützpunkts die Mannschaft der *Sohar* zum Dinner ein. Der Abend endete mit einigen heftigen Rangeleien in der Offiziersmesse, aus denen manch einer mit bandagiertem Kopf und humpelnd hervorging.

Frisches Obst wurde an Bord gebracht – ein sicheres Zeichen, daß die *Sohar* jetzt fast reisefertig war – und auch unsere Waffen, die wir von der Armee des Sultans zur Verfügung gestellt bekamen. Es war die Ironie des Schicksals, daß in der Malakkastraße und dem Südchinesischen Meer wieder einmal Piraten am Werk waren, wie einst in Sindbads Tagen, und so richteten wir uns darauf ein, ihnen eine häßliche Überraschung zu bereiten. Die *Sohar* führte Tränengas und Seitenwaffen an Bord sowie drei gefährlich aussehende Kalashnikov-Selbstladegewehre. Sie wurden von dem Cheftaucher der *Sohar* und ihrem Waffenmeister Peter Dobbs, einem Profi, ausgesucht. Peter war 1,90 Meter groß und hatte bis vor kurzem beim Fallschirmjägerregiment der britischen Armee gedient, wo er in allen möglichen exotischen Arten der Kriegführung ausgebildet worden war. Als er von seinem Besuch in der Waffenkammer der Landstreitkräfte des Sultans zurückkehrte, schüttelte er staunend den Kopf. »Sie sagten, ich könnte alles haben, was ich wollte«, sagte er zu mir, »Pistolen, Gewehre, Maschinengewehre, Granatwerfer, alles. Ich könnte aus der *Sohar* ein Schlachtschiff machen, wenn du das wolltest. Wir haben schon jetzt genügend Sandsäcke im Kielraum, um auf dem Deck nach allen Seiten Barrieren zu errichten. Am Ende habe ich mich für die Kalashnikovs entschieden. Davon hatten sie eine Menge, alle von den Rebellen in Dhofar erbeutet. Ich hab eine russische, eine chinesische und eine tschechische mitgebracht. Man sagte mir, daß ich sie nicht zurückbringen soll. Wenn wir sie nicht mehr brauchen, sollen wir sie auf dem Meer über Bord werfen.«

Die *Sohar* war startklar. Mit Proviant und Waffen ausgerüstet, war sie gut vorbereitet für das große Abenteuer. Am 23. November versammelten sich die Würdenträger im Marinestützpunkt. Zwei ferngelenkte Kanonenboote, zwei Polizeibarkassen und die weiße königliche Jacht hatten sich eingefunden, um uns das Geleit zu geben. Es wurden Reden gehalten – von Sayyid Faisal und einem chinesischen Gesandten, der eigens aus Peking eingeflogen worden war, um uns auslaufen zu sehen. Ein religiöser Führer gab uns den Segen, und Khamees Navy bekam ein besonders schön ausgestattetes Exemplar des Koran in einem roten Samtkästchen, mit der Anweisung, es den chinesischen Moslems zu überreichen. Dann sagte ein alter Kapitän aus Sur mit wildem rotem Bart ein Gedicht auf, das von der Tapferkeit der alten omanischen Seeleute und den guten Aussichten unserer Reise handelte und das er selbst geschrieben hatte. Sayyid Faisal schüttelte mir die Hand und sagte mir Lebewohl. Der chinesische Gesandte hoffte, uns in Kanton begrüßen zu können. Die königlich-omanische Polizeiband spielte die Nationalhymne.

Um genau elf Uhr vormittags gab ein Gewehrschuß das Signal. In diesem Augenblick zogen wir den scharlachroten Wimpel hoch, einen goldenen Phönix an seiner Längsseite und darüber die Aufschrift *Bismillah et Rahman et Rahim* – im Namen von Allah dem Mitfühlenden und Barmherzigen. Dröhnend warfen die Begleitboote ihre Motoren an und formierten sich rund um die *Sohar* zu einer Pfeilspitze. Khamees Police löste die Verbindung zu den Anlegebooten, und ein Patrouillenboot der Marine zog uns in einem weiten, großen Bogen hinaus, so daß wir zu den Würdenträgern, die auf dem Balkon des Marinehauptquartiers standen, hinaufwinken konnten. Dann bewegte sich die *Sohar* aufs Meer hinaus. Wir passierten die Landvorsprünge, fünf Minuten später fiel das Schleppseil.

»Kurs Südost, bis wir vom Land frei sind.«

»Setzt die Segel!«

Die Omani faßten die Großschot, ein starkes, sechs Zoll dickes Seil, das zum Segel hinaufführte und fünfzehn Meter über unseren Köpfen festgebunden war. »Ah! yallah! Ah! yallah!« rief Khamees Police, und sie holten die Leine herunter. Oben fielen die leichten Seile, die das Segel am Rundholz aufgeiten, plangerecht auseinander. Zuerst öffnete sich nur die eine Ecke, aber dann begann sich das große Segel in seiner ganzen Weite auszubreiten.

»*Yallah, yallah – w'Allah aheen* – Go! Go! Allah will help!« sang die Mannschaft, als sie die Großschot einholten, um das Segel günstig zu setzen. Und die *Sohar* segelte. Über Funk konnte ich die lakonischen Befehle des britischen Kapitäns der königlichen Yacht hören, dem Leitschiff in unserer Eskorte. Wenige Augenblicke später segelten wir an der *Youth of Oman* vorbei, dem Segelschulschiff des Sultanats. Seine Kadetten salutierten, als die *Sohar* vorbeiglitt. Yumah nahm eine Muschelschale, kletterte das Gunwale hinauf und antwortete. Dann zogen mit voller Kraft die Kriegsschiffe an uns vorbei. Von Bord der königlichen Yacht erklangen die fröhlichen Weisen einer Dudelsack-Band. Wir hörten Pistolenschüsse.

Dann drehte die Eskorte in Richtung Heimat ab und fuhr zurück nach Maskat. Das schäumende weiße Kielwasser bildete tiefe, gerade Furchen. Die alte Motordau, die neben uns geblieben war und in der sich auf meinen besonderen Wunsch die Grünhemden befanden, drehte ebenfalls ab. »Auf Wiedersehen! Auf Wiedersehen, Grünhemden!« rief ich über die größer werdende Entfernung hinweg. »Danke, daß ihr ein so wunderbares Schiff gebaut habt. Danke.« Durch das Fernglas konnte ich sie sehen. Ich drehte mich zu meiner Mannschaft um. »Laßt uns das Schiff aufräumen und alles an Ort und Stelle bringen. Die Reise hat begonnen.« Die acht Omani machten sich daran, die Seile aufzurollen und das Schiff aufzuräumen. Die anderen Mannschaftsmitglieder halfen ihnen dabei: Mohammed Ismail, der Oberschiffbauer, der bis Indien mitfahren wollte, um zu sehen, wie sich das Schiff, das er gebaut hatte, bewährte; Trondur Patursson, der für die erste Etappe der Reise zurückgekommen war, weil er der Gelegenheit, auf einem arabischen Boom zu segeln, nicht hatte widerstehen können; und Tom Vosmer, der vom Modellmacher zum Schiffbauer und zum Funker geworden war.

»Ich hoffe, daß mit dem Funkgerät nichts schiefgeht«, flüsterte Tom mir zu, »ich habe keine Ahnung, wie man es repariert.«

»Keine Sorge«, erwiderte ich. »Du wirst genügend Zeit haben, es zu lernen. Aber beachte die Gebrauchsanweisung gut.«

Wir alle würden viel Zeit haben, zu lernen, dachte ich. Auf den Spuren von Sindbad dem Seefahrer und den alten arabischen Navigatoren waren wir auf dem Weg, die sieben Meere zu durchqueren – bis nach China.

5
Das Arabische Meer

In der Regel sind die ersten Tage eines Unternehmens, wie es die Sindbad-Reise war, frustrierend. Da reißen neue Seile, schlecht geknüpfte Knoten gehen auf, oder Segel reißen ein, wichtige Geräte versagen den Dienst, und Stunden vergehen mit der Suche nach Gegenständen, die in den letzten Minuten hastigen Packens und Verladens irgendwo vergraben liegen. Auch die Mannschaft ist nicht gerade in bester Stimmung. Die Welle der Erregung, von der alle bei der Abreise erfaßt werden, ist abgeebbt, und jetzt setzt die Gegenreaktion ein. Einigen Unglücklichen wird übel, und sie müssen sich übergeben, während sich das Schiff mit den Wellen auf- und abbewegt. Verstohlen mustern sich die Mitglieder der Crew gegenseitig, im vollen Bewußtsein der Tatsache, daß sie jetzt Monat für Monat in dieser abgegrenzten kleinen Welt aus Holz miteinander eingesperrt sind.

Die Reise der *Sohar* begann mit einem Unfall. Am Morgen des zweiten Tages machte ich in meiner Kabine im Heck des Schiffs gerade Eintragungen ins Logbuch, als ich hörte, wie der kleine Dieselgenerator angelassen wurde, mit dem wir die Batterien aufluden. Der Motor sprang an, aber fast unmittelbar darauf war ein alarmierendes Klappern zu hören, und gleichzeitig erschütterten schwere Schläge das Deck über mir. Dann hörte ich einen Aufschrei. Ich rannte die Leiter hinauf und sah den Generator, der umgekippt war und aus dem Öl und Benzin tropfte. Seine Vorderseite war eingebeult. Peter Dobbs lag mit vor Schmerz verzerrtem Gesicht am Boden und umklammerte seinen Fuß. Zwischen seinen Fingern rann Blut, überall um ihn herum waren Blutspritzer. Einige Mannschaftsmitglieder standen um Peter herum, offenbar selbst geschockt. Aber sie rissen sich zusammen, und drei Männer hoben Peter hoch und legten ihn auf eine Kiste. Bruce lief los und holte den Erste-Hilfe-Kasten, und dann versuchte ich mit Khamees Navys' Hilfe das Blut zu stillen, das aus Peters Fuß quoll, und sah mir die Wunde an. Es war ein tiefer, häßlicher Schnitt, der bis auf den Knochen ging.

»Wie ist das passiert?« fragte ich.

»Ich wollte den Generator anlassen«, erklärte Peter. Sein Gesicht war weiß vor Schreck und Schmerz. »Und gerade als der Motor ansprang, klemmte der Anlasser und drehte sich plötzlich. Und dann ist der ganze Generator umgekippt. Der Anlasser krachte aufs Deck und brach ab, und bei dem Generator ist die ganze Vorderseite aufgerissen. Ein Stück Metall flog mir auf den Fuß.«

Er hatte einen sauberen Schnitt im Fleisch, eine tiefe Wunde, die behandelt werden mußte. An Bord der *Sohar* gab es keinen Arzt, und ich machte mir Sorgen, daß die Wunde sich entzündete, wenn sie nicht fachgerecht behandelt würde. Daher säuberte ich sie, so gut ich konnte, und hoffte, daß ich alle Metallteile herausgeholt hatte. Bruce legte einen Verband an. Die Wunde blutete weiter.

Über Funk rief ich Neil Edwards, einen Funkamateur in Maskat, der in Oman eine Gruppe von Kollegen aufgefordert hatte, auf unsere Signale zu achten. »Hier ist die *Sohar*. Wir hatten einen Unfall an Bord, ein Mann ist verletzt. Könnten Sie bitte dafür sorgen, daß wir ärztliche Hilfe bekommen.« Neil versprach, alles zu tun, was in seinen Kräften stand, und eine Stunde später rief er zurück, um uns mitzuteilen, daß die Marine des Sultans einen Arzt schickte. In zwei Stunden würde ein Patrouillenboot Maskat verlassen. Auf welcher Position befand sich die *Sohar*? Ich gab unsere Position an und rechnete mir aus, daß uns das Patrouillenboot, wenn wir Glück hatten, in ungefähr acht Stunden erreichen konnte. Peter hatte offenbar große Schmerzen, und es schien ein glücklicher Zufall, daß die *Sohar* gerade jetzt die Schiffsrouten kreuzte, die auch von Öltankern benutzt wurden, die durch die Straße von Hamuz in den arabischen Golf kamen. In diesem Augenblick waren drei große Öltanker in Sicht. Vielleicht konnten sie uns solange helfen. »Tom! Setz dich ans Funkgerät und sieh zu, ob du mit einem der Tanker Kontakt bekommst. Sag ihnen, daß wir dringend einen Arzt brauchen, falls sie einen an Bord haben. Sag ihnen, daß wir einen Verletzten haben.« Tom stellte das Gerät an und schickte seinen Hilferuf los. Es kam keine Antwort. Drei Stunden lang rief er, wiederholte die Nachricht immer wieder und wieder, aber es kam keine Antwort. Wir prüften, ob das Funkgerät in Ordnung war. Es funktionierte tadellos, aber die Geräte auf den Tankern waren offenbar nicht eingestellt.

An diesem Nachmittag kamen zwei Tanker in weniger als einer Meile Entfernung an der *Sohar* vorbei. Es war ein schöner Tag – heller Sonnenschein, kristallklare Sicht, und unser Schiff segelte bei leichtem Wind, mit gesetztem Segel, dahin. Wir waren nicht zu übersehen. Ich ordnete an, die Notsignale zu zünden, und hoffte, nun so die Aufmerksamkeit zu erregen. Die Notlampen zischten und funkelten und warfen ein gespenstisches rotes Licht, das meilenweit zu sehen gewesen sein muß. Die Tanker stampften weiter, ohne von uns Notiz zu nehmen.

Es war eine wichtige Lektion, sie uns deutlich unsere Hilflosigkeit zeigte, der wir in einem Notfall mit einem Segelschiff auf offener See ausgesetzt waren. Wir hatten alle modernen Sicherheitsvorrichtungen an Bord – Signallampen, Radio, Signalspiegel –, und wir waren innerhalb der Sichtweite großer, moderner Schiffe. Und doch waren wir völlig hilflos, wenn an Bord dieser Schiffe keine Wachen aufgestellt wurden, und ohne Motor konnten wir die *Sohar* nicht einfach auf den gewünschten Kurs bringen. Genausogut hätten wir in den ödesten, verlassensten Gegenden der Antarktis herumsegeln können.

Selbst das Zusammentreffen mit dem Patrouillenboot der Marine war eine ernüchternde Erfahrung. Das Patrouillenboot konnte mehr als zwanzig Knoten fahren, war mit Radar ausgerüstet und hatte eine Mannschaft an Bord, die darauf spezialisiert war, Schiffe auf hoher See aufzubringen. Trotzdem mußte das Marineboot uns über 14 Stunden lang suchen, bis es uns fand. Die *Sohar* war auf dem Radarschirm nur schwach zu erkennen, und ich konnte keine genaue Position angeben, bis an jenem Abend die ersten Sterne am Himmel aufzogen und ich unseren Standort nach den Sternen berechnen konnte. Endlich, am nächsten Morgen um zehn, fanden sie uns, nicht mit Hilfe von Radar, sondern anhand der weißen Segel der *Sohar*. Der Marinearzt wurde mit einem Schlauchboot übergesetzt und sah sich Peters verletzten Fuß an. Er bestätigte, daß die Wunde sauber war, und nähte sie. Peter wollte unbedingt auf der *Sohar* bleiben, daher fragte ich den Arzt, ob er seine Zustimmung geben könnte. Es bestünde das Risiko, gab der Arzt zu bedenken, daß sich der Fuß infizierte, und wenn wir erst einmal weit draußen waren, im Arabischen Meer, hätten wir keine Möglichkeit mehr, Hilfe herbeizuholen. Andererseits – wenn Peter den Fuß ruhig hielt, die Wunde sauber bliebe und gut heilte, würde er in drei Wochen wieder völlig in Ordnung sein. Ich besprach die Angelegenheit mit Peter, und wir beschlossen, daß er an Bord bleiben solle – eine richtige Entscheidung. Peter, kräftig, diszipliniert und Tauchexperte, würde in den schweren Zeiten, die vor uns lagen, innerhalb der Mannschaft eine Schlüsselstellung einnehmen.

Die Navigation der *Sohar* war ein wesentliches Element der gesamten Sindbad-Reise. Eines der Ziele unseres Unternehmens war es, herauszufinden, wie es den alten arabischen Navigatoren gelungen sein konnte, den Weg nach China zu finden. Es war eine erstaunliche Leistung. Sie hatten ein Viertel des Globus umsegelt, zu einer Zeit, als das europäische Durchschnittsschiff noch Mühe hatte, den englischen Kanal zu überqueren. Und die Araber hatten ihre Routen nicht per Zufall gefunden, sondern aufgrund sorgfältiger Berechnungen. Die alten arabischen Texte gaben einige Hinweise darauf, wie das gelungen war. Sie betonten immer wieder, daß sie sich nach den Sternen richteten, nicht nach der Sonne, um ihre Position festzustellen; und es war auch vage von Karten und Büchern die Rede, die sie offenbar mit sich führten und die die Erfahrungen früherer Navigatoren enthielten. Aber aus jenen Tagen gibt es keine arabischen Seekarten mehr, erst im 15. Jahrhundert kam ein Buch heraus, das den Schleier des Geheimnisses, der über der arabischen Navigationskunst lag, ein wenig lüftete. Das Buch war in omanischer Sprache verfaßt. Es stammte von einem Meisternavigator aus Sur, der Ahmed Ibn Majid hieß und einer der berühmtesten Seefahrer seiner Zeit war. Zum Glück war es von dem englischen Gelehrten Gerald Tibbets übersetzt und ausführlich kommentiert worden. Ich hatte ein Exemplar von Tibbets' Buch über Ibn Majid mit an Bord der *Sohar* genommen, und als ich mich jetzt bemühte, die Methoden der alten arabischen Navigationskunst zu testen, wurde es zu einer Art Handbuch für mich.

Es war ziemlich schwierig, sich danach zu richten, nicht zuletzt deshalb, weil Ibn Majid es in Versen geschrieben hatte. Häufig interessierte ihn mehr die poetische Eleganz als der praktische Ratschlag. Das Buch war eines von vielen, die Ibn Majid verfaßt hatte und in denen, wie er behauptete, alle Methoden alter arabischer Navigatoren zusammengefaßt waren. Er legte wirklich einen großen Teil aller astronomischen Theorien dar, erklärte genau, wie sich die Sterne in den verschiedenen Jahreszeiten am Himmel bewegten und wie man die unterschiedlichen

Konstellationen erkennen konnte usw. Aber was mich interessierte, waren die praktischen Details. Wie konnte in früheren Tagen ein arabischer Navigator die Position seines Schiffs errechnen? Wie legte er seinen Kurs fest? Dazu verwendete er nichts weiter als ein Holztäfelchen, ungefähr acht Zentimeter breit, mit einem Loch in der Mitte. Durch dieses Loch lief ein Stück Faden mit einem Knoten. Der Navigator nahm den Knoten zwischen die Zähne und zog an dem Faden, bis er fest gespannt war. Dann machte er ein Auge zu und hielt das Täfelchen so in die Luft, daß die eine Kante mit der Linie des Horizonts abschloß. Dann maß er die Höhe des Polarsterns von der oberen Kante des Holzbretts aus. Es schien phantastisch einfach.

Ich schnitt mir aus einem Stück Pappe ein Täfelchen zurecht, lugte durch das Loch in der Mitte, zog an dem Faden mit dem Knoten und ging an Deck, um Ibn Majids Anweisungen auszuprobieren. Er hatte geraten, sich die Augen vorher mit kaltem Wasser auszuwaschen, bevor man seine Beobachtungen anstellte, sich so hinzustellen, daß man fest auf den Beinen stand, und darauf zu achten, daß man nicht in den Wind sah, falls sich das machen ließ, damit einem nicht die Augen zu tränen begannen. Am günstigsten für eine Beobachtung, meinte er, sei klarer Himmel. Eine mondhelle Nacht wäre ideal, und nachdem ich das Täfelchen eine Weile etwas unsicher gehalten hatte, bekam ich es schließlich heraus und stellte fest, daß ich die Höhe des Polarsterns messen konnte. Dann sah ich mir die Sterne mit einem modernen Sextanten an, stellte die Position der *Sohar* fest und schrieb mir das Ergebnis auf. In der darauffolgenden Nacht wiederholte ich den Versuch und bemerkte, wie sich die Position des Polarsterns im Vergleich zur Kante des Papptäfelchens verändert hatte. Ich zog mein »Handbuch« von Ibn Majid zu Rate und verglich seine Daten mit einem Satz moderner Navigationstabellen. Die Verbindung war deutlich zu erkennen, obgleich Ibn Majid für seine Messungen keine Grade und keine Zeitangaben benutzt hatte, sondern die Höhe des Polarsterns mit Fingerbreiten berechnete, die er *isba* nannte. In der dritten Nacht konnte ich die Höhe des Polarsterns bereits so genau schätzen, daß ich unsere Position, und zwar mit einer Genauigkeit von dreißig Meilen, bestimmen konnte. Und das alles nur mit einem kleinen Stück Pappe und einem Faden mit einem Knoten darin! Ich war zwar ein blutiger Anfänger, aber schon jetzt hätte ich die *Sohar* zu jedem genannten Punkt an der indischen Küste, gut 500 Meilen von der gegenwärtigen Position der *Sohar* entfernt, steuern können. Ich brauchte nichts weiter zu wissen als die Höhe des Polarsterns in Fingerbreiten an diesem Punkt, dann mußte ich nur nach Süden segeln, bis ich dieselbe Anzahl Fingerbreiten an Bord der *Sohar* zählte, mich nach Osten wenden und den Polarstern immer in derselben Höhe halten, bis ich auf Land traf. Diese Methode wird heute als ›Breitensegeln‹ bezeichnet, aber was Ibn Majids Leistung noch eindrucksvoller erscheinen ließ, war, daß er zu wissen behauptete, wie man seine Position nicht nur nach dem Polarstern errechnen konnte, sondern aufgrund einer ganzen Reihe anderer Sterne, die er heranzog, wenn der Polarstern einmal nicht zu sehen war. Er nannte viele Sterne, deren Höhe sich, zur rechten Zeit gemessen, für die Höhe des Polarsterns einsetzen ließ. Manche dieser Sterne waren ganz einfach zu finden – beispielsweise benutzte er die Sterne im Kreuz des Südens –, andere dagegen mußten paarweise gemessen werden, in einem ganz bestimmten Lunarmonat und wenn sie in einer ganz bestimmten Relation zueinander standen. Ibn Majids Wissen über den Stand der Sterne und ihre Bahnen war offenbar erschöpfend gewesen. Er erklärte auch, wie man abweichende Höhen des Polarsterns zu berücksichtigen hatte, wie man bei der Erstellung eines Kurses das vom Wind verursachte Abdriften berücksichtigen mußte, welche Zeichen man beachten mußte, wenn man sich nach einer Fahrt auf dem Meer Land näherte, usw. Zwar wußte er nicht, wie man den Längengrad eines Orts errechnete, das heißt die Ostwestposition, aber das spielte keine Rolle. Auf der Reise nach China verlaufen die Küsten meist nördlich und südlich über der Schiffsroute, und wenn man den Breitengrad kannte, war das durchaus genug.

Ahmed Ibn Majid wußte auch, was man beachten mußte, wenn man Land ansteuerte. Er kannte die genauen Konturen bestimmter Hügel und Bergländer und gab die *isba*-Positionen der wichtigsten Häfen an. Es war also nicht verwunderlich, daß Ibn Majid mit *mu'allim* bezeichnet wurde, dem höchsten Rang eines Navigators. Den niedrigsten Rang eines Navigators nahm bei den Arabern jemand ein, der Küstenlinien kannte, daran entlangsegeln konnte und dabei Riffen und allen Gefahren auswich. Den zweiten Rang eines Navigators bekam, wer sich gut genug auskannte, um in offenen Gewässern, außer Sichtweite des Landes, seinen Weg zu finden, indem er auf direktem Kurs von seinem Ausgangspunkt lossegelte, bis er wieder Land in Sicht hatte. Wer den höchsten Rang erringen wollte, den eines *mu'allim*, mußte fähig sein, sein Schiff zu allen Zeiten außer Sichtweite des Landes zu steuern, von jedem beliebigen Hafen aus zu jedem anderen beliebigen Hafen, indem er sich einzig auf die Sterne und seine Erfahrung verließ und niemals vom Weg abkam, auch nicht, wenn er in Stürme geriet oder durch eine Meeresströmung vom Weg abgetrieben wurde. Ahmed Ibn Majid war ein perfekter *mu'allim*, und es hieß, daß er derjenige war, der Vasco da Gama den Weg von Afrika nach Indien zeigte. Nachdem er um das Kap der Guten Hoffnung und die ostafrikanische Küste hinaufgesegelt war, heuerte Vasco da Gama diesen Steuermann an, um seine portugiesischen Schiffe nach Calicut an die indische Malabarküste zu bringen, denn die arabischen und indischen Muallims kannten diese Schiffsroute seit Jahrhunderten.

Das Täfelchen und der Bindfaden zum Deuten der Sterne, gewöhnlich *kamal* genannt, hatten sich bei mir bewährt. Würden sie auch für andere Mitglieder der Mannschaft Gültigkeit haben? Ein paar von ihnen versuchten das Stück Pappe am Ende des Fadens zu halten und den Polarstern zu messen. Wir stellten fest, daß sich das Stück Pappe am besten bewährte, wenn jemand etwa so groß war wie ich. Sonst wichen die Ergebnisse voneinander ab. Ich las bei Ibn Majid nach. Er hatte auch darauf eine Antwort. Im Sternbild Capella gibt es zwei wichtige Sterne. Die Entfernung zwischen beiden beträgt genau vier *isba*. Wenn jemand also seinen eigenen *kamal* besaß, konnte er ihn an diesen beiden Sternen prüfen und wissen, ob sein *kamal* genau war. Aber hatten die alten arabischen Navigatoren auch den Kompaß benutzt, um sich nach ihm zu richten? Zu Ibn Majids Zeiten, im 15. Jahrhundert, wurde der Kompaß häufig benutzt. Aber in älteren Texten war er nicht einmal erwähnt. Also müssen sich die Gelehrten nach den Sternen orientiert haben. Als ich Saleh, der auf einem arabischen Fischerboot gefahren war, bat, mir die arabischen Namen der Kompaßpunkte zu nennen, war seine Antwort sehr aufschlußreich. Die meisten seiner Kompaßpunkte unterschieden sich von denen der westlichen Welt, sie trugen die Namen von Sternen. Ein Relikt also aus der Zeit, in der die arabischen Navigatoren ihre Schiffe nach dem nächtlichen Lauf der Sterne steuerten. Auch auf der *Sohar* richteten sich die geübten omanischen Segler nach den Sternen am Nachthimmel. Am Tag begnügten sie sich damit, ganz allgemein die Richtung einzuhalten, indem sie die Sonne beobachteten und die ständigen Monsunwinde im selben Winkel zu den Segeln der *Sohar* hielten.

Um unser Fortkommen zu prüfen, mußte ich wissen, wie schnell die *Sohar* vorankam, und so gab ich dieses Problem an die Wissenschaftler an Bord weiter. Die drei verbrachten eine vergnügliche Stunde mit ihren Rechnern, Stoppuhren – und einem Dutzend Orangen. Zuerst maßen sie die genaue Länge des Schiffs aus. Dann kletterte Robert Moore, der mit seinem Turban wie ein exzentrischer Professor aussah, in den Bug. »Jetzt!« rief er und ließ ein Stück Orangenschale ins Wasser fallen, und John Harwood drückte auf die Stoppuhr. Die Orangenschale schaukelte an der Längsseite des Schiffs nach hinten. »Jetzt!« rief Andrew, der am Ruderkopf saß, als die Orangenschale ihn erreichte. John stoppte die Zeit und notierte sich die Zahlen. Dann wurden noch weitere Orangenschalen auf die Reise geschickt. John tippte auf seinem Rechner herum. »Skipper, wir fahren mit 4,38396 Knoten, plus/minus geringfügiger Fehlerquellen.«

»Möchte jemand eine Orange essen?« murmelte Robert. »Ich hab gerade ein paar geschält.«

Die Geräusche auf einem mittelalterlichen arabischen Segelschiff sind einzigartig. Das Ächzen und Quietschen von Holz und Seilen war unsere ständige Begleitmusik, deren einzelne Stimmen wir bald genau unterscheiden konnten: Da war das hohe Quietschen der Seile aus Kokosnußfasern, die die Masten hielten, ein Geräusch, wie es von keiner anderen Art Seil gemacht wird und das sich mit der Neigung und dem Rhythmus des rollenden Schiffs verändert; dann war da das weiche, regelmäßige Klopfen der Ruderpinne gegen die Ruderleinen, das mit jeder Welle, die unter dem Schiff durchtauchte, zustande kam und auf das gelegentlich ein sanftes Klappern der Blöcke folgte, wenn der Steuermann die Ruderpinne anpaßte. Von hoch oben kam ein leises, reibendes Geräusch, wenn die großen Rundhölzer gegen die Masten schabten, die mit einem großen Pflaster aus Kokosnußfasern in einem Leinentuch bandagiert waren, um nicht durchzuscheuern. In jedem Teil des Rumpfs murmelten Dutzende von Holzgelenken leise vor sich hin, während das Schiff über die Wellen schaukelte. Die großen Planken des Unterdecks hoben und senkten und rieben sich bei jeder Bewegung des Schiffsrumpfs, und in meiner Kabine konnte man sogar die geringste Veränderung der Windrichtung oder der Geschwindigkeit erkennen. Das Gurgeln des Wassers an der Seite des Rumpfs verriet die Geschwindigkeit des Schiffs, und der Neigungswinkel der *Sohar* wurde von kleinen feuchten Perlen markiert, die durch die unverdichteten Planken sickerten.

Während der ersten Tage der Reise lagen die Kisten, Kartons, Seile,

Säcke, Bratpfannen und Kleidungsstücke wie Kraut und Rüben auf dem ganzen Deck der *Sohar* verstreut, bis es kaum noch einen leeren Fleck zu geben schien, auf den man den Fuß setzen konnte. Arabische Daus sind für das Chaos an Deck bekannt, aber das Durcheinander auf der *Sohar* war offenbar ein Rekord. Handtücher flatterten zum Trocknen von der Takelage. Spulen mit Fischerleinen wickelten sich einem um die Füße. Über den Luken hingen Netze mit Obst. Erst nach und nach legte sich das Chaos, nachdem das frische Obst gegessen und jeder seine persönlichen Habseligkeiten in den Kabinen verstaut hatte. Jedes Mannschaftsmitglied hatte zwei leere Munitionskisten erhalten, in denen es seine Kleidung und seinen persönlichen Besitz aufbewahren konnte. Diese Kisten wurden unter die Kojen gerückt, die an den Seiten des Kielraums standen. Um das Innere des Schiffs so kühl wie möglich zu halten, gab es keine Schotten, nur einen einzigen langen Laderaum, der vom Lager des Bootsmannes im Vorpiek bis zu der Segeltuchwand, die im Heck die Kapitänskajüte abteilte, verlief. Hier im großen Kielraum lebte die gesamte Mannschaft – auch die Wissenschaftler. Nur ich, der Kapitän, hatte Anspruch auf meine eigenen »vier Wände«. Neben dem massiven Stamm des Hauptmasts befanden sich die Spinde für die Dosennahrung und Soßen. Weiter hinten, in der Mitte des Schiffs, waren zwei große Kisten festgebunden, eine für die wissenschaftliche, die andere für die Fotoausrüstung. Beide Kisten dienten auch als Tische und Arbeitsbänke. Noch ein Stück weiter hinten war das Hauptnahrungslager, ein Stapel Säcke und Fässer, die mit einem Lastnetz am Boden gehalten wurden, und gleich daneben war der Tisch mit dem Funkgerät. Auf der anderen Seite der Segeltuchwand, im äußersten Heck des Schiffs, lag meine Kabine mit den zwei Kojen; quer über das Heck waren ein paar Planken gelegt, die einen Tisch bildeten, und davor stand eine feingeschnitzte, antike omanische Kiste als Sitzbank. Wenn ich auf der Kiste saß, brauchte ich nur einen Blick nach oben zu werfen, um die nackten Füße des Rudermanns zu sehen, der auf dem Gitterrost der Achterluke, direkt über meinem Kopf, stand.

Unsere Kleidung war den Bedingungen angepaßt. Tagsüber legten die Omani ihre *dishdashas* ab und trugen nur leichte Hemden und *wuzaras*, lange Lendentücher. Wir anderen folgten ihrem Beispiel schnell, tauschten Hosen zugunsten von *wuzaras* und gingen barfuß. Es war weit bequemer und praktischer. Unser Tag begann in der Dämmerung mit dem Morgengebet der Omani, gefolgt von dem Frühstück aus Brot oder

Pfannkuchen. Die Mannschaft wurde in drei Wachen eingeteilt, die vier Stunden Dienst und acht Stunden frei hatten, so daß eine Menge Freizeit blieb. Jeden Morgen pumpten wir einen ganzen Schwall übelriechendes gelbes Bilgewasser über Bord, das einen schmutzigen Streifen in unserem Kielwasser hinterließ – aber sonst gab es nicht viel zu tun. Wer keine Wache hatte, las, schrieb Briefe, die im nächsten Hafen zur Post gebracht wurden, oder döste in der Sonne vor sich hin. Das Vordeck war besonders beliebt. Hier wehte unter dem geblähten Großsegel eine sanfte, angenehme, kühle Brise. Auch bot das Segel ein Fleckchen Schatten.

Die Mannschaftsmitglieder begannen sich – jeder auf seine Weise – nützlich zu machen. Burly Abdullah mit seinen kräftigen Unterarmen und dem rollenden Gang hatte sich als der bei weitem beste Rudergänger an Bord gezeigt. Er war ganz verrückt danach, die *Sohar* zu steuern. Er schwang sich auf den Schiffsrand an der Luvseite, nahm die Ruderleine in die großen Fäuste und saß dort stundenlang, völlig entspannt. Nur gelegentlich zog er ein wenig an der Ruderleine oder brachte geringfügige Korrekturen an, ohne auch nur hinzusehen. Das Schiff gehorchte ihm, hielt einen beständigen, ruhigen Kurs und zog eine saubere, gerade Kielwasserlinie hinter sich her. Niemand war an der Pinne so gut wie Abdullah. Wir andern zogen mehr oder weniger unbeholfen an der Ruderleine, brachten immer wieder und wieder Korrekturen an oder setzten die Segel neu, so daß das Schiff manchmal geradezu im Zickzack lief.

Der junge Eid war der beste Kletterer. Sein Körper war fit, und obgleich ihm anfangs beim Erklimmen der Takelage schwindlig wurde, war er mutig genug, nach oben zu gehen, wann immer man ihn dazu aufforderte. Er ergriff die große Hauptfalleine, die schräg vom Deck nach oben verlief, und kletterte an ihr hinauf, kopfüber hängend wie ein Halbaffe, bis er bei der Mastspitze angekommen war, die fünfzehn Meter über dem Deck lag. Dann schwang er sich mit einem kräftigen Stoß auf die Großrah, und weiter ging's bis ganz nach oben. Zuerst ordnete ich an, daß Eid einen Sicherheitsgurt trug. Wenn er runterfiel, wäre er bestimmt ein Krüppel, wenn nicht tot. Aber nach zehn Tagen war Eid so geübt, daß er längst oben war, bevor wir Zeit hatten, seinen Gurt zu finden, und dann thronte er hoch oben auf der Mastspitze, und sein rabenschwarzes Gesicht grinste unter dem grellen orangefarbenen Turban zu mir herunter.

Die Nacht war eine schöne Zeit an Bord der *Sohar*. Manchmal erhob sich der Mond blutrot und langsam aus den Staubschichten über der Wüste. Während das Licht immer blasser wurde, verwandelten sich die Farben der Nacht in Silber und Schwarz. Die Takelage bildete eine vollkommene geometrische Form vor dem Himmel. Das karmesinrote Emblem des Sultanats am Segel verwandelte sich im Mondlicht zu einer Farbe, die wie getrocknetes Blut aussah, und die Kurven der Segel bildeten komplizierte und elegante Muster. Der Rudergänger war nur als Silhouette zu erkennen, und die schlafende Mannschaft, vor dem Gestank im Kielraum geflohen, lag dort als dunkler Schatten, der sich mit den anderen Schatten an Deck vermischte. Oft waren phosphoreszierende Stoffe im Meer, dann zog die *Sohar* eine leuchtende Spur hinter sich her.

Bei Dämmerung erwachten wir von einem klatschenden Geräusch, das Shanby, der Schiffskoch, machte, wenn er den Teig für die Frühstücks-*chapattis* knetete. Sie waren leidlich schmackhaft, aber alles, was er sonst kochte, war eine Katastrophe. Das war meine Schuld. Shanby war am letzten Tag in Maskat aufgetaucht. An jenem Tag hatte er mit mir in einer Sprache gesprochen, die ich nicht verstand, daher wandte ich mich hilflos an Musalam, der neben mir auf dem Deck stand.

»Was sagt er?« fragte ich.

»Ich weiß nicht«, erwiderte Musalam. »Er spricht baluchi, er muß aus Baluch sein.«

Daraus entnahm ich, daß Shanby aus Baluch stammte, an der pakistanisch-iranischen Grenze. Diese Küste hatte einmal zu Oman gehört, und viele ihrer Bewohner hatten sich später im Sultanat niedergelassen. Zum Glück verstand jemand, der neben uns stand, die Sprache. »Er sagt, er möchte auf Ihr Schiff kommen. Er sagt, er meldet sich als Freiwilliger. Er sagt, er hat Erfahrung mit Schiffen.«

»Aber was könnte er denn auf dem Schiff tun?«

»Er sagt, er kann kochen. Er ist ein erfahrener Koch.«

Ich benötigte einen Koch, jemanden, der es fertigbrachte, auf einem offenen Holzkohlefeuer ein Essen für zwanzig Männer anzurichten. Shanby war der einzige, der sich für diesen Job gemeldet hatte.

»Na, gut. Sag ihm, daß er sofort an Bord gehen und für uns Mittagessen kochen soll. Wenn das Essen gut ist, nehme ich ihn als Schiffskoch mit.«

Shanby hob sein Lendentuch hoch und kletterte an Bord. Das Essen, das er kochte, war passabel, aber auch nur eben. Es war ein geschmackloses Currygericht aus Gemüse und klebrigem Reis. Aber ich wollte ihn nicht gleich verurteilen. Schließlich, so überlegte ich, war er neu auf dem Schiff und nicht an die Holzkohle gewöhnt, und wahrscheinlich hatte er nicht genügend Töpfe und Pfannen, die ihm sonst zur Verfügung standen. Außerdem hatte er die Gewürze nicht selbst ausgesucht. Ich hätte ehrlicher mit mir sein und zugeben sollen, daß die *Sohar* einfach einen Koch brauchte, und zwar schnell. Es waren nicht einmal mehr 24 Stunden bis zu unserer Abfahrt. Daher sagte ich Shanby, daß er den Job bekäme und daß er sofort loslaufen sollte, um was immer er an Gerätschaften und Gewürzen zum Kochen benötigte zu kaufen. Er solle sich am nächsten Morgen an Bord zurückmelden. Shanby erschien eine Stunde, bevor wir ablegten. An diesem Abend brauchte er nicht zu kochen, denn auf dem Deck lag noch alles drunter und drüber. Daher aßen wir Äpfel und Brot. Am nächsten Tag kochte Shanby das Mittagessen. Es war ganz genau das gleiche labberige Currygericht aus Gemüse und lauwarmem Reis wie am Tag zuvor. Am Abend servierte er uns die kalten Reste. Am nächsten Tag war das Mittagessen kaum variiert. Mir begann zu dämmern, daß Shanby nur ein einziges Gericht kochen konnte – immer nur diesen einen gräßlichen Reiseintopf, und wir waren dazu verdammt, ihn während unserer gesamten Reise von der einen Seite des Arabischen Meers bis zur anderen zu essen.

Shanby war unser Kreuz, das wir während der nächsten drei Wochen zu tragen hatten. Wir litten alle darunter. Es gibt auf einer Schiffsreise kaum etwas Schlimmeres als einen ausgesprochen schlechten Koch. Und Shanby war entsetzlich. Das Frühstück bereitete er qualvoll langsam. Er brauchte zwei Stunden für die *chipattis*, und wer zu spät kam, mußte fast verhungern, bis er etwas bekam. Beim Mittagessen ging er ausgesprochen schlampig ans Werk. Er schälte das Gemüse so schlecht, daß man verfaulte Stücke im Essen fand. Und den Reis goß er auch nie ordentlich ab, so daß er zu einem wässrigen Klumpen zusammenklebte. Das Abendessen machte er sich bequem. Entweder setzte er uns die Reste des Mittagessens vor – kein Wunder, daß meist jede Menge übrigblieb –, oder er machte völlig planlos ein paar Dosen auf und servierte sie lauwarm.

Es war sinnlos, Shanby zu helfen. Er nutzte dieses Entgegenkommen nur aus. Terry Hardy, der Tonaufzeichner in der Mannschaft der *Sohar*, aß gern gut und versuchte, Shanby zur Hand zu gehen. Shanby ergriff die Chance und verschwand in seiner Koje und kam erst wieder zum Vorschein, als er seinen Platz vorn in der Schlange einnehmen konnte, die sich zum Essenholen angestellt hatte. Es machte auch überhaupt keinen Eindruck auf Shanby, wenn man ihn anschrie. Er hatte eine Haut wie ein Rhinozeros. Eines Tages hätte Eid ihn fast geschlagen, so wütend war er, als er sah, wie sich Shanby im Kochtopf die Füße wusch. Am nächsten Tag ertappte ich Shanby wieder dabei, wie er seine schmutzigen Füße in den Topf steckte, diesmal allerdings so, daß es die Omani nicht sehen konnten.

Shanbys charakterloses Gaunertum war schon beinahe charmant. Er lungerte auf dem Deck herum und konnte offenbar in alle Richtungen gleichzeitig sehen, damit er es ja vermied, zu irgendwelcher Arbeit herangezogen zu werden. Wenn man ihn aufspürte, tat er so, als sei er bereit zu helfen, gleichzeitig täuschte er ungeheure Geschäftigkeit vor. Sein üblicher Aufzug war eine sehr schmuddlige und ausgebeulte Hose, ein teures kariertes englisches Hemd, das ein Besucher in Maskat aus Versehen an Bord zurückgelassen hatte und das prompt in Shanbys Kleiderschrank verschwand, und sein scheußliches Spitzenkäppi. Letzteres wurde manchmal durch ein knallgelbes Staubtuch ersetzt, das er sich um den Kopf schlang, so daß er wie eine Mischung zwischen der Putzfrau in einem Lustspiel und dem Colonel mit gelbem Halstuch in einem amerikanischen Kavalleriefilm aussah. Als er in dieser bizarren Aufmachung so am Boden hockte, die falschen Zähne in einer Wasserschale neben sich eingeweicht und planlos in seinem verabscheuungswürdigen Currybrei rührte, während die Asche von seiner Zigarette in den Kochtopf fiel, wurde mir plötzlich klar, woher die Beleidigung »Sohn eines Schiffskochs!« kam.

Die Wissenschaftler waren in ihr Forschungsprogramm vertieft. Andrew sammelte täglich Planktonproben ein, indem er von der Seite der *Sohar* aus ein feines Maschennetz ins Wasser ließ und die Proben in Flaschen füllte. Innerhalb von 24 Stunden ließ er auch zweimal den Schlitten ins Wasser, der neben dem Schiff auf- und abhüpfte, um Öl und andere Verschmutzungen von der Wasseroberfläche abzuschöpfen. Erfreulicherweise war das Meer in dieser Gegend – trotz der vielen Öltanker – verhältnismäßig sauber. Jeden Morgen machte Andrew eine Stunde lang Jagd auf die anspruchslosen Lebewesen an der Wasseroberfläche, schöpfte kleine Kolonien von Krabben und Insekten heraus, die an den Meeresalgen und anderem, was langsam am Rumpf der *Sohar* vorbeischwamm, saßen.

Robert Moore, sein Kollege, war eifrig damit beschäftigt, die Konzentration von Spurenelementen im Meereswasser zu studieren. Diese Spurenelemente sind für die Organismen im Meer lebenswichtig, und die *Sohar* eignete sich für Roberts Arbeit vorzüglich. Da der Rumpf des Schiffs nur aus Holz und Seilen bestand, gab er keine Metallmengen ab, wie das bei modernen Schiffen zwangsläufig der Fall ist. So waren Roberts Meereswasserproben weniger verunreinigt als auf den meisten anderen Schiffen. Robert verbrachte Stunden im Innern der *Sohar*, tief über die Zauberkisten mit der wissenschaftlichen Ausrüstung gebeugt, und sah mit seinem unordentlichen Turban wie ein moderner Geisterbeschwörer aus, wie er Teströhren mit blubberndem Wasser schwenkte und geheimnisvoll Meereswassermischungen in Flaschen abfüllte, die er in seine Universität mitnehmen würde, um sie zu untersuchen.

Der dritte Forscher, John Harwood, verbrachte die meiste Zeit am entgegengesetzten Ende des Schiffs – schaukelte hoch oben nahe der Mastspitze in einem Bootsmannsstuhl, den man mit einer Klüverleine hochgezogen hatte. Mit Notizbuch und Fernglas hielt John Wache, auf der Suche nach Säugetieren des Meeres – Walen und Delphinen –, und außerdem führte er Buch über alle Vögel, die wir sichteten. Aber Wale, auch kleine, gab es nur wenige, und immer weit voneinander entfernt; und während John auf seinem Posten ausharrte, lernte er das Wichtigste überhaupt, nämlich, daß die erfahrenen Seemänner auf der *Sohar* beim Aufspüren von Walen weitaus geschickter waren als Wissenschaftler. Vor allem Trondur und Mohammed entdeckten vom Deck aus die charakteristischen Fontänen, lange bevor John es oben in der Mastspitze bemerkte. Und die Mannschaft machte sich ihren Spaß mit ihm und rief hinauf: »John! John! Aufwachen! Hast du denn den Wal nicht gesehen?« Und John sah dann mit schiefem Grinsen hinunter und suchte mit seinem Fernglas das Wasser ab. Wenn es darum ging, Vögel zu identifizieren, war John Experte. Die meisten Vogelarten waren bekannt – Tölpel, Sturmtaucher und die tropischen Vögel, die auf langen, schmalen Flügeln dahinschwebten –, aber es gab auch Überraschungen. Zum Beispiel sah er zwei Raubmöwen, die sonst in diesen Gewässern eigentlich nicht vorkamen, und einen Ziegenmelker, der auf jeden Fall ein Landvogel ist, sich offenbar aber auch ganz wohl zu fühlen scheint, wenn er sich weit draußen auf dem Meer tummelt. Der Ziegenmelker machte keine Anstrengung, zum Festland zurückzukehren, und umkreiste stundenlang das Schiff. Wie für die meisten Seeleute waren auch für die frühen arabischen Seemänner Vögel eine wichtige Orientierungshilfe. Sie glaubten übrigens, daß die kleinen Sturmvögel, die so zerbrechlich und fein aussahen und doch bei jedem Wetter überlebten, nie an Land kämen, sondern für immer und ewig auf dem Meer blieben und aus dem Meeresschaum ausschlüpften.

Am 29. November verfingen sich die ersten Fische, ein kleiner Blaufisch und ein anderer, der einer Makrele ähnelte, in unserem Schleppseil. Die Fische waren zu klein, um eine hungrige Mannschaft von zwanzig Männern zu sättigen, daher schnitten wir sie auf und hängten sie zum Trocknen auf, um sie als Köder für Haie zu benutzen. Schon kreuzte ein zwei Meter langer Hai täglich um unser Schiff – ein stummer, dunkler Schatten.

Das Tempo, in dem die *Sohar* vorankam, war gut, aber nicht spektakulär. Wir erreichten etwa 70 bis 80 Meilen pro Tag, je nachdem, wie der Wind ging. Wenn der Wind von hinten kam, rollte das Schiff abscheulich auf und ab, schaukelte beim Stöhnen der Rundhölzer vor und zurück; Holzblöcke rumpelten aneinander, sobald die Wanten zuerst in sich zusammensackten und sich dann auf der nächsten Welle wieder spannten. Wenn der Wind uns nach vorn schob, pflügte die *Sohar* munter dahin, wurde aber von der Form ihrer Segel behindert. Sie waren schlimm anzusehen, wie ausgebeulte Mehlsäcke. Die Segel waren aus handgemachtem Baumwolltuch. Aber jetzt hatte sich, beim ersten Zerren des Windes, das lose gewebte Tuch gedehnt. Die Segel wölbten sich, ohne jedoch Wirkung zu erzielen. Mir war klar, daß wir schon im ersten Hafen, den wir anliefen, diese Segel ausbessern mußten.

Meine andere große Sorge war das Ruder. Es wackelte locker hin und her und drohte, ganz herunterzufallen. Die Seile, mit denen es am Achtersteven befestigt war, hatten sich gedehnt. Zwei der Schnüre unter Wasser waren völlig durchgescheuert. Ihre ausgefransten Enden wedelten verloren wie ein Bart aus Meeresalgen. Es blieb gar nichts anderes übrig, als sie provisorisch zu reparieren. Am nächsten Tag mit ruhiger See ließen sich Mohammed und Trondur über das Heck hinunter und befestigten über dem Wasser neue Laschungen. Aber ich beschloß, die Befestigungen unter Wasser nicht anzurühren, denn beim Auf- und Abrollen schlug das Ruder ächzend hoch, so daß die Gefahr bestand, daß man sich zwischen den schweren Ruderblättern und dem Achtersteven die Hand zerquetscht. Außerdem war der Hai immer noch da und zog hungrig und erwartungsvoll seine Kreise ums Schiff.

6
Die Kokosseil-Inseln

Am 4. Dezember erhielten wir unsere erste Sturmwarnung. In der bengalischen Bucht hatte sich ein tropisches Tief gebildet und bewegte sich quer über die Indische Halbinsel in unsere Richtung. Wir präparierten das Schiff entsprechend, räumten das Durcheinander an Deck auf und beeilten uns mit dem Zusammennähen des Segeltuchs für die Lukenabdeckungen. Die Hauptluke der *Sohar* war ungefähr 2 mal 3,5 m groß und normalerweise nur mit einem Gitter bedeckt, um den Lagerraum zu lüften. Ich war nicht gerade begeistert von dem Gedanken, die Luke bei einem Sturm abzudecken, so daß sich das Gas im Kielraum staute, aber bei schlechtem Wetter blieb uns gar nichts anderes übrig. Das tropische Tief löste sich auf, noch bevor es uns erreicht hatte, aber ich merkte, wie es die Mannschaft genoß, einmal etwas zu tun zu haben.

Für die Europäer an Bord war es schwierig, sich an die langen Mußestunden zu gewöhnen, an die Enge, an Shanbys schreckliches Essen und die ungewohnte Umgebung. Es waren tüchtige, aktive, junge Männer, und sie fühlten sich eingesperrt. Die Omani hatten nicht so sehr darunter zu leiden. Ihre Bedürfnisse waren einfacherer Art, und sie konnten sich besser entspannen, sich der Muße hingeben. Auf dem Vordeck waren häufig die ruhenden Gestalten der omanischen Seemänner zu bewundern, die auf den Planken fest eingeschlafen waren, die Turbane geöffnet und über die Gesichter gezogen, um darunter Schatten zu finden. Aber der Eindruck des Müßiggangs täuschte. Wenn es etwas zu tun gab, machten sich die Omani mit großer Begeisterung an die Arbeit. Sie arbeiteten gern im Team und sangen dazu. Ob sie nun das Hauptsegel einholten oder eine Lukenbedeckung nähten, immer taten sie es gemeinsam, in der Gruppe. Einer – gewöhnlich Eid oder Abdullah – stimmte den Arbeitsgesang an. Die anderen antworteten mit dem Refrain. Wenn es ein schwerer Job war, wie das Aufgeien der Großrah, dann war der Einführungsgesang entschlossen und abgemessen. Das Team versammelte sich an den Falleinen. Eid, der sich so aufgestellt hatte, daß ihn alle sehen konnten, rief die erste Leine auf, und die anderen reagierten auf seine Aufforderung. Auf und ab ging das Lied, nahm langsam den Rhythmus auf und an Volumen zu, bis alle Männer von der gleichen Stimmung erfaßt waren. Dann stampfte Eid mit dem nackten Fuß aufs Deck, klatschte in die Hände, und alle arbeiteten hart. Diese Atmosphäre teilte sich auch Europäern mit. Schon nach 14 Tagen war die Mannschaft zu einer Einheit verschmolzen.

Das Aufräumen des Schiffs hatte die Moral gehoben, genauso wie die Nachricht aus Toms Funkgerät, daß Musalams Frau in Oman einem Mädchen das Leben geschenkt hatte. In dieser Nacht hallte das Vorderdeck von den glücklichen Gesängen der Omani wider, die eine Art Konzert gaben, um die Geburt zu feiern.

Auf halbem Weg bis zur indischen Küste, 600 gesegelte Meilen lagen hinter uns, hielten wir eine Rettungsübung ab. Bei einem Schiff, das so groß und stattlich war wie die *Sohar*, bestand die Gefahr, daß jemand unbemerkt über Bord fiel, und dann würde es beträchtliche Zeit dauern, bis wir ihn herausfischen konnten. Wir hatten ja keinen Motor, um wenden zu können, und würden beidrehen, ein Schlauchboot aufblasen und als Rettungsboot ins Wasser lassen müssen, damit es zurückfuhr und den Mann auflesen konnte. Bei starkem Wind oder schwerer See würde die *Sohar* bis zu dem Zeitpunkt, an dem das Dingi endlich startklar war, eine Meile weit entfernt sein. Vom Heck der *Sohar* hing die ganze Zeit über eine Sicherheitsleine, mit einer Schleife am Ende. Wenn jemand über Bord fiel, hatte er die Chance, sie zu ergreifen und sich anzuhängen. Aber wenn er das Seil verpaßte, dann hing sein Leben von der Geschwindigkeit ab, mit der wir das Rettungsboot zu Wasser bringen und zurückfahren konnten, um ihn zu holen.

Die Übung mit dem Rettungsboot war eine ernüchternde Erfahrung. Ich teilte die Mannschaft in zwei konkurrierende Teams ein, um zu sehen, welches einen über Bord geworfenen Pappkarton schneller zurückholen konnte. Das erste Team machte sich an die Aufgabe. Der Pappkarton klatschte, von dem Ruf »Mann über Bord!« begleitet, in das Wasser. Das Team zerrte ein Gummidingi hervor, blies es mit einer Flasche Preßluft aus unserer Taucherausrüstung auf, ließ das Dingi zu Wasser, baute den Außenbordmotor ein und brauste los. Schon jetzt war der Karton eine halbe Meile entfernt und hinter den Wellenkämmen verschwunden. Und die Bootsmannschaft gab zu, ihn nur mit Glück gefunden zu haben. Aber die Bemühungen des zweiten Teams hätten fast mit einer Katastrophe geendet. In ihrer Hast brachten sie die Bodenplatten im Dingi nicht ordentlich an, und als das Dingi über den Schiffsrand gelassen wurde, kippte es um, seine Bodenplanken rutschten seitlich heraus und wurden abgetrieben.

»Schnell«, rief ich, »holt sie zurück!« Die Bodenplanken versteiften das Gummiboot. Ohne sie würde der Außenbordmotor nicht richtig funktionieren, und unser »Rettungsboot« wäre so gut wie nutzlos. Mohammed und Peter kletterten in das Dingi, ergriffen die Paddel und begannen wie wild in Richtung der Bodenplanken zu rudern. Ich hatte für die Übung absichtlich einen unruhigen, windigen Tag gewählt, und jetzt konnte die Mannschaft nachdenklich und mit eigenen Augen sehen, welche Risiken damit verbunden waren, über Bord zu fallen. Der Wind, der die *Sohar* erfaßt hatte, trieb sie immer weiter fort, obgleich Trondur, der am Ruder stand, das Schiff zum Stillstand gebracht hatte, so daß die Segel lose durchhingen. Der Abstand zwischen dem Dingi und dem Schiff vergrößerte sich schnell. Mohammed und Peter paddelten auf die dahintreibenden Bodenplanken zu, aber das hastig aufgeblasene Dingi war schlaff und langsam. Es war für einen Motor gemacht, nicht für zwei Paddel. Dann zerbrach Peters Paddel. Eine weitere Lektion, die wir gelernt hatten – gewöhnliche Paddel waren nicht stark genug. Er begann mit dem gebrochenen Blatt zu paddeln, und ganz allmählich holte das Dingi die Bodenplanken ein. Aus einiger Entfernung sahen wir, wie Peter über Bord sprang, um die Planken herauszuholen und sie Mohammed zu reichen. Dann kletterte er wieder ins Boot.

Wir hatten eine lange Leine ausgerollt, fast eine halbe Meile Seile aneinandergereiht, die wie eine Nabelschnur an dem Dingi befestigt war. Zwölf Männer der *Sohar* waren nötig, um das Dingi wieder zum Schiff zurückzuziehen und in Sicherheit zu bringen. Wir alle konnten uns vorstellen, was möglicherweise passiert wäre, wenn mitten in der Nacht oder einem Sturm wirklich jemand ins Wasser gefallen wäre. Und jetzt lenkte John Harwood unsere Aufmerksamkeit auf eine andere interessante Tatsache. Er hatte die ganze Episode von seinem Beobachtungsposten auf der Mastspitze verfolgt. »Es war merkwürdig«, sagte er,

»aber als Mohammed und Peter in dem Schlauchdingi losfuhren, tauchten unter und neben dem Schlauchboot plötzlich zwei Haie auf. Und die beiden Haie blieben die ganze Zeit über bei dem Schlauchboot. Es war, als hätten die Haie das Chaos gespürt. Der eine war fast drei Meter lang.«

Oft wurden wir aber auch von komischen Zwischenfällen aufgeheitert. Andrew war es endlich gelungen, zehn Rankenfußkrebse einzusammeln. Sie hatten sich nicht in dem eigens dafür entworfenen Torpedo festgesetzt, das wir hinter der *Sohar* herzogen, sondern an der Rettungsleine. Andrew war erfreut, denn es zeigte sich, daß sich die jungen Rankenfußkrebse nicht nur, wie eine Theorie besagte, an den Schiffen festsetzten, wenn sie im Hafen lagen, sondern auch im offenen Meer schwammen und dort an Schiffen haften blieben. Er begann die Exemplare zu untersuchen, nahm mit einem Greifzirkel jeden Tag sorgfältig ihre Maße, um festzustellen, wie schnell Rankenfußkrebse wachsen. Als er eines Tages die Rettungsleine einzog, stieß er einen Wutschrei aus: »Das Schwein! Dieses verdammte Schwein!« Wir drehten uns um und wollten sehen, was los war. Andrew hielt die tropfende Leine hoch und schlug mit einem Belegnagel dagegen. Durch diese Erschütterung aufgestört, fiel ein hübscher grüner Krebs aufs Deck und krabbelte Schutz suchend umher. »Der hat fast die Hälfte meiner Rankenfußkrebse aufgefressen!« schrie Andrew wütend. »Dieses verfressene Schwein, dem werd ich's zeigen.« Darauf folgte eine lustige Jagd rund ums Deck, bei der der Krebs von mehreren Mitgliedern der Mannschaft, die mit Belegnägeln, feststehenden Messern, Kochlöffeln und was immer sie gerade zu fassen gekriegt hatten, verfolgt wurde. Schließlich war der Missetäter in die Ecke gedrängt. »Ich hab dich!« rief Andrew, während seine Hand vorschoß und den Krebs packte. »Zur Strafe wirst du der Wissenschaft dienen«, und steckte das Tier in einen Trog mit Formalin. Der Krebs, der bis dahin behaglich in einem Spalt in der Nähe des Kiels gehaust und sich zum Frühstück auf den Weg zu Andrews Rankenfüßern und unseren Abfällen gemacht hatte, war nicht der einzige ungeladene Gast an Bord der *Sohar*. Die dunklen Höhlen unter dem Schiffsrand beherbergten eine aufregende Kolonie blinder Passagiere, eine große Grillenfamilie, die Terry, den Tonaufzeichner, zum Wahnsinn trieb. »Niemand wird uns glauben, daß das der echte Filmton ist, den wir tatsächlich auf dem Meer aufgenommen haben, wenn man im Hintergrund diese Grillen zirpen hört«, lamentierte er und plante ausgedehnte Vernichtungsfeldzüge. Bei Nacht, wenn Terry Wache hatte, konnte man die Taschenlampe aufflackern sehen und laute Fußtritte hören, gefolgt von Gepolter und Flüchen, wenn er Jagd machte auf seine Peiniger. Aber die Grillen vermehrten sich schneller, als Terry sie vernichten konnte, und die warmen Meeresnächte waren weiterhin von ihrem lästigen Gezirpe und Gesumme erfüllt.

Am Ende der ersten Dezemberwoche entdeckten wir Anzeichen von Land. Die Wissenschaftler schleppten eine extra große Menge Plankton in ihren Netzen heran, und bald danach fingen die Omani unsere ersten »ordentlichen« Fische. Ein Dutzend prächtiger Thunfische hing an ihren Ködern. Khamees Police drohte Shanby mit körperlicher Züchtigung, wenn er es wagen sollte, die Fische anzufassen, und eine halbe Stunde später wurden sie über dem Kohlefeuer gegrillt. Khamees Police, unser tüchtigster Fischer, wählte die dicksten Thunfische aus und legte sie ins Feuer. Dann schnitt er die beste Portion heraus und brachte mir den Teller. »Du bist der Kapitän«, sagte er, »du mußt der erste sein, der von dem Fisch ißt. Niemand sollte etwas essen, bevor du es nicht getan hast.«

Die immer stärker auftretenden Plankton- und Fischschwärme deuteten an, daß die *Sohar* die tiefen Gewässer des Arabischen Meers verlassen hatte und sich jetzt über dem Bassas-de-Pedro-Riff befinden mußte, ungefähr 150 Meilen vor der südindischen Küste. Jetzt würden wir sehr vorsichtig sein müssen, denn es war eine gefährliche Gegend. Wenn meine Berechnungen stimmten, mußte eine Kette von Koralleninseln, die Lakkadiven, vor uns liegen. Die Lakkadiven sind winzige Inseln, viele von ihnen nicht mehr als eine Meile lang, und erheben sich gerade nur bis dicht über die Oberfläche des Wassers. Das Größte, was auf ihnen wuchs, waren Kokospalmen, und auf ihrer östlichen Seite, der Seite, von der aus sich die *Sohar* näherte, waren sie von rauhen Korallenriffen umsäumt, die der *Sohar* den Boden wegreißen konnten, ohne daß es dafür das geringste warnende Anzeichen gab. Die Inseln erhoben sich steil 100 Klafter aus dem Wasser. Wenn wir bei Nacht darauf stießen, wären wir verloren.

Immer wieder prüfte ich die Position der *Sohar,* und in der Nacht zum 9. Dezember erspähten wir das schemenhafte Licht des Leuchtturms, der den nördlichen Punkt der Lakkadiven kennzeichnet. Ich ordnete eine Änderung unseres Kurses an, 6 Strich nach Westen, und reduzierte das Segel, so daß die *Sohar* nur noch dahinkroch durch die schwarze Nacht. In der Morgendämmerung, als das Licht den Horizont heraufzog und sich die Meeresoberfläche leise kräuselte, sahen wir Land. Und da, direkt vor unserm Bugspriet, war eine kaum wahrnehmbare, oliv-grüne Unterbrechung am Horizont zu erkennen, nur ein ganz kleiner Fleck, an dem das Wasser nicht die gleiche tiefblaue Färbung zu haben schien, die wir während der vergangenen Wochen gesehen hatten. Es war die winzige Insel Chetlat, die nördlichste der Lakkadiven, und der erste Meilenstein von vielen weiteren, die die alten arabischen Navigatoren nach China geführt hatten und die auch das Material für die Geschichten von Sindbad dem Seefahrer geliefert hatten.

»Zu diesen Inseln«, schrieb der arabische Geograph Idrisi im 12. Jahrhundert, »kamen die Schiffe aus Oman, um Kokosnüsse zu sammeln und Holz zu fällen und ihre Schiffe zu bauen. Sie bleiben auf den Inseln und bauen ihre Schiffe, und dann segeln sie damit nach Hause zurück.« Obgleich die Lakkadiven in der Weite des Arabischen Meeres kaum größer als Fliegenkleckse sind, ließ sich leicht erkennen, warum die arabischen Seeleute dorthin gekommen waren. Die Lakkadiven liegen direkt auf dem Schiffsweg, der vom Süden der Arabischen Halbinsel zur Westküste Indiens führt. Die Kokospalmenhaine lieferten den Arabern ausgezeichnetes Holz zum Bau der Schiffe, und tatsächlich war auch die *Sohar* mit Kokosfasergarn von den Lakkadiven zusammengenäht; und die Agatti, die sie genäht hatten, kamen von den Lakkadiven. Aufgrund der historischen Verbindung zu den Arabern sind 90 Prozent der Inselbewohner Moslems. Sie behaupteten sogar, daß der Islam noch zu Lebzeiten Mohammeds von einem mohammedanischen Heiligen zu ihnen gebracht worden wäre, der vor den Lakkadiven Schiffbruch erlitten hätte.

Politisch gehören die Lakkadiven zu Indien, und als die Briten dort noch Kolonialherren waren, wurden die Inseln zum Mandatsgebiet erklärt. Die Inselbewohner galten als Menschen, deren Kultur gegen Schäden von außen geschützt werden mußte, und das war sie auch wirklich wert. Die Inselbewohner lebten in einer geradezu idyllischen Gesellschaft. Jede der kleinen Inseln war praktisch eine Kommune für sich, die von einem Rat, dem alle männlichen Bewohner angehörten, regiert wurde. Die Macht des Rats war allein von der öffentlichen Meinung abhängig. Die Inselbewohner gehorchten dem Rat einfach, weil es die Gemeinschaft so wollte. Kriminalität war so gut wie unbekannt, wenn man vom Stehlen von Kokosnüssen absieht. Wenn der Schuldige sie nicht zurückerstattete, wurde er dazu verurteilt, sich mit dem Gesicht zur Wand in die Ecke zu setzen wie ein ungezogenes Kind. In dieser harmlosen Gesellschaft genügte eine solche Strafe. Als Verbrechen wurde es auch angesehen, wenn jemand nicht an der Rattenjagd teilnahm, regelrechten Treibjagden, mit denen man streunende Ratten, die über die Kokosnußernte herfielen, verfolgte. Man erwartete von jedem Inselbewohner, daß er sich an der Rattenjagd beteiligte. Die jungen Männer kletterten auf die Bäume und schüttelten die Zweige, bis die Ratten herunterfielen und von der wartenden Menge mit Stöcken erschlagen wurden. Wer sich vor einer solchen Rattenjagd drückte, wurde mit Nichtachtung und einer Verwarnung seitens des Rats gestraft. Aber er erhielt seine Chance. Wenn er innerhalb der nächsten Tage fünf tote Ratten vorweisen konnte, wurde ihm vergeben, und er brauchte nicht in der Ecke zu sitzen.

Kokosnüsse und Fische waren die einzigen Produkte der Inseln. Sogar Reis mußte vom Festland importiert werden. Die Gesellschaft war in vier Ränge eingeteilt, je nach Beschäftigung. Es gab Landbesitzer, Schiffbauer, Fischer und »Kokosnußbaumkletterer«. Durch über 200 Meilen offenes Meer von Indien getrennt, waren die Lakkadiven über Jahrhunderte hinweg von Veränderungen verschont geblieben. Das Leben ging weiter, wie es seit Generationen verlaufen war. Nach der Unabhängigkeit erhielt die indische Regierung den besonderen Status der Inseln aufrecht und erklärte sie zum Territorium der Union. Die Lakkadiven sollten direkt von Neu-Delhi aus verwaltet werden, und mit ein oder zwei Ausnahmen bleiben die Inseln für Ausländer Sperrgebiet.

Die *Sohar* schob sich unter vollem Segel langsam näher, vor sich die niedrigen grünen Konturen von Chetlat, und es sah tatsächlich so aus, als segelten wir in einen Traum hinein. Chetlat entsprach genau der Vorstellung von einem tropischen Paradies. Der Strand war eine glitzernde weiße Linie und zog sich sanft in die Höhe, bis zu den Palmenplantagen. Zwischen den Bäumen konnten wir die roten Ziegeldächer und die mit Palmenblättern bedeckten Hütten der Eingeborenen sehen. Im Süden der Insel deutete ein heller, aquamarinblauer Wasserstreifen auf das Vorhandensein eines Korallenschelfs hin, und aus dem Wasser ragte eine helle Erhebung empor, mitten in der sonnenüberfluteten blauen Lagune. Zwei Eingeborene waren in Einbäumen an der windgeschützten Seite der Insel auf Fischfang und kamen schüchtern näher, um uns zu beobachten. Ich überlegte, was sie sich beim Anblick der *Sohar* wohl dachten, einem Bild aus geschichtlichen Zeiten, mit den großen weißen Segeln und der blutroten Fahne des Sultanats.

Aber ich mußte mich konzentrieren. Es war das erste Mal, daß ich ein komplett aufgetakeltes Segelschiff vor Anker brachte, außerdem hatte ich absolut keine Ahnung, welche Strömungen es hier gab, und auch die Gezeiten kannte ich nicht. Einen Augenblick lang erschrak ich, als ganz in der Nähe der Stelle, die ich als Ankerplatz ausersehen hatte, Schaumkronen auftauchten. Aber mit einem Blick durch das Fernglas vergewisserte ich mich, daß sich die Wellen ein Stück vom Ankerplatz entfernt brachen. Die *Sohar* glitt ruhig durch das dunkelblaue Wasser. Es handelte sich um eine klassische Koralleninsel. Eine halbe Meile vom Ufer entfernt fand das Lot bei sechzig Meter noch immer keinen Boden. Dann wechselte das Wasser plötzlich von dunkelblau zu jadegrün, und wir glitten über die Korallenbank. »Holt das Besansegel ein!« rief ich Mohammed zu, und das Achtersegel wurde aufgegeit und festgezurrt, und dann ließen die Omani den Besanmast herunter. Die *Sohar* befand sich jetzt 80 Meter von der vorgesehenen Stelle entfernt. »Klüver runter!« rief ich. »Klüver runter! Klüver runter!« wiederholte Mohammed. Omani wie Europäer verstanden die Schiffskommandos sowohl auf arabisch als auch auf englisch, und der Klüver, das vorderste Segel, verschwand wie das Taschentuch in den Händen eines Zauberers. Alle Männer, die nicht mit den Segeln beschäftigt waren, lehnten jetzt an der Reling und starrten hinüber zur Insel, deren Schönheit atemraubend war. Die *Sohar* war jetzt fast an ihrem Ankerplatz angekommen. »Großschot frei. Bring das Ruder herum, Khamees.« Die Ruderpinne quietschte, als Khamees Police, der sich duckte, um unter dem Segel durchsehen zu können, die Ruderpinne zur Leeseite drückte und die *Sohar* gegen den Wind drehte. Tom lockerte die Großschot und ließ das Großsegel in den Wind brassen. »Anker los.« Trondur, der auf dem Vordeck stand, warf einen Blick nach hinten, um sich zu vergewissern, daß alles klar war, deutete einem Mann, auf die Kette aufzupassen, während sie über Bord rasselte, und schnitt mit seinem Messer den Buganker los, der in das zehn Meter tiefe, herrlich klare Wasser fiel, dessen Boden mit Korallen bedeckt war. Die *Sohar* kam langsam zum Stehen. Sie drehte sich, so daß sie gegen den Wind stand, und legte sich dann in ihr Ankerkabel.

Unsere Ankunft war nicht unbemerkt geblieben. Aus einer Spalte im Riff kamen zwei kleine Motorboote auf uns zu. Das Willkommenskomitee sah nicht gerade sehr einladend aus. Auf den Booten waren bewaffnete Polizisten. Aber bei näherer Betrachtung sah es längst nicht mehr so gefährlich aus, denn die bewaffneten Polizisten kriegten vor Staunen ihren Mund gar nicht mehr zu, und manche grinsten vor lauter Freude. Als das erste Boot neben der *Sohar* einschwenkte, erkannte ich den befehlshabenden Offizier, einen gutmütig aussehenden Mann in der Uniform eines britischen Kapitäns, Jahrgang 1940, mit einem Sam-Brown-Gürtel. Seine Männer hatten rotgefütterte Dschungelhüte auf, die sie häufig abnahmen, um sich den Schweiß von der Stirn zu wischen. Sie trugen alle frisch gebügelte Buschhemden, auf deren Schulterlitzen LP – für Lakkadiven-Polizei – stand, und die bemerkenswertesten Shorts, die ich je zu Gesicht bekommen hatte. Steif wie ein Brett waren sie gestärkt und standen vorn und hinten 20 Zentimeter von den Oberschenkeln ab, umrahmten die Beine wie Kirchenglocken. Der kühle Luftzug war sicher angenehm, aber es sah schon sehr komisch aus. Diese merkwürdige Ausstaffierung setzte sich weiter unten in Form von fest gebundenen, khakifarbenen Wickelgamaschen fort, die noch weiter unten in khakifarbenen Socken verschwanden. Das untere Ende der Socken war abgeschnitten, so daß die nackten Knöchel heraussahen, die Füße steckten in Tennisschuhen.

Kein Zweifel, daß sich diese Abordnung der Lakkadiven-Polizei für eine besondere Gelegenheit herausgeputzt hatte, daher sahen wir höflich zu, wie sie die steile Klettertour vom Motorboot über die Seitenwand der *Sohar* hinter sich brachten. Es bestand ebenfalls kein Zweifel, daß sie gekommen waren, um das Schiff zu beschlagnahmen. Der verlegene und zugleich strenge Gesichtsausdruck des Offiziers ließ kaum eine andere Deutung zu. Die Wirkung seiner ersten paar Schritte an Deck der *Sohar* nahm ihre eigene Wendung, als er anstatt auf die Bordplanken auf einen Karton mit Eiern trat. Es gab ein lautes Knacken und Knirschen, und er selbst stolperte nach vorn und in Trondurs Arme. Seine Streitmacht wurde beim Klettern erheblich durch ihre Gewehre, die aus dem Zweiten Weltkrieg stammten, behindert. Sie rempelten sich gegenseitig an und hatten Mühe, die Schiffswand heraufzuklettern, bis Peter Dobbs ihnen zu Hilfe kam, indem er sich hinunterlehnte und ihnen anbot, solange ihre Gewehre zu halten. Mit sichtlicher Erleichterung händigten sie ihm ihre Waffen aus. »Was wollen Sie hier?« fragte der Offizier, nachdem er sich aus Trondurs Umarmung gelöst hatte. Er sprach ausgezeichnetes Englisch. »Sie befinden sich hier auf verbotenem Gebiet. Ich muß Sie auffordern, es sofort zu verlassen.«

»Ich habe einen offiziellen Brief vom indischen Außenministerium«, erwiderte ich, »darin heißt es, daß das Ministerium keine Einwände hat, wenn ich mit meinem Schiff bei den Lakkadiven anlege.« Der Offizier blickte ziemlich erleichtert drein. Man konnte sehen, daß er uns nur äußerst ungern von Chetlat verjagt hätte. Denn Besucher gab es hier höchst selten. »Dann werde ich zuerst mit meinem Hauptquartier Verbindung aufnehmen und es von der Situation in Kenntnis setzen. Inzwischen ist es Ihren Leuten untersagt, an Land zu gehen. Bitte, kommen Sie mit mir auf die Polizeistation, um die nötigen Papiere fertigzumachen.«

Zehn Minuten später befand ich mich, eskortiert von den Gendarmen, an Bord des Motorboots, das auf die Lücke im Riff zusteuerte. Chetlat war so schön, daß man fast glaubte, es handle sich um ein Phantasiegebilde. Als das Boot durch den Kanal tuckerte und in die helle, türkisgrüne Lagune gelangte, öffnete sich vor uns die palmengesäumte, halbmondförmige Westbucht. Der Sand glitzerte, und dahinter erhoben sich ein paar kleine Häuser, und ganz am Ende des Sandstrands waren eine wacklige Anlegestelle und einige merkwürdig aussehende, mit Stroh gedeckte langgestreckte Gebäude zu sehen. Das Boot machte am Landesteg fest, Seile wurden herübergeworfen, und dann stieg ich in Begleitung des Polizeikapitäns die Holztreppe hinauf.

Am Ende des Stegs wartete eine Menschenmenge. Männer und Kinder starrten mich schweigend an. Die Männer trugen lange, glatt nach unten fallende Sarongs. Manche hatten ein Hemd an, und die älteren Männer hatten einen Schal um den Kopf gewickelt, ein einfaches Tuch, das auf den Kopf gelegt und über die Ohren gezogen wurde, so daß die Enden wie ein Wimpel herunterhingen. In einiger Entfernung konnte ich kleine Gruppen von Frauen sehen, die Leibchen und bunte Röcke trugen. Ihre schimmernden schwarzen Haare fielen schulterlang herab und wurden hinten von bunten Schals zusammengehalten. Sie sahen wie Tupfer tropischer Blumen aus, die zwischen den Stämmen der Kokospalmen verstreut waren. Alle, Männer, Frauen und Kinder, starrten mich schüchtern, aber neugierig an. »Sie haben Angst«, sagte der Polizeikapitän, »die meisten von ihnen haben noch nie einen Fremden gesehen. Ihre weiße Haut macht ihnen Angst.«

Im Zeitalter von Radio und Fernsehen, von Fotomagazinen und weltweitem Tourismus kam es einem schon ziemlich ungewöhnlich vor, daß die Einwohner von Chetlat noch nie einen Fremden gesehen haben sollten, der kein Inder war. Nur die Männer, die schon einmal das

Festland besucht hatten, wußten ein wenig von der Außenwelt. Vor der Unabhängigkeit waren sie einmal im Jahr vom Distriktkommissar oder seinem Assistenten auf deren Inspektionsreise besucht worden. Aber seit der Unabhängigkeit hatte kein einziger Weißer mehr die Insel betreten. Während ich mit dem Kapitän den Sandweg hinaufstieg, der sich zwischen den Palmen zu seinem Büro schlängelte, gingen vor uns ein paar Männer rückwärts und ließen mich keine Sekunde aus den Augen. Eine Schar Kinder rannte zu beiden Seiten von einem Baum zum andern und lugte aus sicherer Entfernung dahinter hervor. Die Männer, die schon auf Reisen gewesen waren, dokumentierten ihre Überlegenheit, indem sie eine geschlossene Gruppe bildeten und wie eine forsche Eskorte hinter uns hermarschierten.

Im Büro des Polizeikapitäns dröhnte ein Radio. Es stellte die einzige offizielle Verbindung mit der Außenwelt dar, abgesehen von einem Regierungsschiff, das alle 14 Tage vor dem Riff vor Anker gehen sollte und dann ein paar Stunden blieb, um seine Fracht in die Boote der Eingeborenen umzuladen. Während des Südwestmonsuns wurde dieser Fährdienst eingestellt, weil die Wellen und Brecher zu hoch waren, und selbst bei günstigem Wetter kam es nur sehr unregelmäßig. Als die *Sohar* eintraf, hatte man in Chetlat schon drei Wochen auf das überfällige Fährboot gewartet, und ein paar Inselbewohner kamen erwartungsvoll hinaus zur *Sohar,* um ein paar Zigaretten zu erbitten. Während das Funkgerät der Polizei seinen Code vor sich hintickte, sah ich mich im Büro um. Es war nur mit einem Schreibtisch, vier Stühlen und einer zerbrochenen Kiste ausgestattet, die als Papierkorb diente. Der Kapitän ließ sich auf einem der Stühle nieder und durchwühlte sorgfältig eine Schublade, bis er ein altes Formular der Regierung hervorzog, das Papier hatte sich schon graubraun verfärbt. Er wendete es, um auf seiner Rückseite zu schreiben, und sah seinen Sergeanten vorwurfsvoll an. Ohne ein Wort griff der Sergeant in seine Tasche und reichte ihm den einzigen Kugelschreiber, den es im Büro gab.

Das offizielle Prozedere zog sich angenehm lange hin. Man brachte uns grüne Kokosnüsse, deren Milch köstlich erfrischend war. Die Polizeieskorte verschwand, um die Uniformen abzulegen, und erschien wieder in bequemen Sarongs und losen Hemden. Dann fand wieder eine Unterbrechung statt, während der wir Reis mit Fisch serviert bekamen. »Wir halten unsere Pausen pünktlich ein«, bemerkte der Sergeant, der seinem Vorgesetzten über die Schulter sah, um zu lesen, was der schrieb.

Ich studierte die Beschriftungen auf den Aktenordnern in den Regalen – »Polizeistation Chetlat – Berichte über Verbrechen« und »Polizeistation Chetlat – laufende Vorgänge«. Die Beschriftung war alt und zum Teil kaum noch zu entziffern. Die wenigen Dokumente, die darüber standen, weckten den Anschein, als wären sie schon seit langer, langer Zeit nicht mehr angerührt worden. »Wieviel bewaffnete Polizeimänner stehen unter Ihrem Kommando?« fragte ich den Captain. Er wollte gerade antworten, als der Sergeant ihn starr ansah. Offenbar hielt er mich für einen Spion und als wäre das für mich eine wichtige Geheiminformation. »Es sind genug«, erwiderte der Kapitän lahm.

»Wann wurde auf der Insel zum letzten Mal ein Verbrechen begangen?« Er dachte einen Augenblick nach. »Im letzten Jahr hatten wir angeblich einen Dieb.«

»Und was geschah mit ihm?«

»Der Mann wurde freigesprochen.«

Ich hatte außer dem Kapitän, dem Sergeanten und dem Funker wenigstens ein Dutzend bewaffneter Gendarmen gezählt. Für einen so friedlichen Ort kam mir das ein wenig übertrieben vor. »Wie lange gibt es auf der Insel schon Polizei?«

»Seit die Regierung von Indien beschlossen hat, den Lakkadiven zu helfen und die Inseln zu modernisieren.«

»Aber ich habe doch gelesen, daß es früher auf den Inseln keine Verbrechen gegeben hat. Wozu brauchen Sie denn so viele Polizisten?«

»Ah, das hat sich geändert. Jetzt sind die Inseln modern. Und da gibt es auch Verbrechen.«

Und das war, wie ich fand, eine traurige Tatsache. Das stille Paradies, von dem noch vor vierzig Jahren in den offiziellen Berichten des Distriktkommissars die Rede gewesen war, wurde durch die Bürokratie der indischen Regierung zerstört, obgleich sie den Anspruch erhob, die Lakkadiven zu »beschützen«. Auf der einen Seite wurde die Freiheit der Inselbewohner unter dem Vorwand, ihre Kultur zu bewahren, ernsthaft eingeschränkt. Die Polizei war angehalten, über die Inselbewohner Bericht zu erstatten. Eine offizielle Verlautbarung drohte den Insulanern mit Gefängnis, falls sie mit der Besatzung fremder Schiffe Kontakt aufnahmen. Um die Inseln verlassen zu dürfen, benötigten die Bewohner der Lakkadiven eine besondere Erlaubnis. Die Kokosfaserseile, ihre wichtigste Einnahmequelle, durften nur an von der Regierung ernannte Agenten verkauft werden, was gewissenlose Geschäftsleute als Druckmittel zu Erpressungen benutzten. Reis und Zucker wurden in von der Regierung bestimmten Kontingenten verteilt. Kurz, die Inselbewohner waren halb entmündigte Bürger, denen das Leben von kleinlichen Beamten schwergemacht wurde. Andererseits war der Gedanke, die Inselkultur zu schützen, indem man sie von der Außenwelt abschnitt, geradezu eine Farce: Es wimmelte von Regierungsfunktionären, Polizisten, landwirtschaftlichen Beratern, Fischereiberatern, Gewerkschaftsvertretern, medizinischen Hilfskräften, die Liste war endlos. Chetlat hatte eine Bevölkerung von ungefähr 1600 Seelen, die von mindestens 50 Beamten gegängelt wurden, deren Existenz absolut überflüssig war.

Die Fischereiexperten konnten den Inselbewohnern, die seit Generationen Fischer waren, wenig Neues beibringen. Die Männer vom Baubüro saßen untätig herum. Straßen zu bauen erübrigte sich, da es auf Chetlat keine Autos gab, dasselbe galt für Brücken, da es keine Flüsse gab; und das einzig lohnenswerte Projekt, ein neuer Landesteg in der Lagune, stagnierte seit zwei Jahren wegen Materialmangels. Die Eisenpfähle rosteten in dem warmen Salzwasser vor sich hin, und die Inselbewohner benutzten noch immer den alten wackligen Landesteg, der aus Holz gebaut war. Die landwirtschaftlichen Berater waren hier, um den Inselbewohnern den Anbau neuer Feldfrüchte beizubringen, aber als ich für die *Sohar* frische Erzeugnisse kaufen wollte, hatte man mir nicht mehr anzubieten als ein paar mickrige Melonen, eine Handvoll Pfeffer und ein paar Limonen. Alles andere war mißraten, und im Prinzip ernährten sich die Inselbewohner noch immer vor allem von Kokosnüssen und Fischen. Sogar ihre Gesundheit wurde vernachlässigt. Unter dem Einfluß kleinkarierter Regierungsbeamter klappte auch die medizinische Versorgung nicht. Es mangelte den Ärzten an Medikamenten. In Chetlat grassierte gerade eine leichte Grippe, aber die einzigen Aspirintabletten, die dagegen verteilt werden konnten, stammten aus dem Medizinkasten der *Sohar*.

Nur die Natur meinte es gut mit Chetlat. Die einzige häßliche Stelle auf der ganzen Insel war der unansehnliche Komplex mit Regierungshütten neben dem Anlegeplatz, mit dem schäbigen Schild: »Baubehörde des Distrikt-Unterinspektor, Chetlat«. Sonst aber war die Insel von makelloser Schönheit mit ihren Kokospalmenhainen und dem Korallensand. Zwischen den Baumstämmen schlängelten sich Fußwege von einem Haus zum anderen. Hühner gackerten und kratzten im Boden nach Nahrung. Eine einsame Ziege knabberte an Blättern. Die Stille wurde nur vom Klatschen des Wassers unterbrochen, das in der Ferne gegen das Korallenriff schwappte, und vom ständigen Rauschen des Passatwinds in den Palmenwedeln. Unten am Anlegeplatz führte mich der Captain freundlicherweise in eines der mit Stroh bedeckten langen Gebäude. Im Innern, vor der Sonne geschützt, lag eins dieser einzigartigen Inselboote, ein *odam*, mit einem eleganten, neun Meter langen, aufwärtsgebogenen Rumpf, der mit Kokosseilen zusammengenäht war, genauso wie die *Sohar*. An der Malabarküste hatte ich ein *odam* im Wasser gesehen, es war so elegant wie eine Möwe auf den Wellen geritten. Vor zwanzig Jahren war man mit den *odams* noch regelmäßig zum Festland gefahren, um Kokosfaserseile zu verkaufen. Ich erfuhr, daß sich auch die Inselbewohner mit Hilfe jenes arabischen Täfelchens orientiert hatten. Jetzt gab es auf Chetlat nur noch einen einzigen Navigator, der wußte, wie man es benutzte, und die *odams* wurden nur noch selten zum Segeln verwendet. Die wenigen Passagiere, die zur Insel kamen, zogen es vor, auf die Regierungsfähre zu warten, egal, wie unpünktlich sie eintraf. Unter dem Regierungsmonopol war der Preis für das Kokosfaserseil viel zu niedrig; die Fahrt zum Festland lohnte sich nicht mehr.

Verschwenderisch hatte die Natur ihre Gaben unter der Meeresoberfläche rings um Chetlat ausgebreitet. Dave Tattle, Spezialist für das Sammeln von Proben und Taucher an Bord der *Sohar*, ging noch am selben Nachmittag, sobald ich zurückgekehrt war, hinunter. Dave hatte schon im gesamten Pazifischen Ozean getaucht, ja, sogar unter dem Eis der Antarktis, und Proben für Meeresbiologen gesammelt. Jetzt ging er mit einer Harpune hinunter, um nach einem Abendessen Ausschau zu halten. Er war noch keine drei Minuten unter Wasser, als sein Kopf schon wieder neben der *Sohar* an der Oberfläche auftauchte; er zog sich das Mundstück vom Gesicht und rief ganz aufgeregt: »Ihr müßt unbedingt mal runterkommen! Das ist ja unglaublich! Da sind so viele Fische, daß man gar nichts anderes mehr sieht. Überall, ganze Heere von Fischen.« In einer Wolke von Schaum und Blasen verschwand er wieder unter dem Wasser, und als er fünf Minuten später mit einem halben Dutzend prächtiger Fische, jeder sechs bis acht Pfund schwer, für das Abendessen zurückkehrte, hatte sich seine Aufregung noch kein bißchen gelegt. »So was hab ich in meinem ganzen Leben noch nicht gesehen«, sagte er. »Als ich das erste Mal runter bin, da bin ich buchstäblich drauf auf eine riesige Garopa. Der Fisch mußte an die 50 oder 60 Pfund gewogen haben. Ich hab schon mal welche gesehen, die so groß waren, aber noch nicht oft. Normalerweise leben die für sich allein. Aber da unten war nicht nur einer, da waren gleich zwölf. Alle riesig, und ganz langsam sind sie geschwommen, zwischen den Felsen, und hatten überhaupt keine Angst vor mir. Die sahen aus wie eine Herde Kühe beim Weiden.«

Die Vielfalt des Lebens unter Wasser vor Chetlat war für die Meeresbiologen der *Sohar* ein Fest. Vier Tage lang tauchten sie und sammelten Proben ein, und jedes Mal, wenn sie an einer anderen Stelle tauchten, war die Begeisterung genauso groß wie beim ersten Mal. Andrew war geradezu entzückt über die Seesterne und Seegurken, denen offenbar seine Vorliebe galt. »Seht euch das an«, rief er und hielt irgendein besonders aufregendes Exemplar hoch, damit wir es bewundern konnten. Für uns war es eine dicke triefende Röhre. »Phantastisch. So schöne Exemplare hab ich noch nie gesehen«, und er ließ das Wesen wieder zurück in einen der vielen Eimer fallen, die auf dem Deck herumstanden und inzwischen zu Aquarien geworden waren, in denen sich Seesterne, Krebse und kleine Korallenstücke tummelten, an denen ganze Büschel von Einsiedlertieren hingen. Sein ganzer Stolz war ein großer Seestern, ein braungelbes Monstrum von der Größe und Form eines sehr großen Brotlaibs, und ein anderer Seestern, der lange, dünne Tentakeln hatte, die über einen halben Meter lang waren.

Die Zahl der großen Fische übertraf alles, was die Taucher je gesehen hatten. Die Tiere hatten kaum Angst vor Menschen. Offensichtlich war in letzter Zeit niemand vor Chetlat getaucht. Dave Tattle, der für den »Kochtopf« jagte, stand vor einem Problem: Die meisten Fische waren zu groß, um sie zubereiten zu können. Die Untiefen waren so dicht bevölkert, daß ein- oder zweimal, als er einen Fisch mit der Harpune schoß, der Schaft direkt durch die Beute hindurchfuhr und auf der anderen Seite in einem anderen Fisch steckenblieb. Er hatte zwei Fische mit einem Mal erlegt. Andere Taucher berichteten, daß sie riesige Lippfische gesehen hätten, über 100 Pfund schwer, und häufig trafen sie auch auf Arten, die normalerweise nur in tieferen Gewässern vorkamen. Um die Korallen schwärmten eine ganze Reihe verschiedener Arten. Über den Korallen fanden sich große Schwärme Papageienfische, die im Wasser eine milchige weiße Wolke hinter sich zurückließen. Die Taucher konnten, wenn die Papageienfische die abstehenden Korallenspitzen abbrachen, das nagende Geräusch ihrer Zähne hören.

Das Gesicht des Captains zeigte wiederum tiefe Verlegenheit, als er mir vier Tage später die Nachricht brachte, die wir alle erwartet hatten: Das Innenministerium in Neu-Delhi, für die Verwaltung der geschützten Territorien zuständig, hatte die Erlaubnis, die das Auswärtige Amt gegeben hatte, zurückgezogen. Die *Sohar* mußte die Lakkadiven verlassen.

Die frühen arabischen Navigatoren sahen die Lakkadiven als Bestandteil eines großen Archipels, dessen Inseln überall auf ihren Schiffsstraßen zwischen Indien und der Arabischen Halbinsel verteilt waren. Arabische Geographen unterschieden manchmal zwischen den Inseln im Norden, den Lakkadiven, auf denen Kokosfaserseile hergestellt wurden, und den Inseln im Süden, den heutigen Malediven, deren Bewohner vom Handel mit Kaurischnecken lebten. Diese Kaurischnecken wurden in manchen afrikanischen und indischen Gemeinden als Münzen verwendet, und daher machten die arabischen Schiffe auf den Malediven halt, um ganze Ladungen von Kaurischnecken an Bord zu nehmen, aber auch, um Schildkrötenpanzer zu kaufen. Die arabischen Geographen glaubten, daß die Inseln von einer Frau regiert würden, einer Königin, die in großer Pracht lebte; und manche Seemannsgeschichten berichten auch von einer Insel, die nur von Frauen bewohnt war. Das war die allseits bekannte Insel der Frauen, auf der nach einer Sammlung Seemannsgeschichten, *Marvels of India*, eine arabische Mannschaft einmal zufällig an Land ging. Sie hatten sich auf dem Meer verirrt und glaubten sich gerettet. Doch die Araber wurden von mehr als 1000 Frauen angegriffen und in die Berge geschleppt, wo sie sich so heftig an ihrer »Beute« vergingen, daß die Männer vor lauter Erschöpfung starben. Der einzige Überlebende war ein alter Seemann, ein Moslem aus Cádiz, den eine alte Frau versteckt hatte und dem es gelang, sich ein Boot zu bauen, in dem er zusammen mit seiner Retterin floh.

Die Legende von der Insel der Frauen könnte ihren Ursprung auf der Insel Minicoy haben, die auf halbem Weg zwischen den Malediven und den Lakkadiven liegt. Arabische Seeleute, die dort Station machten, könnten von der Kultur der Insel Minicoy berichtet haben, auf der die Frauen die Macht besaßen. Die einzige Pflicht des Mannes war es, für Nahrung zu sorgen, für Fische oder Kokosnüsse. Wenn er seine Tagesration abgeliefert hatte, durfte er tun, was er wollte. Alle wichtigen Entscheidungen im Haushalt wurden von seiner Frau getroffen. Ihr gehörte das Haus; es wurde in weiblicher Linie weitervererbt; und wenn ein Mann heiratete, dann zog er ins Haus seiner Frau, deren Namen er auch annahm. Es ist sehr wahrscheinlich, daß damals (wie heute) auf Minicoy die Frauen in der Mehrzahl waren, weil die Männer von Minicoy zur See fuhren und oft von zu Hause weg waren. Vielleicht hatte sich das Matriarchat aber auch entwickelt, weil die Lakkadiven ursprünglich von einer Frau regiert wurden. Die Inseln waren Teil des Königreichs Cannanore auf dem indischen Festland, an das sie einen jährlichen Tribut in Kokosfaserseilen schicken mußten. Die Dynastie von Cannanore erkannte das weibliche Recht auf die Thronfolge an, und Cannanore wurde häufig von einer Frau regiert, berühmt wurde die Königin Arrakal Bibi.

Der Gedanke von der Insel der Frauen scheint mit dem in Indien praktizierten Brauch des *suttee*, Witwermords, vermischt worden zu sein, woraus Sindbads Abenteuer mit der Begräbnishöhle in den Geschichten von *Tausendundeine Nacht* hervorging. Auf einer seiner Reisen gerät Sindbad in ein Land, in dem er ein besonderer Günstling des Herrschers wird. Der Herrscher möchte Sindbad im Lande behalten und verheiratet ihn deshalb mit einer Frau aus sehr guter Familie. Die beiden leben glücklich, bis die Frau eines Tages krank wird und stirbt. Zu seinem Schrecken erfährt Sindbad, daß er sich lebendig mit ihr begraben lassen muß. Denn es war Brauch, daß der Ehemann einer toten Frau zusammen mit ihrem Leichnam und etwas Nahrung und Wasser an einem Seil in eine Leichenhöhle befördert wird. Dann wird der Eingang zur Höhle von den Trauernden zugemauert und der Mann dem sicheren Tod überlassen. Sindbad will sein Schicksal nicht ohne weiteres hinnehmen. Aber seine Kameraden bestehen darauf. Sie bemächtigen sich seiner und lassen ihn in die Leichenhöhle schaffen. Als Sindbad sich weigert, das Seil loszulassen, werfen sie das lose Ende hinterher und gehen fort. Dort, umgeben von Skelettknochen, überlebt Sindbad auf eine grausame Weise, indem er die anderen Witwer, die zu ihm heruntergelassen werden, tötet und ihnen ihr Essen wegnimmt. Schließlich wird er von einem wilden Tier aufgeschreckt, das in der Höhle herumtappt. Er folgt ihm einen engen Gang entlang, durch den er nach draußen findet. Am Strand wird er von einem arabischen Handelsschiff an Bord genommen und gerettet.

Als die *Sohar* am 13. Dezember Chetlat verließ, trennten uns nur noch 170 Meilen vom indischen Festland. Auf dieser Etappe der Reise sah John Harwood seine ersten Wale. Am Morgen des 14. Dezember trieben wir auf eine Herde von sieben oder acht Walen zu, wahrscheinlich falsche Killerwale. Sie schwammen direkt auf unserer Route und kamen regelmäßig an die Oberfläche, um zu atmen. Gelegentlich schnellten ihre wuchtigen Körper aus dem Wasser und fielen mit lautem Klatscher wieder zurück. Ein anderes Mal reckten sie die Köpfe nach oben wie aufmerksame Wachhunde, um ein Auge auf die *Sohar* zu werfen. Schon bald danach kreuzte in etwa 150 Meter Entfernung eine Gruppe von neun Delphinen an unserem Schiff vorbei. Auch sie schienen sich nicht im geringsten von uns gestört zu fühlen. Eine Viertelstunde später erschienen sechs weitere Delphine, diesmal auf der anderen Seite des Schiffs, und als Wind aufkam und sich die *Sohar* schneller durch das Wasser bewegte, trennten sich zwei von der Gruppe und spielten direkt vor dem Bug, drehten und wendeten sich, tauchten und kamen wieder an die Oberfläche geschossen. Um Johns Notizbuch noch mehr zu füllen, tauchte am Abend achtern ein weiterer kleiner Wal auf.

Zur Vielfalt des Meereslebens gehörten auch die großen Seevogelschwärme, meist schwarzbraune Seeschwalben, die über den weißen Schaumkronen des Wassers kreisten und plötzlich auf die Oberfläche hinunterstießen. Größere Fische trieben kleine, offenbar junge Tiere bis an die Oberfläche. Die Jungen warfen sich im Wasser herum, um ihren Verfolgern zu entkommen, und die Seevögel kreischten und pickten mit ihren Schnäbeln nach ihnen. »Haie! Haie!« rief Khamees Police plötzlich und deutete aufs Wasser. An der Seite des Schiffs hatte sich ein kleiner Hai an der Angelleine festgehakt. Schnell wurde er von Peter an Bord gezogen, von Trondur mit einem Fischdreizack durchbohrt, und Mohammed versetzte ihm mit einer Belegnadel einen Schlag über den Kopf. Khamees Police trug ihn mit triumphierendem Grinsen davon. So hatten wir zum Abendessen ausgezeichnetes Haifischfleisch auf dem Teller. Ich notierte mir das omanische Rezept: Der Hai wird gesäubert und entgrätet und dann das Fleisch so lange in Meerwasser gekocht, bis es weich ist. Man läßt es abtropfen, wickelt es in ein Handtuch und drückt fest, bis alle Flüssigkeit herausgepreßt ist. Dann wird das Fleisch in kleine Stücke zerlegt und mit Zwiebeln zusammen über dem Kohlefeuer gebraten. Wir gaben noch Paprikaschoten und Dosentomaten dazu sowie Tamarinde, zerstoßene Knoblauchzehen und zerstückelte Kardonen. Das Ganze wurde noch mal erhitzt und dann serviert. Es war köstlich.

Shanbys Kochkarriere hatte ihren absoluten Tiefpunkt erreicht. Er weigerte sich, für das Abendessen *chapattis* zu bereiten. Meist lungerte er in der Nähe der Kochkajüte herum und wartete, daß jemand anders seine Arbeit besorgte, kam dann aber immer schnell angesaust, um sich den ersten Teller zu holen. Um das Faß zum Überlaufen zu bringen, wurde er dabei erwischt, wie er etwas von unseren Vorräten stahl. Er verdrückte sich in seine Koje, wo er sich über eine Dose mit Pfirsichen kauerte und sie schnell in den Mund zu stopfen versuchte, bevor er entdeckt wurde. Er war wie ein Spürhund, wenn es galt, eine Mahlzeit aufzutreiben, und er war unbelehrbar.

Hundert Meilen vor der Küste stießen wir auf die ersten untrüglichen Beweise dafür, daß wir uns dem indischen Festland näherten. Schmutz und Müll trieben im Meer: Holzstücke, Plastik, Fetzen von Fischernetzen, verrottende Pflanzen, gelegentlich eine alte Flasche, Ölpfützen und Büschel von Seetang. Obgleich der Anblick nicht gerade appetitlich war, gerieten die Wissenschaftler geradezu aus dem Häuschen und schöpften ganze Eimer voll Müll aus dem Wasser. Öllumpen wurden mit dem Netz eingeholt und zur späteren Analyse in Flaschen gelegt. Sie fanden kleine, ziemlich widerwärtig aussehende Würmer; winzige Krebse, Ruderfußkrebse und Larven. Wir holten aber auch winzige Fische in vielen verschiedenen Farben aus dem Wasser, die sich von den Abfallorganismen ernährten. Wieder einmal sah das Deck der *Sohar* wie ein Aquarium aus, in jedem verfügbaren Eimer schwammen lebende Fische in Meerwasser herum. Am darauffolgenden Nachmittag stießen wir auf etwas, das wir zunächst für einen Teppich aus Blumen- oder Baumblüten hielten. Bei näherer Betrachtung entpuppten sich die Blütenblätter als die Flügel und Körper von Millionen und Abermillionen von Motten, die aus irgendeinem unbekannten Grund hier verendet waren.

Ein junger Pottwal erschien auf der Bildfläche. Er war vier bis fünf Meter lang und ganz allein. John nahm an, daß er von seinen Eltern getrennt worden und verlorengegangen sein mußte. Der Jungwal zeigte sich sehr neugierig. Er schwamm hinter dem Schiff her, bis es nur noch dreißig Meter entfernt war, dann drehte er ab, rollte sich auf die Seite und betrachtete die *Solar* aus dieser Perspektive. Dann schwamm er schnaufend davon, regelmäßig Wasser speiend wie alle Pottwale, bis er schließlich mit einem schnellen Schlag seiner Flossen verschwand. John berichtete, daß es noch 1860 im Meer um die Lakkadiven genügend Wale gegeben hätte, um Fangflotten anzulocken. Jezt waren die Walpopulationen, wie es schien, fast völlig verschwunden. Der gesamte Indische Ozean war erst kürzlich zum Schutzgebiet erklärt worden, aber vielleicht war es schon zu spät.

Saleh, der das Ruder bediente, erzählte uns jetzt, wie »Haut«, der große Wal, es fertigbrächte, eine Schiffswand kräftig zu rammen und das Schiff umzukippen. Um ihn zu verjagen, sagte er, müsse man zwei Metallstücke aneinanderschlagen. Was er sagte, war interessant, denn diese Geschichte entsprach fast wörtlich einer alten arabischen Erzählung. Mir fiel wieder einmal auf, in wie vielen Geschichten vom Meer der Wal doch eine Rolle spielt. Im 5. Jahrhundert soll Saint Brendan auf dem Rücken eines Wals angelegt haben, seine Mannschaft hatte ihn irrtümlich für eine Insel gehalten; und Sindbad hatte ähnliche Abenteuer erlebt. Sindbads Walinsel hatte Felsen und Gestein auf dem Rücken, und es gab Bäume und einen Fluß mit frischem Wasser, an dem Sindbad und seine Kameraden ihre Wäsche wuschen. Als der Wal tauchte und die anderen Passagiere zum Schiff zurückeilten, rettete sich Sindbad, indem er in einen großen Waschtrog aus Holz kroch, den er, mit Armen und Beinen paddelnd, vorwärtsbewegte, »Fische nagten an seinen Füßen«, bis er tatsächlich Land erreichte.

Nächstes Anzeichen dafür, daß wir uns dem Land näherten, war eine grellgelb und grün gefärbte Seeschlange. Muallim Ahmed Ibn Majid hatte schon gesagt, daß man beim Auftauchen von Seeschlangen sicher sein könne, nicht mehr weit von der Küste entfernt zu sein. Andrew bestätigte, daß, von einer abgesehen, alle bekannten Seeschlangenarten in seichten Gewässern leben. Andrew jedoch war nicht so begeistert, die gelben und grünen Besucher zu fassen, um sie seiner Sammlung hinzuzufügen. Seinen Büchern zufolge waren Seeschlangen träge und gefährliche Tiere. Aber diese eine muß eine Ausnahme oder aber sehr schlecht gelaunt gewesen sein. Als die Schlange die *Sohar* sah, schwamm sie sehr schnell auf das Schiff zu, wich im letzten Augenblick zur Seite aus und schlängelte sich so weit vom Schiff entfernt, wie die Sicherheitsleine reichte, an seiner Seite vorbei. Als das Seil die Schlange berührte, schnellte das Tier augenblicklich herum und stieß mit seinen Fangzähnen auf das Seil zu. Da Seeschlangen viel giftiger sind als selbst die giftigsten Landschlangen, machte Andrew ein ausgesprochen nachdenkliches Gesicht.

In jener Nacht gerieten wir eindeutig in eine Landbö. Unser Schiff erhielt einen kräftigen Stoß. Aus schwarzen Wolken blitzte es, und heftige Regengüsse gingen nieder. Die Omani kletterten flugs in die Segel, damit das Schiff nicht zurückgeworfen wurde oder gar den Mast verlor. In der Morgendämmerung beleuchtete die Sonne die hohen

Berge der westlichen Ghats von Indien, und in der Ferne tauchten Segel auf. Es waren indische Schiffe, die letzten großen, überlebenden aus den Tagen der Segelschiffahrt. Es waren Prachtexemplare. Manche waren größer als die *Sohar*, mit einem schwarzen schaluppenartigen Rumpf, der ein wenig plump aussah. Aber es gab auch andere, kleinere, die eleganter waren, mit geschwungenem Bug und prächtigem Gallonenheck. Sie stellten die erstaunlichste Ansammlung von Segeln zur Schau. Während die *Sohar* nur einfache, meerestüchtige Segel besaß, waren die indischen Küstenschiffe für leichte Winde ausgerüstet. Sie setzten gewaltige Wolken aus Segeltüchern auf, um den Wind einzufangen. Dreieck über Dreieck, Segel über Segel. Da gab es Großsegel und Besansegel, Briggsegel und Klüver, Skeisegel, Fockstagsegel und Marssegel. Eine Barke trug nicht weniger als vier Klüver und einen winzigen *Vorsegel*, kaum größer als ein großes Bettuch, das auf einem Bambusstab unten bei ihrem Brustholz aufgesetzt war. Als die *Sohar* beim Wenden an ihnen vorbeikam, gab das ein unvergeßliches Bild ab – Segelschiffe, Fremde, die sich stumm begegneten, während sich die Mannschaften gegenseitig musterten.

»Teufel auch!« rief Dave Tattle. »Seht euch das mal an.« Er lugte durch ein Fernglas zum Strand, während die *Sohar* in einer halben Meile Entfernung parallel zur Küste segelte. »Diese vielen Menschen. Das wimmelt ja nur so. Wie die Ameisen. Was tun die da bloß alle?«
Ich lieh mir das Fernglas aus. Ja, der Strand war schwarz von Menschen, aber das war nicht ungewöhnlich. Die Dorfbewohner kauften von der kleinen Flotte von Einbaumkanus Fische. Aber Dave hatte so etwas noch nie gesehen. Er kam aus Neuseeland und sah das erste Mal eine solche Massenansammlung. Die Malabarküste vor Indien ist einer der dichtest besiedelten Landstreifen der Erde. Dave konnte den Blick gar nicht abwenden von dem Gewühl. Er starrte auch noch, als der Anker über Bord fiel und die *Sohar* zum Stehen kam. »Mein Gott«, murmelte er immer wieder, »diese viele Menschen. Wo kommen die bloß alle her? Was tun die da? Sie kommen und gehen. Warum und wozu?«
Am nächsten Morgen, nachdem wir eine schreckliche Nacht in dem rollenden Auf und Ab vor Anker verbracht hatten und wieder von einer Landbö erfaßt worden waren, ließ sich noch immer kein Zoll- oder Polizeibeamter sehen, der eigentlich hätte kommen müssen, um unser Schiff abzufertigen. Daher beschloß ich, an Land zu gehen, um selbst die

Behörden aufzusuchen. Als das Gummidingi sich, auf dem Rücken der Wellen reitend, der Küste näherte, begann sich ein neuer Menschenauflauf zu bilden. Jetzt starrten alle mit großen neugierigen Augen auf das Gummiboot. Plötzlich stieß jemand aus der Menge einen Schrei aus und deutete hinter uns. Ich drehte mich um – gerade noch rechtzeitig, um einen Brecher zu sehen, der hinter dem Boot niederging. Er ergriff das Dingi, schleuderte es auf die Seite und kippte es um. Schmählich kopfüber auf dem Sand landend, erteilte mir meine Nase die Antwort auf Daves Frage, was die Einwohner wohl am Strand trieben: Sie benutzten ihn als öffentliche Toilette.

7
Weihnachten in Calicut

»Sie haben keine Erlaubnis, an Land zu kommen«, schrie der stellvertretende Bezirkszollverwalter in höchster Erregung. Vor Wut (ich hatte seine Autorität verletzt) traten ihm die Augen aus den Höhlen. »Sie haben kein Recht, ohne meine Erlaubnis das Land zu betreten. Was stellen Sie sich eigentlich vor! Sie sollten warten, bis ich eine Abordnung schicke, die Ihr Schiff inspiziert. Das ist Vorschrift. Ich kann Ihnen verbieten, an Land zu kommen!« Er zog sich in seinem Sessel hoch, und seine Augen funkelten. Seine Vorstellung wurde allerdings von einer schwarzen Krähe gestört, die sich auf ihrer Suche nach Nahrung auf dem Sims des offenen Fensters hinter ihm niedergelassen hatte und ein harsches, höhnisches Krächzen von sich gab. Der Zollbeamte winkte ärgerlich einem Untergebenen zu, den Vogel fortzujagen. Der Untergebene, ein pensionierter Zollbeamter von großer Unterwürfigkeit, verscheuchte die Krähe. Der stellvertretende Bezirkszollverwalter bekam fast einen Schlaganfall vor Wut. Der pensionierte Beamte hatte ihm gerade erzählt, daß ich nach meiner ungemütlichen Landung auf dem schmutzigen Strand ins Hotel gegangen wäre, um mich zu waschen und mich umzuziehen, bevor ich das Zollamt von Calicut aufsuchte.
Ich sah mich im Büro um; eine jämmerlich vernachlässigte Bruchbude. Früher muß es einmal ein schönes Gebäude gewesen sein, luftig und elegant, mit hohen Decken und überhängenden Kanten, um Luft hereinzulassen. Die hohen Fenster gaben eine prächtige Aussicht auf das Meer frei, und das Dach war mit Ziegeln in freundlichem Rot bedeckt. Jetzt aber sah alles heruntergekommen und schäbig aus. Es war bestimmt schon zwanzig Jahre her, seit das Gebäude zum letzten Mal frische

Farbe bekommen hatte, und die alte pellte überall von den Wänden, die mit grünen Stockflecken übersät waren. Das Büro des stellvertretenden Bezirkszollinspektors lag auf der oberen Etage, und als ich die Hand auf das Geländer legte, um die Treppe hinaufzugehen, wackelte es bedenklich, weil die Pfeiler von Insekten zerfressen waren. Auf dem Weg zur Tür des Zollbüros mußte man sorgfältig den vielen Löchern im Fußboden ausweichen. Vom Fenster aus konnte ich die skelettartigen Überreste der Zollanlegestelle sehen. Auch sie war in sich zusammengefallen, und die zerbrochenen Eisenstützen, die nach allen Seiten ragten, hätten jedes Schiff durchbohrt, dessen närrischer Kapitän auf die Idee gekommen wäre, hier anzulegen. Von einem Zoll- oder Polizeischiff war nirgends etwas zu sehen. Vielmehr war klar, daß ein solches Schiff überhaupt nicht existierte. Jedes Schiff, das vor der Küste Anker warf und auf einen Besuch der Zollbehörden von Calicut wartete, würde bis in alle Ewigkeit dort liegen.

Das Paßbüro befand sich im selben verfallenen Gebäude, nur weiter unten. Darin standen das übliche Schulpult, zwei harte Stühle und ein Schrank mit verbogenen Türen. Ein älterer Beamter in Zivilkleidung, vom Special Branch, sammelte die Pässe der Schiffsmannschaft ein. Während er umständlich eine Quittung ausschrieb, warf ich einen Blick in sein Meldebuch. In den vergangenen zwölf Monaten waren nur fünf ausländische Schiffe in Calicut eingelaufen, fünf kleine Motordaus. Dennoch hatte ich bereits jetzt sieben Polizisten gezählt und dazu mindestens ein Dutzend Zollbeamte. In einem anderen Zimmer in der ersten Etage gab es einen Hafenbeamten, einen Assistenten des Hafenbeamten und dazu zahlreiche Buchhalter und Hilfsangestellte. Mein Mut sank, denn mir wurde klar, daß die Hand der indischen Bürokratie überall hinreichte. Zu einem Wucherpreis versprach man mir einen Schlepper. Er sollte die *Sohar* in die Flußmündung bei Beypore, zehn Meilen südlich von Calicut, ziehen. Beypore war der Hafen von Calicut, und es wäre für die *Sohar* viel einfacher gewesen, gleich bis nach Beypore zu fahren. Aber dieser direkte Kurs war gemäß Zollgesetz verboten. Calicut war der offizielle Anlaufhafen, so daß die Mannschaften dort zuerst die Formalitäten erledigen mußten. Der Schlepper, der großzügig als Eigentum der Hafenbehörden bezeichnet wurde, versagte den Dienst, noch bevor er den Hafen verlassen hatte. Und so lagen wir weitere anderthalb Tage auf dem dümpelnden Schiff vor Calicut. Endlich tauchte der Schlepper auf und zog die *Sohar* fort.

Die Einfahrt nach Beypore war aufregend. Wir fühlten uns in einen Hafen des 18. Jahrhunderts zurückversetzt. Beypore wies all die Gerüche, den Lärm, die Aktivität, den Schmutz und auch die zerbrechliche Schönheit auf, wie etwa der Hafen von Genua. Nachts, wenn ein giftiger Dunst über dem Fluß aufstieg und die schwarzen Schatten der Werft einhüllte, sich um die Rümpfe der Segelschiffe legte, so daß nur ihre Masten wie Lanzen darüber hinausragten, wartete man fast auf einen erstickten Schrei, dem das Aufklatschen einer ins Wasser geworfenen Leiche folgte. Die Dunkelheit war erfüllt von weichen, schmatzenden Geräuschen. Gelegentlich glitt der dunkle Umriß eines Einbaums vorbei oder verweilte verdächtig nahe beim Ankerkabel des Schiffs. Wahrscheinlich saß darin nur ein Neugieriger, der das fremde Schiff betrachten wollte. Aber die Deckwache der *Sohar* hatte strenge Anweisung, scharf auf Diebe zu achten. In Beypore schienen Schurkenstreiche gewissermaßen in der Luft zu liegen. Im ersten Schein der Dämmerung sah die Umgebung wie verzaubert aus. Die Ufer begannen Form und Substanz anzunehmen, als das Licht auf mit Palmen bedeckte Bootsbaracken, große hangarartige Gebäude, fiel, die das nördliche Ufer des Flusses säumten. Unter diesen Hütten standen die Skelette von etwa vierzig oder fünfzig Holzschiffen, die gebaut oder gerade repariert wurden. Beypore ist wahrscheinlich das größte Zentrum für den Holzschiffbau auf der ganzen Welt. Seine Werkstätten sind nach 1000 Jahren noch immer voll ausgelastet. Dort wird von Daus für die Araber bis zum Kriegsschiff für die Royal Navy alles hergestellt. Ein in Beypore gebautes Schiff hatte in Trafalgar gekämpft. In den fauligen Gewässern vor der Küste lagen halbversunkene Baumstämme wie monsterhafte Reptilien. Eine Viertelmeile flußaufwärts konnte man die Werft sehen und auf der Hügelkuppe darüber die Veranda eines weiteren verfallenen Zollhauses. Im Landesinneren wurde der Fluß breiter und sah jetzt im ersten Schein des Tageslichts metallisch grau aus, aber als es heller wurde, nahm er schon bald die Farbe von Milchkaffee an. Am gegenüberliegenden Ufer reihte sich eine Kokosnußpalmenplantage an die andere, nur hier und da von der Mündung eines Flusses unterbrochen. Auf dem Fluß lag die bemerkenswerteste Sammlung von Segelbooten vor Anker, Schiffe von jeder Größe, jeder Form und Beschreibung, *dhangies, patmars, thonis,* manche von ihnen wippten am Anker auf und ab, andere waren am Ufer aufgereiht, und einige lagen auf der Seite und wurden gerade gesäubert. Während die Sonne höher stieg und es immer heller wurde, begann auch das unverwechselbare Tagesgeräusch von Beypore – die heiseren Schreie Tausender und Abertausender indischer Krähen, die ihre Nester in den Kokospalmenhainen bauen. Schon bald erhoben sich die Krähen in die Luft, stiegen auf wie schwarze Ascheflocken, flatterten auf die erwachende Stadt zu.

An Bord der *Sohar* war die morgendliche Invasion der Krähen ein tägliches Ärgernis. Die Vögel setzten sich auf die Masten und die Rundhölzer und stießen ununterbrochen ihre rauhen Schreie aus. Sie bekleckerten das ganze Deck und stahlen wie die sprichwörtlichen Elstern. Sie fraßen alles – Essensreste, alte Obstschalen, sogar das ranzige Fett, das wir zum Einschmieren der Blöcke benutzten, wurde verspeist. Überall, zu jeder Zeit, beobachteten uns die Knopfaugen der hungrigen Krähen, die in Reihen über uns auf den Rundhölzern oder in sicherem Abstand auf dem Schiffsrand hockten. Die Einheimischen von Beypore vermittelten uns ein ähnliches Gefühl. Sie hingen überall herum – in Kanus an der Seite des Schiffs, in Grüppchen, die stundenlang auf der Werft standen, an Bord der Küstenschiffe, die in der Nähe festgemacht hatten. Und immer starrten sie uns mit dem gleichen starren Blick an wie die Krähen und auch mit diesem ewig hungrigen Ausdruck in den Augen. Als Saleh ein paar abgenutzte Segelschnüre herausschnitt, erbärmliche zerfledderte Stückchen Kokosfaserseile, und sie über Bord warf, legte ein ausgemergelter alter Mann sofort mit seinem Einbaum vom Ufer ab, angelte das alte Seil aus dem fauligen Wasser und paddelte damit davon.

Die bedrückende Atmosphäre von Beypore legte sich den europäischen Mannschaftsmitgliedern aufs Gemüt. Die überall gegenwärtige Armut und Verwahrlosung, verbunden mit der feuchten Hitze, schuf an Bord der *Sohar* eine trübsinnige, lethargische Stimmung. Es gab wichtige Arbeit zu erledigen – wir mußten bessere Segel anfertigen, die Rundhölzer leichter machen, das Schiff reinigen und Kisten fürs Deck bauen, um lose Teile aufbewahren zu können. Aber die allumfassende Trägheit war nicht zu überwinden. Stundenlang bettelten wir, um einen Platz auf der Werft zu bekommen, suchten nach Holz für die Rundhölzer oder einem Blockmeister, der uns Ersatzklötze für das Takelwerk machen konnte. Inzwischen lag die *Sohar* in dem vergifteten Fluß vor Anker. Innerhalb von 24 Stunden wurden die ersten Mannschaftsmitglieder krank, von der feuchten, muffigen Hitze entkräftet, hatten Magenbeschwerden, waren dem ständigen Angriff der Moskitos ausgesetzt, den nächtlichen Regenschauern, die das Deck durchweichten, und mußten Essen zu sich nehmen, das zwangsläufig schmutzig war. Der Fluß selbst war unbeschreiblich dreckig, eine riesige offene Kloake. Das einzige verfügbare frische Wasser kam aus einem Brunnen an Land, und eines Tages fanden die Omani darin zuckende Würmer. Die Übelkeit, der Gestank, die allgemeine Atmosphäre von Verfall erinnerte mich stark an Beschreibungen der Handelsschiffe, die vor zwei Jahrhunderten nach Westafrika gesegelt und untätig in der Flußmündung gelegen und auf ihre Fracht gewartet hatten; die Schiffe verrotteten, und die Mannschaften wurden vom Fieber befallen. Innerhalb von drei Tagen litt die Hälfte der Europäer an Bord der *Sohar* an irgendwelchen Beschwerden, und die Omani zitterten vom Fieber am ganzen Körper. So verbrachten wir Weihnachten 1980.

Harte Arbeit war die einzige Möglichkeit, die Expedition vor der Auflösung zu bewahren. Sobald ein Platz in der Werft zur Verfügung war, drehte die *Sohar* bei, und in gemeinsamer Anstrengung und mit viel Disziplin trat die gesamte Mannschaft an, um das Schiff zu entladen. Es war eine entmutigende Aufgabe. In der schwülen tropischen Hitze begannen wir damit, jedes Stück einzeln an Land zu bringen: Seile, Bootsmannsvorräte, Ketten, Ersatzanker, unsere gesamten Eßvorräte, Treibstoffkanister, jedes Stück weniger ließ den Rumpf im Wasser höher steigen. Dann wandten wir unsere Aufmerksamkeit dem Schiffsballast zu. Wir zogen die Bodenplanken hoch und begannen die Sandsäcke herauszuziehen, Hunderte und Aberhunderte, die wir in Maskat im Kielraum verpackt hatten. Jetzt mußten sie an Land gebracht werden. Die Umstände waren scheußlich. An Deck und am Kai herrschte eine sengende Hitze und im Rumpf dumpfe Glut wie in einem Ofen, der beißende Geruch des Bilgegases kratzte uns in den Kehlen. Ausgerechnet unter diesen herausfordernden Bedingungen bildete sich ein gewisser Teamgeist innerhalb der Mannschaft. Die Männer formierten sich zu einer Kette und warfen die Sandsäcke aus dem Kielraum und durch die Luke nach oben, quer übers Deck, und stapelten sie sauber auf der Werft.

Plötzlich hatte die gesamte Mannschaft ihre Schmerzen und Wehwehchen vergessen. Sandsäcke wurden durch die Luft gewirbelt. Grinsende und lächelnde Gesichter tauchten auf. Khamees Police sah wie ein Preisboxer aus, vor Schweiß glänzend, als er pausenlos in hohem Bogen Sandsäcke durch die Luke nach oben warf. Peter, dessen Fußverletzung jetzt fast ausgeheilt war, stand an der Reeling und warf die Sandsäcke wie Tennisbälle an Land. Sogar der verschlafen wirkende Jameel kniete sich in seine Arbeit, wühlte wie ein aufgeregter Terrier nach den Sandsäcken, nur seine nackten Füße waren zu sehen, und gelegentlich tauchte sein Kopf auf, um nach Luft zu schnappen. Aus irgendeinem unerfindlichen Grund hatte er beschlossen, seinen Kopf völlig kahl zu rasieren, und jetzt tauchte er wie eine losgelassene fremde Erscheinung, vor Schweiß glänzend wie ein schwarzer Fußball, aus den Bilgen auf. In zwei und einer halben Stunde luden wir nur mit bloßen Händen fünfzehn Tonnen Sand ab.

Die Geschichte von Jameels rasiertem Schädel erfuhr ich an dem Abend, als mich Musalam nach Calicut begleitete. Jameel, so erzählte er mir, hätte sich verkleidet. Er hatte seine Haare abrasiert, weil er hoffte, so in Calicut nicht erkannt zu werden. Es war die alte Geschichte. Jameel hatte auf einer früheren Reise in Calicut ein Mädchen geheiratet. Er hatte sie zurückgelassen, hatte ihr aber keinen Unterhalt geschickt, wie es der islamische Brauch fordert. Jetzt hatte er Angst, daß er von der Familie des Mädchens ausfindig gemacht und dazu gezwungen würde, die rückständige Summe zu zahlen.

Ich mußte über die Geschichte lachen. Tatsächlich war mir aufgefallen, daß Jameel sich nie sehr weit vom Schiff entfernte und daß er an den Abenden nie mit nach Calicut gegangen war wie die anderen omanischen Seeleute. Er hatte Angst, der zornigen Verwandtschaft seiner Frau zu begegnen.

Auf das, was dann kam, war ich völlig unvorbereitet. Musalam räusperte sich nervös und erwähnte, daß er in der Stadt eine indische Familie gefunden hätte, bei der er für 150 Rupien die Woche ein Zimmer einschließlich Frühstück mieten könne. Es war natürlich eine Moslemfamilie, und Musalam bat mich um Erlaubnis, an Land schlafen zu dürfen. Selbstverständlich, sagte ich. Aber bei seinen nächsten Worten stockte mir fast der Atem.

»Ich möchte ein Mädchen dieser Familie heiraten, Captain. Aber die Mannschaft sagt, daß ich erst Ihre Erlaubnis einholen muß, bevor ich heiraten kann.«

Ich horchte auf, und dann bemerkte ich plötzlich, wie fein Musalam sich herausgeputzt hatte, mit seiner neuen Hose, einem grün und weiß gemusterten Hemd und den ordentlich gekämmten Haaren und dem gestriegelten Schnurrbart. Na klar, er wandelte auf Freiersfüßen. Aber wie hatte er das geschafft? Das Schiff war erst seit ein paar Tagen in Beypore, und wir hatten von früh morgens bis spät abends darauf gearbeitet. Dennoch hatte Musalam ein Mädchen gefunden, das er heiraten wollte.

»Erzähl mir ein bißchen von der Familie des Mädchens«, forderte ich ihn auf und bemühte mich, meinen Verstand zusammenzunehmen, um die Situation beurteilen zu können.

»Ihre Familie lernte ich kennen, als ich eines Abends in der Stadt war«, erzählte Musalem, »sie haben mich in ihr Haus eingeladen. Ich hab abends immer bei ihnen gegessen. Es sind sehr gute Moslems. Sie sind arm, aber die Familie kennt viele Omani. In ihrem Haus haben schon viele Seeleute verkehrt.«

»Warum fragst du mich um Erlaubnis, wenn du ihre Tochter heiraten willst?«

»Weil das so Brauch ist«, erwiderte Musalam einfach. »Der Kapitän muß seine Erlaubnis geben, bevor einer seiner Seemänner heiraten darf.« Dann machte er eine Pause. »Um sie heiraten zu können, muß ich ihrer Familie ein Geldgeschenk machen«, fuhr er fort. »Captain, bitte, könnten Sie mir für meine Frau etwas Geld leihen?«

Jetzt war ich ganz schön verwirrt.

»Wieviel Geld brauchst du denn?«

Musalam zuckte leicht mit den Schultern. »Soviel Sie wollen«, erwiderte er bescheiden.

Ich war in ziemlicher Verlegenheit. Wie um alles in der Welt sollte ich den Preis für eine Braut festlegen? Diese Art Bewertung hat man schließlich nicht tagtäglich vorzunehmen. Außerdem hatte Musalam, wenn ich mich recht erinnerte, in Oman eine Frau und eine kleine Tochter. »Und was ist mit deiner Frau zu Hause? Wird sie nicht traurig sein, wenn du in Calicut ein anderes Mädchen heiratest? Ich finde, du solltest an deine Familie in Oman denken.«

Musalam hatte bereits eine Antwort parat. »Ich kann meiner omanischen Frau vielleicht ein Geschenk mitbringen, wenn ich nach Hause komme. Und wenn ich meine Frau aus Calicut nach der Reise mit nach Oman nehme, kann sie sich um das Haus kümmern. Sie kann kochen, saubermachen und ihr das Leben etwas erleichtern. Dann kann meine omanische Frau die ganze Zeit mit ihren Kindern verbringen. Wenn sie alt ist, kann meine neue Frau für sie sorgen.«

»Wie alt ist dieses Mädchen, das du heiraten willst?«

»Fünfzehn.«

»Aber wenn du deine neue Frau mit nach Oman nimmst, soll sie dann in demselben Haus wohnen oder in einem andern?«

»Im selben Haus«, erwiderte Musalam stolz. »Ich habe ein neues Haus mit vier Zimmern. Zwei davon sind Wohnzimmer, und dann gibt es noch zwei Badezimmer. Wenn ich nach Hause komme, will ich eine Klimaanlage einbauen. Und über kurz oder lang werde ich auch elektrischen Strom haben.«

Die Unterhaltung geriet auf ein Nebengleis. Musalam war zu dieser Calicut-Heirat offenbar fest entschlossen, und dagegen konnte ich eigentlich nicht viel tun. Ich unternahm einen letzten Versuch. »Aber, Musalam, du weißt genausogut wie ich, daß es sehr schwierig ist, eine indische Braut mit nach Oman zu nehmen. Dazu brauchst du eine besondere Erlaubnis und genügend Geld auf der Bank, damit man sieht, daß du auch für sie sorgen kannst.«

Einen Augenblick lang schienen Musalam Zweifel zu kommen. »Ich glaube, man muß 20000 Rial auf der Bank haben, bevor man eine Frau aus Indien nach Oman bringen darf«, sagte er zu mir.

»Und wenn du das Geld nicht hast?«

»Dann schicke ich ihr eben welches nach Calicut.«

»Wieviel Geld?«

»Nicht viel. 150 Rupien im Monat. 10 Rial vielleicht, das genügt. In Indien ist eine Frau nicht teuer.«

»Und wenn du das Geld nicht schicken kannst? Was passiert dann?«

»Dann kann das Mädchen nach drei Jahren wieder heiraten. Bis dahin wartet sie.«

Ich wußte, daß Musalams Wunsch, sich ein zweites Mal zu verheiraten, ganz normal war. Arabische Geographen aus dem Mittelalter haben beschrieben, wie arabische Seemänner einheimische Mädchen heirateten, wenn sie auf die Malediven kamen; Sindbad selbst schien fast in jedem Hafen eine Frau zu finden; und ich selbst wußte ja aus eigener Erfahrung, daß sich Jameel und Hoodaid, der Schiffbauer aus Sur, in Calicut Frauen genommen hatten. Dieser Brauch war so alt wie die Geschichte des arabischen Handels mit Malabar, und es war klar, daß die Moslem-Gemeinde von Calicut davon reichlich profitierte. Für sie bedeutete es keine Schande, wenn eine Tochter einen Seemann, der zu Besuch da war und vielleicht nie zurückkehrte, heiratete. Vielmehr waren die Moslem-Familien von Calicut froh, durch Heirat mit jemandem verbunden zu sein, der aus arabischen Ländern kam, dem Heimatland ihrer Religion. Eine solche Heirat war ein Statussymbol. Wenn die arabischen Seemänner wegsegelten und man nie wieder etwas von ihnen hörte, dann sorgten die gesellschaftlichen Usancen dafür, daß die Frauen einen neuen Ehemann fanden. Musalam und den anderen islamischen Seemännern war es natürlich unbenommen, sich jeweils bis zu vier Frauen zu nehmen, vorausgesetzt, daß sie alle ordentlich und vor allem gleich behandelten. Und ich war mir sicher, daß Musalam, einer der anständigsten Männer, denen ich je begegnet war, die Situation nicht etwa ausnutzen würde.

Wie sich herausstellte, deutete Musalam meine verwunderte Nachdenklichkeit als stillschweigendes Einverständnis, und so ging er noch am selben Abend mit dem Mädchen und ihrer Familie zum Kadi, dem islamischen Priester und Richter, und wurde verheiratet. Am nächsten Morgen erschien er mit seiner neuen Frau und seinem neuen Schwager an Bord des Schiffs. Hinter ihm auf dem Kai hatten sich mindestens fünfzehn weitere Familienmitglieder der Braut versammelt. Das Mädchen war eine schlanke, zierliche Schönheit namens Zubaida, mit riesigen, dunklen, braunen Augen und schüchternem Lächeln. Musalam gab sich als stolzer Beschützer. Er entschuldigte sich überschwenglich, daß die Kleider des Mädchens so einfach wären. Sie schäme sich, sagte er, aber die Familie hätte nur sehr wenig Geld. Der Schwager erklärte sofort, daß er der einzige Sohn wäre. Sein Vater sei tot, und es gebe noch fünf unverheiratete Töchter in der Familie. Musalams Geld würde für die Mitgift zweier weiterer Mädchen reichen. Nur wenn man einen arabischen Seemann heiratete, gäbe der Mann das Geld, sagte er. Andernfalls müßte das Mädchen eine Mitgift in bar aufbringen, je nach Vermögen. Ich ging auf den Hinweis ein und nahm Musalam auf die Seite. Er könne für den Preis der Braut aus dem Schiffsfundus 1000 Rupien bekommen, was ungefähr soviel wie 50 bis 60 Pfund Sterling entsprach. Musalam schien mit dem Betrag zufrieden. Und ich auch, obgleich das Budget wohl kaum gereicht hätte, den omanischen Seemännern ihre Frauen zu bezahlen. Ich mußte an die fünf übrigen unverheirateten Schwestern denken sowie an die Tatsache, daß es auf meinem Schiff noch weitere sieben omanische Seemänner gab.

Meine Vorahnung sollte mich nicht täuschen. Während der nächsten Tage gingen, bis auf einen, alle omanischen Seemänner in Calicut eine Ehe ein. Die Ausnahme war Khamees Navy. Die anderen kamen alle zu mir, einer nach dem anderen, um sich 1000 Rupien zu leihen. Ich hatte ihnen gesagt, daß niemand bevorzugt werden würde. Jeder würde mit dem gleichen Betrag auskommen müssen. Jameel versuchte erfolglos, eine Extraanleihe aufzunehmen. Offenbar wollte er auch gern heiraten, mußte aber erst die Angelegenheit mit der Familie seiner früheren Frau aus Calicut, die er aufgegeben hatte, regeln. Die Dame, um die es ging, hatte inzwischen einen anderen Ehemann gefunden, so daß die Entschädigung, die Jameel zu zahlen hatte, nicht hoch war, aber es führte zu einem harten Feilschen mit seinen früheren Verwandten. Alle Seemänner gaben zum Ausdruck, daß sie mit ihren Frauen zufrieden seien, außer Saleh. Mehrere Tage lang druckste er herum, schüchtern und zu unsicher, um seine Auserwählte um ihre Hand zu bitten. Immer wieder fragte er seine Kameraden, ob sie das richtige Mädchen sei oder nicht, bis sie ihn schließlich ermunterten und ihn dazu brachten, sich in seinen besten *dishdasha* und feinsten Turban zu werfen. Dann begleiteten sie ihn zu der Familie des Mädchens und überredeten ihn dazu, mit ihr zum Kadi zu gehen. Am nächsten Morgen kamen sie alle wieder zurück an Bord und feixten vor Schadenfreude – außer dem armen Saleh, der vor Verlegenheit auf den Boden sah. Er war mit dem Mädchen verheiratet, das war richtig, und er hatte mit ihr die Nacht verbracht. Aber am nächsten Morgen war sie ihm davongelaufen und hatte die 1000 Rupien mitgehen lassen. Für den Rest unseres Aufenthalts in Calicut blieb Saleh verdrossen an Bord und war die Zielscheibe anhaltender Witzeleien.

Die *Sohar* war jetzt leicht genug, um gesäubert zu werden. Wir ließen eine Wache bei dem Warenstapel am Kai zurück und zogen sie auf eine Sandbank auf der anderen Seite des Flusses. Bei Flut brachten wir sie an Land, verspannten Blöcke und Takelung an ihrer Mastspitze und legten sie bei sinkender Flut auf die Seite, so daß wir den Rumpf erreichen konnten. Es war eine gräßliche Arbeit. Das Wasser war eine dickflüssige Dreckbrühe. Peter Dobbs zögerte zum ersten und einzigen Mal auf der ganzen Reise, bevor er ins Wasser stieg. Aber es blieb ihm gar nichts anderes übrig. Wir mußten den Seetang und den Schleim und die Rankenfußkrebse abkratzen und einen neuen Überzug aus Hammelfett und Kalk auftragen, um das Holz vor dem Schiffsbohrwurm zu schützen. Wieder einmal tönte ein arabisches Arbeitslied über den Fluß, als die Seeleute der *Sohar*, Europäer und Omani, den Rumpf säuberten. Der Schmutz war leicht zu entfernen, weil der alte Mantel aus Kalk und Fett abpellte und die Fäule mitnahm. Das Holz darunter schien fest.

Aber die Verkleidungen aus ungeschütztem Holz, die wir zur Probe an dem Rumpf befestigt hatten, waren von Wurmlöchern durchzogen, so dick wie eine große Stricknadel. Sie stammten vom Schiffsbohrwurm und waren innerhalb der zwei Monate, seit wir sie angebracht hatten, entstanden. Die am schlimmsten befallenen Holzpaneelen, Bretter, die sieben, acht Zentimeter dick waren, konnten wir mit der bloßen Hand wegreißen. Das zeigte ganz deutlich, wie wichtig es war, den Rumpf der *Sohar* vor dem Schiffsbohrwurm zu schützen.

Während das Schiff gesäubert wurde, hatte Trondur einen neuen Segelplan für die *Sohar* gezeichnet, und ich hatte einen Gujerati-Kaufmann nach Madras geschickt, um neues Segeltuch zu kaufen, mit dem wir unsere traurigen Originalsegel ersetzen konnten. Mit Hilfe einer geschickten Verteilung von Bestechungsgeldern gelang es dem Gujerati, 2½ Tonnen Segeltuch als Handgepäck in einem Personenzug mitzubringen. Das Zugpersonal sah in die andere Richtung, als ein ganzer Strom von Gepäckträgern die Segeltuchrollen in ein Personenabteil trug, das bis unter die Decke gefüllt wurde. Das Segeltuch war beste Ware, nach dem Originalrezept hergestellt und mit einer roten oder blauen Linie entlang der Kanten, die Gewicht und Stärke kennzeichnete. Indien war eines der ganz wenigen Länder der Welt, in denen man derart prächtiges Segeltuch auftreiben konnte, und auch nur in Indien war der nächste Schritt möglich, den wir unternahmen: Wir fertigten für die *Sohar* in weniger als einer Woche eine völlig neue Segelausrüstung an. In Europa oder Nordamerika hätte so etwas vier Monate in Anspruch genommen. Zunächst mußten wir in der Nähe der Stelle, an der die Fischer mit ihren Einbäumen landeten, einen festen, ebenen Streifen sauberen Sandstrand ausfindig machen. Mit Pflöcken und Bindfäden kennzeichneten Trondur und ich die Konturen der neuen Segel auf dem Sand, und dann ernannte ich einen verläßlichen Inder zum Vorarbeiter. Er heuerte ein Dutzend Fischer an, die gerade mit ihren Booten landeten, und brachte sie zu uns. Wir zeigten den Fischern, wie sie die einen Yard breiten Segeltuchstreifen zusammennähen sollten, und verteilten Nadeln und Faden. Sie waren entzückt. Wir zahlten bar und hatten ihnen einen Bonus versprochen. Als die Fischer acht Stunden gearbeitet hatten, prüfte ich, wieviel von dem Segel fertig war, und stellte eine Kalkulation auf. Dann bat ich den Vorarbeiter, noch zwölf Männer anzuheuern. Er brauchte eine halbe Stunde, um sie zu finden, und die Arbeitskraft war verdoppelt. Am Ende konnte man den bemerkenswerten Anblick von nicht weniger als dreißig frisch angelernten Segelmachern bewundern, die mit gekreuzten Beinen auf den riesigen Segeln saßen und die alle Kraft aufwandten, um so schnell wie möglich zu nähen. Während der Hitze des Tages schliefen sie oder gingen fischen und kehrten am kühlen Abend wieder, um ihre Nadeln zu nehmen und zu zweit bis tief in die Nacht hinein im Schein von Sturmlampen, die zwischen ihnen auf den Boden gestellt waren, weiterzuarbeiten. Fünf Tage später hatten wir einen cremigweißen Satz neuer Segel, fast 3000 Quadratfuß, alle fertig zum Aufziehen; und außerdem waren alle alten Segel der *Sohar* neu gespannt und an den Kanten mit neuen Seilen versehen, um die schlimmsten Falten herauszubekommen.

Sich eines unerwünschten »Kochs« zu entledigen, war weit schwieriger, als einen ganzen Satz neuer Segel zu nähen. In Beypore hatte Shanby sich selbst übertroffen. Er hatte Lagerbestände vom Schiff gestohlen und sich an Land geschlichen, um sie gegen Zigaretten zu tauschen. Daher befahl ich ihm, fortan auf dem Schiff zu bleiben, und verbot ihm irgendwelche Kontakte mit Einheimischen. In der Zwischenzeit bemühte ich mich, seine Heimreise zu arrangieren. Er war, wie sich herausstellte, pakistanischer Bürger. Die omanische Nationalität hatte er nie erhalten, was zu endlosen Schwierigkeiten führte, denn Indien nimmt entlassene pakistanische Seemänner nicht gerade mit Wohlwollen auf. Und so verbrachte ich acht Tage damit, in Calicut von Regierungsbüro zu Regierungsbüro zu laufen und zu versuchen, Shanby endlich loszuwerden. Verständlicherweise wollte ihn niemand haben. Ich redete mir den Mund fusselig, um meine Situation zu erklären. Die Beamten verlangten Bestechungsgelder, und ich bezahlte. Aber es half alles nichts. Ein Sergeant vom Special Branch besaß sogar die Unverschämtheit, am nächsten Tag zurückzukommen und von mir zu verlangen, ihm eine der Banknoten zu ersetzen, die so flink in seiner Tasche verschwunden waren. Die Banknote wäre zerrissen, beklagte er sich, und die Bank hätte sie nicht annehmen wollen.

Ein Blick ins Innere des Polizeihauptquartiers von Calicut war atemraubend. Im Hauptbüro standen sich in zwei Reihen zwanzig Schreibtische gegenüber. Auf jedem Schreibtisch türmten sich zerfetzte Akten und alte Papiere, so daß die Angestellten, die Platz brauchten, gezwungen waren, altmodische Löschblöcke auf ihre Knie zu legen, um darauf zu schreiben. Aber es wurde nichts geschrieben. Die Hälfte der Tische war unbesetzt. Die Anwesenden saßen bewegungslos da oder hatten ihre

Stühle nach hinten gegen die Wand gekippt und starrten mit unerschütterlicher Gleichgültigkeit ins Leere. Nicht eine einzige Akte wurde bewegt, und dennoch balancierten sie alle in merkwürdiger Übereinstimmung ihre leeren Löschblöcke auf den Knien.

Aus dem dringenden Wunsch heraus, Shanby loszuwerden, arbeitete ich mich die Hierarchie hinauf, bis ich den Bungalow des obersten Distriktbeamten des Special Branch ausfindig gemacht hatte. Als ich in sein Wohnzimmer trat, sah ich, daß er in einer Paperbackausgabe eines englischen Romans, *Der Magus* von John Fowles, las. Ich atmete auf. Hier war endlich jemand, der mich verstehen würde. An Bord der *Sohar* hatte ich einen anderen Roman von John Fowles: *Die Geliebte des französischen Leutnants.* Hatte der Superintendent ihn gelesen? Hatte er nicht. Gefiel ihm *Der Magus*? Ja, in der Tat. Es war ein sehr schöner Roman. Dann konnte ich ihm auf jeden Fall empfehlen, die anderen Bücher von Fowles zu lesen. 24 Stunden später befand sich *Die Geliebte des französischen Leutnants* in den Händen des Superintendenten, und Shanby, mit seinem Ticket und einem Monatslohn in der schmuddligen Hand, saß in einem Bus, der zum Bombayer Flughafen fuhr, von wo aus er schließlich nach Pakistan gebracht werden sollte. Ich wußte, daß mit Shanby alles in Ordnung sein würde. Er war der geborene Überlebenskünstler.

Ibrahim trat an Shanbys Stelle. Er stammte von den Minicoy-Inseln, und ich kannte ihn seit meinen ersten Tagen an der Malabarküste. Eigentlich war er Buchhalter von Beruf, aber er hatte es gründlich satt, Zivilbeamter ohne Aufstiegschancen zu sein, und so entschloß er sich, Koch zu werden. Nach Shanbys Küche wäre alles und jedes eine Verbesserung gewesen, aber Ibrahim stellte sich auf seine Weise als ein sehr guter Koch heraus. Seine knusprigen *chapattis* und schmackhaften Reisgerichte waren ein weiterer Schritt, die Moral auf der *Sohar* zu heben.

Robert Moore, John Harwood und Dave Tattle vom wissenschaftlichen Team mußten an ihre Universitäten zurück und gingen in Beypore von Bord. Ebenso Trondur, der uns verlassen mußte, um eine wichtige Ausstellung seiner Bilder und Skulpturen in Skandinavien vorzubereiten; und Mohammed Ismail, der Schiffbauer, kehrte zu seiner Familie zurück, die nicht weit von Calicut wohnte und froh war, ihn nach fast einem Jahr wiederzusehen. An ihre Stelle traten Peter Hunnam, auch ein Meeresbiologe, der sich auf die Erhaltung der Meere spezialisiert hatte, und meine neunjährige Tochter Ida. Sie war für ein paar Wochen von der

Schule befreit, um an dem nächsten Abschnitt der Sindbad-Reise teilnehmen zu können, und gelangte mit Peter Hunnam auf einer viertägigen Reise von London per Flugzeug, per Bahn und per altersschwachem Taxi nach Calicut.

Ida machte bei dem Anblick von Beypore große runde Augen. Die täglichen Szenen, die sich in den engen Straßen und Hintergassen abspielten, müssen ihr wie belebte Illustrationen aus ihren Geschichtenbüchern vorgekommen sein. Fischträger stolperten mit gebeugten Knien und tropfenden Körben, die sie auf ihren Köpfen trugen, vorbei und schrien anderen Männern etwas zu, die wiederum Waren in einer kleinen Hütte neben dem Landesteg zählten. In entgegengesetzter Richtung floß ein ständiger Strom von Fußgängern, die zu den grünbemalten Einbaumkanus gingen, die einen Fährendienst quer über den Fluß unterhielten – Männer, die Fahrräder schoben, Frauen in Saris, Schulkinder mit ihren Schultaschen und wieder Frauen, die ihren Einkauf vom Markt trugen, Büroarbeiter in ihren weißen *dhotis* und mit schwarzen Regenschirmen. Jede Seitenstraße hatte ihren Händler, der Obst anbot, kalte Getränke, Kleider, Gemüse, in Bündeln Kokosfaserbindfaden, Seife und Kurzwaren. Hier war ein Schneider, der ein neues weißes Hemd mit seinem Bügeleisen, das auf glühender Holzkohle heiß gemacht wurde, bügelte, dort breitete ein Kopra-Arbeiter das Fruchtfleisch von Kokosnüssen am Boden aus, um es zu trocknen, so daß die Fußgänger um seine Ware einen Bogen machen mußten. Frauen wuschen und fegten, fütterten Ziegen, klopften *manioka* mit Mörser und Stößel und kämmten mit ihren Fingern die langen schwarzen Locken ihrer kleinen Töchter, die bewegungslos dastanden. Manche Frauen bildeten Gruppen, um Kokosnußgarn zu spinnen, das dann für die Männer bereitgelegt wurde, die es zu großen Ballen zusammenrollten. Diese riesigen Ballen Kokosnußfasern trugen Männer auf ihren Köpfen davon, so daß sie, fast surrealistisch anmutend, über den Köpfen der Menschenmenge auf und ab hüpften. Kulis stießen zweirädrige Karren durch Gäßchen, die für Holzwagen und Lastwagen zu eng waren. Aufseher von der Schiffswerft kamen in weißen Turbanen und mit würdevoller Gewichtigkeit näher; ein hinduistischer Schiffbauer kehrte von seiner Pilgerreise zu einem Heiligenschrein zurück; er war in einen langen schwarzen Schal gewickelt und hatte ein Reinheitszeichen aus Asche auf der Stirn und eine Ringelblume hinter dem Ohr. Der gesamte Teil dieser Stadt hallte wider vom metallischen Klang der Hämmer.

Wenn man in die dunklen Hütten blickte, sah man Schmiede, die zu zweit neben ihren Ambossen hockten. Ein Gehilfe hantierte mit Zangen, um einen glühenden Metallstreifen aus dem Holzkohlefeuer zu zerren und ihn an die richtige Stelle zu legen. Dann schlugen die beiden am Boden hockenden Schmiede darauf ein, bis sie aus dem weichen Eisen die 10 Zoll dicken Schiffsnägel zurechtgehämmert hatten.

Es war leicht vorstellbar, warum das Land von Al Hind, wie die alten arabischen Geographen Indien genannt hatten, als wohlhabendes, wunderbares Land angesehen worden war. Sie beschrieben es als riesiges Land, das in nicht weniger als dreißig Königsreiche eingeteilt war, die von dem großen Reich des »Königs der Könige«, dem Ballahara, bis zu dem winzigen Küstenstaat Tekin reichten. Jedes Reich hatte seine Eigenheiten. Die Frauen von Tekin besaßen die hellste Haut, und aus ihren Reihen wählten sich die Ballahara ihre Frauen aus. Von Gujerat hieß es, daß es so gut regiert wäre, daß ein Klumpen Gold, der in der Mitte der Straße liegenblieb, nicht angerührt würde. Von indischer Religion und Philosophie wurde geschrieben und davon, daß indische Kaufleute und indische Schiffe mit den arabischen Händlern auf allen Meeresstraßen des Indischen Ozeans in Konkurrenz stünden oder aber mit ihnen zusammenarbeiteten. Tatsächlich tauchen in den Geschichten von Sindbads Abenteuern mehrmals reisende Kaufleute auf. Die Gewürze, Stoffe und Märkte Indiens zogen die Araber an wie Magneten. Die besten indischen Baumwollstoffe genossen den Ruf, so fein gewebt zu sein, daß sie sich durch einen Siegelring ziehen ließen. Von den Arabern kauften die Inder Pferde und Datteln, da es beides in Indien nicht gab. Und die Araber tauschten sie gegen feine Stoffe, Holz und Gewürze ein. In den grünen Hügeln von Malabar war die Pfefferküste, wo scharfe grüne Pfeffersamen wie kleine Trauben an ihren Stöcken reiften, bevor sie gepflückt und an der Sonne getrocknet wurden. Indische Gewürze besaßen einen hohen Wert, und arabische Schiffe brachten Pfeffer, Areka-Nüsse, Ingwer, Kardamom, Zimt und Gewürznelken von der Malabarküste weiter in den Orient wie auch nach Westen in den arabischen Golf. Calicut und Kulam Maili in der Nähe von Cochin waren die großen Anlaufhäfen für diesen Handel. Als Vasco da Gama im sagenumwobenen Orient zum ersten Mal an Land ging, um Gewürze zu laden, brachte ihn sein Steuermann, ob Araber oder Inder, 6000 Kilometer quer über den Ozean, direkt zu dem reichen Markt von Calicut. Gewürze und Stoffe werden in Calicut auch heute noch erzeugt. In den

Höfen und Hütten verpacken Männer und Frauen Kisten, Säcke und Beutel mit den exotischen Früchten dieser Region, als hätte sich seit Sindbads Zeiten nichts geändert. Malabar blieb ein Füllhorn. Neue Ernten – Gummi, Kaffee und Tee – waren zu den traditionellen Gewürzen hinzugekommen, und am Abend konnte man noch immer arabische Kaufleute antreffen, meist Holzkäufer, aber auch andere Händler, die auf den Veranden ihrer indischen Agenten saßen und Tee tranken und der Sonne zusahen, wie sie im Westen im Meer versank.

Die *Sohar* war jetzt fast fertig. Gesäubert und mit Holzschutzmittel eingestrichen brachten wir sie zurück in die Werft, luden ihren Ballast ein und brachten ihre neuen Segel an. Sie hatte ein schönes neues Bugspriet, und ihre Großrah war verkürzt worden, um oben das Gewicht zu reduzieren. In der Nähe des Ruders glänzte eine Messingglocke aus dem Basar von Calicut, und in sechs neuen Kisten war das Gröbste unserer Ausrüstung verstaut. Die Kisten hatten sechs der früheren Grünhemden gebaut. Als sie gehört hatten, daß die *Sohar* in Beypore angelegt hatte, waren sie aus ihrer Heimat angereist gekommen, um uns zu besuchen; ihre Gesichter strahlten, als sie das Schiff sahen, das sie gebaut hatten. Es war ein gutes Gefühl, sie zu sehen, aber auch ein bißchen traurig, festzustellen, wie sie sich verändert hatten. Als sie in Oman gearbeitet hatten, waren die Grünhemden so zufrieden und glücklich gewesen. Jetzt schienen sie verängstigt. Wann immer ein Beamter, ob vom Zoll oder von den Hafenbehörden, in die Nähe unseres Schiffs kam, bemerkte ich, daß die Grünhemden verschwunden waren. Sie waren über Bord gesprungen oder hielten sich unter Deck versteckt. Ob sie illegal arbeiteten, fragte ich. O nein, erwiderten sie, aber wenn einer von der Regierung sah, daß sie für einen Ausländer arbeiteten, könnten sie Schwierigkeiten bekommen, außer sie händigten ihm einen Teil ihrer Löhne aus.

Ich wußte, daß die Bürokratie unsere Abreise verkomplizieren würde. Daher begann ich, die Maschinerie schon im voraus zu ölen. Vier Männer vom Special Branch und sieben Zollbeamte erhielten kleine »Geschenke«. Ich bekam die Schiffspapiere und die Pässe der Mannschaft zurück und dazu eine Segelerlaubnis. Es gab nur einen einzigen ungemütlichen Augenblick. Ein besonders beflissener Polizist wollte meiner Tochter verbieten, an Bord zu bleiben, weil sie auf dem Luftweg in Indien eingereist war und nicht vom Meer aus. Aber ein Blick in mein Gesicht ließ ihn seine Meinung ändern. Alles schien reibungslos zu verlaufen, und dann klappte die Falle zu. Die letzte Lieferung aus dem Lager der *Sohar*, einige Säcke Holzkohle und Rollen mit Ersatzseilen, wurden von den Zollbehörden von Beypore beschlagnahmt. Das Timing und die finanzielle Kalkulation waren fehlerlos. Der Wert der Güter entsprach fast genau der Summe, die es kosten würde, die gesamte Zollabteilung von Beypore zu bestechen. Auch mußte ich die Feinheit des Arrangements bewundern. Die Güter waren erst beschlagnahmt worden, nachdem das Schiff die Ausfuhrerlaubnis erhalten hatte. Daher konnte meine Mannschaft offiziell nicht an Land gehen. Wenn ich mich entschloß, wegen der Beschlagnahme der Waren eine Diskussion anzufangen, würde ich entweder eine neue Ausreisegenehmigung benötigen, was mehrere Tage in Anspruch nahm, oder meine Mannschaft an Bord der *Sohar* lassen müssen, wo inzwischen von den frischen Vorräten gelebt werden mußte, die für die nächste Spanne der Reise gedacht waren. Natürlich war die Beschlagnahme der Güter nur ein Vorwand. Die Zollbehörden behaupteten, einer der Händler habe eventuell keine Steuern gezahlt. Es würde einige Zeit dauern, bis diese Angelegenheit untersucht wäre. Inzwischen sollten die Güter in einer Hütte, gleich neben der Landestelle und nicht weit von der *Sohar* entfernt, verwahrt werden.

Der Hinweis war deutlich. Ich verkündete, daß ich am selben Abend nach Dunkelheit bei der Hütte sein würde, und bereitete meine Aktentasche vor. Ich watete mit der Aktentasche an Land und stolperte um die Hinterseite der Hütte. Im Mondlicht fand ich eine tadellos ausgerichtete Reihe Zollmänner und Polizeibeamte, die fast so angezogen waren, als marschierten sie auf einer Parade mit. Mysteriöserweise war die Tür des Lagerhauses aufgesperrt und stand weit offen. Wie Schmuggler erschienen meine Leute von der *Sohar* in den Schlauchdingis aus der Dunkelheit und begannen die Seilballen und die Kohlesäcke zum Strand hinunterzutragen. Inzwischen teilte ich die verlangten Beträge aus. Es war fast komisch. Die Empfänger hatten sich nach ihrer Rangordnung aufgestellt, nach Alter und Position; und jeder hatte seinen festen Preis, angefangen bei ein paar Rupien für die untergeordneten Angestellten bis zu mehreren hundert für einen Inspektor. Die gesamte Transaktion verlief freundlich. Wie ein General, der sich von seinen Truppen verabschiedet, hielt ich mit jedem Mann ein kleines Schwätzchen, schüttelte ihnen die Hand und gab ihnen ihre Bestechungsgelder.

Ganz hinten, am äußersten Ende der Reihe, hinter zwei Inspektoren, fand ich den Polizeispitzel wieder, den Mann, der unsere nasse und schmutz-starrende Ladung auf dem Strand von Calicut ausspioniert und uns den Behörden verraten hatte. Er bewegte diskret den Kopf. Der stellvertretende Bezirkszollverwalter wäre gekommen, um sich zu verabschieden, sagte er. Er wartete um die Ecke in einem Taxi. Der stellvertretende Bezirkszollverwalter würde es sehr zu schätzen wissen, eine Flasche echten schottischen Whisky zu bekommen. Auch das erstaunte mich nicht weiter. Echter schottischer Whisky war in Malabar entweder nicht erhältlich oder astronomisch teuer. Schließlich war es der Job des stellvertretenden Bezirkszollverwalters, eine schwere Einfuhrsteuer darauf zu kassieren. Wie es sich für ein islamisches arabisches Schiff gehörte, wurde an Bord der *Sohar* kein Alkohol ausgeschenkt. Aber im Kielraum gab es, ganz hinten, eine Kiste Whisky, die eigens für einen solchen Zweck gedacht war. Und so zauberte ich aus meiner Aktentasche eine Flasche Whisky und ging hinüber zu dem wartenden Taxi. Die Flasche verschwand durch das geöffnete Fenster, und derselbe aufgeplusterte kleine Wiederling, mit dessen Geschrei vor drei Wochen alles begonnen hatte, schlug nun vor, daß ich auch noch sein Taxi bezahlte.

Um ein Uhr morgens schwamm die *Sohar* mit der Ebbe flußabwärts. Es gab kein Lebewohl, keinen Schlepper, keine Zeremonie. Nur eine stumme, geisterhafte Abfahrt in der Dunkelheit, vorbei an den verwischten Konturen der indischen Schiffe, deren Mannschaften schliefen. Die Mannschaft eines Opiumschiffs, das »ausländischen Schmutz« nach China brachte, mußte sich genauso vorgekommen sein wie wir, dachte ich, als ich die Lampen, die ich hatte aufstellen lassen, beobachtete. Zwei Sturmlampen wurden von Männern in Einbaumkanus hochgehalten. Die Kanus paddelten vor der *Sohar* her, drehten dann nach außen, um die Seiten des gewundenen Kanals, der ins Meer führte, zu markieren. Wir kamen zur Schranke, fühlten, wie sich das Schiff hob und in der Brandung wogte, und dann waren wir im offenen Meer. Die beiden Sturmlampen taumelten wie Leuchtkäfer wieder auf uns zu, und die Fischer lagen dicht vor unserem Heck. Ich beugte mich über die Reling, reichte eine letzte Handvoll Rupien hinunter, dann verschwanden die beiden Einbäume in der Dunkelheit. Die *Sohar* ging unter die Segel und ließ Indien hinter sich.

8

Das Königreich von Serendeeb

Ida trat der omanischen Band als Zimbelspielerin bei. In Calicut hatten
die Omani sich ein paar Trommeln gekauft, und jetzt kamen sie jeden
Abend auf dem Vordeck zusammen, um ein fröhliches Singen, Trommeln, Klatschen, Tanzen und Stampfen zu veranstalten. Ida nahm den
Rhythmus auf und klimperte glücklich auf einem Paar kleiner indischer
Messingzimbeln. Die ganze Atmosphäre auf dem Schiff hatte sich
verändert. Alles war entspannt, zufrieden. Es sah so aus, als hätten sich
alle auf dem Schiff von den Sorgen der ersten Fahrt, der Lehrstrecke,
von Maskat quer über das Arabische Meer, wieder erholt. Die Luft war
reiner, das Meer war blauer und das Kielwasser munterer. Die neuen
Segel trugen die *Sohar* schneller voran, und sie reagierte jetzt auch besser
aufs Steuerruder. Sie schien wendiger und schneller geworden zu sein.
An der Hafenseite traten die grünen Hügel immer mehr in den Hintergrund, und Ibrahims Mahlzeiten waren eine wahre Freude nach Shanbys
ewigem Reisgericht. Den Omani schien es nicht das geringste auszuma-
chen, ihre Frauen in Calicut zurückzulassen. Im Gegenteil, sie waren
glänzender Laune und machten Späße und freuten sich offensichtlich
schon auf die nächste Etappe der Reise. Jumah, der handfeste Späße
liebte, nahm sich Peter Dobbs zur Zielscheibe, dessen Fuß jetzt wieder
vollkommen gesund war; und er warf mit zuckenden Kakerlaken nach
ihm, wann immer der ihm den Rücken zudrehte, oder er machte die
Leine seiner Hängematte los, so daß Peter mit einem Aufschrei gespielter Wut aufs Deck plumpste.
Ida fügte sich erstaunlich leicht ein. Ihr passierte nur einmal ein Mißgeschick: sie fiel durch die Hecklucke und kullerte zweieinhalb Meter

weiter unten in die Achterkabine. Aber sie schluckte die Tränen tapfer hinunter, und bald waren auch die Schrammen unter der tiefen Sonnenbräune nicht mehr zu sehen. Sie blickte sehnsüchtig ins Wasser und wäre gern geschwommen. Deshalb banden wir, als das Schiff nur langsam vorankam, einen Bootsmannsstuhl an eine Leine, die durch das obere Ende des Kreuzmasts gezogen war, und ließen sie an der Außenbordseite herunterbaumeln. Sie wurde mit einem Sicherheitsgurt am Bootsmannstuhl befestigt, ins Wasser gelassen, und dann schaukelten wir sie hin und her, während ein Mitglied der Mannschaft nach Haien Ausschau hielt. Als ein gefährlich aussehender Schatten auftauchte, rissen zwei kräftige Männer Ida hoch in die Luft und hievten sie wie ein Paket an Bord.

Von den Wissenschaftlern war sie besonders begeistert. Sie saß neben Andrew auf dem Schiffsrand, zeigte ihm, wo er sein Netz eintauchen sollte, und stürzte sich gierig auf alles, was er zum Vorschein brachte. Sie suchte sich auch ein leeres Fleckchen auf Deck, das sie zu ihrem eigenen Territorium machte, direkt unter der Ruderpinne, zu klein für jeden anderen. Dort baute sie sich ihr Nest, mit einem Kissen und einer Decke, und war vor den Tritten der bloßen Füße und den Schlägen schwingender Seile sicher, wenn die Mannschaft herbeigeeilt kam, um sich der Segel anzunehmen. Nur der heftige Nachtregen trieb sie hinunter in unsere Kabine. »Daddy, das Dach ist nicht dicht«, verkündete sie erstaunt, als das Wasser durch die von der Sonne getrockneten Nähte des Decks tröpfelte und auf unsere Kojen platschte. Ich deckte sie mit einem Stück Segeltuch zu, und sie schlief zufrieden ein.

Das Wetter war einigermaßen freundlich. Gewöhnlich kam jeden Mittag ein Nordostwind auf, der das Schiff mit vier oder fünf Knoten voranschob, und oft hielt der Wind bis lange nach Einbrechen der Dunkelheit an, dann flaute er ab oder wechselte plötzlich in eine der Nachtböen über, die vom Land her kamen. Wenn diese Sturmböen über uns hinwegfegten, brach sofort hektische Aktivität aus. Die Wache schrie nach Unterstützung, und die Omani stürmten nach oben, zogen ihr Ölzeug über und rasten zu den Leinen. Die Wache hatte dann meist schon das Kreuzsegel hochgezogen, damit es keinen Schaden anrichten konnte, und das Deck leergeräumt. Gewöhnlich übernahm Abdullah, unser tüchtigster Rudergänger, die Ruderpinne. Durch schmale Augenschlitze starrte er in die Dunkelheit, versuchte den Rand der Windbö zu erkennen, die einen düsteren schwarzen Schatten unter aufgewühlten

Wolken bildete, mit weißen Schaumkronen auf dem Wasser darunter. Drei von vier Männern rannten zur Großschot, der Leine, die das Großsegel kontrollierte, machten die Riegel an den Ruderpfosten los, damit das sechs Zoll dicke Seil nicht eingeklemmt wurde, und warteten darauf, das Seil nachzulassen oder aber mit aller Kraft daran zu ziehen. Auf dem Vordeck standen zwei weitere Männer beim Fockschot, für den Fall, daß das Schiff vorn zu stark heruntergedrückt würde. Dann rammte die Bö das Schiff. Beim ersten scharfen Stoß kreischte die Takelung, während es sich dagegenstemmte, und dann kam der stärkste Anprall, wenn sich die Sturmbö mit ihrem ganzen Gewicht auf das Schiff legte. Abdullah machte die Ruderpinne fest, während das Schiff nach unten gedrückt wurde und die Nase gegen den Wind stellte. Ein Nicken hinüber zur Mannschaft an der Großschot, und sie ließen einen halben Meter Leine nach. Das Segel legte sich quietschend um den Quarterblock, zog sich so fest zusammen, daß das Wasser wie Schweißtropfen aus dem Gewebe trat. »*Lesim shwai. Lesim shwai* – nachlassen, nachlassen«, und die Großschot glitt noch ein wenig weiter heraus. »*Bus!* Genug!« Das Schiff lief jetzt wieder ruhig, auf seinem vorgesehenen Kurs glitt es durch die Schwärze der Nacht.

Der Regen schüttete mit tropischer Wildheit auf uns herab, floß in Strömen übers Deck, fiel zischend in die Glut der Kochkiste, stob durcheinander und bildete in der Mitte des Hauptdecks einen richtigen Teich, dann strömte er durch die Abflußlöcher an der Leeseite. Blitze zuckten und beleuchteten orangerote Ölhäute und weiße oder schwarze Gesichter, die von Anstrengung verzerrt waren. Ein paar Männer duckten sich schützend unter die Kapuzen ihrer Ölhäute, aber die meisten trotzten dem Regen mit bloßem Kopf und klitschnassen Haaren. Mit einem Schlag ließ der Wind nach. »Ziehen! Ziehen!« Es wurde Zeit, den halben Meter Großschot, den man der Sturmbö widerwillig geopfert hatte, zurückzugewinnen. Ein Dutzend Männer lief an die Positionen, nackte Füße rutschten und stolperten über das nasse Deck, Hände griffen nach der Leine, und die Körper legten sich fast horizontal zum Deck nach hinten, die Füße am Süll oder am Bootsrand verstemmt. Abdullah ließ das Ruder ein wenig nach, einen Augenblick hing die Großschot locker durch, und dann »*Aeeaeh!* Jaaa – Allah!«, die Männer zogen, klammerten sich an jeden Zentimeter, den sie zurückgewannen, ein Mann achtete darauf, daß die Leine nirgends klemmte. »Jaaa... Allah.« Noch einmal ein kräftiger Ruck, und dann war es geschafft.

»*Mawal!* Festmachen!«, ein einziges scharfes Kommando, und die Großschot war festgemacht. Die Sturmbö war vorüber.

Manchmal schlug der Wind in dieselbe Richtung wie eine Sturmbö um, so daß die *Sohar* gefährlich nah an die Küste herangetrieben wurde. Dann läutete ich die Messingglocke, die alle Mann an Deck rief. Eilig kamen sie herauf, rieben sich den Schlaf aus den Augen und stolperten an ihre Plätze. »*Khai-or!!* Halsen!« Das Schiff vor dem Wind drehen, hieß, das Großsegel mit seinem mächtigen Rundholz von einer Seite des Masts zur anderen zu bringen, also über eine Tonne Holz und Segeltuch. Wenn sich die Leinen und das Segeltuch verkoddelten und nicht mehr frei herumschwangen, würde das Segel in Fetzen gerissen oder das Rundholz abbrechen. Schon bei Tag war es eine schwierige und gefährliche Operation. Aber nachts mußten wir wirklich höllisch aufpassen. Jeder hatte seinen festen Platz an Deck, so daß man genau wußte, wo man sich in der Dunkelheit festhalten und wann man sich vor dem gefährlichen Schwung des Großbaums in Sicherheit bringen mußte. Wenn jeder Mann an seinem richtigen Platz stand, drehte der Rudergänger die *Sohar* mit dem Wind. Die Mannschaft auf dem Vordeck zog das untere Ende des diagonalen Großbaums herein, so daß seine Spitze in die Vertikale kam und er wie eine riesige Lanze über dem Deck hing, vom Masttopp baumelnd, das obere Ende an die 25 Meter über dem Deck.

Als nächstes kletterte Saleh übermütig rund ums Schiff, sprang über die Reling, um das Vordeck herum und an der anderen Seite wieder zurück. Er trug das schwere Seil, das das Großsegel kontrollierte und das von der einen Seite des Schiffs auf die andere verlegt werden mußte. Sobald dieses Seil richtig saß und festgemacht war, begann der Rudergänger damit, die *Sohar* auf ihren neuen Kurs zu bringen. Eine Taschenlampe blitzte kurz auf und prüfte, ob sich die Seile nicht in der Takelung verfangen hatten, und dann begannen die Männer auf dem Hauptdeck vorsichtig damit, die Seile, die den Großbaum hielten, nachzulassen, so daß er wieder in eine diagonale Stellung kippte, diesmal auf der gegenüberliegenden Seite des Großmasts. Wenn der Baum im richtigen Winkel stand, holte die Mannschaft schnell die Großschot herum, so wurde das Segel richtig gesetzt. Die übrigen machten sich auf dem Deck zu schaffen, brachten die Takelage in Ordnung, zogen die Seile an und befestigten sie, drehten das kleinere Kreuzsegel vor dem Wind, zogen den Klüver wieder hoch, und schließlich war alles getan und in Ordnung. Gewöhnlich dauerte es eine halbe Stunde, bevor die Männer, die keine Wache hatten, wieder nach unten gehen und sich schlafen legen konnten... bis zum nächsten Mal, wenn der launische Wind wieder die Richtung änderte und die ängstliche Stimme des Wachhabenden mir leise zurief... »Captain... vor dem Wind drehen?«

Mit einem alten arabischen Schiff zu segeln, war eben manchmal sehr gefährlich. Die einzelnen Teile der *Sohar* waren so wuchtig, daß sie einen Menschen schwer verletzen konnten. Die Doppelblöcke beispielsweise wogen jeder für sich zehn Pfund, und sie waren beide mit einem Seil an der Mastspitze befestigt, so daß sie wie ein tödliches Pendel frei hin- und herschwenkten. Und jedes Mal, wenn wir das Schiff vor dem Wind drehten, wenn sich der Großbaum in vertikaler Lage befand, sauste sein eines Ende bei jeder schwankenden Bewegung des Schiffs wie eine Sense quer übers Deck. Wenn jemand in diesem Augenblick ausrutschte und das Gleichgewicht verlor oder, was noch schlimmer war, zwischen Balken und Schiffsrand festklemmte, dann wurde er mit Sicherheit schwer verletzt. Die Mannschaft des Hauptdecks hatte die Pflicht, auf den Balken aufzupassen, ihn mit einem Lasso anzubinden, um seine Schwingungen unter Kontrolle zu halten. Hier ging es um Hundertstelsekunden und den Mut, im richtigen Augenblick in die Gefahrenzone zu laufen und die Arbeit zu erledigen. Man mußte sich auf jedes einzelne Mannschaftsmitglied absolut verlassen können. Unter diesen Umständen war es kaum überraschend, daß sich die Mannschaft der *Sohar* zu einem bis ins kleinste aufeinander eingespielten Team entwickelte.

Außer bei völliger Windstille gab es nicht einen Augenblick, in dem die Kräfte der Elemente und des Schiffs uns nicht für jede Unachtsamkeit gestraft hätten. Selbst ein vergleichsweise dünnes Seil konnte mit erstaunlicher Kraft zuschlagen. Der Klüver der *Sohar* wirkte geradezu winzig. Im Vergleich zu dem riesigen Großsegel sah er aus wie ein Taschentuch. Aber immer wenn der Bug der *Sohar* zu weit in den Wind geriet und der Klüver warnend zu flattern begann, setzten die Männer sich schlangengeschmeidig in Bewegung, um in rasender Eile das Klüversegel herunterzuholen, das dann knatternd gegen den Bootsrand schlug. Einmal, als die Fockschot nicht festgemacht war, hieb sie mit spielerischer Leichtigkeit ihre Klampe ab, brach die fast vier Zentimeter dicken Zapfen aus stahlhartem Mangrovenholz in Stücke, als wären es Streichhölzer, und schlug die Zapfen, die vierzig Zentimeter lang und zehn Zentimeter dick waren, wie Stangenkugeln quer übers Deck.

Glücklicherweise passierte bei der Handhabung der Leinen nur einmal ein Mißgeschick. Eines Tages wurde Jameels linkes Bein zwischen Schiffsrand und Großbaum eingeklemmt, und er trug böse Quetschungen am Schenkel davon. Er stürzte aufs Deck, sein Gesicht war vor Schmerz verzerrt. Als wir das Großsegel gesetzt hatten, kümmerten sich die Omani um ihn. Sie erhitzten einen Brei aus zerstampften Datteln und Salz, wickelten den heißen Brei in ein Tuch und massierten damit die verletzten Muskeln. Dann befestigten sie ihn wie einen Umschlag an seinem Schenkel. Dennoch dauerte es fast eine Woche, bis Jameel wieder richtig laufen konnte.

Wenn der Wind zu stark wird, rafft man auf europäischen Schiffen die Segel, arabische Seeleute wechseln dagegen das Großsegel gegen ein kleineres aus. Ein Großsegel bei aufkommendem Wind zu wechseln, wenn das Schiff hochgeworfen wird und über die Wellen schaukelt, ist ein heikles Unterfangen. Wir führten es an Bord der *Sohar* zum ersten Mal durch, als wir uns vor Cape Comorin, der südlichsten Spitze von Indien, befanden. Der Wind blies mit Stärke 6, und ich konnte spüren, wie sich das Schiff unter seinem größten Segel mühsam vorwärtskämpfte. Die *Sohar* glitt nicht mehr gleichmäßig dahin, sondern wurde von dem Gewicht, mit dem sich der Wind auf die fast 200-Quadratmeter-Fläche des Großsegels legte, nach unten gezwungen. Ihr Bug grub sich tief in die Wellen ein. Eine krappe See über der Wadge Bank, die wir gerade passierten, traf sie mit aller Wucht, so daß sich ganze Ladungen Wasser über das Schiff ergossen. Ida war seekrank. Ich wußte, daß es vernünftig wäre, jetzt die Segel zu verkleinern, um das Schiff nicht zu überanspruchen und zu riskieren, daß die Takelage auseinanderbrach.

Den Großbaum herunterzuholen, war nicht allzu schwierig. Er wurde von seinem eigenen Gewicht gezogen; es waren nur zwei Männer nötig, die die Falleine gleichmäßig nachließen, damit Holz und Segeltuch nicht wie eine Guillotine herabsausten. Aufregend wurde es erst, als sich die Mannschaft bemühte, das riesige, windgepeitschte Großsegel unter Kontrolle zu bringen, um zu verhindern, daß es hinaus ins Meer getragen wurde oder zerfetzte. Die ganze Mannschaft wurde zusammengetrommelt, um zu helfen. Die Männer stellten sich an die Leereling, und als das große Segel herunterkam, sich über ihren Köpfen wie ein Tunnel wölbte, wurde es sofort von der Mannschaft ergriffen. Sie hingen förmlich daran und zogen es Meter für Meter herunter, klammerten sich mit ihren Körpern an den rauhen Stoff und drückten es aufs Deck. Von

Zeit zu Zeit blähte sich das Segel mächtig auf, so daß ein Dutzend kräftiger Männer vom Deck gehoben wurden. Als das Segel weit genug unten war, heißten die Männer es der Länge nach zentimeterbreit auf. Dann wurde das Segel von seinem Rundholz gelöst, unter Deck geschafft und statt seiner das kleinere festgemacht. Nun begab sich jeder an seinen Platz, bereit zum Ziehen. Die schwersten, stärksten Männer verstemmten ihre Beine wie Ruderer in einem Achter. Sie zogen an der Falleine, dem dicken Seil, das den Baum wieder aufrichtete. Auf dem Vordeck kontrollierte Jumah, der erfahrenste Segler, die wilden, gefährlichen Schwünge des Baumes. Eid klatschte kräftig in die Hände, und dann erschollen auch schon die ersten Verse ihres Shantys, zu deren Rhythmus die Mannschaft an der Falleine zog. Abdullah und Khamees Police, die oben auf dem großen Block standen, sprangen auf, um die Falleine zu fassen und mit ihrem ganzen Gewicht herunterzuziehen. Gute Zusammenarbeit und das Heben des Schiffs auf einer Welle erleichterten ihnen die Aufgabe. Das Holz hob sich allmählich mehr und mehr. Das neue kleinere Großsegel blähte sich im Wind nach Lee, hoch oben über den Wellenkämmen. Der Baum näherte sich der Mastspitze und wurde von den Männern mit einem letzten vergnügten Aufschrei an seinen Platz gezogen. Jameel und Eid befestigten die Falleine mit Kokosfaserkordeln, und das Segel wurde in den richtigen Winkel gebracht. Die *Sohar* segelte jetzt wieder leichter, und alle, außer der Wache, kehrten todmüde, aber zufrieden in ihre Kojen zurück.

Das Leben eines arabischen Seemanns war traditionsgemäß sehr hart. Es war ein nicht gerade ermutigender Gedanke, daß die Hälfte meiner omanischen Mannschaft schon Schiffbrüche miterlebt hatte. Jumah war auf mehreren Schiffen gefahren, die dann gesunken waren; Saleh befand sich an Bord einer Dau, als sie unterging, und hatte sich zwei Tage lang am Wrack festgeklammert, bevor er von einem andern Schiff an Bord genommen wurde. Khamees Police war beinahe in einem sinkenden Fischerboot ertrunken. Er wurde zwar gerettet, aber er verlor seinen Bruder. Und Khamees Navy hatte vielleicht das bemerkenswerteste Erlebnis von allen gehabt. Als kleiner Junge befand er sich an Bord einer Küstendau, die von einem Sturm erfaßt wurde und an einem ungeschützten Strand vor Anker ging. Der Sturm war so heftig, daß die Männer an Bord beschlossen, die Kinder an Land zu bringen. Khamees Navy und sein Bruder wurden ans Ufer getragen und in flachen Kuhlen im Sand oberhalb der Flutmarke abgesetzt. Halb im Sand vergraben, um sich vor dem Wind zu schützen, warteten die Kinder, bis der Sturm vorüber war. Schließlich wurden sie von Beduinen gefunden, die sie wieder zu ihren Familien brachten. Das Boot selbst und seine Besatzung waren verloren.

Adam's Peak in Sri Lanka war die Landmarke, nach der arabische Navigatoren Ausschau hielten, wenn sie die Malabarküste verlassen hatten. Adam's Peak kennzeichnete die Insel Serendeeb, die größte und prächtigste aller Inseln vor den Küsten Indiens. Die Bergspitze trug diesen Namen, weil man sich erzählte, daß Adam nach der Vertreibung aus dem Paradies zunächst hierherkam, sogar seinen Fußabdruck soll er zurückgelassen haben. »Unsere Seeleute können die Bergspitze, auf der Adam landete, schon neun Tage im voraus sehen«, schrieb ein arabischer Chronist im 9. Jahrhundert, »und sie steuern immer darauf zu.« Adam's Peak war auch Ziel der *Sohar*, und am Morgen des 21. Januar starrten wir in die Ferne und hofften, in der aufgehenden Sonne die Bergspitze auftauchen zu sehen. Es war zwei Tage her, seit wir Cape Comorin verlassen hatten und auf unserer Fahrt von Süden nach Westen durch ungewöhnlich stark verschmutztes Wasser gekommen waren. Andrews »Schlitten«, mit dem er Proben sammelte, war schon nach wenigen Minuten von Ölklumpen bedeckt. Es war deutlich zu erkennen, daß mehr als ein Schiff seine Tanks vor Südindien gereinigt und seinen Abfall über Bord geworfen hatte. Und nun hofften wir, den heiligen Berg zu sehen, über dessen Spitze, wie es hieß, als Zeichen seiner Heiligkeit ein geisterhaftes Licht flackerte. Aber die Luft war von Staub und Dunst erfüllt, und die Sicht war schlecht. Erst als die *Sohar* schon ganz dicht am Ufer war, konnten wir Land erkennen und auch den charakteristischen Buckel des Hügels, den die Seeleute »Heuschober« nennen. Die *Sohar* lag günstig, so daß nur eine geringfügige Änderung ihres Kurses nötig war, um sie in den alten arabischen Hafen von Galle zu bringen, in dem wir am nächsten Tag vor Anker gingen.
Serendeeb, wie die Araber Ceylon oder Sri Lanka nannten, heißt im Englischen *serendipidy*, was soviel bedeutet wie die Kunst, etwas Schönes zu entdecken. Für uns war Sri Lanka genau das – eine schöne Entdeckung. Wir hielten uns dort fast einen Monat lang auf, und dieser Aufenthalt gehörte mit zu den schönsten der ganzen Reise.
Die Meeresbiologen wollten vor allem erst einmal die Seekühe zählen, die in den Gewässern vor der Nordostküste von Sri Lanka noch lebten.

Die Seekuh ist ein großes Säugetier, das früher in allen Meeren der Welt verbreitet war. Vor dreißig Jahren noch wurden in den Meeresstraßen zwischen Indien und Sri Lanka große Herden mit Seekühen gezählt. Die Seekuh ist ein Pflanzenfresser und ähnelt ein wenig einem dicken Walroß ohne Fangzähne. Sie weidet am Meeresboden bestimmte Arten von Seegras, und in dieser Gegend erstrecken sich die Seegrasfelder über viele Quadratmeilen. Aber die Wissenschaftler mußten feststellen, daß die Seekuhpopulation nur noch erschreckend klein war. Sie bekamen überhaupt nur zwei Exemplare zu Gesicht, und diese beiden verschwanden prompt im Wasser, denn Seekühe sind heute scheu und meiden jeden Kontakt mit Menschen. Einer der Hauptgründe für das Verschwinden der Seekühe lag klar auf der Hand. Die Seegrasfelder, auf denen sie früher weideten, sind heute von unzähligen Fischnetzen überzogen, für die Tiere die reinsten Todesfallen. Seekühe atmen an der Luft, und wenn sie sich in den Fischnetzen verfangen, müssen sie ersticken. Der Kadaver einer Seekuh wurde gewöhnlich aufgeschnitten und als Fleisch auf den Märkten verkauft. Die Wissenschaftler auf der *Sohar* schätzten, daß eine Seekuhpopulation, die bis vor kurzem noch mehrere tausend Tiere gezählt hatte, jetzt auf vielleicht nicht einmal mehr ein- oder zweihundert Exemplare dezimiert war. Aber ausgerechnet die Netze, die den Seekühen zum Verhängnis werden, könnten auch ihre Rettung bedeuten. Ein Reservat, in dem die Netze ständig belassen werden, um damit einen Teil der Seegrasfelder abzutrennen und eine Zufluchtsstätte zu schaffen, in der die noch verbliebenen Seekühe in Zukunft in Sicherheit leben und sich fortpflanzen würden.

Peter Hunnam, Spezialist für Meeresschutz auf der *Sohar,* fand eine Menge anderer Beweise für die zunehmende Belastung der Natur an der Küstenregion von Sri Lanka. So wurden noch immer Schildkröten gefangen und getötet – sowohl wegen des Fleischs als auch wegen der Panzer, obgleich sie von der Regierung unter Schutz gestellt waren. Die Händler hatten eine bequeme Ausrede. Auf den Malediven war es erlaubt, Schildkröten zu töten, daher behaupteten die Händler von Sri Lanka einfach, ihr Schildpatt von dort importiert zu haben. Auch auf die herrlichen tropischen Fische an der Küste von Sri Lanka wurde ständig Jagd gemacht. Die Eingeborenen, manche sogar mit Atemgeräten ausgerüstet, tauchten nach ihnen und verkauften sie. Die Fische werden dann per Luftfracht außer Landes geschafft. Tausende und Abertausende von Fischen, die in Plastiksäcken und mit Sauerstoff angereichertem Wasser schwammen, gelangten so in die Aquarien von Fischliebhabern in ganz Europa und Nordamerika. Dieselben Händler verkauften auch die feinen und seltenen Seeschalen der Weichtiere, die von den Tauchern am Meeresboden gesammelt wurden. Allerdings gaben sowohl Taucher als auch Exporteure zu, daß es immer schwieriger wurde, die selteneren und schöneren Schalenarten zu finden. Auch die Korallenriffe von Sri Lanka waren diesen Angriffen ausgesetzt. Die hübschen, zarten Korallen wurden abgepflückt und zu Schmuck verarbeitet; und die dicken Korallen von den großen Riffen der Sri-Lanka-Küste wurden mit Brecheisen abgeschlagen. Ganze Klumpen von Korallen wurden an Land gebracht und in Brennöfen zwischen Lagen von Kokosnußschalen aufgestapelt und verbrannt, um daraus Kalk zu gewinnen. So gingen an der Küste die natürlichen Wellenbrecher, die Korallenriffe, allmählich verloren. Wo früher einmal die Korallenriffe die Hauptkraft der Wellen aufgefangen hatten, spült das Wasser jetzt den Sand fort, und die Küstenlinie geht allmählich zurück. Die zersplitterten und entwurzelten Stümpfe von weggespülten Kokosnußbäumen ragen jetzt an den seichten Stellen aus dem Wasser, wo früher noch trockenes Land gewesen war.

Während Peter Hunnam sich mit den komplexen sozialen und ökonomischen Faktoren beschäftigte, die Folge des Ressourcenabbaus in dieser Region waren, stellte ich mir eine weniger komplizierte Frage: Ich wollte herausfinden, was mit den wild lebenden Elefanten von Sri Lanka geschah, wenn sie starben. Meine Neugier war durch Sindbads siebente Reise geweckt. In der einen Version der siebenten Reise wird erzählt, wie Sindbad von Piraten gefangengenommen und, offenbar in Sri Lanka, als Sklave verkauft wurde. Sein neuer Herr machte ihn zum Elfenbeinjäger. Sindbad hatte die Aufgabe, jeden Tag in den Wald zu gehen, sich in der Spitze eines Baums zu verstecken und darauf zu warten, daß eine Herde wilder Elefanten vorbeikam. Sindbad tötete täglich einen Elefanten.

Dann trennte er das Elfenbein heraus und brachte es seinem Herrn. So fuhr er einige Zeit fort, bis sich eines Tages zu seinem großen Schrecken die Elefantenherde um seinen Baum versammelte und ihn niederbrach: Sindbad, der erwartet hatte, zertrampelt zu werden, war sehr erstaunt, als ihn der Leitelefant vorsichtig mit dem Rüssel aufhob und durch den Wald trug – bis zu einer Stelle, an der die Knochen vieler toter Elefanten am Boden verstreut lagen. Diesen Ort suchten die Elefanten auf, um zu sterben. Die Elefanten wollten Sindbad zeigen, wie er an Elfenbein käme, ohne nacheinander die ganze Herde zu töten. Sindbad kehrte zu seinem Herrn zurück, erzählte von dem Elefantenfriedhof und erhielt dafür seine Freiheit zurück.

Es wäre gut möglich, daß Sindbads siebentes Abenteuer mit den Elefanten in Sri Lanka erst später den Geschichten von *Tausendundeine Nacht* hinzugefügt wurde, wenngleich bereits im vierten Abenteuer ein Elefant aus Serendeeb erwähnt wird. Dort heißt es, der König von Serendeeb sei bei einer Art Prozession auf einem riesigen, sieben Ellen hohen Elefanten geritten. Die Geschichte vom Elefantenfriedhof ist weit verbreitet und kommt auch in anderen Fabeln und außerhalb der arabischen Welt vor. Sollte daran vielleicht doch ein Körnchen Wahrheit sein, zumindest was Sri Lanka betraf? Da wir nun schon einmal in Sri Lanka waren, wollte ich die Gelegenheit nutzen und jene Leute danach fragen, die vielleicht wußten, was mit den toten Elefanten geschah. Helfen konnten mir die letzten Dschungelmenschen, die Wedda, und natürlich auch die Wildhüter des Wildparks.

Die Wedda sind die Ureinwohner von Sri Lanka. Niemand weiß, wann sie auf die Insel gekommen sind, aber man glaubt, daß sie die älteste noch lebende Bevölkerung sind. Die Wedda sind wahrscheinlich mit den Negritos von den Andamanen verwandt; bis vor kurzem gab es in den Wäldern von Ceylon noch Wedda-Stämme. Sie waren typische Jägersammler und lebten in Höhlen oder bauten sich einen Schutz in den Baumkronen. Sie lebten von der Jagd mit Pfeil und Bogen, Dschungelfrüchten, Pflanzen, und sie sammelten wilden Honig. Ihre Kleidung fertigten sie aus Blättern und Baumrinde an. Von den Stahlmessern und dem Tabak abgesehen, die sie von den Dorfbewohnern erhielten, lebten die Wedda noch wie in der Steinzeit. Heute gibt es nur noch eine einzige, verstreut lebende Gruppe dieser Ureinwohner. Sie tragen abgelegte Kleider der Dorfbewohner und haben sich durch Heirat mit ihnen vermischt. Aber im wesentlichen sind sie die meiste Zeit des Jahres Waldjäger und Waldbewohner geblieben und streifen durch die letzten Gebiete noch unberührten Waldes in Sri Lanka, in denen auch noch ein paar wild lebende Elefanten anzutreffen sind. Leider konnten mir die Wedda-Jäger so gut wie gar keine Auskunft über die toten Elefanten geben. Sie sagten, daß sie nur sehr, sehr selten tote Elefanten fänden. Tatsächlich konnten sie sich nur an einen oder höchstens zwei Elefantenkadaver erinnern, die sie in den letzten zehn Jahren gefunden hatten. Wo waren die anderen Elefanten gestorben? Sie wußten es nicht. Ein Mann behauptete, er hätte einen Elefanten dabei beobachtet, wie der die Knochen eines toten Artgenossen über eine ziemlich weite Entfernung durch den Wald getragen hätte. Wohin war der Elefant gegangen? Er wußte es nicht.

Das Rätsel wurde nur noch größer, als ich dieselbe Frage den Wildhütern stellte. In den Naturschutzparks von Sri Lanka leben etwa zweitausend Elefanten. Sie bewegen sich je nach Jahreszeit im Innern oder außerhalb der Parks, und theoretisch müßten jedes Jahr an die 20 oder 30 Tiere sterben. Aber die Wildhüter sagen, daß sie nur auf ganz wenige Skelette gestoßen seien. Auch hier waren Elefantenkadaver also nur sehr selten zu finden. Dagegen stießen die Wildhüter häufig auf Knochen kleinerer Tiere, etwa auf die von Leoparden, die bei weitem nicht so zahlreich waren wie Elefanten und viel leichter zu übersehen gewesen wären. Die wenigen Elefantenknochen, die sie gefunden hatten, waren nicht zu übersehen gewesen und stellten über viele Jahre hinweg Landmarken dar. Auch die Wildhüter konnten sich nur unvollkommen erklären, warum man so gut wie gar nicht auf Elefantenskelette traf: Sie führten mich zu einem Bergsee. Er lag zwischen Felsschichten und war von Gestrüpp und niedrigen Bäumen umgeben. Es war spätabends, und alles strahlte eine ruhige, friedliche Atmosphäre aus. Der See – eher ein Teich – war lang und ziemlich schmal, ungefähr vierzig Meter lang und zwischen vier und acht Meter breit. In sein eines Ende mündete ein kleiner Fluß; sein Wasser war absolut still und durchsichtig. An der einen Seite des Sees fielen die Wände, wie mir die Wildhüter erzählten, sehr steil, fast senkrecht in die Tiefe. Das wußten sie, weil sich während der Trockenzeit der Wasserspiegel um mehrere Meter senkte und die Felsen hervortraten. Aber auch während der schlimmsten Dürre, wenn alle anderen Quellen und Seen in der Region ausgetrocknet waren, trocknete dieser Felsensee nie aus. Daher war er für das Wild der Gegend das wichtigste Wasserloch. Drei Jahre zuvor hatte die Parkverwaltung beschlossen, eine Dürre zu nutzen und den See zu säubern. Die Arbeiter kletterten bis ganz hinunter und begannen den Schlamm am Boden herauszuschaufeln. Zu ihrem Erstaunen entdeckten sie, daß der »Schlamm« aus verwesten Tierknochen bestand, ein grauweißer Brei. Als sie tiefer gruben, stießen sie auf Knochen, Elefantenknochen, die tonnenweise im Schlick begraben lagen. Die Knochen wurden aus dem See gezogen, aufgehäuft und schließlich als Dünger verwendet. Fünf Wagenladungen voller Elefantenknochen hatte man herausgeholt.

Aber warum waren so viele Elefanten ausgerechnet in diesem See gestorben? Waren sie zufällig reingefallen und ertrunken, vielleicht während der Trockenzeit, als sie sich sehr tief hinunterbeugen mußten, um das Wasser zu erreichen? Ein unvorsichtiger Schritt, und das Tier konnte ausrutschen und schaffte es dann vielleicht nicht mehr, wieder herauszuklettern. Oder kamen die alten und kranken Elefanten zum See, um hier zu sterben? Die alten und schwachen Tiere hielten sich in der Nähe des Wassers auf, denn dort fanden sie Nahrung. Aber warum hatten sie sich dann im See ertränkt und waren nicht an Land geblieben, wo man ihre Skelette gefunden hätte? Niemand wußte eine Antwort; das Geheimnis des Elefantenfriedhofs blieb weiter im dunkeln.

Ein anderes Abenteuer Sindbads hat sich wohl ebenfalls in Sri Lanka ereignet: die Geschichte, die im Tal der Diamanten spielt. Das Abenteuer begann auf seiner zweiten Reise, als Sindbad an einer einsamen Insel Schiffbruch erlitt. Dort fand er ein riesiges Ei des legendären Riesenvogels, den die Araber Rukh nannten. Als die Mutter zu ihrem Nest zurückkehrte, band sich Sindbad an ihrem Fuß fest und wurde dann von ihr von der Insel getragen, als sie zu ihren Futtergründen in ein entferntes Tal flog. Dort fraß der Riesenvogel Schlangen, die es hier überaus zahlreich gab. Sindbad band sich vom Bein des Vogels los und stellte fest, daß der Boden des Tals mit Diamanten übersät war, eine einzige Schicht glitzernder Edelsteine. Sindbad fürchtete sich vor den großen Schlangen, die sich über den Boden schlängelten, so daß er für die Nacht Zuflucht in einer Höhle suchte und den Eingang mit einem Felsblock zusperrte. Zu seinem Entsetzen entdeckte er dann, daß er die Höhle mit einer großen Schlange teilte, die dort ihre Eier bewachte. Er verbrachte die Nacht in schrecklicher Angst. Als er am Morgen aus der Höhle taumelte, noch ganz benommen vor Furcht, hungrig und völlig übermüdet, rutschte zu seinem großen Erstaunen der Kadaver eines geschlachteten Tieres die steile Talwand hinunter und blieb direkt vor seinen Füßen liegen. Sindbad erinnerte sich, einmal gehört zu haben, daß Diamantenhändler in manchen verlassenen und schwer zugänglichen Bergtälern die wertvollen Juwelen sammelten, indem sie tote Tiere in ein Tal warfen, in dem es viele Edelsteine gab und das zu Fuß schwer zugänglich war. Am Fleisch bleiben Edelsteine kleben. Aasgeier und andere große Vögel trugen nun die toten Tiere hinauf in ihre Nester, wo sich die Kaufleute die wertvollen Steine holen konnten. Gewitzt wie immer füllte Sindbad seine Taschen und seine Schärpe mit Edelsteinen und band sich mit seinem Turban an einem Tierkadaver fest: Schon kam ein großer Adler herabgestürzt, hob das Fleisch und Sindbad mit seinen Krallen auf und trug seine Beute bis auf die Bergspitze. Dort erwarteten ihn schon die Kaufleute, übrigens Moslems, und gratulierten ihm zu seiner erstaunlichen Flucht. Sindbad teilte die Edelsteine mit ihnen.

Diese Geschichte haben arabische Erzähler vielleicht anderen Quellen entnommen. Denn bereits im 10. Jahrhundert segelte der arabische Schriftsteller Al Kazvini, der eine große Sammlung von Reisegeschichten zusammengestellt hat, dieses Tal auf Serendeeb ab. Bis zum heutigen Tag wurden in Sri Lanka große Mengen wertvoller Steine ausgegraben, und die Art und Weise, wie sie gewonnen werden, könnte das Abenteuer Sindbads auf verschiedene Weise erklären. In Sri Lanka gibt es zwar keine Diamanten, aber es ist dort fast jeder andere wertvolle Stein zu finden – Rubine, Katzenaugen, Karneole und natürlich die berühmten blauen Saphire von Ceylon. Seit Jahrhunderten sind Edelsteine eine wichtige Einnahmequelle für die Inselbewohner, und diese Edelsteine werden tief unten in den Tälern gefunden. Die wertvollen Steine tauchen in angeschwemmtem Kies und Schlick auf, die von den Bergen gespült werden. Dieser Schlick und Kies wird aus Bodensenken in der flachen Ebene geschaufelt. Um den Kies zu erhalten, klettern die eingeborenen Bergleute über hohe Leitern die senkrechten Wände der Schächte hinunter. Sechs oder neun Meter unter der Talsohle kratzen sie kleine horizontale Einbuchtungen aus und füllen ihre Körbe mit dem Kiesschlamm. Diese Körbe werden dann mit Seilen an die Oberfläche gezogen, zu Teichen oder Flüssen getragen und ähnlich wie bei der Goldsuche gewaschen. Die Lage der Minen in den Tälern, die steil abfallenden Schächte, die Mühe, die es macht, den Kies herauszukratzen und ihn an die Oberfläche zu transportieren, ja, selbst die Schlangen, die mit Vorliebe die kühle Feuchtigkeit der Höhlenschächte aufsuchen, all dies könnte dazu beigetragen haben, das reiche Edelsteinvorkommen von Serendeeb mit Sindbads Geschichte vom Tal der Diamanten in Verbindung zu bringen. Und die Edelsteinhändler hätten ein solches Seemannsgarn unterstützt, denn es war gewissermaßen Werbung für ihre Ware und verhüllte wirksam die wahre Quelle ihres Reichtums.

Heute sind die Edelsteinhändler von Sri Lanka fast alle Moslems. Die meisten von ihnen behaupten, arabischer Abstammung zu sein. Sie haben die Edelsteinproduktion gut unter Kontrolle, und das war schon immer so. Es ist nicht bekannt, wann genau arabische Kaufleute zum

Oben: Diese Abbildung aus einem portugiesischen Atlas des Jahres 1542 zeigt eine arabische Flotte (Bildmitte). Die Schiffe sind an ihrem geraden Bug leicht als *booms* zu erkennen, arabische Schiffe, die es schon gab, bevor europäische Seeleute in diese Region vordrangen und die Bauweise der Einheimischen beeinflußten.

Unten: Die x-förmigen Markierungen am Rumpf – abgebildet im *Maquamat of al-Hariri* (arabisches Manuskript aus dem Jahre 1237) – zeigen deutlich, daß es sich um ein genähtes Schiff handelt, gewissermaßen ein Modell für den Bau der *Sohar*.

Oben: Die Kokosnußtaue werden zu festen schlangen-
förmigen Schnüren geflochten.

Unten und rechte Seite: Von innen gleicht der Rumpf
der *Sohar* dem mächtigen Brustkorb eines Tieres.
Zunächst wird mit hölzernen Hämmern der lose Staub
von den Kokosnußschnüren geklopft, dann werden sie
mit Pflanzenöl bestrichen, um sie widerstandsfähig
gegen das Meerwasser zu machen. Mit allergrößter
Akribie suchten wir das Material für die *Sohar* aus. Und
mit genau derselben Akribie wurde jeder einzelne
Arbeitsgang beim Bau des Schiffs ausgeführt – eine
Mühe, für die wir in den folgenden Monaten belohnt
werden sollten.

Links: Feierlicher Stapellauf. Auf Wunsch des Sultans wurde unser Schiff *Sohar* getauft, nach der alten omanischen Hafenstadt, in der Sindbad der Seefahrer einer Legende zufolge geboren sein soll.

Oben: Indische Fischer arbeiten hier als Segelmacher. In knapp einer Woche nähten sie einen vollständigen Satz neuer Segel.

Unten: Vordere Reihe von links nach rechts: Peter Dobbs, Musalam, Khanees Police, Ibrahim, Jumail, Abdullah (sitzend), Saleh, Jumah, Tim Severin. Hintere Reihe von links nach rechts: Eid, Andrew Price, Tom Vosmer, Dick Dalley, Peter Hunnam, Khamees Navy, Nick Hollis, Tim Readman.

Folgende Doppelseite: Sonnenuntergang auf See

Folgende Doppelseite: Um dieses Foto von der *Sohar* zu machen, entfernte sich Richard Greenhill schwimmend von unserem Schiff. Fast hätten wir ihn verloren, weil ein aufkommender Wind die *Sohar* nach vorheriger Flaute in ungeahntem Tempo davontrieb.
Links: Die Crew dreht das Großsegel und setzt das Schiff so auf neuen Kurs.
Oben: Während wir einen neuen Klüverbaum hochziehen, kämpft das Schiff vor der Küste Indiens mit dem ersten schweren Sturm dieser 6000-Meilen-Reise.
Unten: Peter Dobbs und Tim Readman reparieren den gebrochenen Hauptmast.

Oben: Die Segel sind eingeholt. Die *Sohar* hat beigedreht, während ein Wirbelsturm über sie hinwegfegt, der von einem merkwürdigen Pfeifgeräusch begleitet wird.
Unten: Das Großsegel der *Sohar* mißt fast 70 Quadratmeter. Als einzigen Schmuck trägt es das blutrote Emblem des Sultanats Oman.
Rechts: Haifang im Indischen Ozean. Abdullah erschlägt eines der gefährlichen und erstaunlich zähen Tiere mit einem hölzernen Befestigungsklotz.

Wenn der Polarstern über der oberen Kante des Rechtecks erscheint, liegt der Breitengrad des anzulaufenden Hafens im Süden

HÖLZERNES RECHTECK

POLAR-STERN

HORIZONT

KNOTEN-SCHNUR

…liegt er unter dieser Linie, befindet sich der Breitengrad des Reiseziels im Norden

…liegt er auf derselben Linie, befinden sich Schiff und Reiseziel auf demselben Breitengrad

Oben: Tim Severin zeigt Khamees Navy, wie man das mittelalterliche Navigationsinstrument *kamal* benutzt. Mit Hilfe dieses hölzernen Plättchens am Ende einer Schnur wird die Höhe eines bestimmten Sterns gemessen. Auch ein ungeübter „Navigator" kann so die Schiffsposition bis auf 30 Meilen genau bestimmen. Siehe auch Grafik.
Links: Während fälliger Reparaturarbeiten herrscht an Deck ein wildes Durcheinander.
Folgende Seite: Die *Sohar* startet zum letzten Abschnitt ihrer 6000-Meilen-Reise. Im Hintergrund sieht man die Silhouette des Hafens von Singapur.

ersten Mal nach Serendeeb kamen, aber als die Portugiesen im 15. Jahrhundert dort eintrafen, waren die Araber als zentrale Mittelsmänner dieses Handels schon fest etabliert, und die ersten mohammedanischen Opferstöcke in Sri Lanka sollen aus dem 7. Jahrhundert stammen. Tatsächlich liegen die ältesten Schreine an der Südostküste von Sri Lanka, genau dort, wo die Schiffe, von Indien kommend, an Land gehen, so wie die *Sohar* es auch getan hatte. Vom Ankerplatz der *Sohar* konnte man die ursprüngliche islamische Opferstätte Sri Lankas sehen, eine verfallene Moschee, die, wie es hieß, auf dem Grab des ersten Moslems, der in Sri Lanka gestorben war, errichtet wurde, einem von acht mohammedanischen Seeleuten, die Mohammeds Botschaft nach Serendeeb gebracht hatten. Das Grab dieses Heiligen liegt im Gras unter den Kokospalmen, die die verfallene Moschee umgeben. Ein flacher, gewundener Fluß strömt daran vorbei und mündet in den Hafen Galle, der nur 400 Meter entfernt liegt.

Die Omani von der *Sohar* besuchten die Grabstätten der arabischen Seeleute, die ihren gemeinsamen Glauben nach Serendeeb gebracht hatten, und beteten in den Moscheen. Und danach, während die *Sohar* mit neuem Proviant versorgt wurde, nutzte die gesamte Mannschaft die Gelegenheit, die Insel zu besichtigen. Es war ein idealer Zwischenaufenthalt auf der langen Reise nach China. Was uns betraf, so war Sri Lanka mit seiner Wärme und seinen Farben, seinen freundlichen Menschen und der Leichtigkeit seines Lebens noch immer eine Insel des Glücks. Arabische Chronisten hatten den König von Serendeeb als einen der wohlhabendsten Herrscher der Erde beschrieben. Er lebte, so schrieben sie, in unvorstellbarem Luxus. In seinem Land werden alle möglichen Duftstoffe und Parfüms hergestellt, aber auch Aloen, aromatische Hölzer und Zibet. Mit den Diamanten gravierte man feine Muster in Schmuck. In den Flüssen wurden auch große Kristallstücke gefunden, und entlang der Küste dehnten sich herrliche Perlenbänke aus. Dieser Reichtum führte dazu, daß ein Tempel derart mit Juwelen ausgeschmückt wurde, daß man seinen Wert unmöglich hätte schätzen können. Dort regierte der Große König unter Mithilfe von sechzehn Ministern, von denen vier Hindus waren, vier Christen, vier Juden und vier Moslems. Selbst der Kalif von Bagdad reichte an die Pracht des Großen Königs kaum heran, und nach den Erzählungen aus *Tausendundeine Nacht* brachte Sindbad der Seefahrer einen Brief vom Großen König mit zurück, der an Harun-al-Rashid gerichtet war, und dazu wertvolle

Geschenke – einen Becher, ganz aus Rubin, eine Spanne hoch und mit Perlen besetzt, ein Bett, das mit der Haut einer Schlange bezogen war, die »den Elefanten verschluckt« hatte und deren Flecken so groß wie ein Dinar waren. Das Bett besaß eine magische Kraft, die verhinderte, daß derjenige, der sich draufsetzte, je krank wurde. Weitere Geschenke waren einhunderttausend Miskals Aloeholz und »ein Sklavenmädchen wie der leuchtende Mond«. Sindbad wurde zum Kalifen gerufen und erzählte Harun-al-Rashid, wie der König von Serendeeb bei außergewöhnlichen Staatsempfängen auftrat: Er saß auf einem riesigen Elefanten, der elf Ellen hoch war, und ließ sich, gefolgt von seinen Ministern und Beamten, durch seine Hauptstadt tragen. Ihm voraus ging ein Speerträger, der einen Wurfspieß aus Gold trug, und direkt hinter ihm kam ein Mann mit dem Zepter des Herrschers, einer großen Keule aus Gold, auf deren Kopf ein Smaragd saß, so lang wie eine Elle und so dick wie der Daumen eines Mannes. Die tausend Reiter, die den König umringten, so erzählte Sindbad, wären in Brokat und Seide gehüllt. Diese großen Umzüge von Serendeeb gibt es in einer modernen Form auch jetzt noch. Heute wird diese Tradition durch die monatlichen *pereheras* aufrechterhalten, die die buddhistischen Mönche von Sri Lanka organisieren. Zwei Tage bevor die *Sohar* Sri Lanka verließ, sah unsere Mannschaft zu, wie sich ein solcher Umzug durch die dunklen Straßen bewegte. Die Wirkung war verblüffend. Von Rauch geschwärzte Feuertänzer sprangen und wirbelten mit ihren blitzenden Schwertern herum. Eine Gruppe Männer knallte mit sechs Meter langen Peitschen durch die Luft, um den Weg freizumachen. Immer neue Gruppen stampften und vollführten nach den eindringlichen Rhythmen von Trommel und Flöte schlangengleiche Bewegungen, machten erstaunliche Luftsprünge, so daß die Glöckchen an ihren Knöcheln rasselten und ihre silbernen Brustschilder klirrten. Es waren Teufelstänzer in Masken und Anzügen aus Kokosnußfasern; geifernde schwarze Dämonenhunde, Männer als Frauen verkleidet und auf Stelzen. Ab und zu war die Prozession von Reihen buddhistischer Mönche unterbrochen, alle in Safrankutten, mit rasiertem Schädel und jeweils einem nackten Arm, der den Safranfächer hielt. Es gab Tänzer mit roten und weißen Bändern, in weiten Pantalons und bis zur Taille nackt, mit spitzen Hüten und Turbanen. Eine ganze Gruppe mit Vermummten, die wie Radschput-Prinzen angezogen waren, bewegte ihre mehligweißen Gesichter und Hände ruckartig hin und her. Und über die gesamte Prozession verteilt kamen immer wieder die großen Elefanten von Sri Lanka, die Elefanten, von denen die Araber berichtet hatten, mehr als achtzig, die, immer zu dritt nebeneinander, auf ihren großen weichen Fußballen einherschritten, den Kopf hoch über die Menschenmenge erhoben, hin- und herschwingend. Sie sahen herrlich aus in ihren Schabracken aus Brokat und Seide. Und auf ihren Hälsen ritten, in untadeliges Weiß gekleidet, Elefantentreiber. Inmitten all dieser Pracht, der betörenden Farben, glitzernden Lichtern und stampfenden Musik fiel es einem nicht schwer, sich in die Zeit des alten arabischen Serendeeb zurückversetzt zu fühlen.

9
Windstillen

Die *Sohar* segelte von Sri Lanka aus los, an Bord auch Richard Greenhill, unser neuer Fotograf. Er war von London gekommen, um Bruce Foster zu ersetzen, der jetzt schon über ein Jahr bei dem Sindbad-Projekt mitgemacht hatte und fand, daß es an der Zeit wäre, wieder zu seiner Frau und seiner Tochter nach Neuseeland zurückzukehren. Meine Tochter Ida fuhr ebenfalls nach Hause, um wieder in die Schule zu gehen.

Als ich Richard Greenhill zum ersten Mal sah, konnte ich mir kaum vorstellen, daß ausgerechnet er die strapaziöse Seereise unternehmen wollte. Er war groß und spindeldürr und kam wie ein Reiher dahergestelzt, ein wenig unbeholfen und schlaksig. Er war ein richtiger Foto- und Kamerafanatiker und hatte in seinem ganzen Leben noch nie ein Schiff betreten. Vom Segeln hatte er nicht die leiseste Ahnung und bezweifelte auch, es je zu lernen. Ihn interessierte nichts außer seinen Fotos, und er verwendete jede Minute darauf. Er brachte die denkbar merkwürdigste Kollektion von Fotoapparaten und -zubehör mit; vieles davon war selbst gebaut, und man hätte es genausogut als eine Sammlung aus Balsaholz, Leim, Knäueln, Uhrfedern, Sicherheitsnadeln, Gummibändern und Plastikbeutel, ja, sogar Luftballons ansehen können. Alles, was er an Bord des Schiffs tat, reizte uns entweder zum Lachen oder aber es endete fast in einer Katastrophe – seine Fotografie ausgenommen. Wenn er über das Deck ging, stolperte er über ein Lukensüll. Wenn er sich irgendwo niederließ, riß ihm ein vorbeischwingendes Seil prompt seinen Strohhut vom Kopf. Wenn er unters Deck ging, stieß er sich den Kopf an einem Balken. Wenn er seinen Becher Tee abstellte, rutschte der garantiert ins Speigatt. Er war ungeschickt, kapitulierte aber nie. Tag für Tag stolperte und schlidderte er mit klickender Kamera übers Deck. Mit Hilfe irgendwelcher wundersamen chemischen Vorgänge entwickelte er in kleinen Röhren die Proberollen seiner Filme, und er wurde es auch nie müde, mit seiner erstaunlichen Ansammlung von Gerätschaften immer neue Kombinationen zu basteln – Kameras, an denen Luftballone angebracht waren; Kameras, an Balsaholzwiegen gebunden; Kameras am Ende von Bambusstäben, die von langen Drähten zusammengehalten wurden; Kameras, am Mast steckend; Kameras, an Drachenschnüren hängend; Kameras, an Teleskope angeschlossen. Auch bei Nacht arbeitete er. Die Dunkelheit war dann vom Aufleuchten seiner Blitzlichtlampen unterbrochen und vom Poltern der Gegenstände erfüllt, über die Peter stolperte.

Die ersten drei Tage nach unserem Aufbruch am 22. Februar nach Osten in Richtung Sumatra und der Malakkastraße, war Richard seekrank und ganz grün im Gesicht. Auf der direkten Linie betrug die Entfernung etwa 900 Meilen quer über den Indischen Ozean, und ich hatte mir vorgenommen, diese Strecke in weniger als einem Monat zurückzulegen, falls die Winde günstig waren. Es war der kürzeste Weg in die Länder Südostasiens und dieselbe Route, die seit dem 8. Jahrhundert von den arabischen Schiffen benutzt worden war. Dennoch hing alles davon ab, wann die Monsunwinde einsetzten. Normalerweise fand der Wechsel im März statt, wenn die Nordostmonsune allmählich abflauten und von den stärkeren Südwestmonsunen abgelöst wurden. Auf dem Weg nach Sumatra würde jeder Nordostwind ein Gegenwind sein und durch die westlich verlaufende Meeresströmung noch verstärkt werden. Der gemeinsamen Kraft von Gegenwind und Gegenströmung wäre die *Sohar* nicht gewachsen. Mit Einsetzen des Südwestmonsuns aber könnte sich der Wind zu unseren Gunsten drehen, und die Strömung würde schließlich ihre Richtung ändern. Die alten arabischen Navigatoren hatten für diesen Teil der Reise eine goldene Regel aufgestellt: den Südwestmonsun abzuwarten, bevor man sich nach Sumatra aufmachte, dem Land, das die Araber das Land des Goldes nannten.

Aber in diesem Jahr traf der Südwestmonsun spät ein, verheerend spät. Wir verließen Sri Lanka zu einer Zeit, in der die Nordostwinde hätten abflauen müssen, und wir hofften, die vordere Front des Südwestmonsuns zu erreichen, während er über den Äquator zog. Theoretisch hätten wir unruhiges Wetter haben müssen, wechselnde Winde und kurze

Flauten, die sich in eine warme, feuchte Südwestbrise verwandelten. Statt dessen hielten die ungünstigen Winde an. Tag für Tag blies der Wind von Nordosten, und dazwischen kamen immer wieder absolute Flauten. Die *Sohar* schaukelte vor und zurück, gewann ein wenig Fläche, verlor sie aber wieder, wenn die Winde abflauten und die Strömung sie mit sich zurückzog. Auf unserer Karte zeichnete sich ihr Kurs als eine hoffnungslose Reihe von Kreisen und Zickzack-Kurven ab, die sie auch nach Wochen unserem Ziel noch kein Stückchen nähergebracht hatten. Es war außerordentlich frustrierend. Bei meinem Versuch, den Südwestmonsun etwas früher aufzugreifen, ging ich das Risiko ein, die *Sohar* immer weiter und weiter nach Süden, bis fast zum Äquator, zu lenken. Aber ohne jeden Erfolg – die ungünstigen Bedingungen hielten an, Gegenwinde und Windstillen, entgegenlaufende Meeresströmungen, und weit und breit kein Anzeichen, daß sich etwas ändern würde.

Der letzte Ansturm des Nordostmonsuns war beinahe bösartig. Im Leitbuch für Segler wurde davor gewarnt, wie gefährlich dieser Wechsel vom Nordost- zum Südwestmonsun sein kann. Er brachte plötzliche Hagelstürme, schnelle Änderungen der Windrichtung, wechselhafte Bedingungen mit sich. Die Abenddämmerung des 3. März war von einer gespannten Stimmung erfüllt. Den ganzen Tag über hatte glühende Hitze geherrscht, und jetzt breitete sich plötzlich eine finstere, gewittrige Atmosphäre aus. Am Horizont türmte sich eine drohende Wolkenwand auf. Zuerst waren es nur einzelne Wölkchen, die sich aber schnell zu großen Pyramiden zusammenballten. Das Wasser um uns herum nahm eine harte silbrige Färbung an, und weiter hinten, unter den Gewitterwolken, hatte es die Farbe von Blei.

Die erste Bö ergriff uns in der Dämmerung. Der Aufprall war wie ein plötzlicher Schlag. Das Schiff wurde zurückgeschleudert, die Segel erzitterten. Gleich darauf traf uns die ganze Wucht der Bö. Das Schiff, bereits vom ersten Stoß aus dem Gleichgewicht geworfen, legte sich auf die Seite. Die riesigen Segel, die dem rapide heftiger werdenden Druck nachgaben, zwangen den Kopf der *Sohar* in den Wind, so daß sie unter lautem Kreischen noch mehr auf die Seite kippte. Die Neigung des Decks machte es mir unmöglich, das Gleichgewicht zu halten. Die Männer griffen nach den Seilen. Polternd und krachend fiel alles, was wir während der Windstille des Tages sorglos hatten herumliegen lassen – Pfannen, Zinnteller, Becher, Taschenlampen, Körbe mit Obst –, drunter und drüber. Datteln rollten wie Murmeln umher und verschwanden im Speigatt. Die *Sohar* lag in einem unglücklichen Winkel. Der Druck auf ihre Takelage war enorm. Sie torkelte und taumelte zwischen den Wellen, und von oben fegte prasselnd der Regen über uns hinweg.

Jetzt konnten die Omani zeigen, was in ihnen steckte. Sie wußten, was sie in dieser Situation zu tun hatten. Eilig liefen alle acht Männer zum Poopdeck. Sie stießen aufgeregte Schreie aus und sprudelten vor Aktivität über. Abdullah übernahm die Ruderpinne von Andrew, und mit Musalams Hilfe riß er das Ruder herum, so daß der Kopf der *Sohar* schwerfällig gegen den Wind zu schwingen begann. Zur selben Zeit bemächtigten sich Khamees Navy und Saleh der Kreuzschot und lockerten sie ein wenig. Die anderen vier Omani liefen zu der schweren doppelten Großschot. Mit ermunternden Zurufen lockerten sie die dicken Seile, so daß der Wind aus dem Großsegel fiel und der unerträgliche Druck auf das Schiff abgeschwächt wurde. Das große Segel bauschte sich auf und flatterte hin und her. Die schweren, pitschnassen Schläge unseres wassergesättigten Segeltuchs übertönten dumpf das Rauschen des Regens und das Getöse des Sturms. Die *Sohar* richtete sich auf, streckte ihr Bugspriet gegen den Wind, und wie bei einem Turner, der seine Muskeln entspannt, lockerten sich die versteiften Sehnen der Takelage. Wieder traf uns eine Bö. Wieder versuchte die *Sohar*, unter dem Anstoß durchzurollen. Und wieder hielten die Omani Ruderpinne und Segel im Gleichgewicht, um sie vor dem Ansturm zu schützen. Sie jonglierten mit den Steuerungssystemen des widerspenstigen Schiffs so geschickt, daß die *Sohar* bald wieder in sicherer Lage war. Die Omani strahlten über das ganze Gesicht. Sie hatten es gern, der Herausforderung des Meeres zu begegnen: das Risiko des Kenterns, das Umladen von Ballast, die zerfetzten Segel, geborstene Hölzer, die aufs Deck niederkrachten, kurz, all die Gefahren unter dem Ansturm des Wetters zu meistern.

Es war schon dunkel, als die erste Böenfront an uns vorbeigezogen war und eine von gebrochenem Sternenlicht und großen, dunklen schwarzen Wolkenmassen erfüllte Nacht zurückließ. Jetzt war es, als würden wir in einem verdunkelten Zimmer mit einem Dutzend Gegnern gleichzeitig blinde Kuh spielen. Die *Sohar* war die Beute, und die Böen waren ihre Peiniger. Wir starrten angestrengt in den Wind und bemühten uns, die etwas dunkleren Flecken der heftigen Böen zu erkennen. Wir lauschten auf das Geräusch des sich nähernden Winds. Aber das Rauschen der Wellen, die plötzlich viel größer geworden waren, übertönte jede rechtzeitige akustische Warnung. Dafür waren jetzt unsere Nasen das wichtigste Sinnesorgan, unsere Nasen und unsere Haut. Wir konnten den Regen riechen, wie er vor der Bö auf uns zugefegt kam. Und ein paar Augenblicke, bevor sie mit voller Kraft zuschlug, verspürte unsere nackte Haut auch das deutliche Absinken der Temperatur, ein plötzliches Frösteln vor dem unmittelbaren Einsetzen des Regens. Wumm! Wieder brach eine aus der Dunkelheit heraus! Wieder wurde die *Sohar* weggeschleudert, wieder protestierten Takelage und Rundhölzer unter der plötzlichen Last. Wieder diese lähmende Sekunde, als sie sich auf die Seite legte. Ob sie kentert? dachte ich. Hab ich zuviel Segel oben gelassen? Ist es zu gefährlich, bei dieser schweren, holprigen See die Großrah runterzuholen? Der Baum wird bestimmt Amok laufen, oder ein durchweichtes Seil wirbelt durch die Luft wie ein Dreschflegel und macht irgendwen zum Krüppel. Besser, wir manövrieren die Böen aus und warten ab, wie die Crew damit fertig wird.

In jener Nacht standen alle Omani, ob sie nun Wache hatten oder nicht, an Deck und halfen. Einige zogen Ölzeug über, Abdullah war trotz des strömenden Regens, der auf dem Höhepunkt jeder Bö herunterrauschte, nur mit Lendentuch und Hemd bekleidet. Zwischen den Windstößen sangen und scherzten die Omani, während sie auf den nächsten Ansturm warteten, der sie wieder in Aktion versetzte, und die peitschenden Seile befestigten und den wild um sich schlagenden Blöcken auswichen. Dann wechselten die Wachen. Die Europäer kamen und gingen, manche, um ihre Wache abzuhalten, andere, um sich unten schlafen zu legen, in ihren Kojen, in die das Wasser tropfte. Peter Dobbs lag auf dem Unterdeck, sein eigentlicher Platz auf der Arbeitskiste war direkt unter einem kleinen Wasserfall, der durch die Planken sprudelte. Die Omani aber blieben die ganze Zeit an Deck, nicht weil sie den Leuten aus dem Westen nicht getraut hätten, sondern weil die *Sohar* ihr Schiff war, weil sie die Segelcrew waren und weil es ihre Pflicht war, ihr beizustehen. Und dann – in der Dämmerung – geschah das Unglück doch, ausgerechnet als die Omani ohne Unterbrechung zwölf Stunden auf ihrem Posten gewesen waren. Wieder rammte eine Bö die *Sohar*. Und dann, gerade als sich der Wind an ihrem Segel festklammerte und sie sich wieder aufrichtete, bohrte sich eine Welle unter ihren Bug. Die *Sohar* kreischte auf, fiel mit einem Schaudern in die Mulde dahinter. Die Erschütterung löste die schwere Belegnadel, die das Kreuz-Bramfall hielt. Das Kreuz-Bramfall wurde genau im falschen Augenblick schlaff. Die Belegnadel fiel auf die Seite und gab die Falleine frei. Ohne jeden Halt rutschten Kreuzrah und Kreuzsegel der Länge nach hinunter aufs Deck. Es war das zweitschlimmste Unglück, das hätte passieren können; nur wenn die Großrah selbst runtergekommen wäre, hätten die Folgen noch verheerender sein können. Die Kreuzrah und ihre Segel müssen zusammen fast eine Dreivierteltonne gewogen haben, und jetzt war sie wie eine Guillotine direkt über die Männer auf der Achterhütte gestürzt. Zum Glück waren es nur drei – der Rudergast und ein Ausguckposten und Ibrahim, der Koch, der gerade aufs Deck gekrochen war, um Frühstück zu machen. Sie hatten großes Glück. Beim Herabstürzen fing die Kreuzrah sich selbst ab, oder vielleicht wurde das Segel auch vom Wind auf die Seite gezerrt, gleichzeitig fungierten die Scheiben, mit denen sie am Mast gehalten wurden, als eine Art Bremse, so daß ihr ungestümer Sturz wie durch ein Wunder verlangsamt wurde. Wäre das nicht der Fall gewesen, dann hätte die herabstürzende Kreuzrah sowohl die Kochkiste als auch die zerbrechlichen Galgenstützen zu Brei gequetscht und den Rudergast bestimmt schwer verletzt. So aber krachte die Rah, das Schiff erzitterte vom Masttopp bis zum Kiel, neben Ibrahim auf das Deck.

Ich hörte diesen schrecklichen Aufprall und spürte die abermalige Erschütterung des Schiffsrumpfes. Gleich darauf erscholl das durchdringende Gellen der Alarmglocke, die wie wild in Bewegung gesetzt wurde. Alle Mann an Deck! Ein Notfall! Ich raste den Niedergang hinauf und stand vor einem Bild der Verwüstung. Die herabgestürzte Kreuzrah lag zusammengeknickt auf dem Poopdeck, umgeben von einem Gewirr aus Seilen und Blöcken. Ibrahims Gesicht war kalkweiß, und er zitterte am ganzen Körper. Das Segel schlug lose übers Deck. Jetzt erschienen auch die anderen. Sie rannten zur Achterhütte, allen voran wieder die Omani. Khamees Police und Eid sprangen auf das flatternde Segeltuch. Abdullah und Jumah hielten das lose vordere Ende des Rundholzes fest und setzten es außer Gefecht, indem sie es unten am Hauptmast festbanden. Kamees Navy zog eine weitere Lasche über die Galgenstützen, um die oberen Enden zu befestigen. Flinke Hände schnitten das gefährliche lose Segel ab und falteten es zusammen. Die Situation war gemeistert und alles wieder unter Kontrolle.

Nur hoch oben über unseren Köpfen, in der Spitze des Kreuzmasts, pendelte jetzt der große Fallblock, ein Monstrum von neunzig mal

sechzig Zentimetern und aus einem massiven Holzklotz geschnitten. Der Block schwang frei vor und zurück und schlug gelegentlich laut krachend gegen den Mast; sogar das Deck erbebte unter unseren Füßen. Selbst wenn der Block dem Mast keinen Schaden zufügte, war klar, daß er sich selbst in Stücke reißen würde. Aber dieser Block war ein wesentlicher Bestandteil der *Sohar*, ohne ihn wäre sie eine Art Schiffskrüppel. Ich sprang auf den Schiffsrand und begann, mich an den Wanttauen hinaufzuziehen, um an den Block zu gelangen und zu versuchen, die Bindungen zu zerschneiden, die die Falleinen hielten. Wenn die Bindungen erst einmal losgemacht waren, müßte es möglich sein, den Block nach unten aufs Deck zu bringen. Vorsichtig zog ich mich an der Takelung hinauf. Die *Sohar* schwankte auf den Wellen, und der hin- und herschwingende Mast und das schwindelerregende Schaukeln der Takelage machten das Ganze zu einer gefährlichen Angelegenheit. Ich hätte leicht abrutschen und ins Meer stürzen können. Als ich ungefähr zwei Drittel meines Wegs zurückgelegt hatte, merkte ich, daß ich nicht allein war. Ich warf einen Blick hinüber zur anderen Seite des Masts. Da kletterte noch ein Seemann hinauf, im Wettrennen mit mir, um zu dem herrenlosen Block zu gelangen, und ließ mich auch schon weit hinter sich zurück. Es war ausgerechnet Jumah! Der ruhige Jumah, der Großvater der Mannschaft. Bis zu diesem Augenblick war er noch nie in die Takelage geklettert. Gemütlich saß er auf dem Deck und ließ Eid und die jüngeren Männer die akrobatischen Übungen in der Höhe machen. Aber jetzt, nachdem sein Kapitän hinaufgeklettert war, wollte er nicht müßig herumstehen und zusehen. Jumah kletterte wie ein Affe nach oben, auf der einen Seite seiner grauen Locken thronte ein gestricktes Käppi, die sehnigen Arme und Beine umklammerten das Tauwerk. Er war unschlagbar. Er war noch keine Minute an mir vorbei, da hatte er auch schon die oberste Spitze des Besansegels erreicht; und dann überbrückte er mit einem gewagten Sprung durch die Luft die Lücke zum Block und ließ sich rittlings darauf nieder. Er sah jetzt fast wie ein mutwilliges kleines Äffchen aus. Ich konnte nur staunen.
Ich zog mich den letzten Meter hoch und streckte den Arm aus und reichte ihm mein Messer, und dann ließ ich mich dankbar wieder die Takelage hinuntergleiten, bis ich festen Boden unter den Füßen hatte. Jumah durchtrennte mit dem Messer die Laschen und war mit einem schnellen Sprung wieder im Hauptteil der Takelage und zurück auf dem Deck. Mit einem Augenzwinkern gab er mir das Messer zurück. »Sha-

bash! Gut gemacht, Jumah!« sagte ich anerkennend. Jetzt war der hochgewachsene Peter Dobbs an der Reihe. Weder Jumah noch ich waren schwer genug, um mit unserem Gewicht den Block nach unten zu drücken. Daher kletterte Peter hinauf und legte sich mit seinen fast 90 kg quer über den Block. Mit den Händen ließ er die Falleinen durch die Scheiben gleiten, während Abdullah, Eid und Andrew von unten zogen, um den Block allmählich immer tiefer zu bringen. Auch das war nicht ungefährlich. Während der Block tiefer glitt, wurden seine Schwünge weiter und gefährlicher. Immer wieder mußte sich Peter mit den Füßen vom Mast abstoßen, wenn der Block gegen den Mast zu stoßen drohte. Endlich war er in Reichweite der Männer auf dem Deck. Sie packten ihn. Peter ließ sich aufs Deck fallen und blieb dort, sichtlich erschöpft, sitzen. Ich war außerordentlich erleichtert. Wieder einmal hatte sich gezeigt, daß Männer mit Entschlußkraft nötig waren, um mit einem arabischen Segelschiff umgehen zu können, und unsere Mannschaft hatte diese Entschlußkraft deutlich demonstriert.

Der Wind wehte jetzt mit Stärke 6 bis 7, der Nordostmonsun holte zu einem letzten Schlag aus. Den ganzen nächsten Tag blies der Wind mit voller Stärke, wühlte eine kurze häßliche See auf, die mich mehr an den Nordatlantik vor der Westküste Irlands erinnerte als an die Gewässer des Indischen Ozeans. Graue Wolken hasteten endlos über unsere Köpfe dahin. Der Regen platschte auf die Lukenabdeckungen. Das unaufhörliche Schwingen und Rucken der Großrah begann das Tuch des Hauptsegels zu strapazieren. Neben dem Halstau entstand ein langer Riß, und das Führungsfeld des Segels löste sich in Fetzen auf. Gleich am nächsten Morgen ordnete ich an, daß der Klüver heruntergeholt wurde. Er hatte den Klüverbaum zur Seite gestoßen, das Rundholz von 60 Zentimetern Durchmesser war verbogen.

Auch in der folgenden Nacht donnerte und blitzte es, und obgleich sich das Schiff unter dem kleinen Segel leichter hob, war klar, daß wir schon bald würden wenden müssen. Der Wind hatte sich noch weiter nach Osten gedreht, kam immer mehr aus entgegengesetzter Richtung und trieb uns viel zu weit nach Süden. Die ganze Crew kämpfte mit dem Großsegel und brachte es auf die andere Seite des Masts, und dann bewegte sich die *Sohar* wieder in Richtung Norden, während die graue, klumpige See einen Sprühregen nach dem anderen über das Deck jagte. Am Nachmittag zogen wir das zerfetzte erste Großsegel herunter, und dann machten sich alle fröhlich ans Nähen und Reparieren und brachten die Boschlagleinen und -zeisinge wieder in Ordnung. Merkwürdig, dachte ich, wie gut sich der Mensch doch selbst den unbequemsten Umstände anzupassen vermag. Auf dem Höhepunkt einer weiteren Bö stand an jenem Morgen Terry, der Tonmeister, am Ruder. Weder er noch David Bridges, der Filmkameramann, hatten, bevor sie an Bord der *Sohar* kamen, je ein Segelschiff betreten. Jetzt wurden sie durch hartes Training und aus schierer Begeisterung zu erstklassigen Seemännern. Als die Bö heulend über das Schiff hinweggestrichen war und der Regen wie eine Wand auf dem Wasser und dem Deck der *Sohar* stand, fühlte sich Terry ausgesprochen wohl. Mit breitem Grinsen, die Haare klitschnaß an den Kopf gedrückt, das Ölzeug von strömenden Bächen bedeckt, hatte er das Schiff gut in der Hand, drehte den Bug der *Sohar*, wenn der Wind sie erfaßte, gegen den Wind. »Wer hätte das vor drei Monaten gedacht, daß ich zu so etwas fähig bin und unter solchen Bedingungen!« rief er mir wohlgelaunt durch den hämmernden Regen zu.

Selbst Richard, der Fotograf, begann sich zu akklimatisieren. Nichts konnte ihn dazu bringen, seine Wildlederstiefel, die wie Kähne aussahen, auszuziehen, aber seine sonderbar aussehenden Socken waren verschwunden, genauso wie sein gefleckter Sonnenhut. Ein Seil hatte ihn erwischt und über Bord geworfen. Es war viel Zeit vergangen seit dem entsetzten Schrei bei der ersten nächtlichen Windbö, als ich, in Sorge, er könne gestolpert und über Bord gefallen sein, einen Suchtrupp losschickte. Die Männer hatten ihn zusammengekauert in Ibrahims Kochkombüse gefunden. Richard hatte sich dort verkrochen, hielt sich mit beiden Händen am Rand fest und hatte eine aufgeblasene Rettungsjacke an. Am nächsten Morgen wollte er von mir wissen, wie man ein Rettungsboot zu Wasser bringt.

Noch eine ganze Woche lang peinigte uns der Nordostmonsun mit Böen und Windstillen. Die *Sohar* wurde nach vorn und nach hinten geworfen und prallte gegen den Wind. Wieder und wieder mußten wir das Schiff wenden. Die *Sohar* konnte genauso gut gegen den Wind segeln wie eine moderne Jacht, aber der Boden, den sie dabei gewann, ging in den Windstillen, wenn uns die Strömung zurücktrug, wieder verloren.

Drei Wochen nachdem wir Sri Lanka verlassen hatten, begann ich mir Sorgen zu machen: Unsere Wasser- und Nahrungsvorräte schwanden dahin. Bei zwanzig Mann Besatzung war das Trinkwasser auf der *Sohar* streng rationiert. Trinkwasser wurde nur zum Trinken und Kochen benutzt. Gewaschen wurde nur mit Meerwasser, und zum Kochen nahmen wir oft von jedem die Hälfte. Die Trinkwasservorräte wurden unten im Kiel in vier Tanks aufbewahrt, wo sie auch als Ballast dienten. Jeden Tag wurden mit der Hand 120 l Wasser in zwei kleine Fässer auf dem Deck gepumpt. Diese beiden Fässer stellten die Tagesration an Trinkwasser dar. Wenn ein Tank leer war, füllten wir ihn mit Meereswasser auf, um das Ballastgewicht wiederherzustellen. Ich hatte ausgerechnet, daß in den vier Tanks genügend Trinkwasser war, um damit bequem einen Monat lang auszukommen, vielleicht sogar noch für zwei weitere Wochen. Aber ich war mir nicht ganz sicher. Als der Nordostmonsun schwächer wurde, hielten die Windstillen immer länger an. Während der ersten Sturmböen war es schwierig gewesen, auf dem schrägen Deck Regenwasser aufzufangen, während wir damit zu tun hatten, das Schiff vor Schaden und vorm Kentern zu bewahren. Jetzt brachten die Böen keinen Regen mehr, und die Sonne begann das Schiff und die Mannschaft auszudörren. Nach drei Wochen auf dem Meer hatten wir die Hälfte unseres Trinkwasservorrats verbraucht, und trotzdem waren wir noch nicht näher an Sumatra als an dem Tag, an dem wir Galle verlassen hatten. Was aber noch schwerer wog war die Tatsache, daß die *Sohar* jetzt abgetrieben worden war, so daß sie 400 Meilen mit dem Wind von Sri Lanka entfernt lag. Daher bestand effektiv keine Möglichkeit umzukehren, um frisches Trinkwasser an Bord zu nehmen, solange der Nordostmonsun anhielt. Es war leichter, zu den Malediven zu segeln oder hinüber zum Chagos-Archipel, der 600 Meilen entfernt lag. Alles hing von der Windrichtung ab. Immer wieder studierte ich die Karten. Sollte ich riskieren, nicht nach Nordsumatra, sondern südlich herum über Java und die Selat-Straße zu segeln, wie es die Segelschiffe im 19. Jahrhundert getan hatten? Aber das würde nicht der arabischen Route entsprechen, und außerdem bestand dabei noch das weitaus größere Risiko, in die gefährlichen Flauten vor Westsumatra zu geraten, wo wir für Monate festgehalten werden konnten und uns am Ende vielleicht im Südwestmonsun an einer Leeküste wiederfanden.

Nein, beschloß ich, lieber bleiben wir, wo wir sind, vierhundert Meilen vom nächsten Land entfernt, auf- und abschaukelnd, gegen den Strom gestemmt, und warten auf den günstigen Monsunwind. Wir würden unsere Wasserration noch weiter verringern. Jeder zählte, wieviel Tassen Wasser er täglich trank. Das Ergebnis war interessant. Manche gaben sich mit anderthalb Litern zufrieden, während andere doppelt soviel tranken. Mit Größe und Körperbau schien das nicht zusammenzuhängen, allerdings ließ sich erkennen, daß jemand, der draußen an der Sonne gearbeitet hatte, viel mehr trank als ein anderer, der sich im Schatten ausruhte. Im Moment jedenfalls war die Wassersituation noch nicht ernst. Und es genügte, wenn jeder so wenig wie möglich trank, gerade so viel, daß er sich nicht unwohl fühlte, und über seinen Tagesverbrauch sorgfältig Buch führte.

Eines Tages erschraken wir. Andrew, dessen Job es war, die tägliche Wasserration in die Fässer an Deck zu pumpen, meldete, daß der zweite Hauptwassertank leer sei. Er bekam kein Wasser mehr heraus. Die Pumpe lief leer. Ich sah in meinen Notizen nach. Irgend etwas konnte nicht stimmen. In dem Tank hätte noch Wasser für vier oder fünf Tage sein müssen. Hatte er ein Leck? Oder waren meine Berechnungen über sein Fassungsvermögen falsch? Auf jeden Fall mußten wir damit rechnen, daß auch die beiden anderen Tanks leer waren oder weit weniger Wasser enthielten, als ich geglaubt hatte. Daher ordnete ich an, den Tank zu untersuchen. Das bedeutete, daß die gesamten Eßvorräte beiseite geräumt werden mußten, der gesamte Lagerraum ausgeräumt, die Bodenplanken hochgezogen und der Deckel des Tanks geöffnet. Schließlich war der Tank frei zugänglich. Als ich zusah, wie Peter Dobbs die Hand ausstreckte und den Deckel mit einem quietschenden Geräusch hochhob, hielt ich den Atem an. Entweder ich gefährdete die Mannschaft, weil ich den Wasservorrat falsch berechnet hatte, oder es mußte eine einfache Erklärung dafür geben. Der Deckel war geöffnet. Am Boden des Tanks befanden sich noch ungefähr 180 bis 220 Liter der kostbaren Flüssigkeit. Sie war trüb und lauwarm, aber es war Trinkwasser. Die Saugröhre der Pumpe war von einem vorstehenden Rand blockiert worden und hatte nicht bis zum Boden des Tanks gereicht. Alles war in Ordnung. Wir hatten noch genügend Wasser. Ich war sehr erleichtert, und die Mannschaft war es auch. Niemand sagte etwas, aber ich konnte es von ihren Gesichtern ablesen, daß sie sich auch Sorgen gemacht hatten.

In der dritten Märzwoche lag die *Sohar* wieder in einer Windstille, kein Lüftchen kräuselte die Wasseroberfläche. Sie lag völlig bewegungslos da. Vom Rumpf aus, der jetzt dort, wo der weiße Kalk des Holzschutzmittels abgeblättert war, dunkle Flecken aufwies, setzte sich im Wasser eine feine Riffelung fort. Ihre Segel hingen schlaff herab. Das Meer war wie plattgewalzt, und im Wasser rings um den Ruderpfosten konnte man die gestreiften Lotsenfische sehen, die ihre Flossen nur ganz leicht bewegten, um unter dem stillgelegten Schiff ihre Stellung zu halten. An Deck war es so glühendheiß, daß wir es selbst nach drei Monaten Tropenaufenthalt kaum aushalten konnten. Tag für Tag stieg die Sonne so hoch, daß sie senkrecht über dem Mast stand und auf uns herabbrannte, so daß die schlaffen Segel höchstens einen ganz schmalen Schatten warfen, in dem die Mannschaft »Schutz« vor der Hitze suchte. Das Deck selbst wurde so heiß, daß wir, nachdem wir zwölf Wochen barfuß gelaufen waren, nun wieder Sandalen trugen. Nur die Fußsohlen der Omani waren so abgehärtet und ledern, daß sie die Berührung mit dem heißen Holz ertragen konnten.

Es gab wenig zu tun an Bord. Die Segel waren schon überholt und ausgebessert, jede durchgescheuerte Takelung ersetzt, die Außenbordmotoren des Dingis überprüft und geölt, die Lagerbestände, selbst im tiefsten Kielraum, neu geordnet, all die hundert kleinen Arbeiten erledigt, die einem halfen, die Zeit totzuschlagen. Aber jetzt gab es fast nichts mehr zu tun.

Eine Woche davor war es uns gelungen, endlich das wacklige Ruder wieder festzumachen. Es hatte sich so gelockert, daß es für den Mann am Steuer zu einer Gefahr wurde. Jedes Mal, wenn das Schiff von einer Welle hochgehoben wurde, schlug das Ruder am Seil und an den Scharnieren mit einem lauten Krachen vor und zurück, und die schwere Ruderpinne bewegte sich unkontrolliert hin und her und drohte die Rippen des Rudergängers zu zerquetschen. Und wenn das Wasser am Rumpf entlangfloß, drückte es die gesamte Rudervorrichtung auf die Seite, machte sie nutzlos und die Steuerung fast unmöglich. Wenn ich über das Heck hinaussah, konnte ich sehen, wo sich die Lederriemen und die Seile, mit denen das Ruder am Heckpfosten befestigt war, wieder gedehnt hatten oder im Wasser trieben. Ich bezweifelte sehr, daß das Ruder einen Sturm überleben würde. Noch eine Woche in einer toten See konnte dazu führen, daß es ganz abfiel. »Okay. Bringen wir es hinter uns«, sagte ich zu Peter. »Ich möchte, daß du die unterste Laschung zuerst festmachst. Nimm ein Stück Seil, wenn du glaubst, daß es jetzt mit dem Leder zu schwer zu machen ist, solange das Schiff so rollt. Aber paß auf, daß du nicht von den Barnackels aufgeschlitzt wirst.« Peter und zwei Männer von der Crew bliesen das Schlauchboot auf, brachten es zu Wasser und befestigten es als Arbeitsplattform in der Nähe des Ruders. Peter setzte eine Tauchermaske auf, zog Schwimmflossen über und ließ sich über die Seite des Dingis ins Wasser gleiten. Wir konnten ihn unter Wasser sehen, wie er an den Laschen zu arbeiten begann. Während sich die *Sohar* sanft im Wasser wiegte, hatte sich Peter mit einer Sicherheitsleine am Schiff festgemacht, so daß er wie ein Unterwasserschlitten mitgezogen wurde. Es war ein heißer, schwüler Nachmittag. Es herrschte eine entspannte Atmosphäre.

Plötzlich kam Peter neben dem Dingi an die Oberfläche geschossen. »Haie!« schrie er. »Helft mir raus! Schnell!« Nach einer Schrecksekunde ergriffen die beiden Männer im Dingi Peter und zerrten ihn mit großem Gepolter ins Boot. Peter fiel Hals über Kopf auf den Boden des Dingis, so überstürzt, daß ihm dabei eine seiner Schwimmflossen runterfiel und tausend Meter tief bis zum Grund des Indischen Ozeans sank. »Ein Menschenhai«, stieß Peter aus. »Ich hab am Ruder gearbeitet, hab die Barnackels mit dem Messer abgeschabt, damit ich an die Laschen rankonnte, und als ich mich umsah, da hab ich ihn gesehen. Ganz dicht hinter mir, nicht gerade angenehm. Er hat die Spur der abgefallenen Krebse verfolgt, hat sie aufgefressen. Ich war genau vor ihm. Ich hab keine Ahnung, wie groß sein Hunger ist, aber in dieser Gegend kann es nicht gerade viel zu fressen geben für ihn.«

Wir konnten den Hai jetzt auch sehen. Er war nicht sehr groß, ungefähr ein bis anderthalb Meter lang, und schien überhaupt keine Angst zu haben. Entweder hatte er einen ziemlichen Hunger, oder er war neugierig. Er schnellte vor und zurück und entfernte sich nie weiter als 15 Meter vom Schiff, manchmal fuhr er direkt unter dem Dingi durch, in dem Peter jetzt zum Glück sicher saß. Wir waren in einer verzwickten Lage. So wie es jetzt war, konnten wir das Ruder nicht lassen – Peter hatte die unteren Laschen schon gelockert, ehe der Hai aufkreuzte, und jetzt wurde das Ruder halb hinterhergezogen. Andererseits war es zu riskant, ins Wasser zurückzukehren, solange auch der Hai sich dort aufhielt. Daher versuchten wir ihn loszuwerden. Jumah warf eine mit einem Köder versehene Haileine ins Wasser und versuchte ihn zu fangen. Ohne Erfolg – der Hai schien viel mehr an den Dingen interessiert, die sich beim Ruder taten. Ich ließ an einer Strippe einen Knallkörper unter Wasser. Er detonierte mit einem erstickten Krachen dicht neben dem Hai. Der Hai zuckte erschrocken zusammen, kam dann aber neugierig nähergeschwommen.

Nachdem wir dreißig Minuten gewartet hatten, war klar, daß sich der Hai nicht würde vertreiben lassen. Peter wurde ungeduldig. »Also dann«, sagte er, »dann geh ich eben wieder runter und mach meine Arbeit fertig.« Er ließ sich über den Rand des Dingis gleiten. Aber er kam nur sehr langsam voran. Alle paar Minuten mußte er unterbrechen und sich nach dem Hai umsehen, der in unregelmäßigen Bahnen um ihn herumschwamm, manchmal bis auf drei Meter rankam. Peter tauchte wieder auf. »Der hat Hunger«, rief er mir zu. »Er hat gerade ein Stück Leder, das ich von den Laschen geschnitten habe, runtergeschluckt.« Nun schmiedeten wir einen Plan: Während Peter mit Dick Dalley, einem Meeresbiologen, der in Sri Lanka auf die *Sohar* gekommen war, am Ruder arbeitete, fungierte ein drittes Mannschaftsmitglied als Unterwasserwache. Sein Job war es, zwischen dem Unterwasserteam und dem Hai hin- und herzuschwimmen und sich immer zwischen dem hungrigen Tier und den Tauchern aufzuhalten. Der Hai schien neugierig, aber vorsichtig. Er kreuzte auf und ab. Aber immer fand er sich dem Wachposten gegenüber und starrte ihn an. Der Wachposten hatte einen etwa einen Meter langen Stock mit einer Platzpatrone vorn. Wenn der Hai angriff, sollte er die Patrone durchziehen und den Stock gegen die Nasenspitze des Tiers werfen, so daß der Knall das Tier abschreckte. Die Methode war wohl auch dann nicht sehr sicher, wenn der Wachtposten schnell und genau handelte und die Nase des angreifenden Hais, der mit voller Geschwindigkeit auf ihn zuschoß, auch traf. Aber zum Glück brauchte er diese Vorrichtung nicht zu betätigen. Ihm fiel etwas Besseres ein. Er vertrieb den Hai mit seinem Schnorchel. Und was so heikel begonnen hatte, endete fast in einer Komödie. Während die Taucher das Ruder reparierten, konnten wir hören, wie der Wachposten den Hai anknurrte, wie ein Wachhund, während er Auge in Auge mit einem hungrigen, aber erstaunten Menschenhai im Wasser schwamm.

Tim Readman war die Taucherwache oder vielmehr der »Opfertaucher«, wie ein Spaßvogel ihn nannte. Fünf Monate davor hatte Tim Readman in Maskat für eine Baufirma gearbeitet und dabei geholfen, die *Sohar* auszurüsten, während sie beladen wurde. Er war so versessen darauf, die Sindbad-Reise selbst mitzumachen, daß er seinen Job aufgegeben hatte und nach Sri Lanka gekommen war, um anzuheuern. Ich ernannte ihn zum Zahlmeister des Schiffs, und er war eine ausgezeichnete Ergänzung für das ganze Team. Er war untersetzt, hatte lockige Haare und immer ein freundliches Grinsen im Gesicht; er trug eine sehr ausgebeulte, pyjamaartige Hose, und zwischen seinen vom Bart verdeckten Lippen steckte immer eine Pfeife. Mit ihm zusammen waren auch Dick Dalley, der Biologe und Besitzer unseres Rankenfußkrebs-»Torpedos«, und Nick Hollis, ein junger Arzt aus London, eingetroffen, so daß die *Sohar* schließlich doch noch einen richtigen Schiffsarzt bekam.

Nick behandelte zunächst eine Reihe von Schnittwunden und Verletzungen, die nicht heilen wollten. Insektenstiche, Abschürfungen, die beim Tauchen in Sri Lanka entstanden waren, und Hautrisse. Die warme, feuchte, salzige Luft verzögerte die Heilung all dieser Verletzungen. Die Wunden eiterten und näßten. Tim Readman und Andrew Price sahen wie seltsam gesprenkelte Tiere aus mit all den Flecken und Antiseptika auf Armen und Beinen. Um Ibrahim war es schon schlimmer bestellt. Auf der Reise von Calicut nach Sri Lanka hatte er einen großen Sprung auf ein Segel zu gemacht und sich dabei mit der Spitze eines Messers, das an seinem Gürtel hing, an der Ferse verletzt. Der Schnitt hatte zuerst harmlos ausgesehen, aber dann hatte er sich entzündet. Als wir von Sri Lanka abfuhren, war er eine offene eiternde Wunde, die sich bis über den Knöchel erstreckte und näßte. Nick behandelte ihn Tag für Tag mit Tabletten, aber Ibrahim reagierte nur sehr langsam darauf. Der Ärmste hatte große Schmerzen und mußte ziemlich leiden. Er war deprimiert und hatte Angst, daß die Wunde nie heilen würde. Er konnte überhaupt nicht mehr richtig auftreten, aber er gab nicht auf. Er kochte noch immer ein ausgezeichnetes Essen, obgleich er nur auf einem Bein hüpfen oder gar nur kriechen konnte. Er war sehr tapfer.

Psychischer Druck, der entsteht, wenn man zur Untätigkeit verdammt ist, unterscheidet sich stark von anderen Streßsituationen auf See. Und doch ist jedes auf seine Weise ähnlich schwer zu ertragen. Statt der kurzen Augenblicke der Furcht vor einem Schiffbruch oder dem Kentern in einem Hagelsturm litten wir jetzt unter anhaltenden, nagenden Zweifeln, Langeweile und Frustration, von der schleichenden Angst zu verdursten einmal abgesehen. Da saßen wir nun in der Flaute fest, Hunderte von Meilen vom Festland entfernt, einsam in einem endlosen Ozean! Seit wir Sri Lanka vor einem Monat verlassen hatten, waren wir noch keinem einzigen Schiff begegnet. Wir befanden uns weit von den üblichen Schiffsrouten entfernt. In dieser Gegend gab es keine Fischgründe oder Fangflotten. Wir konnten versuchen, über Funk um Hilfe zu bitten, aber würde sich irgend jemand die Mühe machen, nach uns zu suchen, oder überhaupt fähig sein, uns zu finden? Nach unserer Erfahrung vor Oman, als Peter verletzt war, hegten wir einigen Zweifel daran. Es blieb uns also nichts weiter übrig, als uns mit unserer Situation abzufinden. Und es war nur ein Trost zu beobachten, wie gut die Mannschaft damit fertig wurde. Die Omani hatten offenbar keine Probleme. Sie schienen grenzenloses Vertrauen zu haben – in das Schiff, in seinen Kapitän und darein, daß sich alles zum Besseren wenden würde. Wir Europäer taten uns schwerer, sahen wir doch, wie die Wasser- und Eßvorräte dahinschwanden, unsere Speisenkarte täglich ärmer wurde. Es war wirklich, als wären wir zurückversetzt worden in die Zeit, in der noch Segelschiffe die Meere beherrschten. Unser Zeitrhythmus hatte sich verändert, er schlug langsamer.

Der 18. März war für alle an Bord ein unvergeßlicher Tag. Gegen Mittag, die *Sohar* lag träge im Wasser, wurde neben dem Ruder ein Schwarm Makrelen gesichtet. Wir ließen eine Angelleine ins Wasser, und sofort biß ein grün-blau-silbrig schillernder Fisch an und wurde an Bord gezogen. Schnell warfen die Männer drei oder vier weitere Leinen ins Wasser. Ein Fisch nach dem anderen biß an. Wir hatten schon ein halbes Dutzend gefangen. Plötzlich, gerade als der nächste Fisch an Bord gezogen wurde, kam aus der Tiefe ein Hai geschossen und schluckte ihn hinunter. Der erschrockene Fischer – es war Musalam – mußte feststellen, daß er einen über einen Meter langen Hai an Bord zog anstatt einer Makrele. Die Leine wurde ihm aus der Hand gerissen, verbrannte ihm die Finger, bevor sie riß, und der Hai befreite sich. Jetzt konnten wir sehen, daß die Erschütterungen im Wasser etwa zwei Dutzend Haie angelockt hatte. Sie schwammen heran, um sich auf die Makrele zu stürzen, die in panischer Flucht zu entkommen versuchte. Khamees Police reagierte schnell; er ergriff einen unserer frisch gefangenen Fische, schnitt ein Stück Fleisch aus seiner Flanke, befestigte es an einem großen Haken und warf diesen Köder den hungrigen Haien vor. Die Lockspeise war kaum im Wasser, als wir schon einen Hai darauf zuschwimmen sahen; er ging ganz dicht an den Köder heran und faßte ihn dann mit den Kiefern und schluckte ihn herunter. Khamees ließ die Leine nach, bis sich der Hai umdrehte und wegzuschwimmen begann. Dann zog er an. Und im selben Augenblick befand er sich auch schon in einem heftigen Kampf mit dem wütenden Hai, der wie wild um sich schlug. Die Leine schwang im Wasser vor und zurück. Die Oberfläche des Meeres wurde von dem zuckenden Hai aufgewühlt, der sich loszumachen versuchte. Aber die Leine saß fest; Khamees mußte seine ganze Kraft aufbieten, seine Muskeln traten vor Anstrengung hervor. Abdullah sprang auf den Schiffsrand, um ihm zu helfen, und dann zogen sie den Hai gemeinsam aus dem Wasser und in die Höhe. Das Tier warf sich hin und her vor Angst. Es kam über die Reling getaumelt und fiel aufs Deck und sprang dort, um sich schlagend, auf und ab und hin und her, verrenkte den Körper, bäumte sich auf wie eine Feder, seine Kiefer schnappten nach allem und jedem, was ihm gerade in den Weg kam. Es war, als wäre die Hölle los, jeder sprang auf die Seite, um diesen wütenden Angriffen zu entgehen. Abdullah ergriff eine Belegnadel und schlug damit auf den Kopf des Hais, um ihn wenigstens zu betäuben. Khamees Navy tänzelte herum, stach mit dem Messer nach dem Hai, achtete aber sorgfältig darauf, seine nackten Zehen nicht in Reichweite der Zähne zu bringen.

Niemand hatte auf Jumah geachtet. Er hatte eine weitere Haiangel angefertigt, indem er einfach einen festen Haken an einer alten Takelleine befestigt hatte. »Yah Allah!« schrie Abdullah, als er sich umdrehte. Jumah hatte einen weiteren Hai an der Angel. Abdullah raffte sein Lendentuch hoch und eilte ihm zu Hilfe. »Yah Allah!« Langsam zogen sie ihn hoch, und dann schlug ein weiterer lebender Hai auf dem Deck auf, 80 Pfund nach Luft ringende, um sich dreschende, wilde Kraft. Khamees Navy hatte jetzt einen der meterlangen Ankerwindenbarren gepackt und holte damit wie mit einem Dreschflegel aus, die schweren Schläge sausten auf den Hai herab, um ihn zu betäuben. Schon wurde polternd ein dritter Hai an Bord der Sohar gezogen, das Chaos war vollkommen. Überall waren Omani, rannten hin und her, strahlten vor Freude übers ganze Gesicht, befestigten Köder an Haken, schnitten Haken aus den Kiefern der Haie und zogen immer mehr Haie an Bord, Knüppel droschen, Messer stachen zu, und Schreie gellten durch die Luft. Unser Nahrungsproblem war gelöst. Die Haie im Wasser schienen überhaupt nicht weniger zu werden. Wo vorher rings um das Schiff leeres Meer gewesen zu sein schien, war das Wasser jetzt von unzähligen verräterischen Schatten jagender Haie erfüllt. Wo sie so plötzlich hergekommen waren, blieb ein Rätsel.

An Deck fand ein Blutbad statt. Überall um sich schlagende, schnappende Haie, die sich zuckend am Boden wälzten. Es war unglaublich schwierig, mit ihnen fertig zu werden. Sie verrenkten sich nach allen Seiten und stießen wie wild um sich, obgleich pausenlos Knüppel und Messer auf sie eindrangen. Das ganze Deck war mit Blut vollgespritzt. Aus ihren Kiemen trat rosa Schaum. Haischwänze warfen sich in diese und jene Richtung, rammten in die Kochkiste und in die Reling. Die

Haie schnappten nacheinander und bissen sich gegenseitig. Ein Hai biß sich mit seinen Kiefern im Schwanz eines anderen fest. »Bas! Genug!« schrie ich, so laut ich konnte, um den Tumult zu übertönen. Ich sah, daß wir jetzt genug Nahrung hatten. Außerdem wurde es an Bord zu gefährlich. Früher oder später würde ein Hai einen der nackten Füße erwischen und hineinbeißen. In nicht mehr als zehn Minuten hatten wir siebzehn Haie gefangen und an Bord gebracht. Wir hätten noch mehr fangen können, aber es wäre ein sinnloses Abschlachten gewesen. »Bas! Bas!« schrie ich noch einmal. Schließlich hörten die Omani mich. Die Aufregung begann sich zu legen. Knüppel und Stöcke fielen zu Boden. Angelleinen wurden hochgezogen und zusammengerollt. Dann ruhten sich die Männer aus.

Aber noch war dieser außergewöhnliche Tag nicht vorbei. Wir hatten die toten Haie vorn auf dem Hauptdeck aufgestapelt und hatten gerade damit angefangen, sie zu enthäuten, als eine breite Front Gewitterwolken auf uns zukam, grauschwarze Regenwolken, aber diesmal waren wir auf sie vorbereitet.

»Schnell! Zieht die Persennings auf, damit wir das Wasser auffangen können«, rief ich. »Andrew, du und Terry, ihr schöpft das Regenwasser aus, sobald es sich darin sammelt. Jameel und Dick, ihr gießt es unten in den Trinkwassertank.«

Die Regenwolken fegten über uns hinweg. Wir waren in eine nasse graue Wand eingehüllt. Der tropische Regen schüttete in Strömen herunter. Gewaltige Donnerschläge krachten, und Blitze zuckten und beleuchteten die düstere Szene. Die Donnerschläge rollten über uns hinweg. Die Mannschaft arbeitete wie wild. Das kostbare frische Wasser war überall. Es rann in kleinen Flüssen die Segel herab, wirbelte übers Deck, fiel in großen Tropfen von den Deckplanken. Noch mehr Männer kamen angelaufen, um die Ränder der Plane hochzuziehen, so daß dort, wo das Wasser aus dem Hauptsegel floß, ein regelrechtes Segeltuchbad entstand. Das Wasser strömte in die Plane und sammelte sich in der Kuhle in der Mitte. Dort stand ein Mann bis zu den Knöcheln im Regenwasser und schöpfte das Wasser, so schnell er konnte, mit einem Eimer heraus. Der Eimer wurde entlang einer Reihe eifriger Hände bis zur Hauptluke weitergereicht und in eine Röhre gekippt, die zu den Wassertanks führte. Der Regen war grandios. Unaufhörlich hämmerte er auf uns herab. Eimer auf Eimer mit dem kostbaren Naß wurde gurgelnd in die Tanks gegossen. In einer halben Stunde sammelten wir genügend Wasser

für vier Tage. Noch einige ähnliche Gewitterstürme und unser Trink-
wasserproblem wäre gelöst. Es krachte und donnerte und zuckte und
blitzte weiter. »Au!« schrie Andrew und sprang aus dem Segeltuch.
»Das hat mich direkt am Arm erwischt!« Eine Blitzentladung ganz in der
Nähe hatte einen kräftigen elektrischen Schlag durch das Segeltuchbad
gejagt.

Die ganze Zeit schon gaben Eid und Khamees ein Bild ab wie aus einem
Gruselfilm. Sie knieten auf dem Deck und waren über die Kadaver der
Haie gebeugt. Inmitten des Donners und der Blitze, im trüben Schein
des Gewittersturms, nahmen sie die Fische aus. Das Haifischfleisch
wurde in nasse Tücher gewickelt. Den Abfall, Haut, Kopf und
Schwanz, warfen sie in hohem Bogen über die Reling. Der Regen spülte
das Deck um sie herum sauber, das Wasser im Speigatt, das blutigrot-
gefärbt war, wurde allmählich hellrosa und sah schließlich wieder sauber
und frisch aus. In einer Stunde hatten sie eine Vierteltonne gutes,
frisches Haifischfleisch präpariert, genug, um die gesamte Mannschaft
auf dem Schiff mehrere Wochen lang satt zu machen. Noch am selben
Abend wurde etwas von dem Haifischfleisch gekocht und verspeist. Der
Rest wurde bei der vorderen Luke verpackt, wobei die Fleischlagen mit
Salz bestreut wurden, um sie zu konservieren. Als am nächsten Tag die
Sonne herauskam, trockneten wir das Haifischfleisch, indem wir es über
den Schiffsrand legten, damit es an der Sonne ausdörren konnte. Das
Fleisch nahm einen etwas fauligen Geruch an, aber es war für uns eine
sichere Nahrungsreserve.

In den nächsten Wochen verbesserten wir unsere Methode zum Auffangen von Regenwasser noch. Wir hielten die Persenning auf dem Deck
bereit, und sobald die ersten Regentropfen fielen, zog die Wache schnell
das Segeltuch auf. Zahlreiche Regenschauer kamen nachts, ungefähr
zwei Stunden nach Einbruch der Dunkelheit, und machten unserer
abendlichen Ruhe ein Ende. Wir hängten jetzt über der Hauptluke
immer eine Petroleumlampe auf und befestigten sie dort, so daß sie einen
Lichtschein über die Schiffsmitte warf. Dort, unter der Lampe, versammelten sich die Männer, die gerade keinen Wachdienst hatten, um sich
nach dem Abendessen auszuruhen. Von irgendwoher tauchte ein
Schachbrett auf, das Spiel war bald zu einer ebenso regelmäßigen wie
beliebten Beschäftigung geworden. Andere lasen oder dösten einfach vor
sich hin. Ein Teller mit Datteln wurde herumgereicht. Weiter vorn, in
der Dunkelheit des Vordecks, konnte man gerade noch die Umrisse der

Omani erkennen, die auf den Planken lagen, leise miteinander redeten oder dem Tap-Tap einer Trommel, die durch die Stille der Nacht klang, lauschten. Weiter hinten, beim Rudergänger, der das Schiff bei Wind steuerte oder der einfach auf dem Schiffsrand hockte und Ausschau hielt, hing noch eine zweite kleine Sturmlampe. Manchmal holte Andrew seine Gitarre, und wenn die Trommeln der Omani auf dem Vordeck verstummten, zupfte er kleine Melodien. Oft war der Nachthimmel zu bewölkt, um die Sterne gut erkennen zu können, dann war es wieder so klar, daß Nick Hollis, der sich für die Sternenkarten interessierte, sogar die kleinsten Navigationssterne erkennen konnte. Und dann, wenn dazu eine leichte Brise ging, waren die Nächte einfach wunderbar. Die *Sohar* schien in einem silbrigen Teich dahinzusegeln, ihre großen dreieckigen Segel ragten schwarz vor den Sternen auf, und der Delphin, der ihr manchmal auch bei Tag folgte, schwamm vor dem Schiff her und vollführte Sprünge und drehte sich um sich selbst und zog aufschäumende Spuren lumineszierender, sprudelnder Bahnen im Wasser.

Die Lampe auf dem Hauptdeck war das einzige Navigationslicht der *Sohar*. Die roten und grünen Navigationslichter, mit denen wir von Maskat fortgesegelt waren, liefen mit Batterien, die aber längst zu schwach waren, um noch ein Licht abzugeben. Die salzige Luft und der Regen, der durchs Deck tropfte, hatten die gesamte elektrische Ausrüstung ruiniert. Die Drähte waren korrodiert oder völlig durchnäßt. Das Ladegerät für die Batterien hatte längst seinen Geist aufgegeben, und der Reserveauflader funktionierte nur noch ab und zu und reichte gerade aus, das kleine Funkgerät aufzuladen. Wenn wir unsere Position durchgaben, verließen wir uns völlig auf die Wachsamkeit unserer Freunde, der Funkamateure in Oman, die eine Wache organisiert hatten, um unsere Signale aufzufangen. Tag für Tag lauschten sie auf die immer schwächer werdenden Nachrichten der *Sohar* und begannen schon, sich Sorgen zu machen. Wenn sie unsere schwachen Funksignale auffingen, wußten sie, daß das Schiff noch nicht sehr weit vorangekommen war.

Am 23. März wäre Richard fast verlorengegangen. Wieder einmal befanden wir uns in einer schalen Kalme: Richard beschloß, mit einer seiner komischen Kameraerfindungen vom Schiff wegzuschwimmen. Diesmal hatte er etwas aus einem langen Bambusstab gebastelt. An dem einen Ende hatte er eine Kamera befestigt und am andern ein Bleigewicht. Jetzt paddelte er davon und hielt den Stab wie ein Periskop aus dem Wasser. Er wollte die *Sohar* fotografieren, wie sie völlig stillgelegt war. Eine halbe Stunde lang schaukelte und umkreiste das Periskop unser Schiff. Richard entfernte sich immer weiter von uns. Wir begannen uns Sorgen zu machen und forderten ihn auf zurückzukommen. Er paddelte fröhlich weiter. Wir entdeckten eine Farblinie auf dem Wasser. Es war eine leichte Brise, die vordere Kante eines Winds, der auf das Schiff zukam. Bald würde die *Sohar* von ihm ergriffen werden und fortsegeln. Durch ihre Segel ging ein warnendes Zittern. Selbst wenn wir die Segel runterbrachten, würde das Schiff noch immer schneller durchs Wasser getrieben, als Richard schwimmen konnte, so daß er uns nie einholen konnte. Wieder riefen wir ihm zu. Aber auch diesmal hörte Richard uns nicht. Wir schrien und fuchtelten wild mit den Armen. Er drehte den Kopf herum und winkte fröhlich zurück. Er hatte nicht die geringste Ahnung, was los war. Inzwischen sprang schon die halbe Mannschaft auf dem Schiffsrand auf und ab und schrie: »Richard! Richard! Komm sofort zurück! Ein Wind! Ein Wind!«

Plötzlich ging ihm auf, daß er in Gefahr war. Das Periskop neigte sich in einem gefährlichen Winkel, während er wie wild um sich schlug und auf das Schiff zusteuerte. Fast hätte er es nicht geschafft. Der Wind hatte die *Sohar* erreicht. Sie begann sich zu bewegen. Langsam zwar, aber immerhin schneller, als ein Mensch schwimmen konnte. »Holt die Segel runter«, ordnete ich an. »Setzt sie zurück.« Das Schiff harrte auf der Stelle aus, begann dann aber zur Seite abzutreiben. Durch das große Segel war es bei dieser Geschwindigkeit fast nicht unter Kontrolle zu bringen, und es begann sich hilflos im Kreis zu drehen. Es trieb immer weiter ab: »Die Leine! Richard. Schwimm zur Rettungsleine!« Alle deuteten auf die Leine und schrien durcheinander. Richards weißes, erschrockenes Gesicht starrte zu uns herauf. Er umklammerte noch immer seinen Bambusstab, schien aber schon ziemlich erschöpft. Er machte eine letzte Anstrengung, ein paar letzte verzweifelte Stöße, und dann endlich gelang es ihm, die Rettungsleine zu fassen.

»Halt dich fest!« Er wurde jetzt hinter der *Sohar* hergezogen. Selbst bei einer Geschwindigkeit von nur einem oder zwei Knoten wäre es ihm unmöglich gewesen, sich an der Leine raufzuziehen. Dazu hatte er einfach nicht die Kraft. »Festhalten! Wir ziehen dich hoch!« Wir zogen nun langsam die Rettungsleine ein. Es war eine schwierige Angelegenheit. Langsam kam Richard näher ans Boot. Jetzt war er auf gleicher Höhe mit dem Ruder, aber fast vier Meter unter uns. Schon jetzt zog ihn der Winkel des Seils nach oben, und wir konnten sehen, wie er schnell

ermüdete. Bald würde er die Leine loslassen. Seine Knöchel schimmerten weiß vor Anstrengung unter der Haut, und er war kurz davor, in Panik auszubrechen. Natürlich hielt er seine kostbare Kamera noch immer fest. »Meine Kamera, meine Kamera«, rief er, »nehmt die Kamera.« Der Rest seiner Worte verlor sich in einem Gurgeln, als sein Mund unters Wasser tauchte. Zum Teufel mit der Kamera, dachte ich. Er hat jede Menge andere. »Laß sie los, Richard!« Aber das tat er nicht. Einer von den Männern riskierte einen schnellen Sprung und griff nach dem Ende des Bambusstabs, bekam ihn zu fassen und nahm ihn Richard weg. Aber der war jetzt verzweifelt. »Ich kann mich nicht mehr festhalten! Ich lasse los«, keuchte er und schlug erschöpft um sich. »Ich kann nicht mehr.« Peter sprang in die Kanzel des Heckwaschraums, Khamees Police ihm nach. Peter lehnte sich ganz weit nach vorn, während sich Khamees Police an seinen Beinen festhielt; Peter reichte knapp bis zu Richards Arm, den er packte. Er griff Richard am Handgelenk, zog ihn hoch und hievte ihn mit aller Kraft, die er aufbringen konnte, aus dem Wasser. Dann war noch jemand zur Stelle und ergriff Richards anderen Arm, und schon war er die halbe Schiffswand hochgezogen. Eine dritte Hand packte den Fotografen hinten an der Badehose, und dann wurde Richard in den Waschraum gehoben. Er war in Sicherheit, aber total erschöpft. Er versprach, nie wieder das Schiff zu verlassen und schwimmen zu gehen, ohne vorher dazu die Erlaubnis erhalten zu haben.
Die leichte Brise, die uns fast von Richard fortgetrieben hätte, war aus Südwesten gekommen. Es war das erste kleine Anzeichen für einen Wetterumschwung; und so begann die Mannschaft erwartungsvoll nach Wolken Ausschau zu halten, die uns sagen würden, daß der Südwestmonsun auf seinem Weg zu uns war. Aber der Wechsel ging nur allmählich vor sich. Der Wind war sprunghaft, schwang zu allen Kompaßpunkten. Eine Stunde etwa wehte er aus günstiger Richtung, die *Sohar* kam gut voran. Dann verflüchtigte er sich, bis wir wieder in einer Windstille steckten, oder, was noch schlimmer war, er kam aus Nordosten. Enttäuschung begann sich auszubreiten. Einige europäische Mannschaftsmitglieder zeigten deutliche Zeichen von Gereiztheit, und ich machte mir Sorgen, daß ihre Geduld bald zu Ende sein würde. Die Omani dagegen waren gelassener. Gelegentlich entdeckte ich ein besorgtes Stirnrunzeln, aber sie schienen überhaupt keinen Zweifel daran zu haben, daß alles gut ausgehen würde. Die Männer suchten sich jetzt ganz bewußt eine Beschäftigung. Tim Readman nähte sich eine Seemannsjacke; Nick fing mit Seilarbeiten

an; die Wissenschaftler widmeten sich weiter ihren routinemäßigen Beobachtungen; und Dave Bridges machte sich an das komplizierte Unterfangen, sich einen dick ausgekleideten und kompliziert unterteilten Kasten zu bauen, in dem er seine Filmkamera unterbringen wollte, wenn wir endlich Sumatra erreichten.

Fast jede Ablenkung war uns recht, wir versuchten sogar eine Möwe zu zähmen, die dem Schiff den ganzen Weg von Sri Lanka gefolgt war. Genau wie wir, so war auch dieses kleine Lebewesen weit außerhalb der Reichweite von Land, so daß es sich immer dicht am Schiff aufhielt, tagsüber flog es umher, und dann kam es runtergeflattert, um an Bord zu übernachten. Es war ein zierlicher Vogel, mit einem schönen Schwanz und langen, schmalen, spitz auslaufenden Flügeln, der Körper war weiß und hatte dunkle Flecken, die Beine waren rot und der Kopf rund, mit einem dünnen, langen Schnabel. In der Nacht hockte die Möwe dicht beim Rudergänger, gleich neben dem Licht der Sturmlampe. Sie ließ sich hochnehmen, und man konnte sie in der Hand halten, aber sie schien sich nicht wohlzufühlen, deshalb gaben wir ihr frisches Wasser zu trinken und ließen sie in Ruhe. Bei Gewitterstürmen war die Möwe sehr ängstlich. Sie flatterte auf und ab und kroch umher und bemühte sich verzweifelt, bei Wind und dreschendem Regen auf ihrem Sitz hocken zu bleiben. Wir setzten sie deshalb in eine geschützte Ecke auf den Kasten im Heck.

Am 4. April rief ich die Mannschaft auf der Achterhütte zusammen. Sie umringten mich und sahen auf die Karte, die ich auf dem Gitter der Achterluke ausgebreitet hatte. Bis jetzt hatte ich ihnen die Karte absichtlich nicht gezeigt und ihnen nicht gesagt, wo wir uns befanden. Ich war der einzige an Bord, der wußte, daß wir ohne jeden Sinn immer am selben Fleck im Meer vor- und zurückgependelt waren. Jetzt zeigte ich ihnen die Bleistiftlinie, die ich gezogen hatte, um unseren Weg festzuhalten, und die immer im Kreis verlief und in den Windstillen, Gegenwinden und entgegengesetzten Strömungen nie weitergekommen war.

»Ich bin froh, daß du uns das nicht schon früher gezeigt hast«, murmelte Tim Readman, »das ist ja deprimierend.«

»Ich wollte nicht, daß ihr euch unnötig Sorgen macht«, sagte ich. »Wir haben noch sechs- oder siebenhundert Meilen vor uns, und es gibt keine Garantie, daß der Südwestmonsun, wenn er überhaupt je kommen sollte, auch tatsächlich immer in die Richtung weht, in die wir wollen. Wir haben genügend Haifischfleisch zum Essen, und wir fangen auch genug Regenwasser auf, um unsere Trinkwasservorräte zu ergänzen. Wir können fast für immer und ewig hier draußen bleiben. Das einzige, was mir Sorgen macht, ist die Holzkohle. Ibrahim sagte mir, daß wir nur noch für zwei Wochen Holzkohle haben. Deshalb werden wir ab jetzt nur noch eine warme Mahlzeit pro Tag essen, um zu sparen.«

Eid sagte etwas auf arabisch, und Musalam übersetzte: »Er sagt, wir sollen innerhalb von 24 Stunden nur noch zweimal Tee trinken.« Ich stimmte zu. »Und wenn ihr Fischersleute weiter so emsig seid wie bisher, dann werden wir neben dem Haifischfleisch bestimmt auch noch andere frische Fische zu essen bekommen«, sagte ich zu ihm.

Die Omani grinsten vergnügt. »Fisch, Datteln, Reis und Wasser. Mehr braucht ein richtiger Seemann nicht«, kicherte Abdullah und watschelte mit unbekümmerter Miene über das Deck davon, muskulös, kräftig, mit breiter Brust und stämmigen Beinen.

10
Bruch

Die Windstillen lockerten den Griff, in dem sie die *Sohar* festhielten. In den frühen Morgenstunden des 5. April kam ein Südwestwind auf, der bis zum Nachmittag dauerte. Einen Augenblick lang herrschte Aufregung, als der Wind plötzlich seine Richtung änderte, stärker wurde und das Schiff unter vollem Segel zu fassen bekam. Die *Sohar* schoß wie ein Rennpferd unter der Peitsche voran. Plötzlich fuhr sie mit acht oder neun Knoten, unter ihrem Bug spritzte die Gischt auf, die Segel blähten sich, das ganze Schiff vibrierte. Erfreut liefen die Omani nach vorn, um einen zweiten Klüver aufzuziehen. Aber kaum hatten sie ihn zur Hälfte oben, als er vom Wind gepackt und wie ein Spinnaker nach Lee gedrückt wurde. Die *Sohar* wurde noch einen Knoten schneller. Sie rauschte in voller Fahrt davon, und als ich mich umsah, konnte ich erkennen, wie sich die Fischleinen bei dieser Geschwindigkeit strafften. Dann war ein lautes Krachen zu hören, und eine dicke Fischangel aus Bambus, die durch den starken Zug an der Leine umgebogen war, brach ab.

Mit dem Wetter hatte sich auch das Meer um uns herum verändert. Wir waren Zeuge des jährlichen Meeresrhythmus, der tiefgreifenden Umwandlung, die stattfindet, wenn sich der Nordostmonsun mit den dazwischenliegenden Windstillen abwechselt und wenn darauf der Südwestmonsun die Führung übernimmt. Die Tiere des Meeres reagierten sofort. Wo das Wasser eben noch flach und leer gewesen war, ohne jedes Leben, außer einer ständigen Eskorte von Lotsenfischen und den gespenstischen Hairudeln, herrschte jetzt Unruhe und Betriebsamkeit. Auch Meeresvögel erschienen auf der Bildfläche. Aus den Wasserkronen stoben fliegende Fische auf und sausten quer über das Wasser davon.

Eine Goldmakrele in Blaugold und Silber schwamm glitzernd am Rumpf entlang. Und sofort machten wir uns für den Fischfang bereit. Wir fingen Thunfische, etwa einen halben Meter lang und silbrig glitzernd. Die Omani waren hoch erfreut. Sie waren alle begeisterte Fischer und mit Angelhaken und Leine vertraut. Es herrschte ein geschäftiges Treiben an Bord, es wurden Fischleinen überprüft, Angelhaken geschärft, aus bunten Stoffstreifen neue Federköder gebastelt. Eid stibitzte das Ersatztieflot und zerschnitt das große Bleigewicht, um daraus kleine Gewichte zum Fischefangen zu machen. Jeder Omani hatte seine eigene Kiste mit Geräten für den Fischfang, die er neben dem Schiffsrand verstaut hatte. Khamees Police war bei weitem unser bester Fischer. Er war geradezu ein Naturtalent. Stunde um Stunde verbrachte er auf dem Vordeck und warf unermüdlich seine Handleine aus. Und daher wunderte es auch niemanden, daß er die größten Fänge machte. Wenn kein anderer auch nur einen einzigen Fisch fing – er fing einen. Wenn jemand das Aufblitzen einer einzigen Goldmakrele sah und Khamees darauf aufmerksam machte, sprang er sofort auf und rannte in großen Sprüngen übers Deck, warf seine Angelleine aus und – darauf konnte man wetten – hatte ihn auch schon an der Leine und zog ihn unter den anerkennenden Blicken der anderen an Bord.

Der abendliche Thunfischfang verlief mit merkwürdiger Regelmäßigkeit. Er fand jeden Abend fast zur gleichen Zeit statt, und die Fische hatten fast immer dieselbe Größe. Die Regelmäßigkeit dieses Fangs war erstaunlich, denn die *Sohar* nutzte die ersten günstigen Winde und bewegte sich jetzt mit 40 bis 60 Meilen am Tag voran. In dieser Zeit fiel uns auch ein einzigartiges Phänomen auf: Das Schiff schien sich inmitten einer eigenen riesigen Schule von Fischen dahinzubewegen, und diese Schule war fast immer präsent. Offenbar bewegte sie sich nie vom Schiff fort. Egal, ob die *Sohar* einen Tag lang am selben Fleck lag oder ob sie günstigen Wind hatte und in 24 Stunden 70 Meilen zurücklegte – immer schienen die Fische mit dem Schiff Schritt zu halten. Und noch etwas war merkwürdig – die Fische hielten sich immer vor der *Sohar* auf, nie hinter ihr. Wir kannten das schon von den Seevögeln. Tagsüber bemerkten wir, daß wir immer von einer Schar Seevögel umgeben waren, die über uns kreisten und wendeten und vor dem Schiff Jagd auf Fische machten. Manchmal teilten sich die Seemöwen in zwei oder drei kleinere Gruppen auf, und jede Gruppe jagte getrennt über den einzelnen Fischschulen, aber immer vor dem Schiff, oder in einem Bogen, der sich bis zu seiner Breitseite erstreckte. Selbst wenn die Fische tauchten oder sich vorübergehend zerstreuten und die Seemöwen höher fliegen mußten, um von oben einen besseren Überblick zu haben, und darauf warteten, daß die Fische wieder auftauchten, behielten die Vögel ihre Wachtposten vor oder neben der *Sohar* bei.

Auch nachts geschah etwas Eigenartiges: Wenn die Dämmerung einsetzte, kamen die Fischschulen näher ans Schiff heran. Zu diesem Zeitpunkt begannen die Omani mit ihrem Thunfischfang, nämlich wenn die Fische auf Nahrungssuche gingen und sich bis in Reichweite der ausgeworfenen Köderleinen wagten. Dann fingen wir etwa eine Stunde lang soviel Fische, wie wir für das Abendessen und für das Mittagessen des nächsten Tages brauchten. Wenn es dunkel wurde, verschwanden die Thunfische, wahrscheinlich schwammen sie jetzt wieder vor dem Schiff, so daß man, wenn man sich nachts über die Reling lehnte und mit einer starken Taschenlampe ins Wasser leuchtete, ein bemerkenswertes Schauspiel miterleben konnte. Der Strahl des Lichts beleuchtete die Fische, Tausende und Abertausende, die sich zu beiden Seiten des Schiffs drängten, alle parallel schwimmend, alle Schritt haltend, egal, ob die *Sohar* sich mit zwei oder mit sieben Knoten durchs Wasser bewegte. Der Anblick war überwältigend. Die Fische waren klein, und wir konnten die verschiedenen Arten einfach nicht auseinanderhalten. Wenn man die Taschenlampe jedoch höher hielt und das Wasser aus größerer Entfernung vom Rumpf anleuchtete, hatte man den Eindruck, als wären die Fische dort größer als jene, die dicht am Rumpf schwammen, und als wäre es eine andere Fischart. Es war, als würde sich die *Sohar* in einer großen lebenden Fischmasse voranbewegen, die kleineren Arten dicht am Rumpf und die größeren Raubfische weiter entfernt.

Dieses Phänomen war mir noch nie zuvor begegnet, und auch unser Meeresbiologe konnte es sich nicht erklären. Möglicherweise, so mutmaßte er, stellte die *Sohar* für die Fische einen festen Punkt im Meer dar, einen Punkt, an den sie sich halten konnten, der etwas mit ihrem Verhalten innerhalb der Schulen zu tun hatte. Oder vielleicht übte das Schiff auf seine eigene unabhängige Gemeinde eine Anziehungskraft aus – auf die winzigen Fische, die sich vom Tang und von den Rankenfußkrebsen am Rumpf der *Sohar* ernährten, dann auf die etwas größeren Fische, die sich von den kleinen ernährten, und immer so weiter, die ganze Skala hinauf, bis die *Sohar* zum Kernpunkt einer ganzen Nahrungskette von Tieren geworden war.

Natürlich konnten wir nicht mit Sicherheit wissen, ob es immer dieselben Fische waren, die uns begleiteten. Möglicherweise gesellten sich dem Schwarm immer wieder neue Fische zu, während ihn andere verließen. Aber eine bemerkenswerte Tatsache wurde während der nächsten fünfzehn Tage ganz deutlich: Die Fischeskorte begleitete die *Sohar* fast 400 Meilen weit. Ein Geheimnis des Meeres, für das es keine Erklärung gibt.

»Captain! Captain!« Der eindringliche Ruf weckte mich sofort aus meinem Schlaf, und ich rollte mich aus der Koje. Es war die schwärzeste Stunde der Nacht, direkt vor der Dämmerung; und der Ruf kam vom Leiter der Wache, Khamees Police. Die Alarmglocke bimmelte wie wild. Ich ergriff eine Taschenlampe und lief den Niedergang hinauf, und als ich an Deck kam, stellte ich fest, daß Terry am Ruder war und mit offenem Mund zur Großrah hinaufstarrte. Ich folgte seinem Blick und entdeckte das Unglück. Die große 81-Großrah war in zwei Teile gebrochen. Sie hing jetzt lose herunter, wie ein abgeknickter Flügel, der eine Teil, an die neun Meter lang, baumelte nach unten und wurde nur noch vom Segeltuch gehalten. Das restliche Hauptsegel war um den Mast gewickelt, ein Durcheinander aus Segeltuch und Leinen. Jedes Mal, wenn das Schiff über eine Welle rollte, fegte das gebrochene Rundholz gefährlich über das Deck und drohte jeden, der ihm in den Weg kam, umzuwerfen.

Während ich noch hinaufsah und mich bemühte, im prasselnden Regen das Ausmaß des Schadens abzuschätzen, hörte ich einen weichen, dumpfen Schlag, dem ein unterdrückter Aufschrei vom Bug her folgte, als würde jemandem die Luft aus dem Körper gepreßt. Mehrere Stimmen riefen: »Doktor! Doktor!«, und aus der Dunkelheit tauchte Khamees Police auf, den zwei Omani über das Deck trugen. Khamees sah bemitleidenswert aus. Er war weiß wie die Wand, griff sich an die Seite und hustete so entsetzlich, daß sein ganzer Körper geschüttelt wurde. Rippe gebrochen, dachte ich niedergeschlagen – einer meiner besten Leute außer Kraft gesetzt und dazu die Großrah entzwei. Sie brachten Khamees Police zu einer Kiste, die auf dem Deck stand, und dann kümmerte sich Nick Hollis um die Verletzung.

»Wer kein Omani ist, zum Achterdeck!« rief ich, während immer mehr Männer an Deck erschienen. Sie liefen an ihre Plätze und warteten weitere Befehle ab. Es war unbedingt notwendig, die zerbrochene

Großrah runter aufs Deck zu holen, und zwar so schnell wie möglich, damit die Takelage nicht noch mehr Schaden erlitt und es nicht weitere Verletzte gab. »Peter! Dick! Terry! Paßt auf das Achterende auf, wenn sie runterkommt«, rief ich. Sie rannten nach Steuerbord, um die Leinen loszumachen, die das obere Ende der abgeknickten Rah hielten. »Runterlassen! Langsam runterlassen!« rief ich den Omani zu. Jameel und Saleh hatten schon die Hauptfalleine gefaßt und warteten auf meinen Befehl nachzulassen. »Runter! Vorsichtig runter!« Sie ließen die dicke 8-Zoll-Leine nach, und das zerbrochene Rundholz glitt langsam am Mast herunter. Das Großsegel fiel in sich zusammen. »Sachte. Sachte. Eid! Abdullah! Großstak nach Backbord.« Die beiden Männer rannten schnell davon, um auf die Takelung aufzupassen. Es durfte sich nichts verwickeln oder einklemmen. »Musalam! Kahmees Navy! Haltet das abgebrochene Stück. Vorsichtig. Paßt auf. Nehmt ein Seil.« Die beiden Männer ergriffen das lose herunterhängende Ende der gebrochenen Großrah. Einen Augenblick sah es so aus, als würden sie gegen die Bordwand gedrückt. Aber dann kamen ihnen Abdullah und Jumah und Eid zu Hilfe. »Aufhören! Nicht mehr nachlassen! Haltet fest! Noch mehr Männer hierher. Hebt an, und weg damit! Eins, zwei, drei, hoch!« Und mit gewaltiger Anstrengung warfen die Männer das abgebrochene Ende des Rundholzes über die Bordwand des Schiffs, wo es harmlos in sich zusammenklappte, während die Großrah weiter herunterkam.

Drei Meter über dem Deck verklemmte sich das Holz. Es wurde von der enormen nassen Masse des Segeltuchs aufgehalten. »Schneidet das Segel ab!« Wieder war es der Großvater der Crew, der erfahrene Jumah, der, noch bevor man es sich versah, nach oben geklettert war. Er klomm, mit dem Kopf nach unten hängend, an der Falleine hinauf, zog sich auf den Großbaum und lief wie eine Katze darüber hinweg, bis er in der Nähe des Masts, beim Rack, angekommen war. Dort hockte er und machte sich daran, die Laschung des Segels aufzuknüpfen. Ich wandte meine Aufmerksamkeit wieder dem Heck zu. Terry umklammerte das Achterende des Rundholzes, das zwei Meter über das dunkle Wasser hinausragte. Er hatte die Beine um den Stamm geschlungen und hielt sich mit einer Hand fest, während die andere ein Messer führte, mit dem er wie wild an den Laschen säbelte. Jede Minute zählte. Der Wind blies ständig mit Stärke 5 oder 6, und das zerfetzte Segel flatterte bedrohlich. Mit jedem Auf- und Abrollen des Schiffs rutschten und verschoben sich die Leinen und das ganze Gewirr der Takelage. Die symmetrische Formation von Rundhölzern und Takelage war jetzt ein einziger Trümmerhaufen aus Segeltüchern, Hölzern und Seilen. Die *Sohar* hatte gefährliche Verletzungen davongetragen.

Jetzt krallte sich Tim Readman buchstäblich an dem schlaffen Großsegel hinauf, griff mit den Händen in das Segeltuch, bis er direkt über dem abgebrochenen Ende des Rundholzes hing. Er griff nach seinem Messer und begann die letzten Laschen abzuschneiden, bis nur noch eine übrigblieb. Er trennte sie mit seinem Messer durch und landete mit einem lauten Plumps mitten in einem Segeltuchberg.

»Alles in Ordnung?« fragte ich besorgt.

»Ja, bestens«, erwiderte er, während sein Kopf aus einem Haufen pitschnasser Leinen auftauchte.

»Gut. Räumt die Beschlagleinen fort und dann alle Mann an das Segel unter Deck. Wir holen die Großrah ganz runter und machen sie fest.«

Noch einmal zehn Minuten bester Teamarbeit, und wir hatten den Schaden unter Kontrolle. Es wurde Zeit, eine Verschnaufpause einzulegen. »Jeder nimmt sich eine Tasse Tee und ruht sich ein bißchen aus. Wir sehen uns den Schaden bei Tageslicht an.«

Eine trübe, feuchte Dämmerung enthüllte das Ausmaß des Schadens, den die *Sohar* davongetragen hatte. Die Großrah war zertrümmert. Ein plötzlicher Wechsel der Windrichtung hatte das Großsegel nach hinten und mit seinem gesamten Gewicht gegen den Mast gedrückt. Zum Glück hatte der Mast standgehalten. Aber durch den starken Druck war die Großrah umgeknickt wie ein dürrer Ast, ein solides Stück Holz, dreißig Zentimeter dick und von Hand aus bestem Material geschlagen. Die *Sohar* war richtig verkrüppelt. Jetzt ragte das ausgezackte Ende der gebrochenen Großrah in die Luft, ein zersplitterter Holzpfahl im trüben Schein der Dämmerung. Einen Augenblick überlegte ich, ob es möglich wäre, das Rundholz zu reparieren, indem man die beiden Teile mit dem Splint aus einem anderen Stück Holz zusammenflickte. Aber diese Arbeit hätte viel zuviel Zeit in Anspruch genommen und wäre an Bord eines schwankenden Schiffs auch schwierig zu bewerkstelligen gewesen; außerdem gab es keine Garantie dafür, daß die Reparatur so perfekt durchgeführt werden konnte, daß die Rah das riesige Großsegel danach auch wirklich hielt. Ich blickte an dem gebrochenen Rundholz rauf und runter; ich erinnerte mich an etwas.

»Dick und Andrew, meßt doch bitte mal nach, wie lang das verbliebene Holzstück ist, und sagt es mir dann.«

»Fünfzehn Meter«, kam die Antwort nach ein paar Minuten.
»Ausgezeichnet. Wir werden das zersplitterte Ende der gebrochenen
Rah begradigen. Dann werden wir eine Behelfstakelung bauen, indem
wir das Kreuz-Brahmsegel, das wir als Ersatz haben, auf den vorhande-
nen Teil des Rundholzes aufziehen. Es hat fast die gleiche Größe.«
Peter Dobbs und Tim Readman machten sich mit Säge und Meißel
daran, das zerbrochene Ende des Rundholzes zu glätten. Als es fertig
war, brachten die Omani eine Stunde damit zu, das verkürzte Rundholz
neu auszubalancieren, so daß es genauso hing, wie sie es haben wollten.
Dann wurde das Ersatzkreuzsegel angelascht. Verankerungen und Fall-
leinen wurden entwirrt und sorgfältig an ihre richtigen Plätze gebracht,
und dann zog die gesamte Mannschaft singend die behelfsmäßig aufgeta-
kelte Großrah zur Mastspitze hinauf. Gebannt starrten wir nach oben,
um zu sehen, wie es sich auswirkte. Erstaunlicherweise schien sich das
Schiff so gut wie gar nicht verändert zu haben. Trotz der merkwürdigen
Kombination von einem Klüver und zwei Kreuzsegeln sah die Takelage
der *Sohar* hübsch und ordentlich aus. Die Segel blähten sich im Wind,
und obgleich die Geschwindigkeit um etwa ein Drittel reduziert war,
bewegte sich die *Sohar* flink dahin. Gegen Mittag, nicht einmal sieben
Stunden nach dem Bruch, fuhr das Schiff in Richtung Sumatra, und
wieder einmal hatte die Mannschaft ihre Tüchtigkeit bewiesen.
Ich wandte mich erneut meinen Berechnungen von Geschwindigkeit
und Entfernung zu. Die *Sohar* mußte jetzt noch 450 Meilen in einer
direkten Linie bis zu ihrem Ankerplatz in Sumatra zurücklegen, aber wir
hatten nur noch Holzkohle für fünf Tage. Ich bezweifelte sehr, daß wir
es bis dahin geschafft haben würden. Bald mußten wir uns mit kaltem
Essen zufriedengeben. Ein Trost war, daß wir wenigstens nicht mehr
Gefahr liefen, ohne Nahrung oder Wasser zu sein. In den letzten drei
Tagen hatten wir 200 Gallonen Regenwasser gesammelt, und die Wassertanks des Schiffs hatten jetzt für drei Wochen Reserve. Und die
Omani fingen wenigstens zwei Drittel unseres täglichen Nahrungsver-
brauchs, so daß wir mit Reis, Datteln und Fisch auf unserem Speisenzet-
tel ganz gut zurechtkamen. Wir hatten uns mit dem Meer arrangiert. Es
herrschte eine harmonische Stimmung, und das war wichtig. Das zerbrochene Rundholz hatte uns gelehrt, daß wir auch im Falle eines
großen Unglücks die Situation zu meistern vermochten und daß wir mit
einem guten, soliden Schiff und genügend zusätzlichen Seilen und Segeln
im Kielraum fähig waren, uns aus einer mißlichen Lage zu befreien.

Während der vergangenen vier Monate auf dem Wasser hatten wir gelernt, worauf es bei dieser Reise ankam: Wir wußten, wo wir nachsehen oder worauf wir hören mußten, um zu erfahren, wann Reparaturen fällig waren. Wir wußten, welche Teile abgenutzt oder abgetragen waren und wann sie ausgewechselt werden mußten. Wir wußten auch, wie wir die Leinen anordnen mußten, die Segel setzen, das Ruder ausbalancieren, damit das Schiff ruhig und ausgeglichen dahinsegelte. Wenn der Wind die Richtung änderte und wir vor dem Wind wendeten, ging es jetzt nicht mehr drunter und drüber, und Sorgen brauchten wir uns auch keine mehr zu machen. Jeder kannte seinen Platz und wußte, was er zu tun hatte, und alles lief reibungslos. Selbst die nächtlichen Regenschauer konnten uns nichts mehr anhaben. Bei den ersten Tropfen rollte die Wache an Deck die Segeltuchbedeckungen über die Luken, löschte die Decklampen und zog sich Schlechtwetterkleidung über. Unter Deck verstauten die anderen, die keine Wache hatten, alles, was durch die Feuchtigkeit Schaden nehmen konnte, und bauten sich kleine Zelte, um sich vor den Wasserbächen, die sich zwischen den Spalten der an der Sonne getrockneten Deckplanken unweigerlich ihren Weg bahnten, in Sicherheit zu bringen. Ein oder zwei Stunden lang prasselte dann der Regen auf die Lukenbedeckungen, dann, allmählich, kam zu unserer Erleichterung frische Luft unter Deck, während der Schauer immer schwächer wurde und wir schließlich die Lukenbedeckungen öffneten. Nur der Gestank unter Deck war schwer zu ertragen. Es war eine die Kehle zuschnürende Kombination aus Bilgegas, abgestandener Luft und den Gerüchen von Seilen, Essen, menschlichen Körpern und aller möglichen anderen Güter an Bord. Die Welle warmer, übelriechender Luft, die einem im selben Augenblick entgegenschlug, in dem man die Lukenbedeckungen wegzog, reichte aus, um einen Brechreiz auszulösen. Es roch nach verfaultem Gemüse.

Daher war es nicht weiter verwunderlich, daß wir 90 Prozent unseres täglichen Lebens an Deck und an der frischen Luft verbrachten: nur weg aus den stickigen Räumen im Schiffsbauch. Wir arbeiteten an Deck, ruhten uns auf Deck aus und schliefen unter dem Nachthimmel auf den Planken, wann immer wir konnten. Und durch das Leben an der frischen Luft erreichten wir immer mehr Einklang mit dem Meer um uns herum. Wir begannen die feinen Veränderungen der Wasserfärbung zu erkennen und Form und Größe der Wellen zu unterscheiden. Wir beobachteten unsere ständigen Begleiter, die Seevögel, genauer, bemerkten, ob sie hoch oder tief flogen, sich in kleine Grüppchen aufteilten oder als Einheit über uns kreisten. Raubmöwen und tropische Vögel aller Art hatten sich den vertrauten Seemöwen hinzugesellt. Wir waren fast genauso aufgeregt wie sie, als im Wasser plötzlich eine große Unruhe ausbrach. Ein Wal, neun oder zwölf Meter lang, schoß aus der Tiefe herauf, jagte hinter den Fischen an der Oberfläche her. Mit Gekreisch und Gezeter flogen die Seevögel davon.

Wir waren in das System des Schiffs integriert, reagierten auf seine Bewegungen und Launen. Wenn sich die *Sohar* träge durchs Wasser schob, von erneuter Flaute vorübergehend lahmgelegt, dann wurden wir auch faul und dösten vor uns hin. Wenn Wind aufkam und das Schiff hurtig durchs Wasser eilte, wurden auch wir wieder aktiv. Dann war das ganze Schiff von Leben und guter Laune erfüllt. Es war ein erregendes Gefühl, das Wasser Meile für Meile unter ihrem Kiel weggleiten zu sehen. Wenn der Wind mit nur bescheidener Stärke von 4 oder 5 wehte, schien die *Sohar* geradezu wie der Blitz davonzujagen. Selbst unter ihrer behelfsmäßigen Takelung erreichten wir eine ansehnliche Geschwindigkeit, bis zu sechs oder sieben Knoten.

Zu solchen Zeiten waren vor allem die Omani gehobener Stimmung. Sie schwatzten und lachten miteinander, nahmen kleine Reparaturen an den Segeln vor und legten ihre Fischleinen aus. Ich hatte es längst aufgegeben, darauf zu bestehen, daß Saleh oder Eid Sicherheitsgurte anlegten, wenn sie in die Takelage kletterten. Wann immer ein Segel oder eine Falleine verklemmt war, kletterten sie hinauf, völlig unberührt von der Gefahr, fünfzehn Meter tief aufs Deck zu fallen. Und schon bald machten es ihnen die Europäer nach. Peter, den sportlichsten von uns allen, konnte man oben auf der Spitze des Masts thronen sehen, wie er glücklich und zufrieden mit Eid zusammenarbeitete, schwarze und braungebrannte Haut in Eintracht, beide in Lendenschurz und Turban und offenbar ohne die geringste Angst hinunterzufallen. Das Verhalten der omanischen Seeleute war ein Gradmesser für günstige oder ungünstige Bedingungen. Wenn sie guter Dinge waren und sich gegenseitig Anweisungen zuriefen, war mit der *Sohar* alles in Ordnung. Aber wenn die Zurufe kurz und abgehackt klangen, dann wußte ich, daß der Wind zunahm. Und wenn die Seeleute in Schweigen verfielen, warteten sie darauf, daß ihr Kapitän erschien, um ihnen zu sagen, was als nächstes geschehen müßte.

Des Nachts, wenn Wind und Regen über das Schiff fegten, tauchten die Omani wie Geistergestalten aus der Luke auf und gingen an die Arbeit.

Wenn alles vorüber war, die Windbö verschwunden und die Decks vor Nässe trieften, kochten sie munter ihr spezielles »Naßwetter-Gericht«, einen klebrigen Ball aus etwa acht Kilo zerquetschten Datteln, die, mit Speiseöl verknetet, in einer Pfanne erhitzt und mit einer ungeheuren Menge rohem Knoblauch gewürzt wurden. Aus diesem Brei zog man mit den Fingern glitschige, ölige, kleine Klumpen und steckte sie sich in den Mund. Das sei die beste Methode, den Körper nach dem kalten Regenguß wieder aufzuwärmen, erklärten die Omani und ich mußte ihnen recht geben.

Unsere Fischeskorte machte sich auch bemerkbar, wenn wir in einer Flaute lagen. Um uns herum war das Wasser von dem ständigen Plop! Plop! kleiner Fische erfüllt, an die fünfzehn Zentimeter lang, die Luftsprünge vollführten, wahrscheinlich auf der Jagd nach noch kleinerer Beute. Und wenn wir schwimmen gingen und unter dem unbeweglichen Rumpf durchtauchten, fanden wir dort eine komplette Kolonie von Meereslebewesen im Schatten der *Sohar*. Rund um das Ruder hockte ständig ein kleiner Schwarm Lotsenfische. In einer Höhle in der Nähe vom Achtersteven hauste jetzt eine Art trampender Krebs. Man sah ihn, wenn er den Rumpf entlangkroch, um sich seine tägliche Eßration zusammenzusuchen, oder wenn er gelegentlich auch einen Sprung ins Wasser wagte, um sich einen vorbeischwimmenden Leckerbissen zu schnappen. Danach drehte er um und schwamm schnell wieder zu seinem festen Standort zurück. Und überall stießen wir auf Schiffshalter, graugrünes Getier mit den charakteristischen Saugplättchen auf dem Kopf. Von Zeit zu Zeit klammerten sich die Schiffshalter am Rumpf der *Sohar* an, so daß sie von ihr mitgezogen wurden, und dann ärgerten sie die omanischen Fischer. Wenn ein Schiffshalter einen ihrer Köder zu fassen bekam, tauchte er, um sich in Sicherheit zu bringen, hinunter zum Rumpf und machte dort fest. Der erwartungsvolle Fischer war dann der Überzeugung, einen prächtigen, großen Fang gemacht zu haben, und zog und zerrte, bis er seine Beute endlich an Bord hatte und sich einem Schiffshalter von nur bescheidener Größe gegenübersah. Die Methode unseres Doktors war da schon wirksamer. Nick beugte sich mit einer Harpune aus dem Waschraum im Heck und erlegte so viele Schiffshalter mit einem Schuß durch den Kopf, bis wir ein reichliches Frühstück beisammen hatten.

Zweimal beobachteten wir, wie der riesige Fischschwarm rund um die *Sohar* von Freßwut erfaßt wurde. Und beide Male wurden wir von den

Seevögeln vorgewarnt. Die Vögel beobachteten die Ankunft größerer Raubfische und begannen aufgeregt auf und ab zu flattern und laut zu rufen. Dann formierten sie sich zu einer Gruppe und flogen sehr schnell ein ganzes Stück weit vors Schiff. Unter ihnen spritzte weißer Schaum auf, als die großen Fische an die Oberfläche schossen. Während wir näher kamen, konnten wir erkennen, daß es große Makrelen und Thunfische waren, Hunderte davon, die sich aus dem Wasser schleuderten und laut aufklatschend wieder zurückfielen. Andere Fische kamen über die Wellenkämme, von einer Spitze zur nächsten springend. Ein ganz besonders prächtiges Exemplar von Thunfisch, der fast einen Meter lang war, schoß wie ein Torpedo über den Bug der *Sohar*, sein Körper glitzerte silbrig in der Sonne, als er mit großen, mächtigen Stößen das Wasser zerteilte. Nach wenigen Minuten sahen wir auch den Grund für diese wilde Flucht. Hinter ihm tauchten die Köpfe und Flossen einer ganzen Herde von Delphinen auf, etwa fünfzig Tiere. Die Delphine hatten sich in einem Bogen gruppiert, der ungefähr zwei Meilen breit war, und sie trieben ihre Opfer zusammen wie Schäferhunde, die eine Herde bewachen.

Kernpunkt des Bogens war die *Sohar*, und wir konnten erkennen, daß die Delphine die Fische direkt vor uns in die Zange nehmen wollten. Zu beiden Seiten der *Sohar* hoben und senkten sich die Rücken der Delphine, die ihre Beute erbarmungslos auf das Schlachtfeld jagten. Als die Delphine näher kamen, hörten wir ihren pfeifenden Atem. Ein Delphin nach dem anderen erschien auf der Bildfläche. Als sich der Bogen der Delphine immer enger zusammenzog, gerieten die Thunfische in Panik. Sie rasten in alle Richtungen und kümmerten sich gar nicht um das Schiff, das zwischen ihnen hindurchsegelte. Schließlich machten die Delphine ihrem Manöver ein Ende. Der Bogen zog sich immer enger zusammen, bis wir plötzlich nur noch von Delphinen umgeben zu sein schienen. Der Kreis der Jäger brach auseinander, und die Delphine schwammen einzeln herum und unter dem Schiff durch und verfolgten und verzehrten ihre Opfer.

Aber noch andere Jäger verfolgten die Thunfische. Ein koreanisches Thunfischboot, streifig von Rost und stark verwittert, stampfte durch die morgendliche Dämmerung, und an seinem Heck hatte sich die gesamte Mannschaft versammelt und starrte auf den absonderlichen Anblick eines vollaufgetakelten arabischen Segelschiffs in diesen Gewässern. Am 13. April sahen wir abends die Lichter mehrerer kleiner

Küstenboote und wußten, daß es nicht mehr weit sein konnte bis zum Festland. Der Wind blies jetzt ständig aus einer für uns günstigen Richtung, und die *Sohar* näherte sich schnell ihrem Ziel, der nördlichen Spitze Sumatras und dem Eingang zur Malakkastraße.

Zwei Tage später gelangten wir auf den Hauptschiffahrtsweg, eine beängstigende Erfahrung. Von einem Augenblick zum andern segelten wir langsam auf eine Reihe Tanker und Containerschiffe zu, die sich in Richtung Malakkastraße bewegten. Es ging nur ein leichter Wind, so daß wir kaum vorankamen; wir konnten die Umrisse von etwa neun oder zehn Schiffen erkennen, die unsern Weg kreuzten. Dann verdunkelte eine dicke Wolkenwand den Himmel. Ein Windstoß und Regen fegten über die *Sohar*, die durch die Dunkelheit voranschoß, mitten hinein in den Schiffsweg, wie ein blinder Fußgänger, der bei Gewitter auf die Straße tritt. Es war ein gefährlicher Augenblick. Wir versuchten, durch den dichten Vorhang des Regens, der unsere Bewegungsfreiheit behinderte, etwas zu erkennen, hielten nach den undeutlichen grauen Umrissen der Tanker Ausschau, die sich wie Moloche durch die Sturzflut bewegten. Mit unseren schwerfälligen Segeln hatten wir wenig Chance, diesen riesigen Schiffen auszuweichen, wenn plötzlich aus der Dunkelheit eines vor uns auftauchen sollte. Zweimal sahen wir den dunklen Schatten eines großen Schiffs an uns vorbeipflügen, ohne daß es uns bemerkt hätte. Niemand hätte hier draußen, am Eingang der Malakkastraße ein Segelschiff vermutet, und unser Holzschiff hätte auf den Radarschirmen der Handelsschiffe nur ein schwaches, kaum deutbares Zeichen abgegeben. Daher segelte ich die *Sohar* mit voller Geschwindigkeit im rechten Winkel zur Hauptrichtung der großen Schiffe, um so schnell wie möglich den Schiffsweg zu kreuzen. Drei Stunden später hatten wir die Schiffe hinter uns gelassen, und als an jenem Abend die Sterne aufzogen, sah ich mir ihre Stellung genau an, um herauszufinden, wo wir uns befanden. Ich stellte fest, daß wir von einer neuen Strömung ein wenig zu weit nach Norden abgetrieben wurden, so daß wir zu unserem vorgesehenen Landepunkt, der Insel Sabang, die zehn Meilen vor der Nordspitze von Sumatra lag, zurücksegeln mußten.

Am nächsten Morgen waren bei Sonnenaufgang am Horizont dunkle Hügel zu erkennen; das mußten die Umrisse von Sabang, den Nachbarinseln und den Bergen des Festlands sein. Es hatte den Anschein, als hätten wir unser Ziel schon gesichtet. Aber die Entfernung trog. Sumatra ist die fünftgrößte Insel der Welt. Die scheinbar unbedeutende, kleine

Insel direkt vor uns stieg bis zu 600 Meter an, und der kleine Hügel auf dem Festland war ein 1800 Meter hoher Berg. Was auf den ersten Blick wie eine Entfernung von nicht mehr als fünfzehn Meilen zwischen der *Sohar* und Sumatra ausgesehen hatte, stellte sich in Wirklichkeit als Strecke von vierzig Meilen heraus. Und diese vierzig Meilen wurden zu einem schier unbezwinglichen Weg. Wieder einmal verging der Wind, und die *Sohar* lag in einer Flaute. Es war fast, als wollte uns die Natur daran erinnern, wie vollständig wir von ihr abhängig waren.

Weitere drei Tage trieb die *Sohar* hilflos in völliger Windstille auf dem Meer, drehte sich in der Strömung – und dabei hatten wir unser Ziel doch schon vor Augen. Wir fingen Fische, wir rationierten das Trinkwasser, wir warteten geduldig. Wir lösten sogar das Kochproblem, denn die letzte Holzkohle war längst verbraucht. Aber hier, in der Öffnung zur Malakkastraße, trieben vom Wasser aufgeweichte Holzstämme, Zweige und Baumwurzeln, die aus den großen Wäldern von Sumatra heruntergeschwemmt worden waren. Unsere besten Schwimmer sprangen ins Wasser, um das Treibgut einzusammeln, sie befestigten es an langen Seilen, und wir zogen es vom Schiff aus näher und holten es an Bord. Das Holz wurde an der Sonne getrocknet, und dann kochten wir unsere Mahlzeiten darauf. Mit Regenwasser, frischen Fischen und Treibgut waren wir auf dem Meer schließlich zu Selbstversorgern geworden. Und als wir dann, mit Hilfe einer Kreuzjacht, der *Regina Johane*, in den Hafen von Sabang gelangten, hatten wir immerhin fünfzig Tage Seereise hinter uns, aber wir kamen mit vollen Wassertanks an, mit reichlich Holz zum Kochen und mit gesalzenem Haifischfleisch, das noch zwei Monate reichen würde. Um uns an das Datum zu erinnern, schickten uns die Leute der *Regina Johane* einen köstlichen selbstgebackenen Kuchen und Schokoladeneier aufs Schiff: Es war Ostermontag.

»Wenn man das Meer überquert hat ... kommen ein paar Inseln, auf denen Menschen wohnen, die Langa heißen und die überhaupt keine Sprache sprechen, keine Kleider anziehen und dünne Bärte tragen. Frauen trifft man bei ihnen nicht an. Sie tauschen Bernstein gegen Eisenstücke ein. Sie gehen zu den Kaufleuten außerhalb der Inseln und bringen ihnen in Booten Kokosnüsse. Ihr Palmenwein ist weiß. Wenn man ihn trinkt (frisch), ist er süß wie Honig. Wenn man ihn einen Tag stehen läßt, wird er zu einem Getränk, das berauscht. Wenn man ihn mehrere Tage stehen läßt, wird er bitter. Die Eingeborenen tauschen ihn gegen Eisen. Den Handel schließen sie mit Handzeichen ab. Sie sind sehr geschickte Schwimmer. Sie stehlen Eisen von den Kaufleuten, ohne ihnen etwas dafür zu geben...« So beschrieb der arabische Geograph Ibn Al Fakih im 10. Jahrhundert die Inseln, an denen arabische Schiffe haltmachten, um ihre Vorräte an Bord aufzufüllen, nachdem sie den Indischen Ozean überquert hatten. Die Inseln »bewachen« die Punkte, von denen aus man in die Malakkastraße gelangt, von den Nikobaren im Norden bis hin zu den Inseln Pulau Weh und Pulau Breeueh, direkt vor der Südküste Sumatras. Nach der langen Reise von Sri Lanka sind sie ideale Orte, um frische Nahrung an Bord zu nehmen und die Wasservorräte aufzufüllen. Im 10. Jahrhundert dürften die Inseln von Eingeborenenstämmen bewohnt gewesen sein, die in dem dichten, unberührten Wald entlang der Küsten lebten. Die Araber nannten eine der Inseln die »Goldene Insel«, das war die Insel Pulau Weh, in deren Hafen Sabang die *Sohar* eingelaufen war.

Wir gingen in einer prächtigen Bucht vor Anker. Sie war von steilen Berghängen umgeben, auf denen dunkelgrüne Kokospalmen und große Wälder wuchsen. Auf der einen Seite der Bucht lag Sabang. Hier herrschte eine geschäftige Atmosphäre; hinter dem Hafendamm lag die übliche Ansammlung von Lagerhäusern. Eine hübsche Szenerie. Die Hauptgebäude machten schnell einer Reihe kleiner einstöckiger Häuser Platz, die an der Uferstraße standen. Diese Häuser blickten über das Wasser, und der Hügel war so steil, daß die Häuser an der Talseite auf Pfählen gebaut waren. Direkt neben dem Ankerplatz der *Sohar* lag ein kleines Fischerdorf, die paar Häuser standen gedrängt an einem Flüßchen, das in die Bucht mündete, und auf dem sandigen Strand lagen Einbäume und kleine Fischerboote. Die Menschen im Dorf sahen völlig anders aus als alle, denen wir auf unserer Reise bisher begegnet waren. Ihre Gesichter trugen malaiische Züge, sie hatten hohe Backenknochen, glatte schwarze Haare, braune Augen und eine hübsche braune Haut. Kurz, sie waren asiatisch, und wir hatten sofort das Gefühl, im Orient angekommen zu sein.

Die Bevölkerung von Sabang setzt sich zum überwiegenden Teil aus Moslems zusammen. Die Goldene Insel ist Teil der Provinz Atjeh, dem nördlichsten Teil von Indonesien, und die Atjeher haben sich dem islamischen Glauben verschrieben. Die Ankunft eines arabischen Schiffs, das echte arabische Seeleute mit Turban und *dishdashas* an Bord hatte, kam einer Sensation gleich. Als die *Sohar* neben der Werft anlegte, um Wasser nachzufüllen, drängten sich die Inselbewohner auf dem Hafendamm und starrten die omanischen Seeleute an. Überall in der Stadt, wo immer die Omani hinkamen, wurden sie in die Häuser eingeladen und mit begeisterter Gastfreundschaft behandelt. Der Bürgermeister von Sabang lud die gesamte Mannschaft zur Hochzeit seiner Tochter ein. Die Einheimischen führten uns traditionelle Tänze vor. Die Tänzer waren Kinder – die Mädchen sahen hübsch aus in ihren langen, schmalen Röcken und den engen Miederleibchen mit den breiten Schärpen. Die Jungen trugen weite Pantalons und kurze Westen und schwangen Dolche. Das sei ein Kriegstanz, erklärte der Bürgermeister, als wir zusahen, wie die Jungen die Schneiden durch die Luft sausen ließen; ich mußte daran denken, daß sich die Atjeher den Ruf erworben hatten, die wildesten Piraten in ganz Südostasien zu sein.

Die arabischen Seeleute des Mittelalters haben Sumatra mit einer Mischung aus Ehrfurcht und Furcht betrachtet. Ihre Ehrfurcht galt der Fruchtbarkeit dieser riesigen Insel und dem Reichtum ihres bedeutendsten Herrschers, den sie den Miharaj, den Großen Maharadscha, nannten. Sein Reich lag an der Ostseite der Insel und grenzte an die Malakkastraße, es war ein hinduistisches Königreich. Die Araber schrieben, die Niederlassungen lägen so dicht zusammen, daß ein Hahn, der morgens in dem einen Dorf krähte, mit seinem Ruf die Hähne aller angrenzenden Dörfer geweckt hätte, die ihm dann antworteten, und dieses frühmorgendliche Geschrei würde sich über viele Meilen fortsetzen. Der Maharadscha selbst lebte in einem prächtigen Palast, mit einem Teich, der sich bei Flut mit Wasser füllte. Zum Zeichen seines Reichtums warf der Maharadscha jeden Morgen einen Goldziegel in diesen Teich; und bei seinem Tod sollte das Gold geborgen und unter der königlichen Familie verteilt werden. Der Autor der Sindbad-Abenteuer verlieh jedem Herrscher eines entfernten Königreichs, der sehr reich und mächtig war, den Titel ›Miharaj‹.

Doch die Seestraße zum Reich des Großen Miharaj barg viele Gefahren. Wenn sie von der Bucht von Bengalen aus dorthin segelten, befürchteten die arabischen Navigatoren, vor den Andamanen in Windstillen zu geraten. Die Eingeborenen der Andamanen, so schrieben sie, wären häßliche, kraushaarige Kannibalen. Sie fingen die Seemänner, zerstückelten sie bei lebendigem Leib und äßen sie auf. An der Küste von Sumatra gab es auch Kannibalen, und diese scheinen in die Geschichten von Sindbad dem Seefahrer eingegangen zu sein. Auf seiner vierten Reise erlitten Sindbad und seine Gefährten auf einer fremden Insel Schiffbruch. Die Eingeborenen, so erzählt die Legende, führten die Schiffbrüchigen in ihr Dorf, wo sie den erschöpften Männern Essen, das mit Kräutern gewürzt war, vorsetzten. Die Seeleute schlangen das Essen heißhungrig herunter. Aber Sindbad schöpfte Verdacht, und trotz seines Hungers aß er keinen Bissen. Er sah, wie seine Gefährten, während sie aßen, die Sinne verloren und mit den Augen rollten und wie betäubt hin und her schwankten. Immer mehr Essen wurde ihnen aufgedrängt, und sie aßen gierig weiter. Auch in den darauffolgenden Tagen gaben die Eingeborenen den Seeleuten riesige Mahlzeiten, und die ahnungslosen Besucher wurden plump und fett, Sindbad jedoch weigerte sich auch weiterhin, das Essen der Eingeborenen zu sich zu nehmen, weil er bemerkt hatte, daß es irgendein Betäubungsmittel enthielt. Einmal, als er die Insel durchforschte, stieß er auf den Häuptling und seine Stammesmitglieder, die gerade dabei waren, einen menschlichen Leichnam zu verspeisen. Sindbad erkannte, daß die Eingeborenen seine Gefährten für eine Kannibalenfeier mästeten. Da es zu spät war, sie aus ihrer Betäubung zu reißen, floh Sindbad aus dem Dorf, und während er davonlief, sah er seine Gefährten, die auf allen vieren in den Feldern knieten und wie eine fette Herde, von Hirten bewacht, dort weideten.

Möglicherweise werden Sindbads Kannibalen deshalb mit den menschenfressenden Stämmen von Sumatra in Verbindung gebracht, weil sie ihren Opfern eine Droge ins Essen getan haben sollen. In Nordsumatra wird die narkotisierende Pflanze Haschisch beim Kochen als Gewürz verwendet, das mag der Grund sein, warum die Geschichte von den betäubten Kannibalenopfern in die arabischen Volksmärchen eingegangen ist. Die Berichte vermischten sich mit denen über die menschenfressenden Stämme Sumatras, entweder den Batak-Stamm im Norden, vielleicht aber auch den wilden Kriegsstämmen der Inseln, die vor der Westküste liegen. Diese Inseln lagen direkt auf der Route der arabischen Schiffe, die zu dem Hafen Fansur, später Baroes, fuhren. Hier kauften die Araber wertvollen Kampfer, für den diese Gegend berühmt war. Die Chinesen zahlten hohe Preise für Kampfer aus Fansur, wenn ihn die Araber nach Kanton brachten. Für diesen profitablen Handel lohnte es sich wohl, das Risiko, in die Hände von Kannibalen zu fallen, einzugehen.

Die Insel Nias war ganz besonders gefürchtet. Von ihrer Existenz berichtete zum ersten Mal ein arabischer Schriftsteller aus dem 9. Jahr-

hundert. »Wenn ein Inselbewohner heiraten will«, schrieb der Kaufmann Sulaymann 1851, »bekommt er so lange keine Frau, bevor er ihr nicht den Schädel eines ihrer Feinde bringt. Wenn er zwei Feinde getötet hat, kann er zwei Frauen heiraten. Wenn er fünfzig getötet hat, kann er fünfzig Frauen heiraten, je nach Anzahl der Schädel. Dieser Brauch entstand, weil die Einwohner dieser Inseln von Feinden umgeben sind. Wer am tapfersten kämpft, wird am höchsten geschätzt.«
Auch heute noch findet man deutliche Spuren der außergewöhnlichen Kriegskultur, die auf die alten arabischen Seeleute einen so starken Eindruck gemacht hat. Die Herkunft der Inselbewohner von Nias ist unbestimmt, doch könnten sie mit den Bergstämmen von Burma und dem Naga-Volk Nordostindiens verwandt sein. Wie sie dazu kamen, sich in dem verlassenen Dschungel niederzulassen, der die Insel Nias bedeckte, ist unbekannt, denn die heutigen Bewohner von Nias sind keine Seeleute und benutzen kaum je ein Boot, sie sind Bauern. Dennoch sind ihre Dörfer nach strategischen Gesichtspunkten angelegt. Jedes liegt auf einer Hügelspitze oder auf dem Kamm einer leicht zu verteidigenden Bergkette. Häufig ist die Spitze des Bergs mühsam eingeebnet, um darauf bauen zu können.
Das wichtigste Merkmal eines jeden Dorfs ist die breite Hauptstraße, ein richtiger, mit großen Steinen bepflasterter Boulevard. An jeder Seite stehen die Häuser der Bewohner von Nias, bemerkenswerte Gebäude, die auf dicken Baumstämmen stehen. Jedes Haus hat eine gewundene Holzveranda, deren Form mit dem Heck einer spanischen Galeone verglichen wurde. Es heißt, diese Häuser wären von Sklaven erbaut. Es war sicher sehr mühsam, die komplizierten Strukturen aus Balken und Baumstämmen zu errichten, die das Innere der Häuser kreuz und quer durchziehen und die steilen Dächer tragen. In den Häusern der Häuptlinge erheben sie sich bis zu vierzehn Meter über den Boden. Die Häuser haben keine Kamine, so daß die Balken innen vom Rauch und vom Alter schwarz sind, und wenn zum Kochen das Feuer angezündet wird, steigt aus den Dachspitzen ein dünner grauer Rauchfaden auf. Vor den Häusern stehen wuchtige Blöcke aus dunkelgrauem Fels. Sie dienen als Sitze, Bänke, Tische – und als Podium für die Redner während der Gemeindetreffen. Viele Steine haben Muster, in andere sind sagenumwobene Tiergestalten eingeritzt, von denen es heißt, daß sie Schutzgeister seien, die das Dorf bewachen.
Für den Fall eines feindlichen Angriffs sind die Häuser auf den Straßen-

seiten miteinander verbunden, so daß sich die Verteidiger zwischen ihnen hin und her bewegen können, ohne sich den Speeren und Pfeilen auszusetzen. Ihre Lage auf den Bergkuppen macht es so gut wie unmöglich, die Dörfer im Sturm einzunehmen. Dafür nehmen ihre Einwohner allerlei Unbequemlichkeit in Kauf. Zum Wasserholen müssen die Frauen viele hundert Stufen, die in den Berg gehauen sind, hinuntersteigen. Denselben mühsamen Weg legen die Männer jeden Morgen und jeden Abend zurück, wenn sie zur Arbeit auf ihre Felder und in ihre Gärten im Tal gehen. Die Männer haben große Macheten bei sich, die früher einmal dazu dienten, den Wald zu durchdringen und wohl auch zur Verteidigung. Auch zeigen sie noch immer einen Kriegstanz, der sicher einmal dazu bestimmt war, Angreifer abzuschrecken. Sie kleiden sich in Masken und exotisch aussehende Kostüme, die mit Kokosfasern gepolstert und mit Elefantenstoßzähnen geschmückt sind. Sie vollführen komplizierte stampfende Bewegungen, schneiden Grimassen und stoßen mit ihren Speeren gegen Schutzschilde. Angriff, Gegenangriff und die Jagd auf Köpfe – das ist ein Zeichen für Männlichkeit. In jedem Dorf auf Nias ist die Hauptstraße der Übungsplatz für die jungen Krieger. Eine etwa drei Meter lange Steinmauer stellt die Verteidigungsgrenze eines feindlichen Dorfs dar. Einer nach dem andern rasen die jungen Männer die Straße hinunter, über einen Stein, der als Absprungbrett dient, und werfen sich in einem spektakulären Sprung über die Mauer, auf deren anderer Seite sie mit gezücktem Dolch auf den Füßen landen.

In Sumatra könnte sich auch ein anderes Abenteuer Sindbads abgespielt haben. Es erzählt von dem alten Mann vom Meer. Nach den Erzählungen aus *Tausendundeine Nacht* gelangte Sindbad in ein Land, in dem es einen schönen Wald voller Bäume, Früchte und Blumen gab. Dort traf er einen alten Mann, der an einem Flußufer saß. Der alte Mann sagte nichts, deutete aber mit den Händen an, daß er über den Fluß getragen werden wolle. Um ihm gefällig zu sein, hob Sindbad den alten Mann auf seine Schultern und watete mit ihm zum gegenüberliegenden Ufer. Aber als er sich bückte, damit der alte Mann absteigen konnte, weigerte sich sein Passagier, und plötzlich legten sich seine Beine um Sindbads Hals und drückten so fest zu, daß Sindbad fast ohnmächtig wurde. Als er hinuntersah, auf die Beine seines Reiters, stellte Sindbad erschrocken fest, daß es die Beine eines wilden Tiers waren, mit rauher schwarzer Haut bedeckt. Das unnatürliche Wesen schlug jetzt auf Sindbads Kopf und Rücken, als wäre er ein Lasttier, und zwang ihn, durch den Wald zu laufen, damit sein Reiter nach oben greifen und die wilden Früchte abpflücken konnte. Wann immer Sindbad sich ausruhen wollte oder seinem Peiniger zu entfliehen versuchte, trat und würgte ihn das Wesen, bis er gehorchte. Schließlich, nach Tagen des Elends, legte Sindbad eine wilde Frucht in einen Kürbis, ließ sie gären und trank den Wein, um seine Not zu lindern. Als sein Reiter sah, wie gut ihm das Getränk mundete, nahm er es ihm weg und trank es selbst. Nun gab der listige Sindbad dem Wesen immer mehr Alkohol zu trinken, bis es ganz berauscht war und torkelte und wankte und den Griff seiner Beine um den Hals lockerte. Da ergriff Sindbad die Gelegenheit und warf das betrunkene Wesen zu Boden. Und als der alte Mann vom Meer dort hilflos lag, nahm er einen Felsblock und zerschmetterte ihm das Gehirn.

Vielleicht war der alte Mann vom Meer in Wahrheit ein Orang-Utan von Sumatra. Das würde durchaus zu der Beschreibung des alten Mannes passen – seine runzlige, rauhe, schwarze Haut an den Beinen und die Früchte, die er von den Bäumen des Waldes pflückte. Die arabischen Seeleute berichteten von allen möglichen exotischen Tieren auf Sumatra – den bunten Papageien, die die Sprache der Menschen sprachen, dem Rhinozeros und auch vom Tapir. Der Orang-Utan muß wie ein Angehöriger der »Rasse der schweigenden Menschen« gewirkt haben, nicht exotischer als manche der wilden Stämme. Und die Eingeborenen von Sumatra haben diesem Irrtum möglicherweise sogar noch Vorschub geleistet: In den einsamen Walddörfern von Sumatra wird der Orang-Utan auch heute noch als eine Art Mensch betrachtet, der gefährlich ist und den man auf jeden Fall meiden soll. Ganz im Gegensatz zu dem scheuen Affen, als den die moderne Wissenschaft ihn heute erkannt hat.

11
Die Malakkastraße

Die *Sohar* segelte von Sabang fort, ihr Großbaum hatte ein nagelneues Mittelstück. Die Mannschaft hatte an der Bucht einen ganzen Wald abgesucht, um einen geeigneten Baum zu finden; sie hatten ihn gefällt, bis ans Wasser gezogen und dann hinübertreiben lassen bis zum Strand. Dort schälten sie die Rinde und brachten das Holz in die richtige Form. Jetzt war die Rah so gut wie neu. Wir fuhren in die Malakkastraße ein, die von den Arabern das Meer von Selahit genannt wurde. Es war das fünfte der sieben Meere auf dem arabischen Seeweg nach China, und auf ihm kamen die Araber am Königreich des Großen Miharaj vorbei, das rechter Hand lag, und an dem Hafen Kala, vielleicht das heutige Kedah, zu ihrer Linken. In Kala erstanden sie Zinn, wertvolle Hölzer und Eisen, Waren, die sie dann ins Chinesische Meer brachten. Und hier, auf demselben Weg, beschloß auch ich, daß es klüger wäre, die *Sohar* dicht an der Küste von Sumatra entlangzusegeln. In der Malakkastraße sind die Winde von notorischer Unbeständigkeit. Sie können aus allen Richtungen kommen, während der Sommermonate herrschen aber Südwinde vor, so daß die *Sohar* gegen den Wind segeln müßte. Ähnlich dem Wind verlaufen auch die Meeresströmungen in nördlicher Richtung. Mir erschien es am günstigsten, durch die Straße zu gelangen, indem wir uns sowohl die Gezeiten als auch die Winde vom Land und vom Meer zunutze machten, um das Schiff in südliche Richtung zu steuern.
Die *Sohar* hatte also eine faszinierende Strecke vor sich, ganz anders als die weiten, tiefen, blauen Gewässer zwischen Sri Lanka und Sumatra, die wir gerade hinter uns gebracht hatten. Wir hielten uns dicht am Land, berührten fast die üppig bewachsene tropische Inselküste. Wir kamen

bescheiden, aber beständig voran, schafften dreißig bis fünfzig Meilen pro Tag. Oft lagen wir in einer Flaute oder hatten gegen Wind und Strömung zu kämpfen. Dann ließen wir in vielleicht dreißig Meter Tiefe den Wurfanker fallen und warteten, bis sich die Strömungen änderten oder der Wind sich zu unseren Gunsten drehte. Wir verließen Sabang am 7. Mai, nach einigen Verzögerungen, die in allerletzter Minute auftraten, als wir mehrere Lecks im Rumpf der *Sohar* zustopfen mußten. Das Schiff war jetzt vier Monate im Wasser, ohne daß wir uns um seinen unter Wasser liegenden Teil gekümmert hätten, und es war ganz unvermeidlich, daß durch die lange Fahrt über den Indischen Ozean, bei dem die Planken im Wasser ständig verbogen wurden, kleine Risse zwischen ihnen entstanden waren. Es war nicht weiter besorgniserregend. Aber es war lästig, alle drei oder vier Stunden einen halben Meter Wasser aus den Bilgen pumpen zu müssen. Am schlimmsten war offenbar ein Riß zwischen dem Kiel und der ersten Planke, dem Kielgang. Also nahmen wir mein Ersatzbett auseinander und mischten die Baumwolle mit Hammelfett, um eine Masse zum Abdichten herzustellen. Der Wasserfluß versiegte schnell, und meine einzige Sorge war, daß unsere Mitreisenden auf der *Sohar*, die hungrigen Krebse, plötzlich eine Vorliebe für Hammelfett entwickeln und die Abdichtung auffressen könnten.

Am 14. Mai waren wir schon an der gesamten Nordküste von Sumatra hinaufgefahren und in die Malakkastraße eingelaufen, hielten uns aber noch immer dicht an der Küste. Die gigantische Hügelkette, die parallel zur Küste verlief, wich jetzt sumpfigen Tiefebenen, und des Nachts konnten wir die Feuer sehen, die auf den Gasfeldern von Sumatra brannten. Kleine offene Fischerboote mit Außenbordmotoren kamen aus den Küstendörfern angetuckert und legten uns ihre Netze in den Weg. Die Fischer warfen ein mit Gewichten belastetes Bündel Palmenwedel ins Wasser, warteten, bis sich die neugierigen Fische darum herum versammelt hatten, und kreisten die Fische dann mit einem leichten Netz ein, um sie aus dem Wasser zu schöpfen. Oft drehten die kleinen Boote bei und kamen näher, um neugierig unser merkwürdiges arabisches Segelschiff anzustarren, das durch ihre Gewässer glitt. Wir nahmen die Gelegenheit wahr und baten die Fischer näherzukommen und kauften von ihnen für wenig Geld dreißig oder vierzig Fische für unser Abendessen.

Das Wasser der Malakkastraße war eine sämige, dicke, warme Brühe. Schlick, von den Flüssen aus dem Landesinneren Sumatras heruntergetragen, verfärbte es. Baumstämme, entwurzelte Palmen, alle Arten von Treibgut dümpelten im Wasser. Manchmal sahen wir jagende Delphine. Eines Tages tauchte direkt neben uns ein grauer Buckelwal an der Oberfläche auf, um sich das lautlos dahingleitende Schiff aus der Nähe anzusehen, bevor er wieder in einem wilden Strudel aus undurchsichtigem Wasser verschwand. Und einmal glitt eine sichelförmige Flosse, sehr schmal und leicht gebogen, die niemand zu identifizieren vermochte, mehrere Stunden lang neben dem Schiff durchs Wasser. Andrew notierte eine ganze Anzahl Seeschlangen, und Dick, der noch immer täglich Rankenfußkrebse zählte, teilte mit, daß sich pro Tag zwischen 100 und 150 neue Larven am Seil festsetzten. Im Indischen Ozean waren es täglich nur zehn oder zwanzig Larven gewesen, ein gutes Beispiel dafür, warum die warmen, nahrhaften Gewässer der Malakkastraße als die ursprünglichen Brutgebiete vieler Meereslebewesen betrachtet werden, die im Pazifischen und Indischen Ozean vorkommen.

Eines Nachmittags erschien Richard, unser Fotograf, mit einem Drachen an Deck, mit dessen Hilfe er Luftaufnahmen von der *Sohar* machen wollte. Als er den Drachen für den Flug vorbereitete, kam die gesamte Mannschaft der *Sohar* auf Zehenspitzen näher und stellte sich erwartungsvoll an der gegenüberliegenden Schiffseite auf. Richard, der seine Zuschauer gar nicht bemerkte, hatte schließlich seinen Drachen fertig präpariert und kletterte in den Waschraum nach Steuerbord, den er als Startrampe auserkoren hatte. Das Besansegel gab ein warnendes Zittern von sich und riß Richard prompt den Strohhut vom Kopf. Richard griff nach dem Hut, aber zu spät. Die Zuschauer kicherten.

Als nächstes befestigte Richard eine dicke Rolle Bindfaden an dem Drachen. Die Rolle war wohl eine halbe Meile lang – dünnes, festes Nylongarn. Er befestigte den Faden mit einem dicken Knoten am Drachen, was wieder zur allgemeinen Belustigung der Zuschauer beitrug. Dann richtete sich Richard auf, schwang den Drachen über den Schiffsrand hinaus, riß an dem Bindfaden, und der Drachen stieg in die Höhe. Aber Richard hatte den Wind falsch eingeschätzt. Der war stärker, als er geglaubt hatte. Der Drachen begann ziemlich schnell davonzufliegen und zog ihm den Bindfaden durch die Finger. Das dünne Nylonseil schnitt in Richards Haut und verbrannte sie. Er stieß einen Schmerzensschrei aus und brach in einen wilden, rumbaähnlichen Tanz im Waschraum aus, wechselte die Leine von einer Hand in die andere, bemüht, nicht loszulassen und ein weiteres Aufrollen zu verhindern, aber ohne Erfolg. Sein Lendentuch rutschte nach unten und drohte ganz hinunterzufallen. Sein Publikum wollte sich vor Lachen ausschütten. Die riesige Bindfadenrolle lag jetzt neben ihm auf dem Boden und lief geradezu Amok. Sie hüpfte und tanzte auf der Achterhütte herum, und der Bindfaden wickelte sich wie verrückt von ihr ab. Und Richard sprang immer weiter auf und ab und drehte sich wie ein Kreisel um sich selbst. Schließlich war der Bindfaden ausgelaufen, und alle durften zu ihrer Befriedigung mit ansehen, wie Richard feststellen mußte, daß er vergessen hatte, das Ende des Bindfadens an der Spule zu befestigen. So daß das lose Ende des Bindfadens herunterrollte, durch Richards Finger glitt und hinter dem knallgelben Drachen, der jetzt nur noch ein Fleck hoch am Himmel über der *Sohar* war, munter in Richtung Sumatra davonschwebte, während Richard betrübt hinter ihm herstarrte.

Aber Richard war nicht besiegt. Er hatte einen zweiten Drachen. Er ging unter Deck, um ihn zu holen, und er brachte auch ein Paar Spezialhandschuhe aus Leder mit, um seine Hände zu schonen. Natürlich hatte er mehrere solche Handschuhe mitgebracht, hatte nur vergessen, sie beim ersten Versuch anzuziehen. Und diesmal klappte es. Der Drachen erhob sich in die Lüfte und schwebte über dem Schiff. Mit dem Ausdruck großer Genugtuung befestigte Richard seine Kamera nun am Bindfaden des Drachens. Die Kamera herzurichten, war eine schwierige Angelegenheit. Zuerst wickelte er sie in einen Plastikbeutel. Dann stopfte er den Beutel in einen komisch aussehenden Behälter aus Balsaholz. Schließlich befestigte er an dem Behälter einen Luftballon, der als Notmaßnahme gedacht war, falls die ganze Apparatur ins Wasser fiel. Das ganze Drum und Dran dauerte eine gute halbe Stunde, und als die Kamera endlich bereit war für ihren Start in die Luft, wurde es auch Zeit, das Schiff zu wenden.

»Richard, ich glaube, es wäre besser, wenn du den Drachen vorher runterholst«, sagte ich. »Wir müssen jetzt wenden, sonst gerät der Besanmast noch in den Bindfaden des Drachens. Du kannst ihn ja nachher wieder rauflassen, um deine Bilder zu machen.« Richard widmete sich weiter seiner Apparatur, und ich dachte dann nicht mehr an ihn.

Wir begannen, das Schiff vor dem Wind zu wenden. Als wir das Manöver zur Hälfte durchgeführt hatten, warf ich einen Blick zu dem Punkt, wo vorher der Drachen geflogen war. Zu meinem Erstaunen stellte ich fest, daß Richard den Drachen, anstatt ihn einzuholen, nur ein Stückchen näher zum Schiff gezogen hatte, so daß er etwa sechs Meter weit im Lee flog, wo er sich garantiert im Segel verfangen würde. Im selben Augenblick bemerkte auch Richard seinen Fehler. Mit einem unterdrückten Schrei lief er zur Drachenleine und versuchte sie von der Schiffswand loszumachen, bevor das Segel herumschwang. Aber natürlich hatte er den Bindfaden mit einem Knoten befestigt, der nun nicht aufging. Richard riß sich die Handschuhe herunter, warf sie aufs Deck und versuchte weiter sein Glück – ohne Erfolg. Jetzt begann das Segel quer übers Schiff zu schwingen. Und Richard beschloß, die Bindfadenrolle abzuschneiden. Er tastete nach seinem Messer, das er im Gürtel stecken hatte, und fuhr mit einem entschlossenen Schnitt durch die Drachenleine. Irrtümlicherweise zerschnitt er sie aber nicht zwischen der Spule und dem Knoten am Schiffsrand, sondern zwischen dem Knoten und dem Drachen selbst. Die befreite Drachenleine schwebte träge übers Deck davon, während der zweite Drachen in die Freiheit entwich.

Die *Sohar* lief genau mit dem Wind, so daß der Bindfaden über die gesamte Länge des Decks schleifte, immer gerade ein bißchen schneller als Richard, der ihm nachsetzte. Er stolperte hinter ihm her übers Deck, griff danach, verfehlte ihn aber immer. Der Bindfaden tanzte vor ihm her, unmittelbar außerhalb seiner Reichweite. Richard gelangte zum Bug und stolperte, während er sich gleichzeitig auf den Bindfaden stürzte. Seine Finger griffen knapp daneben, und das Ende des Bindfadens rutschte über Bord. Da kletterte Richard zum Erstaunen aller auf den Schiffsrand, sah sich noch einmal verzweifelt um und warf sich, Arme und Beine weit von sich gestreckt, hinter dem Drachen über Bord und landete mit einem lauten Bauchklatscher auf dem Wasser.

»Komm sofort zurück, Richard!« rief ich. »Werft ihm ein Seil nach. Holt ihn an Bord! Schnell!« Das Schiff glitt weiter voran. Jetzt war es schon neben Richard, der unbeholfen mit Armen und Beinen um sich schlug. Wir warfen ihm das Ende eines Seils zu. Er packte es und wurde triefend an Deck gezogen. Wie ein begossener Pudel stand er da und hielt nach seinem verschwundenen Drachen Ausschau. »Da ist er!« rief jemand und deutete auf einen rautenförmigen gelben Gegenstand, der vor der *Sohar* im Wasser schwamm. »Andrew, du kannst am besten schwimmen. Rein mit dir! Aber mach ihn an einer Leine fest. Versuch nicht, mit dem Drachen zurückzuschwimmen. Das schaffst du nicht.« Andrew sprang mit einem Hechtsprung über Bord, eine dünne Leine hinter sich herziehend. Nicht lange, und wir hatten Richards Spielzeug wieder. Erfreut nahm er ihn entgegen. Am nächsten Tag fiel der Drachen zu unser aller Erleichterung völlig mit der Nase voran ins Wasser und zerbrach in seine Einzelteile.

Dicht an der Küste Sumatras entlangzusegeln, war oft aufregend. Weit hinten konnten wir zur Rechten Wolken sehen, die sich über den fernen Bergen des Hochlands zusammenballten. Die Luft war schwer und tropisch warm und hatte irgendwie etwas Drohendes an sich. Morgens gerieten wir häufig in eine Windstille, und die Strömungen zerrten an dem leichten Anker, vor den wir das Schiff gelegt hatten. Später, meist nachmittags, erwärmte sich die unstabile Luftmasse über Sumatra, und die Wolken türmten sich auf. Im Westen war der Horizont mit den bedrohlich wirkenden Unterseiten von Wolken übertüncht. In schwarzen Schächten fuhren tropische Wolkenbrüche die Berghänge herunter, und wir konnten den Donner hören, der über den Sümpfen grollte. Gegen Abend wurde das Donnern stärker und trat häufiger auf. Blitze zuckten über den Bergen, manchmal konnte man sie noch sekundenlang hinter ihnen flackern sehen, so daß die Kämme als scharfe Silhouetten hervortraten. Dann, direkt vor Einsetzen der Dämmerung, erreichten uns Wind und Regen. Wir lichteten sofort den Anker, die gesamte Mannschaft legte Hand an und sang und stampfte auf dem Deck, die nassen Kleider klebten an den Körpern, und es herrschte eifrige Betriebsamkeit, während der die Segel ausgelegt und befestigt wurden und das Schiff Fahrt bekam.

Dann fegte eine schwarze Sturmbö über uns hinweg, und alles wurde schwarz wie Tinte, während der Tropenregen auf uns herabprasselte. Die *Sohar* schoß nach vorn, und der Beobachtungsposten kroch unter eine Persenning beim Bugspriet und blinzelte voraus in die Dunkelheit, um die Umrisse von Fischerbooten oder die Schaumlinie des Wassers zu erkennen, die über einer Untiefe auftrat. Wenn wir uns im Zentrum eines Gewitters befanden, spielten sich um uns herum die unglaublichsten Szenen ab. Das ständige Rollen des Donners und das Aufzucken der Blitze krachte und hallte in den Wolkenburgen nach. Die gezackten Linien der Blitze fuhren neben uns ins Meer und – am eindrucksvollsten von allem – zerbarsten gelegentlich sogar direkt über unseren Köpfen wie Artilleriefeuer. Manchmal fanden die Entladungen so nahe statt, daß wir den scharfen flachen Ton, wie von einem Peitschenhieb, hören konnten.

Unser Beobachtungsposten war lebenswichtig. Ihm vertraute sich die

Sohar an, wenn sie die Küste entlangeilte, die Strömungen unter ihrem Kiel und den Nachtwind in ihren Segeln. Die sumpfige, flache Küste neigte sich sanft dem Meer zu, und der Schlick aus den Flüssen wurde in einem Labyrinth von Schlamm- und Sandbänken abgelagert, über denen das Wasser gluckerte und in Flüßchen und Strömen ineinanderrann. Manche Schlammbänke waren nicht in der Karte verzeichnet, weil sich ihre Lage andauernd änderte. Es blieb wenig Zeit, um Hindernisse auszumanövrieren, so daß jede Sekunde, die wir früher gewarnt wurden, von großer Bedeutung war. Da gab es Untiefen, Fischerboote und -netze. Aber am gefährlichsten von allem waren die Fischhütten, die die Bewohner von Sumatra auf den Schlammbänken vor der Küste errichtet hatten. Es waren feste Bauten, auf dicken Pfählen über der Wasseroberfläche errichtet; sie besaßen eine Falltür, durch die die Fischer große Schöpfnetze ins Wasser tauchten oder Fischleinen auslegten. Um die Besitzer vor den tropischen Regengüssen zu schützen, war auf der Plattform gewöhnlich eine Hütte errichtet. Diese Hütten waren manchmal so groß wie Häuser. Zum Glück zündeten die Fischer helle Lampen an, um die Fische anzulocken, und an diesen Lichtern konnten auch wir sie rechtzeitig erkennen. Aber es war nicht immer einfach, zwischen einer Reihe Lichter auf einem Fischerboot und einer Reihe Lichter zu unterscheiden, die eine Schlammbank markierten, auf der Fischhütten standen.

In solchen Momenten war es überaus wichtig, daß der Beobachtungsposten wachsam war und die Deckwache schnell reagierte. Die *Sohar* würde auf die Lichterreihe zufahren. Der Wachtposten würde mich rufen, und zusammen würden wir dastehen und die schnell näher kommende Lichterreihe ansehen. Sollten wir um sie herum oder zwischen ihr durchfahren? Wie schnell war die Strömung? Wie tief war das Wasser? Wie stark driftete das Schiff ab? Eine ganze Flut von Fragen stürzte auf mich ein, und dann, mit der Entscheidung, kam auch die Notwendigkeit zum schnellen, sehr schnellen Handeln. »Halst das Schiff!« Das Tappen von Füßen auf den Planken war zu hören, das schnelle Ziehen und Werfen von Segeltuch, der Ruf *Lessim! Lessim!* Gebt nach! Gebt nach! und endlich das Heraufziehen der Großrah. Saleh oder Abdullah hastete auf dem Schiffsrand hin und her, brachte die Großschot in ihre neue Stellung. Das Quietschen beim Wegziehen des Großrahblocks, der nach außen schwenkte, während das Segel in die neue Position fiel, und die Schreie *Yah allah! Yah allah!*, während das

Großsegel gesetzt wurde, tönten durch die Nacht. Ein letzter Aufschrei: *Mawal!* Festmachen!, und die *Sohar* schwang herum und ging auf ihren neuen Kurs.

Es war ein erstaunlicher Unterschied zu unseren ersten ungeübten Versuchen, nachdem wir Maskat mit der neuen Mannschaft verlassen hatten. Jetzt konnten wir das Schiff in weniger als zehn Minuten halsen, bei starkem Wind und völliger Dunkelheit. Dennoch schlug mir das Herz oft bis zum Hals. Ein kleiner Fehler nur, und die *Sohar* würde in einem Gewirr von Hölzern und Wrackteilen in eines der Fischhäuser krachen. Es brauchte nur ein Seil hängenzubleiben oder sich das Segel um den Mast zu schlingen, und das Schiff würde außer Kontrolle geraten. Die Katastrophe blieb aus, aber manchmal kamen wir erschreckend nah an eine Fischhütte heran, und oft ging mir durch den Kopf, was sich die Fischer von Sumatra wohl gedacht haben mochten, wenn sie die gespenstischen Umrisse der *Sohar* vorbeischießen sahen: Aus der Dunkelheit kam die fremdartige Gestalt eines arabischen Booms, seine riesigen dreieckigen Segel wie Fledermausflügel vor dem Nachthimmel, ein absolut stummes Schiff, vom Quietschen der Seile und dem gurgelnden Geräusch des Rumpfs, der sich durchs Wasser schob, abgesehen. Wie die seltsame Erscheinung mit ihrer Bugsprietlanze geradewegs auf die Fischer zielte, muß sie ausgesehen haben, als wäre sie auf einen schrecklichen Zusammenstoß vorbereitet, bis sie mit quietschenden Blöcken die Segel aufzog und abdrehte.

Die heikelste Strecke der Malakkastraße war der Kanal der South Sands. Das war das Nadelöhr der gesamten Straße, wo die Untiefen sowohl von Malaysia als auch von Sumatra weit bis ins Meer reichten und nur einen engen Kanal dazwischen freiließen. Durch diesen Kanal müssen alle Schiffe, die die Straße hinauf- und hinunterfahren, und hier war auch die *Sohar* gezwungen, die Küste von Sumatra zu verlassen und auf die andere Seite, in Richtung der malaiischen Küste zu segeln, oder sie riskierte, sich auf der Seite Sumatras in einem Gewirr von Untiefen und Schlammbänken zu verfahren. Von diesem Manöver hatten die alten arabischen Navigatoren voller Respekt gesprochen, und Ahmed Ibn Majid, der Meisternavigator aus Sur, hatte im 15. Jahrhundert vor den Gefahren der South-Sands-Passage gewarnt. Daher war es die reinste Ironie, daß die *Sohar* ausgerechnet an dieser Stelle, während ihrer gesamten Reise nach China, am dichtesten dran war, auf Grund zu laufen.

Es passierte mitten in der Nacht. Wir bemühten uns, möglichst schnell an den engen Stellen vorbeizukommen, hielten scharf Ausschau, um dem dichten Schiffsverkehr auszuweichen, als der launische Wind plötzlich umschlug. »Captain! Captain! Kurs Südwest!« rief Khamees Police, der die Wache leitete und gleichzeitig das Ruder bediente. Ein völlig falscher Kurs, dachte ich mir. Er würde uns geradewegs zu den Sandbänken bringen.

»Mach Lotungen.« Das Blei fiel ins Wasser. Sein Seil lief nur ein kurzes Stück aus, da stieß der Rudergänger einen lauten Schrei aus. »Vier Fuß!« Mein Gott. Nur ein Meter zwanzig! Wir befanden uns direkt am Rand der Sandbänke. An der Seite des Kanals stieg das Ufer steil an. Wenn die *Sohar* jetzt in einen Sturm geriet, würden wir in Stücke zerfetzt. Es ging alles so schnell. Es war nicht einmal mehr Zeit, das Schiff zu wenden. Der Wind änderte immer noch seine Richtung. »Werft beide Anker«, schrie ich. Ein Mann rannte nach vorn, um die Ankerlaschen durchzuschneiden. Das Schiff glitt unerbittlich weiter voran. Das Ruder reagierte überhaupt nicht. Der Wind stand jetzt direkt achtern und schob die *Sohar* auf den Rand der Sandbank zu. Platsch! Der Wurfanker sank hinunter; und es schien, als wären keine zwei Sekunden vergangen, bis der Anker auf Grund traf und die Kette zum Stillstand kam. Das Ankerseil verlief in einem spitzen Winkel, führte unter dem Rumpf der Sohar hervor, während das Schiff noch immer vom Wind weitergetrieben wurde. »Hauptanker loslassen!« Die Männer bemühten sich, ihn freizubekommen. Platsch! Die 350 Pfund Gewicht unseres schwersten Bugankers fuhren abwärts. Wieder nur ein kurzes Rasseln der Kette. »Laß beide Seile vorsichtig nach. Dick! Nimm Lotungen mit dem Blei.«

Ein Meter zwanzig, ein Meter zwanzig. Ein Meter zehn...

»Macht beide Seile fest.« Wir befanden uns jetzt direkt am Rand der Sandbank. »Dick. Laß das Blei gerade ausgerichtet am Grund. Dann sehen wir, ob das Wasser steigt.«

Inzwischen waren alle Mann an Deck und warteten ängstlich ab. Der Wind nahm noch an Stärke zu. Das Geräusch des Meeres um uns herum hatte sich verändert. Jetzt war es nicht mehr das tiefe Donnern der normalen Wellen, sondern ein hohes Zischen kleiner, leichter Wellen über den Untiefen. Wenn der Wind noch zunahm, würden wir zwischen die Brecher geraten. Nach zwanzig Minuten prüfte ich die Lotleine. Sie hing ein ganzes Stückchen lose durch, bevor ich das Gewicht des Bleis fühlen und bis auf den Grund fallenlassen konnte. Es sagte mir, daß die *Sohar* unter ihrem Kiel fast einen Meter Wasser verloren hatte. Entweder setzte Ebbe ein, oder die Anker schleiften über den Grund, und die *Sohar* wurde vom Wind auf den Sand getrieben. Das Schiff lag in einem sehr unglücklichen Winkel. Seine Spitze lag im Wind, und die beiden Anker hingen hinter seinem Heck. Eine fatale Situation, der wir sofort mit Notmaßnahmen begegnen mußten. Normalerweise hantiert man nicht nachts von kleinen Dingis aus mit schweren Ankern. Die Gefahr zu kentern oder daß ein Mann heruntergezogen wird und ertrinkt, wenn sich sein Fuß oder seine Hand in einer Kette verfängt, ist viel zu groß. Und in der Dunkelheit kann man sehr schwer Hilfe leisten. Aber ich hatte das Gefühl, daß uns gar nichts anderes übrigblieb. Wir mußten die *Sohar* so schnell wie möglich von den Sandbänken wegschaffen, wenn nötig, mit »purer Gewalt«.

»Peter, ich möchte, daß du das Gummiboot und die tüchtigsten Männer nimmst und rings um das Schiff Lotungen machst.« Peter Dobbs, Tim Readman und Peter Hunnam verschwanden mit dem Gummiboot in der Dunkelheit. Während sie mit dem Ersatzblei Lotungen durchführten und die Ergebnisse mit einer Taschenlampe zum Schiff signalisierten, nahm Nick Hollis von der *Sohar* aus Kompaßmessungen vor. Direkt achtern, dort, wo wir in die Sandbänke hineingeraten waren, befand sich die einzige Stelle, an der sie tiefes Wasser feststellten. Dort würden wir einen Anker auslegen müssen. Das Boot kam zurück, und wir machten uns an die heikle, gefährliche Aufgabe, den Wurfanker vorzubereiten. Wir ließen ein Seil aus, zogen ein anderes herein und holten den großen Dragganker wieder ein. Der Draggen wurde vorsichtig in das Schlauchboot gehoben und auf ein Brett gelegt, das quer über dem kleinen Dingi lag. Das Schlauchboot verschwand wieder in der Dunkelheit und folgte diesmal den Anweisungen, die ihm vom Schiff aus zugerufen wurden. Es erreichte das Ende des Ankerseils. Peter ergriff die Kante des Bretts und hob sie hoch, so daß es schief lag und der Anker ins Wasser kippte. Jetzt stellte sich die gesamte Mannschaft der Länge nach in einer Reihe auf dem Deck der *Sohar* auf. Nur Jumah war nicht dabei, er bewachte das zweite Ankerseil. »*Minataw, minataw* – Wer bist du? Wer bist du?« sang die Mannschaft und begann, das Seil an dem Wurfanker wieder zurückzuziehen. Zuerst kam das Seil schnell, dann stemmte sich der Anker dagegen, der Zug wurde stärker, und die Mannschaft zog stöhnend, um das widerwillige Schiff aus der mißlichen Lage zu befreien. Jumah ließ sein Seil Zentimeter um Zentimeter nach. Allmählich zog die Mannschaft die *Sohar* nur mit Hilfe ihrer Muskelkraft aus der Gefahrenzone. Noch zweimal warfen wir einen Anker, zogen uns an ihm weiter, und dann war die *Sohar* wieder frei. Ich prüfte das Senkblei. Der Boden des Kanals fiel so steil ab, daß wir jetzt nach einer Entfernung von nur 60 Metern in 40 Meter tiefem Wasser ankerten. Für den Rest der Nacht war die *Sohar* in Sicherheit.

Zur Zeit von Ibn Majid hatten die Araber im gesamten großen Archipel von Südostasien ein dichtes Handelsnetz errichtet. Omanische und andere arabische Schiffe betrieben an beiden Küsten Sumatras Handel, legten auf Java an und drangen bis nach Borneo und Celebes vor. Es war ein ständiges Kommen und Gehen arabischer Schiffe, die die Monsunwinde ausnutzten, um die indonesischen Inseln zu erreichen, und sich dann durch den Archipel vorwärtsarbeiteten. Interessanterweise stand Singapur bereits auf Ibn Majids Liste mit Häfen, die von Handelsreisenden angelaufen wurden. Lange bevor also Sir Stamford Raffles seine Entwicklung förderte, war Singapur ein Anlaufhafen für die arabische Handelsschiffahrt. Zu Ibn Majids Zeiten war Malakka der wichtigste Hafen in ganz Südostasien, und der kurze Besuch, den ihm die *Sohar* abstattete, bestätigte uns, wie außerordentlich bequem die Lage und die ganze Konstellation dieser Stadt in ihrer Blütezeit gewesen sein müssen.

Malakka liegt – leicht zugänglich – in den Meeresengen der Straße. Schon die Untiefen auf der Seite von Sumatra hatten uns gezwungen, zu den malaiischen Küsten hinüberzuwechseln. Dort – während wir gemächlich an der grünen Küste entlangsegelten – war die Stadt Malakka mit ihrem hoch aufragenden Hügel nicht zu übersehen. Eine kleine vorgelagerte Insel bietet Schutz; auch gibt es dort keine Felsen oder Untiefen, die den Neuankömmling behindern könnten. Die *Sohar* segelte entlang der Vier-Faden-Linie, bis sie sich in einer günstigen Position zum Hafen befand, und ging dort vor Anker. Die beiden Gummidingis wurden aufgeblasen und zu Wasser gelassen und fuhren in Richtung Küste davon. Wir wurden erwartet. Höfliche, gastfreundliche Hafenbeamte fertigten uns ab; ich erklärte ihnen, daß wir nur so lange blieben, bis wir unsere Vorräte aufgefüllt hätten. Das Einkaufen hätte nicht leichter sein können. Die Dingis fuhren zu dem engen Fluß, an einer Reihe indonesischer Proas vorbei, die Säcke mit Holzkohle entluden, unter der Brücke und zwischen den hübschen chinesischen Häusern mit roten Ziegeldächern hindurch, die an beiden Ufern standen und ein wenig an ein tropisches Venedig erinnerten.

Der Markt von Malakka lag am Flußufer. Die Fischer konnten ihren

Fang direkt bis zu den Ständen bringen und Kanalfahrzeuge aus dem Landesinnern ihr Gemüse und ihre Früchte abladen. Die Dingis der *Sohar* mischten sich unter die Boote, die sich vor den Stufen zum Markt drängten. Es wurde gelacht und gewinkt; die Bootseigner nahmen unsere Leinen und machten sie fest, und die Männer der *Sohar* sprangen an Land, als hätten sie ihr ganzes Leben nichts anderes getan, als auf dem Markt von Malakka einzukaufen. In nur einer halben Stunde erschien Tim Readman, der Zahlmeister, hinter einer Rikscha, die mit Ananas, Sternfrüchten, getrockneten Pilzen, Gemüse und zwei lebenden Hühnern vollgepackt war. Der Direktor der Bankfiliale von Malakka lud freundlicherweise sechs von uns zu sich nach Hause zum Essen ein. Er war höchst erstaunt, als die Männer von der *Sohar* (allerdings auch die größten der Mannschaft) eine Mahlzeit wegputzten, die für zwanzig Personen gedacht war. Noch mehr beeindruckt war der Bankdirektor aber, daß drei seiner gefräßigen Gäste, über die Essensreste gebeugt, zugaben, dies sei bereits ihr zweites Mittagessen an diesem Tage.

Dann ging es zurück zum Schiff, der Anker wurde gelichtet, und am folgenden Nachmittag segelte die *Sohar* weiter. Alle waren in ausgezeichneter Stimmung, mit Ausnahme der beiden Hühner, die ausgesprochen verdrossen auf dem Vordeck hockten, vielleicht ahnten sie, daß Ibrahim sie bald in seinen Kochtopf stecken würde. Auch das Wetter ließ uns nicht im Stich. Am Ende hatten wir gerade dort günstigen Wind, wo wir eigentlich mit Wetterschwierigkeiten gerechnet hatten. Ich hatte für die Fahrt von Malakka bis Singapur großzügig drei Tage kalkuliert, aber die *Sohar* legte diese Strecke in nicht einmal der Hälfte der Zeit zurück. Bereits in der zweiten Nacht sahen wir um ein Uhr früh ein kräftiges Leuchten, das den Nachthimmel erhellte – die glitzernden Lichter von Singapur. Beim ersten Schein der Dämmerung liefen wir, mit quer übers Schiff gespanntem Großsegel, um die aufkommende Brise voll zu nutzen, in den großen Schiffahrtskanal von Singapur ein. Der einzige Haken war der, daß wir genau gegen den Verkehrsfluß segelten.

Ich versuchte besorgt, über Funk den Lotsendienst von Singapur zu erreichen, um ihn zu warnen und damit die Kapitäne der großen Schiffe nicht erstaunt waren, wenn sie ein arabisches Schiff unter vollem Segel mit der Flut auf sich zufahren sahen. Ich hätte mir keine Sorgen zu machen brauchen. Auch Singapur erwartete die *Sohar*. Der größte Hafen der Welt, mit den meisten Schiffsbewegungen pro Tag, war bereits vom

Sultanat Oman über das Segelschiff informiert worden. Eine Polizeibarkasse kam auf uns zu, gefolgt von einem Boot der Hafenbehörden. Ein Mann – offenbar chinesischer Abstammung – in leuchtendweißer Uniform kletterte unser Fallreep herauf, in der Hand ein Walkie-talkie und eine große Hafenkarte. »Ich bin Ihr Lotse«, sagte er und schüttelte mir die Hand, »aber ich habe keine Ahnung, wie ich es fertigbringen soll, dieses Schiff in den Hafen zu geleiten. Ich hab darin keine Erfahrung, ich war noch nie an Bord eines Segelschiffs. Sagen Sie mir bitte, was ich tun soll. Und machen Sie sich keine Sorgen, weil Sie den Kanal in der falschen Richtung herauffahren. Ich glaube, Ihnen versichern zu dürfen, daß diese Regeln auf Ihr Schiff nicht zutreffen.«

Und so segelte die *Sohar* mit dem Lotsen an Bord, der pausenlos Befehle in sein Walkie-talkie bellte, um uns den Weg freizumachen, majestätisch an der großen Ansammlung von Schiffen vorbei, die hier in Singapur vor Anker lagen. Ein verbeulter Frachter, der unter der roten Flagge mit gelben Sternen der Volksrepublik China fuhr, ließ zur Begrüßung seine Sirene aufheulen. Ein großes viereckiges Containerschiff machte uns Platz, und wir gingen vor Anker. Der Lotse hatte für uns eine Überraschung parat. »Bleiben Sie nur so lange hier, wie Sie für Ihr Schiff benötigen. Die Regierung von Singapur hat für Sie einen Empfang organisiert. Und die Hafenbehörden stellen Ihnen einen besonderen Liegeplatz zur Verfügung.« Es erschienen noch mehr Polizei- und Hafenboote, die unvermeidlichen Fernsehteams und ein Schlepper, so groß, daß sich die *Sohar* dagegen wie ein Zwerg ausnahm. Gemeinsam eskortierten sie die *Sohar* zu ihrem Liegeplatz. Am Kai hatte sich eine winkende Menschenmenge versammelt. Eine chinesische Tanzgruppe wirbelte und stampfte zu den Schlägen einer riesigen Trommel und dem Klappern von Zimbeln. Chinesische Löwen tänzelten auf Menschenbeinen, und als wir die *Sohar* am Kai festmachten, trat eine Reihe malaiischer Mädchen vor und sang einen traditionellen Willkommensgruß. Es schien nur angemessen, daß wir darauf antworteten. Als die Fender der *Sohar* quietschend gegen die Wand des Kais stießen, kletterte die gesamte Crew der *Sohar* auf den Schiffsrand und stimmte einen zündenden Gesang an. Von den lächelnden Gesichtern der vielen Menschen konnte man deutlich ablesen, daß unsere Gastgeber begeistert waren.

12
Das Südchinesische Meer

Jetzt blieben auf dem alten arabischen Seeweg nach China nur noch zwei der sieben Meere übrig. Allen Berichten zufolge waren es die schlimmsten. In diesen beiden Meeren, so schrieben die arabischen Geographen, tobten gewaltige Stürme, deren ungestüme Kraft sich kaum beschreiben ließe. Hier schickten die Sturmwinde Schiffe ins Verderben, und die Wellen taten ein übriges und zerschlugen sie in Stücke. Wenn der Mast eingeholt und die gesamte Fracht über Bord geworfen wurde, bestand vielleicht Aussicht auf Rettung. Aber gewöhnlich konnte man nur auf die Hilfe Allahs hoffen. In diesen gefährlichen Gewässern tauchten aus den Wellen schwarze Dämonen auf und spazierten über das Schiffsdeck. Und auf dem Höhepunkt eines wirklich schlimmen Sturms konnte man oben in der Takelage ein seltsames, strahlendes Licht sehen. Wenn es die Gestalt eines leuchtenden Vogels annahm, dann war das ein Zeichen dafür, daß das Schiff gerettet werden würde.

»Das Chinesische Meer wird das schlimmste sein, nicht wahr?« fragten mich die Omani. Stimmte es, daß man hier auf *tufan*, den Sturmwind, traf? Ich nahm an, daß das arabische Wort *tufan* dasselbe bedeutete wie das chinesische Wort Taifun, und versuchte sie zu beruhigen. Bis dahin waren wir bei unserem Segelprogramm nach der Methode vorgegangen, uns immer direkt vor Beginn einer Segelsaison auf den Weg zu machen. Wir hatten Maskat verlassen, kurz bevor sich der Nordostmonsun zu unseren Gunsten zu drehen begann; wir waren von Sri Lanka losgesegelt und hatten die langen Flauten ertragen, um Sumatra mit den ersten Winden des Südwestmonsuns zu erreichen. Wir hatten die Brisen vom Land und vom Meer genutzt, um durch die Malakkastraße zu gelangen und so früh wie möglich ins Südchinesische Meer zu kommen. Durch unser frühzeitiges Eintreffen dort hoffte ich, das Risiko in einen Taifun zu geraten, auf ein Minimum zu reduzieren. Aber dieses Risiko ganz auszuschließen, war unmöglich. Taifune können das ganze Jahr über vorkommen, ihre Saison beginnt jedoch im Juli, dann steigern sie sich – bis in den Oktober hinein. Die *Sohar* hatte gezeigt, daß sie ein tüchtiges und solide gebautes Schiff war, und ich war der Überzeugung, daß sie gute Chancen hatte, einen Taifun zu überstehen, wenn man sie richtig behandelte. Doch darauf wollte ich es lieber nicht ankommen lassen.

Wir segelten am 11. Juni von Singapur los und steuerten geradewegs die chinesische Küste an, wir waren entschlossen, es schnell hinter uns zu bringen. Der Besuch in Singapur hatte uns gutgetan. Wir hatten die Stadt gesehen und waren von den Behörden und privaten Gastgebern sehr freundlich behandelt worden. Um uns zu revanchieren, hatten wir an Bord Besucher empfangen, die meisten Leute waren aber von den beengten Lebensbedingungen nicht gerade begeistert. Am Schiff war erstaunlich wenig zu reparieren gewesen. Tom versuchte, unser Funkgerät wieder in Gang zu kriegen. Das Bilgegas hatte die inneren Teile zersetzt, und die beiden kleinen Amateur-Funkgeräte waren inzwischen nicht mehr recht tauglich. Auch der kleine Generator konnte nur durch sorgfältige Pflege funktionsfähig erhalten werden. Von der modernen Ausrüstung waren nur noch die Außenbordmotoren der Gummidingis in guter Verfassung, um die sich Peter Dobbs und Tim Readman kümmerten.

Im Gegensatz dazu befand sich unsere gesamte »alte« Ausrüstung in vorzüglichem Zustand. Wir hatten die Leinen ersetzt und neu aufgezogen, wann immer es nötig wurde; wir hatten ständig das Holz bearbeitet und instand gehalten und die durchgescheuerten Stellen erneuert. Das Ruder hing jetzt fest in seiner Verankerung, und den Rumpf hatten die Omani mit einem glänzenden Ölmantel überzogen. Die *Sohar* war ansehnlich und seetüchtig. Die einzigen sichtbaren Schwachstellen waren die Segel und die unteren Planken. Nachdem die Segel monatelang abwechselnd tropfnaß und von der Sonne wieder getrocknet, verstaut und wieder gesetzt worden waren, hatten sie sich abgenutzt. Die handgenähten Segeltücher hatten gute Dienste geleistet, aber sie waren auch über die Maßen strapaziert worden. Allerdings waren die unter Wasser liegenden Teile des Schiffsrumpfs nun seit einem halben Jahr nicht mehr überholt worden. Verständlicherweise waren die Nähte undicht. Zweimal täglich mußten wir die Bilgen auspumpen. Wir tauchten unter das Schiff und stopften immer wieder Hammelfett und Holzwolle in die Ritzen, aber um die Arbeit ordentlich zu verrichten, hätte man die *Sohar* aus dem Wasser ziehen und eine völlig neue Abdichtung aus Kalk und Hammelfett mit der Hand auftragen müssen.

Die ersten vier Tage, nachdem wir Singapur verlassen hatten, waren herrlich. Das Meer war tiefblau mit kleinen weißen Schaumkronen, vor dem Bug tummelten sich Fische. Der Wind blies warm und beständig aus dem südlichen Quadranten. Der Himmel war mit Schäfchenwolken überzogen, und die *Sohar* legte geruhsam Meile um Meile zurück. Wir kamen auf neunzig bis hundert Meilen pro Tag, ohne an den Segeln auch nur die geringste Veränderung vornehmen zu müssen. Sie blähten sich wohlig auf und versorgten das Vordeck mit einer kühlen Brise. Die gesamte Mannschaft war entspannt, zufrieden und bei guter Kondition. Diese idealen Bedingungen, erzählte mir Jumah, glichen denen der afrikanischen Handelsfahrten, auf der Fahrt von Oman nach Sansibar: Tag für Tag schönes Wetter und günstige Winde, kaum Arbeit, kein einziges Mal die Notwendigkeit, das Schiff vor dem Wind zu wenden, auf dem ganzen Weg nicht, von Oman bis an die afrikanische Küste. Nach China zu segeln, fügte er mit einem Grinsen hinzu, wäre etwas völlig anderes. Man könnte zwanzigmal nach Sansibar segeln und zurück, ohne auch nur ein einziges Mal derart aufregende Dinge zu erleben.

In der vierten Nacht, nachdem wir Singapur verlassen hatten, weckte mich Peter Hunnams Stimme. Es war drei Uhr morgens, und ich schlief an meinem gewohnten Platz in der Nähe der Ruderpinne an Deck. »Sieht aus, als würden wir Regen kriegen«, sagte er.

»Keinen Regen, nur Wind«, erwiderte Khamees Navy.

Verschlafen stand ich auf, rollte meine Matratze zusammen und trug sie nach unten, zog Ölzeug über und kam zurück an Deck und erwartete irgendeine Art Nachtbö, wie wir sie in der Malakkastraße kennengelernt hatten. Ich sollte mich täuschen. Der schwarze Fleck am Nachthimmel kam näher, und der Wind blies kräftiger. Die *Sohar* segelte unter ihrem kleineren Großsegel, und ich machte mir weiter keine Sorgen. Sie hatte eine ganze Reihe von Böen durchgestanden. Der Wind wurde immer stärker, und das Segel begann jetzt bedrohlich zu zittern. Dann erfolgte plötzlich ein heftiger Windstoß, wie bei einem Sturm. Die Takelage stieß einen tiefen Seufzer aus. Das Holzgerüst des Schiffs gab ein alarmierendes Knirschen und Knacken von sich. Windwärts wurde das Meer immer unruhiger. Aus der Dunkelheit rasten ganze Reihen kurzer, steiler Brecher auf uns zu. Als sie sich unter den Rumpf bohrten, schwankte und rollte die Sohar hin und her. Das Gewicht des Großbaums löste einen Pendeleffekt aus. Das Schiff hob und senkte sich mühsam unter der gewaltigen Anstrengung. Plötzlich stieß eine Welle unter das Schiff und kippte es auf die Seite. So steil, daß das Leedeck der Sohar unter Wasser stand. Durch das Speigatt strömte Wasser herein. Von unten waren Gepolter und dumpfe Schläge zu hören, als Kisten und Fässer kreuz und quer übers Schiff rutschten. Wie aufgescheuchte Ameisen kamen die Männer an Deck geklettert, in Ölzeug vermummt, und hielten sich an den Leinen und dem Schiffsrand fest. Auf der Wetterseite waren mehrere Männer aus ihren Kojen geflogen. Der Großbaum bog sich jedesmal erschreckend durch, wenn das Schiff schwankte und taumelte. Ich hatte den Wind unterschätzt. Er hatte uns mit viel zu großem Segel erwischt, und es würde schwierig sein, die Segel ohne Gefahr zu verringern.

»Aufgeien! Aufgeien!« schrie ich. Die Männer rannten zu den Beschlagleinen, die das Großsegel zur Rah hinaufzogen. Aber obgleich fünf Männer an einer Beschlagleine zogen, war alle Mühe vergebens. Die Reibung an den Seilen, das Gewicht des nassen Segeltuchs und die Kraft des Winds machten es unmöglich, das Großsegel aufzuziehen. Es überstieg unsere Kräfte. »Los! Ziehen! Ziehen!« schrie Peter Hunnam. Die Mannschaft hängte sich mit einer Entschlossenheit in die Beschlagleinen, als ahnte sie, daß die Sohar Gefahr lief zu kentern oder daß der Mast brach, wenn nicht sofort etwas geschah. Jetzt war der Sturm direkt über uns. Das Getöse des Winds und das Schlagen der Seile schuf ein Pandämonium an Geräuschen, es herrschte rohe Gewalt. Die geschmeidigen Gestalten der Männer wurden immer wieder vom Licht der Blitze beschienen. Plötzlich begann sich eine der Beschlagleinen leicht zu bewegen. »Ziehen! Sie bewegt sich«, rief jemand. Aber es war nur eine Täuschung. Statt dessen riß mit donnerndem Krachen die gesamte rückwärtige Kante des Großsegels entzwei, 15 Meter doppelt genähtes Segeltuch. Einen Augenblick später fiel das Tuch in Fetzen herunter. Die nutzlosen Beschlagleinen zerrten nur an einem höchstens einen Meter breiten Streifen. Das Großsegel war total ruiniert, einhundertfünfzig Quadratmeter Segeltuch, in einem einzigen Augenblick. Die letzten Fetzen des Materials flogen mit dem Wind in die schwarze Nacht – wie Geister, die sich davonmachen.

Wir konnten jetzt nichts anderes tun, als den Schaden möglichst klein zu halten. »Großbaum runter. Laßt die Beschlagleinen. Sie sind nutzlos.« Die Stopper der Hauptfalleine wurden gelöst und viel Leine nachgegeben. Polternd und gegen den schwingenden Mast stoßend, kam die Rah schwerfällig herunter. Vor sechs Monaten noch wäre es undenkbar gewesen, die Großrah in einem Sturm herunterzulassen. Jetzt, nach sechsmonatiger Übung und Erfahrung, war es immer noch nicht ganz ungefährlich, lag aber im Bereich unserer Möglichkeiten. Es war nicht notwendig, Befehle auszuteilen, jeder wußte genau, was er zu tun hatte, damit der riesige Baum unter Kontrolle gebracht wurde. Salem und Jumah lagen, Arme und Beine weit von sich gestreckt, flach auf den Planken, sie blickten nach oben, bereit, auf das vordere Ende des Baums zu springen, während es über ihren Köpfen hinwegfegte, ein Seil drüberzuwerfen und es festzuhalten. Terry wartete im Heck mit einem zweiten Seil, mit dem er das hintere Ende festzumachen gedachte. »Laßt locker. *Lessim. Lessim.*« Im ersten Licht der Dämmerung kamen der Baum und sein zerfetztes Segel herunter. Die Männer liefen eilig durcheinander, um die zerrissenen Reste in Sicherheit zu bringen und nach innen zu ziehen, falls sie noch zu gebrauchen waren. Andere schwangen sich auf den Baum und begannen mit klammen Fingern die Laschen aufzuknoten, mit denen das Seil an seinem Platz festgehalten wurde.

Als es hell wurde, hatten wir das zerfetzte Segel fertig vom Baum gelöst. Der Wind hatte nachgelassen, und unter Klüver und Besansegel glitt die *Sohar* ruhiger übers Wasser. Ich nahm das Bild in mir auf: Auf dem Deck lag das mit Wasser vollgesogene Tuch des alten Segels, darüber das Ersatzgroßsegel, das wir schon an Deck gebracht hatten, um es aufzuziehen. Aber das mußte noch warten. Rund um das Segel waren die Männer der Crew völlig erschöpft eingeschlafen. Sie spürten nichts – nicht das Rollen des Schiffs, das klitschnasse Segeltuch, auf dem sie lagen, ihr vor Nässe triefendes Ölzeug, das sie noch anhatten. Sie waren ausgepumpt. Wahrlich keine Vergnügungsreise.

Da der arme Ibrahim seekrank geworden war, bestand unser Mittagessen nur aus armseligem, kaltem Porridge. Danach ging's zurück an die Arbeit, es gab viel zu tun. Die eine Gruppe räumte das Durcheinander unter Deck auf. Der Inhalt aufgeplatzter Erbsensäcke war über das ganze Deck gekullert. Überall lagen mit Wasser vollgesogene Persennings, zu Brei gequetschte Bananen, angeschlagene und verdorbene Ananas und geöffnete Konservendosen herum. Sogar der große Vorratsschrank, eine Vierteltonne schwer, war durch das Schlingern des Schiffs verrutscht. All das mußte aufgeräumt werden, während die restliche Mannschaft an Deck das Ersatzsegel am Baum befestigte.

Gegen zwei Uhr nachmittags war das Großsegel fertig. Unter Deck war es einigermaßen ordentlich, und die übrigen losen Gegenstände waren verstaut oder festgebunden. Die *Sohar* fuhr unter einem Klüver und einem Besansegel beständig dahin. »Beeilt euch und macht das Großsegel fest«, rief ich der Deckmannschaft zu. »Wir kriegen noch jede Menge mehr Wind.«

Im Westen zeigte sich der Himmel auf eine Weise, wie ich es noch nie erlebt hatte. In Höhe des Meeresspiegels näherte sich uns ein dunkler Schatten, der sich deutlich über den Horizont hinaus erweiterte. Über diesem Schatten türmte sich wie eine senkrechte Mauer eine graue Wolke auf, so dunkel wie der Rauch aus einem brennenden Gebäude, der von aufsteigender Luft in die Höhe gejagt wurde. Die Spitze dieser ominösen Wolkenwand war so sauber und gerade, als wäre sie mit einem Messer abgeschnitten worden. Dahinter erhob sich eine weitere Wolkenwand, ein etwas hellerer grauer Schatten, und dahinter kamen noch zwei Wolkenwände, als hätte ein Riese mehrere graue Wolkenplatten senkrecht übereinandergestapelt. Unter dieser seltsamen Wolkenformation hatte das Meer eine merkwürdige blauschwarze Farbe angenommen, die von weißen Wellenkämmen durchbrochen war, wo der Wind das Wasser aufpeitschte.

»Gott sei Dank, daß wir das Großsegel unten haben«, sagte ich leise zu Tom. »Diese Nachtbö war geradezu ein Segen. Wir sind jetzt besser auf das vorbereitet, was uns noch erwartet. Aber ich schätze, daß als nächstes das Klüversegel zerreißt.« Das waren prophetische Worte. Während die Wolkenbänke über uns hinwegfegten, brüllte der Sturm mit voller Kraft, und der kleine Klüver, den wir bis dahin für so bedeutungslos gehalten hatten, schwoll zu ungeheurer Stärke an. Der Wind fing sich darin und füllte das Segel bis zum Bersten. »Sieh dir das Bugspriet an«, rief Peter Doobs. »Es biegt sich durch. Es hält den Druck nicht aus. Es wird brechen.«

Man konnte das Knacken durch den Sturm hören, als das wuchtige Bugspriet auf die eine Seite gebogen wurde und das Holz unter der Anstrengung laut knarrte. Das Bugspriet bog sich wie eine steife Angel durch. Und genau in diesem Augenblick, kurz bevor es unweigerlich zerbarst, brach der Klüver mit einem scharfen, knallenden Ton. Augenblicklich sackte das Klüversegel nach unten durch. Man hörte fünf oder sechs laute, zischende Töne, wie von einer Peitsche, und schon löste sich das gesamte Segel in sich selbst auf. In einem einzigen Augenblick riß es in tausend Fetzen. An der Kante blieb nichts als ein Stückchen Band, das an der Leine festgenäht war. »Holt die einzelnen Stücke an Bord. Rettet, soviel ihr könnt«, brüllte ich durch den heulenden Wind. Die zerfetzten Reste des Klüversegels flatterten ins Meer und wurden von den Männern auf dem Vordeck aus dem Wasser gefischt. Nicht einmal ein Drittel des Segeltuchs blieb uns erhalten.

»Zieht den kleinen Klüver auf«, ordnete ich an. Der winzige Schlechtwetterklüver wurde an Deck gebracht und an der Hauptleine befestigt. Es war ein absurder kleiner Fetzen Segeltuch, mehr für eine Familienjacht geeignet als für ein ausgewachsenes Segelschiff. »Rauf mit ihr.« Acht Männer waren nötig, um die Klüverleine hochzuziehen. Die übrigen hielten den Klüver auf dem Vordeck fest, bis die Leine straff gespannt war, dann ließen sie los, der Klüver schoß nach Lee, füllte sich sofort mit Wind und blieb dort, steif und viel tiefer als sonst, hängen. Die acht Männer an der Falleine zogen mit aller Kraft. Das Seil rührte sich nicht vom Fleck, und der Klüver hing dort, ein winziges ausgebeultes Stück Segel. Selbst wie es dort so hing und vor sich hinflatterte, konnte ich die unheilvollen Kräfte erkennen, die sich in ihm fingen. »Okay. Holt sie runter.« Es hatte keinen Zweck. Wir konnten den Klüver nicht schnell genug herunterholen. In den dreißig Sekunden, die dazu nötig waren, riß er quer in der Mitte durch. Es war das dritte Segel, das an diesem einen Tag zerrissen war.

Jetzt schnitt der Wind die Wellenkämme ab, blies sie als weiße Gischt übers Wasser. Kaum hatten sie sich gebildet, wurden sie abgerissen und von dem Wasser, das in kurzen, steilen Wänden über sie wegspülte, unter sich begraben. Der Regen fegte beinahe horizontal übers Deck und zog ganze Wasserströme hinter sich her. Es war unmöglich, in den Wind zu sehen, der Regen bohrte sich schmerzhaft in die Augen. Der Wind hatte jetzt so zugenommen, daß man kaum noch am Schiffsrand stehen konnte, um die Lage zu überwachen. Einfacher war es, sich auf dem Deck zusammenzuducken, im Schutz der Schiffswand und außerhalb der Reichweite der Windstöße. Die *Sohar* selbst segelte seitlich zum Sturm, und nur gelegentlich geriet ihr Speigatt unter Wasser. Ich ordnete an, daß die Mannschaft Rettungswesten anzog, nicht so sehr, weil ich fürchtete, daß wir kentern könnten – ich vertraute darauf, daß die *Sohar* den Sturm aussegelte –, sondern für den Fall, daß jemand durch ein loses Seil über Bord gefegt wurde oder ausrutschte und von dem schaukelnden Schiff glitt.

Genau in diesem Augenblick wurde das Besansegel gesprengt. Es war ein neues Segel, unser bestes, fest genäht und aus erstklassigem Segeltuch. Aber diesem Sturm war es nicht gewachsen. Mit einem Donnerschlag riß es entzwei. Die Fetzen flatterten im Wind, und was einmal ein ansehnliches Segel gewesen war, knallhart im Wind, noch vor zwei Sekunden, dessen Fetzen wirbelten jetzt wild durcheinander, schlugen sinnlos um sich, ihrer Bestimmung beraubt. Es war das vierte Segel, das wir verloren hatten. Kurz darauf sprang Khamees Navy plötzlich neben die Schiffswand, klammerte sich daran fest, um nicht vom Sturm mitgerissen zu werden, sein völlig durchweichtes Lendentuch klebte ihm an den Beinen; er legte die Hand vor den Mund und stieß einen grellen Schrei aus, der dann im Sturm unterging. Es war ein Gebet zu Allah, hoch und furchtsam, seltsam, unwirklich, in diesem Inferno der Naturgewalten. Die anderen Männer, die in ihrem Ölzeug triefend vor Nässe im Schutz der Schiffswand zusammengekauert saßen, sahen sich gegenseitig an. Betete Khamees zu seinem Gott und pries seine Taten, oder betete er für ein Ende des peitschenden Sturms? Wir wußten es nicht.

Am Abend hatte sich der Sturm gelegt, und wir blieben inmitten einer grauen, klumpigen See zurück. Wenigstens konnten wir jetzt unser Großsegel aufziehen, den Klüver und das Besansegel ersetzen und versuchen, so viel von dem Segeltuch zu retten, wie zu retten war. Die Zerstörung ging weit über das Maß hinaus, das wir hätten verkraften können. Zwei Segel waren völlig unbrauchbar, und um die beiden anderen zu reparieren, würden wir mehrere Tage benötigen. Aber wenigstens war die Mannschaft guten Muts. Sie wahrte Ruhe und hatte Selbstbewußtsein, und die allgemeine Stimmung war nicht schlecht. Aber ich hatte Angst, daß sich dieses anhaltende Pech schließlich doch noch auf die Gemüter schlagen würde. Unter Deck mußten die Männer sich ständig mit feuchten Bettüchern, tropfenden Balken, nassen Kleidern und einem schrecklichen Durcheinander auseinandersetzen. Kein Wunder, daß die Araber schon vor tausend Jahren der Auffassung gewesen waren, eine Fahrt durchs Südchinesische Meer gehöre zu den schlimmsten Erfahrungen, die man auf einer Reise nach Kanton machen konnte. Aber die Böen, mit denen es die *Sohar* zu tun hatte, waren nichts im Vergleich zu einem Taifun.

Die *Sohar* geriet nun in eine Art Spießrutenlaufen. Die schwarzen Sturmböen, von denen das Schiff getroffen wurde, waren ein hier übliches Phänomen; die Bö ist von bogenförmigen Wolkenballungen begleitet. Die Angriffe erfolgten Schlag auf Schlag, zweimal am 16. Juni, dreimal am 17. Juni, viermal am 18. Juni, zweimal am 19. Juni und einmal am 20. Juni. Wir lernten, uns blitzschnell darauf einzustellen. Jedesmal, wenn die unheilvollen Wolkenbänke auftauchten, rannten wir sofort los, um unser wertvolles Großsegel einzuholen und festzumachen, denn es war unser letztes. Wir hatten Angst, daß es zerreißen könnte oder daß unser eleganter neuer Großbaum umknickte. Das Segel war die Antriebskraft unseres Schiffs, und wir benötigten es dringend, wenn wir China erreichen wollten, bevor die Saison der Taifune anbrach. Wir waren uns völlig darüber im klaren, daß jeder Tag, den wir im Südchinesischen Meer verbrachten, das Risiko, von einem Taifun überrascht zu werden, vergrößerte. So nähten wir uns buchstäblich unsern Weg nach Norden: Wenn der Wind zwischen den Sturmböen zeitweilig abflaute, reparierten wir unsere Segel – Klüver und Besan, Liek und Fußband, Liekleinen und Paneele. Wir nähten gewissermaßen um unser Leben. Immer, wenn eine Sturmbö über uns hinwegfegte, beobachteten wir den kleinsten Riß im Klüver- und im Besansegel und besserten ihn aus. Manchmal drehten wir bei, ohne ein einziges Stück Segel gesetzt zu haben und ließen die Stürme und den Regen über das kahle Schiff hinwegbrausen. Sobald der Sturm vorüber war, nahm jedes Mitglied der Crew sofort seinen Platz auf Deck ein, und dann zogen wir gemeinsam den großen, quietschenden Großbaum wieder nach oben und segelten in Richtung Norden weiter. Wir kamen sehr gut voran, mal mit 90 Meilen am Tag, mal mit 110 Meilen; an unseren besten Tagen erreichten wir sogar 135 Meilen, und dann zog die Rettungsleine eine gerade Spur durchs Wasser, während wir vorwärtspreschten.

Am 19. Juni, während der zweiten Sturmbö, erlebten wir etwas, worüber ich mir schon oft Gedanken gemacht, das ich aber noch nie selbst erlebt hatte: Ein Wirbelwind fuhr direkt über unser Schiff hinweg. Er war nicht besonders groß, nur ein kreiselnder Luftwirbel, den man manchmal aus dem äußeren Rand eines starken Sturms herausspringen sehen kann, eine sich drehende Gischtsäule, die normalerweise Schiffe zu umgehen scheint. Aber diesmal kam der Wirbelwind direkt auf unser Schiff zugerast, kam an Bord der *Sohar* und tobte über das Lee wieder davon. Innerhalb einer Sekunde war alles vorüber, so daß gar keine Zeit blieb, irgend etwas zu tun oder irgendwelche Vorsichtsmaßnahmen zu ergreifen. Aber das Gefühl, das der Wirbelwind erzeugte, war merkwürdig. Einen Augenblick lang konnte man ihn ganz deutlich sehen, wie er sich um sich selbst drehte und wie wild herumwirbelte, während er sich etwa fünfzig Meter vor der Regenfront dahinbewegte. Er traf mit etwa 30 Meilen die Stunde auf das Schiff, fuhr quer übers Poopdeck und wirbelte davon. In dem Augenblick, als er an Bord war, löste er ein plötzliches, schwer zu beschreibendes Gefühl aus. Man war sich einer ungeheuren Geschwindigkeit bewußt, aber er war gleichsam schwerelos, so daß die Luft, die sich zwei- oder dreimal pro Sekunde um sich selbst drehte, ein erstaunliches, fast ein Gefühl der Frische hinterließ. Man spürte Stiche auf den Wangen, mehrmals hintereinander, während der Wirbel vorüberzog und der Wind sich um 180 Grad drehte, dann war der Spuk vorbei. Aber in diesem Bruchteil einer Sekunde, in dem Moment, in dem man sich im Zentrum der Spirale befunden hatte, trat eine unheimliche Stille ein, in der alle Geräusche und das Brüllen des Sturms verstummten. Dafür waren die Ohren, nur für diesen einen Augenblick, mit einem seltsamen, hohen Pfeifen erfüllt. Es war dem üblichen Getöse des Sturms so unähnlich, daß es sich fast wie Stille ausnahm.

Die Kojen waren vom Regen völlig durchweicht. Die Finger waren weiß und schrumplig von dem stundenlangen Nähen der nassen Segeltücher. Während dieser Tage war die *Sohar* ein ungemütlicher Aufenthaltsort. Und doch schien sich die Moral der Mannschaft zu heben. Das lag zum Teil daran, weil wir wußten, daß wir die letzte Etappe der Reise erreicht hatten und daß die *Sohar* die letzten Meilen zurücklegte. Aber zum anderen lag es auch an der Unbequemlichkeit und der harten Arbeit, die eine Herausforderung darstellten und die der Mannschaft alles abverlangten, was sie zu geben hatte. Alle hielten sich prächtig. Jeder einzelne erschien ohne zu zögern an Deck, um die zermürbende Muskelarbeit zu beginnen. Die Männer halfen sich auf geradezu selbstlose Weise gegenseitig und fanden sogar Zeit, sich um den armen Ibrahim zu kümmern, der an seinem offenen Herd mitsamt seinen Töpfen und Pfannen und einer Kaskade von Reis und Curry gnadenlos durchgeschüttelt wurde. Ein paarmal konnte er überhaupt nur kochen, indem sich jemand an seine Hüften hängte, wie eine Rettungsleine, um ihn davor zu bewahren, ins Speigatt zu rutschen.

Auch Richard übertraf sich selbst. Fast hätte er bei diesem Akt das Schiff entmastet: Die *Sohar* segelte flott mit dem Wind, mit quergestelltem Großsegel, und Abdullah, unser bester Rudergänger, stand an der Ruderpinne. Alles lief bestens, und Richard war in den Waschraum im Heck geklettert. Von Anfang an hatte man ihn gewarnt, nie eine Leine anzurühren, aber als Abdullah jetzt versuchte, das Ruder zu setzen, um die *Sohar* noch besser voranzubringen, mußte er feststellen, daß sich die Ruderpinne nicht bewegen ließ. Er sah sich um und stellte entgeistert fest, daß Richard aus irgendeinem unerfindlichen Grund, den er nie preisgab, die losen Enden der Ruderleinen hinter sich her in den Waschraum gezogen und mit einem großen Knoten an der Rettungsleine festgemacht hatte. Das Ganze war hoffnungslos verknotet, so daß das Ruder fest angebunden war. Es war, als wollte man ein Auto mit blockiertem Lenkrad steuern, und es bestand ernsthaft die Gefahr, daß wir vom Wind zurückgeworfen wurden oder der Großbaum umkippte oder gar der Mast brach. Abdullah stieß eine ganze Salve arabischer Flüche aus – so schnell wie Maschinengewehrgeknatter; es war fast das einzige Mal auf der ganzen Reise, daß er sich gehenließ. Und sofort setzten sich schnelle Füße in Bewegung, die anderen Omani liefen herbei, um den Knoten zu lösen, die Segel loszubinden, das Schiff aus der Gefahr zu retten und so der heiklen Situation ein Ende zu bereiten.

Inmitten des Infernos hörten wir Richard kleine Schreie ausstoßen. Er tauchte erschrocken aus dem Waschraum auf. »Was hab ich denn getan? Geht das Schiff jetzt unter? Ach, es tut mir ja so schrecklich leid. Wirklich.« Die Omani verziehen ihm. Als sie die Situation wieder im Griff hatten, sahen sie ihn belustigt an und sangen boshaft: »O Riechard« und schüttelten mit gespielter Besorgnis die Köpfe. Sie wußten, daß aus ihm nie ein richtiger Seemann werden würde.

Die einzige Entschädigung für die widerwärtig feuchten und ungemütlichen Bedingungen unter Deck war, daß es unseren Mitpassagieren noch weniger gefiel als uns selbst, und wir hatten schon lange darauf gewartet, daß es ihnen einmal leid tun würde, die Reise mit uns angetreten zu haben. Diese Mitpassagiere waren eine kunterbunte Versammlung von kriechenden, krabbelnden, trippelnden, summenden und diebischen Lebewesen, die sich in den verschiedenen Häfen an Bord geschlichen hatten. Wir konnten den Fortschritt unserer Reise direkt an den Neulingen in unserer Gesellschaft ablesen. Da war zuerst einmal ein ganzer Trupp Kakerlaken, die in Maskat an Bord gekommen waren, wahrscheinlich in den Kartons mit den Eßvorräten, zusammen mit ihren Reisekumpanen, den zirpenden Grillen. Dann waren in Beypore neue Kakerlakenvölker hinzugekommen und außerdem ein Schwarm Fruchtfliegen. Die Fruchtfliegen vermehrten sich mit unfaßlichem Tempo. Vier oder fünf Tage, nachdem wir einen Hafen verlassen hatten, fielen sie in riesigen Wolken über uns her, flogen in unsere Nasen und ertranken im Satz unserer Teetöpfe. Aber dann ging das Obst zur Neige, und mit ihm verschwanden auch die Fruchtfliegen. Die Vorstellung, wie sie elend verhungerten, bereitete uns richtiges Vergnügen.

Mit den Kakerlaken hatten wir weniger Glück. Sie vermehrten sich nicht weniger. Sie krochen und krabbelten überall herum, in der Nahrung, in den dunklen Ritzen und Spalten, in den Bilgen. Es gab keine Möglichkeit, sie loszuwerden. Wir versuchten es mit Kakerlakenfallen und chemischen Sprühmitteln, aber es war alles umsonst. Nachts konnten wir fühlen, wie die Kakerlaken über unser Gesicht krochen, und das schnelle Aufleuchten einer Taschenlampe in der Dunkelheit förderte unweigerlich eine herumtappende Küchenschabe ans Licht, die ihren Weg über Balken und Schotten nahm. Wir wurden richtige Experten für das Verhalten von Kakerlaken. Nachdem eine kräftige Ladung Insektenvertilgungsmittel den Großteil der Erwachsenengeneration vernichtet hatte, mußten wir zusehen, wie sie von einer neuen Generation ersetzt wurde, die an verborgenen Stellen ausschlüpfte. Wir konnten bald die im Kielraum aufgewachsenen Kakerlaken mit ihrer hellen, fast rosa-orangen Farbe von der gesünderen mahagonigetönten Art, die draußen an der Sonne auf dem Deck krabbelte, unterscheiden. Schlimm war vor allem, daß sich eine schöne fette Deck-Kakerlake in dunkler Nacht in Form und Farbe kaum von einer saftigen Dattel unterschied.

In Sri Lanka wurden die Kakerlaken durch die erste Generation Mäuse verstärkt, die ebenfalls Meister der Fortpflanzung waren und schon bald die Eßschränke durchstöberten. Schließlich waren in Sumatra Ratten an Bord gekommen, die aber verhielten sich vergleichsweise diskret. Sie hielten sich abseits, und wir bekamen sie nur selten zu Gesicht, gewöhnlich bei Nacht, wenn sie oben auf der Schiffswand entlangliefen. Am meisten haßten wir die Kakerlaken, und so war es das reinste Vergnügen, als wir beobachten konnten, wie ihnen die Nässe und das Rollen des Schiffs auf unserer Fahrt durch das Südchinesische Meer Unbehagen bereiteten. Wenn sich die *Sohar* auf die Seite legte und das Wasser in feinen Bächen in den Kielraum sprudelte, brachen wir in helle Begeisterung aus, als wir sahen, wie die Kakerlaken in Panik davonrannten, bemüht, sich über der Hochwassermarke in Sicherheit zu bringen. Offensichtlich waren ihnen nasse Füße verhaßt. Am schönsten aber war es, wenn die *Sohar* wendete und sich der Rumpf auf die andere Seite legte, so daß das Bilgewasser an der neuen Leeseite hochschwappte und alle Kakerlaken, die es sich auf dieser Seite gut sein ließen, ihren Platz räumen mußten. An der einen Seite des Rumpfs hinauf, über einen Deckenbalken und an der andern Seite wieder hinunter – marschierte dann eine lange Reihe Kakerlaken.

Am 25. Juni hatten wir die Passage zwischen den Paracelinseln und der Macclesfield-Bank überwunden, die Vietnam von China trennt. An Bord breitete sich jetzt Erregung aus. Wir hatten nur noch 300 Meilen vor uns bis zur Mündung des Pearl River, und die *Sohar* sauste mit einem kräftigen Südwestmonsun im Rücken voran. Es sah so aus, als würden wir den Taifunen ein Schnippchen schlagen. Das Radio meldete tropische Stürme, aber sie waren weit entfernt von unserer gegenwärtigen Route. Während die *Sohar* weitereilte, gelegentlich in einem eleganten Slalom vor den ihr folgenden Wellen, wurden Rufe laut: »Go, Sohar! Go, Sohar!« Die Omani spendeten Beifall, klatschten in die Hände und sangen, um die Lieder zu üben, die sie für unsere Ankunft in China ausgewählt hatten. Der Refrain des einen Lieds lautete: »Seid gegrüßt, ihr jungen Menschen von China, wir sind gekommen, um euch Grüße zu überbringen.« Und ein anderes: »Dies ist das Schiff des Sultans, und wir singen dieses Lied für euch.« Eid sang mit heiserer Stimme jede Zeile vor. Dann antwortete Jumah mit hoher Stimme und dem Refrain; und manchmal sprangen alle acht Männer auf die Füße, um im Rhythmus in die Hände zu klatschen, mit den Füßen aufs Deck zu stampfen und zu den dröhnenden Schlägen der Trommeln zu singen und zu tanzen.

Der nächste Tag brachte eine wunderbare fahlrosa Dämmerung, eine sanfte Brise und den willkommenen Anblick von anderen Schiffen. Einige schwerbeladene Container, wahrscheinlich auf dem Weg nach Hongkong, fuhren an uns vorbei. Als die Sonne höherstieg, ließ der Wind nach, und die *Sohar* bewegte sich kaum von der Stelle; und dann, kurz nach zwölf, tauchte ein Schiff auf, das von achtern schnell näher kam. Es war ein niedriges, kleines Motorboot. Und es wirkte verdächtig, weil wir uns weit außerhalb der Fischgründe befanden; außerdem konnten wir durch das Fernglas an Bord nur Männer erkennen. Ich erinnerte mich an die ernstgemeinten Warnungen der Hafenbeamten in

Singapur. Sie hatten uns erzählt, daß nicht einmal fünfzig Meilen von ihrem Hafen entfernt Piraten ihr Unwesen trieben. Sie überfielen Schiffe, die sich langsam durch die Meeresengen schoben. In kleinen, schnellen Barkassen kämen sie längsseits, kletterten an Bord und raubten die Schiffsmannschaft aus. Weiter im Norden, im Südchinesischen Meer, sollte es schätzungsweise an die 15 000 Piraten geben, vor allem Fischer, die dazu übergegangen waren, die vietnamesischen Flüchtlinge, die Boat People, auszuplündern und manchmal auch zu ermorden. Diese Piraten überfielen alle Jachten und kleinen Boote, derer sie habhaft werden konnten. Sie kamen überraschend aus dem Nichts und überwältigten die Mannschaft, bevor einer recht begriffen hatte, was geschah.

Ohne Motor war die *Sohar* den motorisierten Angreifern auf Gedeih und Verderb ausgeliefert und eine so offensichtliche und leichte Beute, daß ich Peter Dobbs jetzt aufforderte, Verteidigungsmaßnahmen zu treffen. Außer den drei Kalashnikow-Gewehren, die Peter aus dem Waffenarsenal in Maskat bekommen hatte, besaßen wir noch drei Browning-Pistolen, die dazugehörige Munition und ein paar Kisten Tränengasbomben. Ich hatte gehofft, daß diese tödliche Fracht nie Verwendung finden würde. Aber für alle Fälle hatten wir regelmäßig mit den Gewehren geübt, seit wir von Maskat aus losgesegelt waren. Unter Peters wachsamen Augen hatten wir regelmäßig die Gewehre gesäubert und geölt, auseinandergenommen und geputzt und wieder zusammengesetzt. Wir hatten auf leere Orangenkisten, Flaschen und andere Ziele geschossen, die in unser Kielwasser gerieten. Als ich Musalam zusah, wie er den Selbstlademechanismus seines Gewehrs durchzog und gekonnt ein frisches Magazin einlegte, kam es mir vor, als sähe er mit seiner düster gerunzelten Stirn, der dichtbehaarten Brust, dem Turban und dem verwegenen Schnurrbart eher wie ein Pirat aus als jene, die es vielleicht auf uns abgesehen hatten.

Unsere Besucher in dem näher kommenden Motorboot müssen dasselbe gedacht haben. Und es waren auch keine Piraten, sondern ihre potentiellen Opfer. Es waren vietnamesische Boat People. Als sie auf die *Sohar* zusteuerten, hatten sie schon Vorsichtsmaßnahmen getroffen und ihre Frauen unter Deck versteckt. Dann schoß plötzlich hinter der *Sohar* mit großer Geschwindigkeit ein Schlauchboot hervor und fuhr mit dröhnendem Motor auf sie zu, um sie abzufangen, bevor sie zu dicht herankamen. An Bord des Schlauchboots befanden sich Peter Dobbs und Tim Readman, mit struppigen Bärten und bis an die Zähne bewaffnet. Sie sollten das kleine Schiff anhalten und durchsuchen, um sich zu vergewissern, daß sich darauf wirklich keine Piraten tarnten. An Bord fanden sie sieben Männer, vier Frauen und sieben Kinder, einschließlich einiger Babys, die noch auf dem Arm getragen wurden. Alle achtzehn waren auf dem kleinen Boot zusammengepfercht, das nur sieben Meter lang und höchstens dreieinhalb Meter breit war. Außer dem Maschinenraum hatte es noch einen kleinen Raum unter Deck, der nicht einmal einen Meter hoch war. Die Flüchtlinge kamen von dem vietnamesischen Hafen Quiahoa und waren seit acht Tagen auf dem Meer. Sie hatten Hunger und Durst, denn die fünf Benzinkanister aus Plastik, in denen sie ihr Trinkwasser aufbewahrten, waren erst kürzlich mit Dieseltreibstoff gefüllt gewesen, so daß ihr Trinkwasser verdorben war. Beim Trinken saugten sie das Wasser durch eine dünne Plastikröhre nach oben, sogar die Kleinkinder. Es war für sie ein unvorstellbares Glück, daß sie die *Sohar* gesichtet hatten. Sie hatten sich dieser merkwürdigen Erscheinung vorsichtig genähert, einem mittelalterlichen Segelschiff mitten im Südchinesischen Meer, um Hilfe zu erbitten.

Es gab eine Menge, womit wir ihnen helfen konnten. Nick, unser Arzt, ging an Bord des Motorboots. Er stellte fest, daß die Flüchtlinge in guter körperlicher Verfassung waren, allerdings hatten ein paar der Kinder einen bösen Sonnenbrand, und ein Baby konnte den Arm nicht bewegen, so, als hätte es Kinderlähmung gehabt. Alle Flüchtlinge waren ungeschützt dem Wetter ausgesetzt, denn sie hatten außer den Sachen, die sie am Leib trugen, nichts anzuziehen, und die hingen ihnen bereits in Fetzen herunter. Sie konnten sich nicht vor der Sonne schützen, indem sie einfach unter Deck gingen, denn dort war nicht genügend Platz für alle. Nick nahm sich der Kinder an, die Verbrennungen erlitten hatten, sterilisierte das Wasser, mit dem die *Sohar* sie versorgte, um das verdorbene Wasser in den Benzinkanistern zu ersetzen, bereitete für das kranke Kind eine Zucker- und Salzlösung zu, falls es einen Darmkatarrh bekam, und stellte für die Flüchtlinge ganz allgemein ein paar Medikamente für Notfälle zusammen. Zum Glück verstand eine der jungen Frauen etwas englisch, so daß Nick ihr alles erklären konnte.

Inzwischen brachte ein Dingi eine Ladung Konservendosen hinüber sowie einen großen Sack mit omanischen Datteln, Traubenzucker, einen Sack Reis und eine Rolle Segeltuch mit Nadel und Faden, damit sich die Flüchtlinge eine Plane als Sonnenschutz anfertigen konnten. Auch gaben wir ihnen Seife, denn sie waren von der Holzkohle, mit der sie kochten und die überall an Deck verstreut lag, ganz schmutzig. Ihre Holzkohle war fast aufgebraucht, aber wir konnten ihnen ja aushelfen. Tim Readman untersuchte den Rumpf ihres Schiffs und den Motor und stellte fest, daß beide in ausgezeichneter Verfassung waren. Ihre Treibstoffvorräte reichten aus, um sie bis an ihr Ziel, nach Taiwan, zu bringen. Ihr größtes Problem war, daß sie sich verfahren hatten. Ihr Kompaß war beschädigt, und Karten besaßen sie nicht. Ich zeichnete ihnen eine Skizze und markierte darin den Kurs, den sie einhalten mußten. Ihr Kompaß war ein Fundstück und stammte von der US-Navy; er schwamm in einem Plastikbehälter, der aus einem Ölkanister gemacht war, und war zur Hälfte mit Dieselöl gefüllt. Der Treibstoff war verschüttet, und die Karte klebte fest, so daß wir einfach das Öl nachfüllten und darauf achteten, daß dieser Notbehelfskompaß auch richtig anzeigte. Aber das wirkliche Dilemma war, daß niemand an Bord des kleinen Schiffs etwas von Seefahrt verstand. Der Kapitän war ein junger Mann von 21 Jahren, der nur eine vage Vorstellung davon hatte, wie man mit einem Schiff umging. Aber über die Dolmetscherin versuchten wir, ihm zu erklären, welchen Weg er nehmen mußte und wieviel Tage sie noch vor sich hatten. Und er schien es zu verstehen.

»Danke! Danke!« riefen sie immer wieder, während von der *Sohar* soviel Vorräte, wie das kleine Motorboot fassen konnte, hinübertransportiert wurden. Die Frauen und Kinder schlangen das Essen gierig herunter und stießen kleine Freudenschreie aus. Wir hatten genug für sie alle und freuten uns, ihnen helfen zu können. Als der Sack mit Datteln geöffnet wurde, brachen sie in neue Begeisterung aus. »Danke!« Ihre Augen glänzten. Nach unseren Erfahrungen auf der *Sohar* mußten die Datteln, die wir ihnen gegeben hatten, zwei Monate reichen. Zuletzt suchte die Crew der *Sohar* noch schnell ein paar Sachen zum Anziehen zusammen und gab sie den Flüchtlingen. Einer der Vietnamesen hatte nichts weiter als einen verschmutzten schwarzen Regenmantel. »Danke! Danke!« riefen sie immer wieder, als sie uns zum Abschied zuwinkten. »Viel Glück«, erwiderten wir, und Khamees Navy rief: »Vergeßt das Sultanat Oman nicht!« Und dann tuckerte ihr kleines Boot wieder davon. Sie hatten noch sechs Tage bis Taiwan und gute Chancen, es zu schaffen. Während sich ihr Boot allmählich zu einem winzigen Fleck am Horizont verkleinerte, ging es uns durch den Kopf, daß die *Sohar* wohl eins der ganz wenigen Schiffe aus westlichen Ländern war, das die Boat People auf dem Meer überholt und hinter sich gelassen hatten.

13
China

Am 28. Juni um acht Uhr morgens erblickten wir China. Einige Männer klatschten in die Hände, und die Omani redeten aufgeregt durcheinander. Eid kam übers Deck gelaufen, um mir auf den Rücken zu klopfen. Alle richteten sich auf und starrten nach vorn, um einen Blick auf das Stück Land zu erhaschen, eine deutlich sichtbare graue Bergspitze.

»Heute morgen um sieben dachte ich schon, ich hätte was gesehen«, sagte Khamees Police, »aber niemand wollte mir glauben.« Khamees hatte die schärfsten Augen an Bord, so daß er sich wahrscheinlich nicht getäuscht hatte und der Preis, als erster China erblickt zu haben, an ihn ging, den fröhlichen Korporal von der Marinepolizei in Sur. Jetzt gab es keinen Zweifel mehr, daß wir bald an Land gehen würden. Vor uns erhob sich ein regelmäßig geformter Bergkegel, ein unbestreitbarer Beweis, daß wir in China angekommen waren, dem Ziel unserer siebenmonatigen Reise. »Ooeeeah! Ooeeeah«, stimmten die Omani ein Triumphlied an, ihre Stimmen schwollen an und hallten weithin übers Meer. Ein spannungsgeladenes, elektrisierendes Gefühl der Erregung bemächtigte sich der gesamten Schiffsmannschaft. Wir hatten es geschafft. Wir waren mit der *Sohar* nach China gesegelt. Bumm, bumm, machten die Trommeln, ringsum strahlende Gesichter, klatschende Hände und stampfende Füße, als sie einen Siegestanz aufführten. Ooeeeah! Ooeeeah!

Nach einer langen, anstrengenden Reise und hochgeschraubten Erwartungen ist es dann manchmal enttäuschend, wenn man wieder an Land kommt. Aber die Ankunft der *Sohar* an der chinesischen Küste war nahezu märchenhaft, eine Kombination aus Überschwenglichkeit und der Freude auf den Besuch in einem Land, für den wir fast 6000 Meilen gesegelt waren. Wie viele Flotten und Schiffe, so überlegte ich, mochten dieselbe aufragende graue Bergspitze in der morgendlichen Dämmerung erblickt haben, während sie mit den Monsunwinden nach Norden fuhren und den Horizont eifrig nach einem Anzeichen von China absuchten. Im Verlauf der Jahrhunderte waren chinesische Handelsleute von Südostasien zurückgekehrt, indische Handelsschiffe, Geschwader portugiesischer Karavellen, schnelle Teeklipper und Konvois mit Schiffen holländischer und englischer Gesellschaften in Ostindien. Für sie alle war der Berg Taiwan Shan ein Wahrzeichen gewesen, das über dem südlichen Tor Chinas, dem Pearl River, aufragte. Ein Stück weiter den Fluß hinauf lag ihr großer Umschlaghafen Kanton. Vielleicht hatte der Autor der sieben Abenteuer von Sindbad dem Seefahrer eine vage Vorstellung von China gehabt. Er hatte geschrieben, daß Sindbad nach seiner siebenten Reise, nachdem er in dem gefährlichsten aller Meere Schiffbruch erlitten hatte, in ein Land gekommen wäre, dessen Bewohner so fremdartig gewesen wären, daß man es kaum glauben könne. Einmal im Monat verwandelten sich die Männer in die Gestalt von Vögeln und flögen hoch hinauf in den Himmel. Sindbad überredete einen davon, ihn auf dem Rücken mitzunehmen, und machte mit ihm einen schwindelerregenden Flug durch die Lüfte, bis er es wagte, den Namen Allahs auszurufen und der Zauberbann gebrochen war und er jäh auf die Erde zurückgebracht wurde.

Die Vogelmenschen der geheimnisvollen Inseln des Ostens kommen auch in der phantastischen Literatur der Araber immer wieder vor. Es sind harpyienartige Wesen mit schillernden Federn und dämonischen Gesichtern. Möglicherweise lag diese Vorstellung den alten Berichten über die ersten Handelsreisen nach China zugrunde und wurde auf Sindbads siebentes Abenteuer übertragen, denn in dieser Geschichte wird erzählt, wie Sindbad in dem seltsamen Land sein Glück machte, indem er Stämme aus Aloeholz verkaufte. In der Tat zahlten die chinesischen Kaufleute in Kanton enorme Preise für dieses Holz, das aus anderen Ländern importiert wurde. Und der erste Araber, der aufgrund der alten Berichte nach China gelangte, war der Omani Abu Ubayda, der Mitte des achten Jahrhunderts mit Aloeholz in den Orient gereist war. Sicher ist, daß die arabischen Geographen und Kaufleute eine Menge über den Chinahandel wußten. Für sie war China das einzige Königreich, das sich an Größe, Pracht, sozialer Ordnung und Macht mit

Indien und all seinen Prinzen vergleichen ließ. Aus der arabischen Sicht der Geographie begann China dort, wo Indien aufhörte, und erstreckte sich dann weiter bis an die entferntesten Grenzen der Welt, bis zu einem geheimnisvollen Land, vielleicht Korea, dessen Volk Geschenke an den Kaiser von China schickte, weil es glaubte, daß es ohne ihn keinen Regen mehr gäbe.

Für die arabischen Kaufleute und Navigatoren war Kanton die »Stadt von China«, und sie wußten, daß sie den »Großen Fluß« hinaufsegeln mußten, um dorthin zu gelangen. Lagen sie schließlich sicher vor Anker, stellten sie fest, daß der Handel vollkommen durchorganisiert war. Zuerst kam ein chinesischer Hafenbeamter, um nach ihrer Fracht zu sehen. Sie wurde abgeladen, von chinesischen Beamten untersucht und in speziellen Lagerhäusern der Regierung untergebracht. Dort blieb sie unter Verschluß und durfte so lange nicht angerührt werden, bis das letzte ausländische Schiff im Hafen eingetroffen und die Segelsaison für beendet erklärt worden war. Erst dann wurden die Lagerhäuser wieder geöffnet. Auf diese Weise vermieden die chinesischen Behörden wilde Schwankungen der Marktpreise, die sich je nach der Ankunft der Schiffe richteten. Der Staat nahm ein Zehntel aller Waren, die importiert wurden, für sich und zahlte großzügige Preise dafür, der Rest durfte auf dem freien Markt verkauft werden.

Tausend Jahre später hoffte ich, daß die Sohar eine ähnlich gute Organisation erwartete, als sie in die Mündung des »Großen Flusses« segelte. In Maskat hatten unserer Abfahrtszeremonie ein chinesischer Botschafter und ein chinesischer Regierungsbeamter beigewohnt, und die Sohar hatte von der Regierung der Volksrepublik China eine offizielle Einladung, in China einzureisen. Aber das schien alles schon so lange her, und seitdem hatten wir keinen Kontakt mehr zu den chinesischen Behörden gehabt.

Allmählich zeichnete sich das Land immer deutlicher vor uns ab – eine Kette felsiger Inseln mit tiefgrüner Vegetation auf hellbraunem Felsgestein, das sich nach Nordwesten hin erstreckte. Weiter entfernt, zu unserer Rechten, konnten wir die mit dem passenden Namen »Eselsohren« benannten beiden Bergspitzen erkennen. Unser Kurs führte uns genau auf die Öffnung zu, die als der große Westkanal bezeichnet wurde, aber die Mündung des Flusses war so breit, daß man gar nicht recht wußte, wohin man steuern sollte. Außer Taiwan Shan und den Eselsohren gab es keine hervorstechenden Landmarken, keine Städte, keine Leuchttürme, nichts. Die breite Flußmündung schien verlassen. Vor der Küste glitten ein paar Fischerboote in gebotenem Abstand vorbei, die uns aber ignorierten und an den Enden ihrer Bootsausleger-ruten lange Leinen hinter sich herzogen. Weiter entfernt tauchte ein einzelner kleiner Frachter auf, kaum zu erkennen, und drehte nach Norden ab. Ansonsten gab es überhaupt keine Anzeichen für irgendwel-che Aktivitäten. Nur die Hügel auf den Inseln schienen unsere Ankunft zu beobachten, ein wenig öd und geheimnisvoll. Und wie um den Eindruck zeitloser Stille noch zu verstärken, sahen wir in einer kleinen Bucht unterhalb der Spitze Taiwan Shans ein einzelnes, verfallenes Fischerdorf. Es lag da, als hätte sich hier seit hundert oder gar seit tausend Jahren nichts geändert. Durch das Fernglas war zwischen den flachen Häusern kein Anzeichen von Leben zu erkennen. Es gab keine Menschen, keine Boote, keine Hunde. Über Taiwan Shan selbst schwebte der runde Ball einer Radarstation, der uns wie ein einsames, wachsames Auge anstarrte.

Die *Sohar* hielt ihren Kurs. Das Schiff glitt jetzt zwischen den Inseln hindurch. Das Wasser hatte die Farbe von Zuckerwatte. Durch den besonderen Lichteinfall erinnerte die Szenerie auf eine merkwürdige Weise an chinesische Gemälde. Die aufgebauschten Wolken, die am späten Nachmittag aufgekommen waren, hatten eine eigenartige gold-rosa Färbung. Dahinter waren schwarze Wolken, die Regenschauer hinter sich herzogen, wie mit Tinte über den Horizont gezogen. In der Ferne stellten die Hügel des Festlands sich dar wie in chinesischer Landschaftsmalerei, auch ohne die kantigen Formen der kleinen Fi-scherdschunken im Vordergrund.

Auf der Karte wählte ich einen annehmbar aussehenden Ankerplatz in der Flußmündung, wo wir die Nacht verbringen konnten. Der Platz lag hinter der Insel San-chiao Shan und war vor dem Südwind geschützt, und ich überlegte, wann es wohl das letzte Mal gewesen sein mochte, daß hier ein arabisches Segelschiff vorbeigekommen war. Vor vierhun-dert Jahren? Oder vor noch längerer Zeit? Nach den arabischen Chroni-ken war es 950 n. Chr. fast vorbei mit dem Chinahandel, als eine chinesische Armee Kanton plünderte, die ausländischen Handelsleute ermordete und ihre Häuser niederbrannte. Aber die arabischen Händler müssen später wiedergekommen sein, um die Verbindung neu aufzuneh-men, müssen vorsichtig alte Handelskontakte ausfindig gemacht und den Chinahandel wieder begonnen haben. Weitere sechs Jahrhunderte lang fand das chinesische Porzellan seinen Weg nach Oman, höchstwahrscheinlich auf dem Seeweg und vielleicht sogar an Bord omanischer Schiffe. Die Geschichte dieses Handels ist so kompliziert, daß die moderne Archäologie gerade erst damit beginnt, unsere Wissenslücken zu schließen. Eines war jedoch sicher: Als die *Sohar* in den »Großen Fluß« segelte, feierte sie damit eine Verbindung zwischen China und Oman, die wenigstens tausend Jahre alt war. Als sich die *Sohar* langsam durch die Brandung an der Flanke der Felseninsel schob, da war das für das Schiff und die Mannschaft ein symbolischer Augenblick, und ich wünschte mir, daß unsere Ankunft, unauffällig und unbeobachtet, den alten arabischen Schiffskapitänen, die bis China gekommen waren, zur Ehre gereichen würde.

Wir fuhren in den kleinen Ankerplatz nur mit dem Segel ein, eine Leistung, die wir uns nicht hätten träumen lassen, als wir unerfahren von Maskat lossegelten. Jetzt, mit Saleh am Ruder, steuerte die *Sohar* in die Bucht, die wie ein kleines Amphitheater von niedrigen Hügeln eingeschlossen war. Auf der anderen Seite der Bucht lag bereits eine chinesische Fischerdschunke vor Anker. Aber es war niemand darauf zu sehen. Der Ankertrupp der *Sohar* lief nach vorn, um den Hauptanker vorzubereiten. Ein Mann stand beim Großsegel, um es im richtigen Moment runterzuholen. Die restliche Mannschaft wartete bei den Beschlagleinen. »Segel aufgeien!«, und ab ging's mit dem Großsegel, das sich in losen Falten zum Großbaum hinzog. Der Wind in den Segeln und in der Rah reichte noch aus, um die *Sohar* langsam vorwärtszuschieben. Sie glitt auf das Heck des Fischerboots zu. »Achtung beim Anker!« – »Anker los!« Vom Rasseln der Kette begleitet, bohrte sich der Hauptanker der *Sohar* tief in den Schlamm.

Die Omani legten für ihr Abendgebet eine Zehn-Minuten-Pause ein, und dann holten wir unter mahlenden und quietschenden Geräuschen das große Holz herunter, bis sich der Baum gesenkt hatte und langsam herunterkam. Als das letzte Licht des Abends verblaßte, kam noch eine zweite chinesische Fischerdschunke in die Bucht. Sie schien ein bevorzugter Ankerplatz für die Nacht zu sein. Wir zündeten zwei Lampen an und hängten sie am Heck und am Bugspriet auf, damit sie den Laternen der chinesischen Boote Gesellschaft leisteten. Die Fischer nahmen überhaupt keine Notiz von uns. Sie starrten uns nicht an und winkten uns auch nicht zu, sie zeigten keinerlei Reaktion auf das ungewöhnliche Bild einer arabischen Dau in ihrer kleinen Bucht. Die *Sohar* lag vor Anker. Sie schwang an ihrem Seil so lange mit dem Wind, bis ihr Bugspriet in Richtung Südkreuz zeigte. Dann kam das Schiff zur Ruhe, ein großer Vogel, der sich nach einer langen Flugreise auf einem Zweig niederläßt. Die Dämmerung brachte einen von Regen verhangenen Himmel, der in Abständen in schweren Schauern niederging und das Deck durchweichte. Die Mannschaft, die sich von der letzten Etappe ausruhte, stand erst spät auf, so daß es schon auf Mittag zuging, als wir endlich den Anker lichteten, um uns auf die Suche nach einem offiziellen chinesischen Kontaktmann zu begeben. Die Flußmündung war noch ohne jedes Leben, das Ganze hatte etwas merkwürdig Unwirkliches an sich. Die kleinen Inseln ähnelten aus der Nähe noch stärker chinesischen Zeichnungen, ihre steifen Silhouetten und ihr spärlicher Pflanzenwuchs traten in harten Linien vor dem grauen Horizont hervor. Fast war es, als segelten wir über die Seiten eines chinesischen Bilderbuchs. Wir hatten erwartet, von einem chinesischen Patrouillenboot aufgehalten zu werden, vielleicht einer Zollbarkasse oder einem Lotsenboot. Aber nirgends war eine Spur von Leben zu entdecken, nur in der Ferne die Fischerdschunken. Wir befanden uns weit in chinesischen Gewässern, zehn Meilen innerhalb der Flußmündung des Pearl River; aber genausogut hätten wir einhundert Meilen weit draußen auf dem offenen Meer sein können.

Nachmittags gingen wir hundert Meter von einer Insel entfernt vor Anker, auf der irgendeine militärische Einrichtung zu sein schien; wir sahen Soldaten in fahlen grünen Uniformen, die uns bemerkten und zum Hügelkamm liefen. Dann erschien ihr Sergeant, starrte zu uns herunter, und dann lief auch er davon. Schließlich kamen zwei Offiziere den Weg heraufgeeilt, noch in Hemdsärmeln, und beobachteten uns eine Zeitlang durch Ferngläser. Aber sonst unternahmen sie nichts. Und so zogen wir den Anker wieder ein und fuhren weiter, und diesmal nahm ich Kurs auf die Insel La-sa-wei, auf der sich der Karte nach eine Lotsenstation befinden mußte.

Während sich die *Sohar* schwerfällig durch eine häßliche, kurze, stürmische See bewegte, kam ein chinesisches Kanonenboot mit voller Geschwindigkeit auf uns zugerast. Es war ein sehr altmodisch aussehendes Schiff mit einem hohen, schmalen Rumpf, wie ein Torpedoboot aus dem Ersten Weltkrieg, und auf seiner Brücke standen dichtgedrängt Matrosen, die verwundert den ungewohnten Anblick eines arabischen Segelschiffs aufnahmen. Wir zogen zur Begrüßung eine chinesische Flagge auf und versuchten Funkkontakt herzustellen, während das Kanonenboot in spektakulär engen Kreisen um uns herumfuhr und wir von seinen Offizieren inspiziert wurden. War den chinesischen Behörden unsere Ankunft gemeldet worden, oder waren wir gerade dabei, einen peinlichen diplomatischen Zwischenfall zu provozieren? Auf unsere Funkrufe erhielten wir keine Antwort. Dann begann das chinesische Kanonenboot uns etwas mit einer Lampe zu signalisieren. Hastig suchten wir Bleistift und Papier zusammen, und Musalam, der in der Marine des Sultans als Funker ausgebildet war, buchstabierte es für uns. Aber es schien keinen Sinn zu ergeben. Welche Sprache wurde benutzt? Wie lautete die Nachricht im internationalen Code? Vielleicht erwarteten sie eine Antwort. Eine moderne Signallampe ist nicht gerade ein Stück Ausrüstung, das sich an Bord eines mittelalterlichen Segelschiffs findet. Daher mußten wir uns mit einem Stück Pappkarton behelfen, das über der Birne unserer hellsten Decklampe angebracht wurde, und signalisierten eine Nachricht hinüber. »Bitte wiederholen.« Prompt kamen die chinesischen Instruktionen zurück. Wir rätselten über den Buchstaben, verstanden aber immer noch nicht, was sie wollten. Wir gestikulierten, zuckten mit den Schultern, um anzudeuten, daß wir keine Ahnung hatten. Das Kanonenboot zog weiter seine Kreise um die *Sohar,* auf der Brücke drängelten sich neugierige chinesische Matrosen. Uns blieb nichts anderes übrig, als vor Anker zu gehen und zu warten. Die *Sohar* fuhr dichter an die Insel La-sa-wei heran, und wir ließen den Anker ein zweites Mal ins Wasser, und anscheinend war es das, was man von uns gewollt hatte, denn das Kanonenboot fuhr mit hoher Geschwindigkeit davon, eine breite Kielspur hinter sich zurücklassend.

Wir verbrachten eine recht ungemütliche Nacht, das Schiff rollte am Ankerplatz auf und ab, und endlich gelang es Tom, einen Funkkontakt herzustellen. Unsere Verbindung mit den chinesischen Behörden war etwas umständlich. Unsere Nachricht wurde zuerst von einem Funkamateur in Hongkong aufgefangen, der sie an einen Freund in der *Hongkong and Shanghai Bank* weitergab. Dieser Freund telefonierte dann mit der Zweigstelle der Bank in Kanton, die wiederum Kontakt mit den Stadtbehörden von Kanton aufnahm, die dann auf demselben umständlichen Weg eine Nachricht schickten. Ja, die Kantoner Behörden erwarteten uns. Sie wären froh, daß wir wohlbehalten angekommen seien; sie würden alles für uns vorbereiten. Aber sie machten uns darauf aufmerksam, daß eine dringende Taifunwarnung ausgegeben worden war. Die *Sohar* sollte sofort die Flußmündung verlassen und flußaufwärts an einer abgesicherten Stelle Schutz vor dem Taifun suchen. Die Kantoner Hafenbehörden würden zu unserer Hilfe so schnell wie möglich einen Schlepper schicken.

Ich konnte unser Glück kaum fassen. Wir hatten es geschafft. Indem wir die *Sohar* gnadenlos durch das Südchinesische Meer getrieben hatten, war es uns gelungen, der schlimmsten Gefahr zu entgehen. Wir waren in den Pearl River eingelaufen und, knapp 48 Stunden bevor ein schwerer Taifun dieses Gebiet heimsuchte, in Sicherheit. Alle Segel, die in den Sturmböen zerfetzt worden waren, all die mühseligen Stunden, die wir damit verbracht hatten, den Großbaum wieder aufzurichten und ein paar weitere Meilen zurückzulegen, hatten sich ausgezahlt. Am nächsten Morgen, als sich der Himmel unter dem Rand der Taifunwolke zu verdunkeln begann, sahen wir einen chinesischen Schlepper von Norden her auf uns zukommen. Unser Funkgerät knackte.

»Guten Tag. Wie geht es Ihnen? Ich bin Mr. Liu vom Auswärtigen Amt der Volksrepublik China«, ertönte eine Stimme aus dem Schlepper in untadeligem Englisch. »Ich komme aus Kanton, um Sie zu empfangen.«

»Guten Tag. Wie geht es Ihnen?« erwiderte ich und griff die Förmlichkeit des Augenblicks auf. »Mein Name ist Tim Severin, und meine Mannschaft und ich sind aus Oman gekommen, um Ihnen Grüße zu überbringen.«

Unsere Fahrt den Pearl River hinauf war für unsere chinesischen Gastgeber ein freudiges Ereignis. Der Schlepper hatte den Auftrag, die *Sohar* so schnell wie möglich in Sicherheit zu bringen. Die Kantoner Behörde war sehr besorgt, daß dem Schiff durch den Taifun etwas zustoßen könnte. Nachdem es den ganzen Weg von Oman unversehrt zurückgelegt hatte, wollten die Chinesen nicht, daß die *Sohar* am Ende noch in ihren Gewässern Schiffbruch erlitt. Vom Schlepper aus wurde uns ein Warp gereicht, und dann zog er uns auf dem schnellsten Weg den Fluß hinauf zu dem alten Hafen Whampoa, in dem die ausländischen Schiffe traditionsgemäß festmachen, um zu warten, bis sie die Erlaubnis für die Weiterfahrt erhalten. Die Mannschaft des Schleppers war eine muntere Gruppe freundlicher Seemänner, die sich ihrer Jobs nicht im geringsten schämten, sondern stolz darauf waren. Als wir, gegen Mitternacht, den Fluß halb hinaufgefahren waren und der Regen nur so auf uns herabströmte und der Wind heftiger wurde, erreichte uns der äußere Rand des Taifuns, und die Männer auf dem Schlepper beschlossen, die *Sohar* nicht weiterzuziehen, sondern sie an ihrer Breitseite festzumachen. Dieses Manöver geriet zu einem lustigen, konfusen Spiel. Die Schleppermannschaft brachte alles mögliche durcheinander und sich selbst in die unmöglichsten Situationen. Es wurde gerufen und geschrien und gestikuliert, einige Männer rutschten auf dem Stahldeck des Schleppers aus und fielen auf den Hosenboden, wie in einer Slapstickszene, Knoten lösten sich, Seile verwickelten sich. Der dicke chinesische Bootsmann fiel mit einem gewaltigen Bauchklatscher über Bord und paddelte, des Schwimmens kaum mächtig, wie ein Hund wieder zurück in die Sicherheit, nur um gleich noch mal ins Wasser zu springen und seine Sandalen zu retten, die mit der Flut davonschwammen. Eine Minute später war er wieder an Deck, rannte mit triefenden Shorts und Strohhut hin und her, schrie Anweisungen und fuchtelte mit den Armen.

Der Kontrollknopf der Winde an Deck des Schleppers war schlecht isoliert, so daß jeder, der sie berührte, einen elektrischen Schlag bekam. Bei dem strömenden Regen und mit dem Stahldeck unter den nassen Füßen mußte der Techniker vorsichtig mit einem kurzen Holzstab auf den Knopf drücken. Als die Winde dann Amok lief und schleunigst aufgehalten werden mußte, glichen die wilden Sprünge rund um den Kontrollknopf einer komischen Fechtvorstellung. Jedesmal, wenn es mißlang, die Winde aufzuhalten, wurde der Stab wie ein heißes Eisen von einer Hand zur nächsten weitergereicht. Schließlich war das Seil so straff gespannt, daß es jeden Moment reißen mußte, so daß sich die gesamte Mannschaft in Sicherheit brachte und sich hinter dem Aufbau des Schleppers versteckte. Während ich diesem ganzen Treiben zusah und mich bemühte, ernst zu bleiben, wurde mir plötzlich klar, daß der Schleppermannschaft ihre Pantomime selbst genausoviel Spaß machte wie uns. Irgend jemand auf der *Sohar* begann zu kichern, und einen Augenblick später schütteten sich alle, Chinesen, Araber und Europäer, vor Lachen aus. Innerhalb von Sekunden waren alle Förmlichkeit und Zurückhaltung beiseite gefegt. Khamees Police sprang mit einem Tablett voller Datteln an Bord des Schleppers. Der tropfnasse Bootsmann, größter Komödiant von allen, nahm dankbar eine Dattel entgegen und setzte sich dann, rein zufällig natürlich, auf einen heißen Ofen. Dicke Dampfwolken stiegen auf, als er mit einem lauten Schmerzensschrei und breitem Grinsen heruntersprang.

Die chinesischen Behörden taten alles, um den Besuch der *Sohar* in Kanton zu einem vollen Erfolg werden zu lassen. Nach 7 ½ Monaten auf dem Meer waren wir von dem warmen Empfang, den man uns bereitete, überwältigt. Am Kai in Whampoa wurden wir von Würdenträgern der Stadt und der Provinz Kanton willkommen geheißen sowie von dem omanischen Botschafter in China, der von Peking gekommen war, um uns zu begrüßen. Unsere chinesischen Gastgeber hatten für uns ein spezielles Programm aufgestellt. Die *Sohar* sollte in Whampoa bleiben, unter chinesischer Aufsicht, während die Mannschaft der Stadt und ihrer Umgebung einen Besuch abstattete. Wenn wir irgendwelche speziellen Wünsche hätten, brauchten wir es nur zu sagen, und man würde die nötigen Vorbereitungen treffen. Es gab Wagen, Reiseführer, Dolmetscher für Englisch und Arabisch, Hotelunterkunft, alles, was man sich nur denken konnte. Und wegen des Schiffs sollten wir uns keine Sorgen machen. Es würde von der Polizei bewacht werden, und der Hafenmeister würde noch zusätzliche Vertäuungsleinen zur Verfügung stellen. Während unseres gesamten Aufenthalts wurden wir wie gerngesehene Gäste behandelt.

Die Freundlichkeit war bemerkenswert. Musalam, Eid und den anderen Omani wurde Gelegenheit gegeben, Sehenswürdigkeiten und touristische Aussichtsorte zu besichtigen. Die Meeresbiologen konnten die Meeresforschungsstation, Fischfarmen und Universitäten besuchen. Nick Hollis durfte einer Operation im Stadtkrankenhaus, die mit Akupunktur durchgeführt wurde, beiwohnen. Tim Readman, der Bauingenieur war, besichtigte Bauplätze, um die Bauweise der Chinesen kennenzulernen. Und mir selbst führte man Schiffe vor, die eigens zu dem Zweck gebaut waren, lebendigen Fisch durch den Kanal zum Markt zu transportieren. Ihr Rumpf war mit Löchern durchbohrt, um Wasser durchzulassen, so daß die Boote regelrechte bewegliche Fischtanks waren. Und eines Nachmittags, der besonders lohnend war, brachte man mich an Bord einer Swatow-Küstenschunke, die vor dem Taifun Schutz gesucht hatte und an einer sicheren Stelle im Fluß vertäut war. Wir tranken den herben Swatow-Tee aus Tassen, die so groß wie ein Fingerhut waren, und die Mannschaft erzählte mir von ihrem Job. Ohne Kompaß, Karte und Motor segelten sie mit ihrem Boot von einem Hafen zum andern, schlängelten sich durch Flußmündungen, ließen sich von der Flut mitschwemmen, übten so den traditionellen Handel an der chinesischen Küste weiter aus. Zu einer Crew gehörten immer acht bis zehn Mann, einschließlich einiger Lehrlinge, die ein Jahr lang ausgebildet wurden. Bei günstigem Wind erreichte ihre Dschunke bis zu fünf

Knoten, aber wenn der Wind auf Stärke 7 anstieg, liefen sie Gefahr, mitgerissen zu werden und unterzugehen, deshalb suchten sie dann lieber einen geschützten Ankerplatz auf.

Ihr Schiff war sehr gut gepflegt, und da das Grundgerüst aus Kampferholz bestand, roch es in ihrem Lagerraum stark danach, eine Abwechslung zu dem strengen Geruch im Kielraum der *Sohar*. *Huilai 108*, wie es hieß, gehörte zum Produktionsteam der Huishui-Wassertransportkommune, und es hatte noch viel Traditionelles an sich. Es war mit einer Mischung aus Tungöl, Kalk und Reisstengeln abgedichtet, hatte keinen Motor, sondern verließ sich ganz auf die großen Fächer seiner rotgefärbten Segel, und seine Planken waren genagelt, Kante an Kante, nach der alten chinesischen Art. Innerhalb der Mannschaft folgte der Sohn dem Vater, übernahm dessen Job, wenn er sich aus dem Geschäft zurückzog, und als ich mich erkundigte, wie man es mit der Führung des Schiffs hielte, ob die Mannschaft gemeinsame Entscheidungen träfe, was zu tun wäre, antworteten alle einstimmig: »O nein, das entscheidet der Kapitän oder der Erste Offizier.«

Während unseres ganzen Besuchs zeigten unsere chinesischen Gastgeber offen, wie sehr sie von der Mission der *Sohar* fasziniert waren. Daß Männer fast 6000 Meilen in einem Boot ohne Motor gesegelt sein sollten, nur um ihrem Land einen Besuch abzustatten, war für sie fast unvorstellbar. Unsere Gastgeber schienen sich geschmeichelt zu fühlen und zeigten uns ihre Anerkennung. Sie schienen zu begreifen, welche Mühe es uns gekostet hatte und daß die Mannschaft der *Sohar* den ganzen Weg bis China einzig und allein mit der Kraft ihrer Muskeln, Geduld und absoluter Hingabe an die Aufgabe bewältigt hatte. Das waren Eigenschaften, die die Chinesen schätzten, aber daß der Erfolg der Reise vor allem auf Teamarbeit zurückzuführen war, bewunderten sie am meisten. Vielleicht war die historische Perspektive der *Sohar*-Reise für unsere chinesischen Gastgeber nicht ganz so einleuchtend. Sie waren so stolz auf die chinesischen Modernisierungsprogramme, daß es ihnen wohl nicht ganz begreiflich sein mochte, wieso ihre Besucher eine tausend Jahre alte Handelsroute nun noch einmal zurücklegten. Dennoch waren überall die unveränderten Muster alter chinesischer Traditionen sichtbar. Wie zu Sindbads Tagen, so war Kanton auch jetzt noch der Ausgangspunkt für den chinesischen Handel. Die vielen tausend Geschäftsleute, die zur Kantoner Handelsmesse kamen, waren moderne Pendants zu den Arabern, Indern und Persern, die sich tausend Jahre vorher hier eingefunden hatten. In den Kommunen rings um Kanton nagten noch immer Millionen und Abermillionen Seidenwürmer an den Maulbeerblättern und spannen die gleiche Art Seide, die auch im Mittelalter exportiert wurde. Jetzt kaufte die omanische Mannschaft der *Sohar* glitzernde Seidenstoffe, um sie ihren Frauen und Familien im Sultanat mitzubringen. Und bei einem Besuch in einer chinesischen Porzellanfabrik sahen wir, wie kleine stilisierte Palmenbäume auf Kaffeetassen gemalt wurden, die für den arabischen Markt bestimmt waren.

An der Universität von Kanton sahen die Historiker freundlicherweise für mich in den chinesischen Chroniken nach. Zu meiner Freude fanden sie einen Bericht über ein genähtes Schiff, das Ende des 8. Jahrhunderts von einem chinesischen Beamten im Hafen Kanton gesichtet worden war. »Ihr Handelsschiff«, schrieb der chinesische Beamte, »ist ohne Nägel gemacht. Das einzige Material, das sie verwenden, um die einzelnen Teile des Schiffs zusammenzusetzen, ist Kokosfaser…« Es war der Beweis, daß Schiffe, die mit Kokosfasern zusammengehalten wurden, zu der Zeit in chinesischen Häfen festgemacht hatten, als Harun al Rashid Kalif von Bagdad und in China die Tang-Dynastie an der Herrschaft war.

Gegen Ende der Tang-Dynastie, in der zweiten Hälfte des 9. Jahrhunderts, sollen in China an die 10 000 Ausländer gelebt haben, und wahrscheinlich waren viele von ihnen Moslems. Die Moschee, die die Moslembevölkerung von Kanton jeden Freitag zum Gebet aufsucht, soll noch aus jener Zeit stammen. Heute liegt die »Stille Pagode«, wie die Chinesen sie nennen, im Zentrum der Stadt. Ursprünglich stand die Moschee in der Nähe des Flußufers, aber die Struktur der Stadt hat sich verändert, es wurde neues Land trockengelegt und dazugewonnen. Früher soll der Turm der Moschee den Handelsschiffen, die den Fluß heraufkamen, als Wahrzeichen gedient haben. Und tatsächlich hat die Moschee eine höchst ungewöhnliche Form: Sie sieht genauso aus wie ein Leuchtturm.

Natürlich ließen es sich die mohammedanischen Seemänner der *Sohar* nicht nehmen, zur Stillen Pagode zu pilgern. Sie beteten in der Moschee und dankten Allah für den glücklichen Ausgang der Reise, und das Gebet wurde von einem alten chinesischen Moslem im traditionellen Spitzenkäppchen angeführt. Heute gibt es in Kanton noch 4300 Moslems, und jeden Freitag versammeln sich einige von ihnen in der Moschee, um einen Gottesdienst abzuhalten. Die Bräuche der Moslems werden von der chinesischen Regierung respektiert. Die Moschee steht unter staatlichem Schutz; die Moslems erhalten besondere Eßrationen, und auch in den Restaurants bietet man ihnen Gelegenheit, ihre Ernährungsvorschriften einzuhalten. In einem Land, in dem es üblich ist, die Toten zu verbrennen, dürfen die Moslems ihre Toten begraben.

Jetzt blieb nur noch eine letzte zeremonielle Handlung vorzunehmen – die offizielle Begrüßung des Schiffs durch die chinesische Regierung. Sie wurde für den 11. Juli festgesetzt, und einen Tag vorher traf Sayyid Faisal, der omanische Minister für Nationales Brauchtum und Kultur, in einem glitzernden Flugzeug der königlichen Luftwaffe des Sultanats ein. Er wurde von einer Delegation begleitet, Repräsentanten der Armee, der Marine, des Verteidigungsministeriums und des Auswärtigen Amts. Aus Peking kamen der Vorsitzende der Kulturkommission der chinesischen Regierung, sein Stellvertreter, verschiedene Beamte des Auswärtigen Amts und einige Würdenträger.

Inzwischen war die Crew der *Sohar* zu ihrem Schiff in Whampoa zurückgebracht worden. Zu Beginn der Dämmerung traf ein Schlepper ein, um uns den Fluß hinaufzuziehen. All die kleinen Schiffe um uns herum hatten Fähnchen und Flaggen aufgezogen. Auch die *Sohar* war über und über mit Flaggen geschmückt; an ihrer Besanmastspitze wehte die chinesische und an ihrem Großmast, am Bugspriet und am Heck je eine omanische. Sie sah farbenprächtig aus, wenn sie auch von der Reise ein bißchen mitgenommen war. Als sie in den Pearl River glitt, wartete dort bereits ein Kanonenboot der chinesischen Marine, um sie zu begleiten. Die gesamte Mannschaft des Kanonenboots hatte neben der Reling Haltung angenommen, um zu salutieren, und an ihrer Flaggenleine war ein Funker aufgestellt. Es entstand ein etwas peinlicher Augenblick, weil ich mir nicht darüber im klaren war, wer seine Flagge zuerst hochziehen sollte, das Kanonenboot oder die *Sohar*, aber als die beiden Schiffe auf gleicher Höhe waren, konnte ich den gequälten Ausdruck auf dem Gesicht des Ersten Offiziers erkennen. Das war ein deutliches Zeichen. Offenbar war es an dem Besucher, mit den Ehrenbezeugungen zu beginnen. Eid, der in seinem besten *dishdasha* am Ruder der *Sohar* stand, hißte die omanische Flagge. Daraufhin zog das Kanonenboot ebenfalls seine Flagge auf, die chinesischen Seemänner klatschten Beifall, und an ihrem Schiff begann die Sirene zu heulen. Die *Sohar* antwortete, indem sie ihre Messingglocke anschlug. Dann fuhren wir weiter den Fluß hinauf, bis wir unser Empfangskomitee sehen konnten.

Es war ein beeindruckender Anblick. Der Hauptanlegeplatz war freigemacht worden. Einen großen Frachter hatte man weiter hinaus in den Fluß geschickt, und auf dem Kai standen Schulkinder in Reihen und schwenkten zu der Musik der chinesischen Kapelle grüne und rote Quasten. Als die *Sohar* längsseits ging, herrschte ein ohrenbetäubender Lärm. Die Kapelle spielte, Feuerwerkskörper explodierten, und die Kinder sangen aus vollem Halse. Wir sprangen auf den Kai und wurden von Sayyid Faisal und den chinesischen Beamten in Empfang genommen. Dann gingen wir, gefolgt von tanzenden chinesischen Löwen, an den Reihen der Schulkinder vorbei.

Auf einem Podium, das aufgestellt war, wurden Willkommensreden gehalten und Dankreden, und es war vom Wiederaufleben der langen und alten freundschaftlichen Beziehung zwischen Oman und China die Rede. Schließlich war ich an der Reihe, um im Namen der *Sohar* und ihrer Mannschaft zu sprechen. Ich betonte, welch außerordentlich großzügige Unterstützung wir erhalten hatten, um die Sindbad-Reise überhaupt zu ermöglichen, sprach von den Geldgebern und der guten Zusammenarbeit, die uns dazu verholfen hatten, mit unserem Schiff die sieben Meere der arabischen Geographie noch einmal zu durchsegeln, und bedankte mich für diesen wunderbaren Empfang. Während meiner Rede mußte ich daran denken, auf welch bemerkenswerte Weise unser Projekt realisiert worden war – die Schiffbauer, die in der glühenden Hitze von Sur gearbeitet hatten, die Elefanten, die in Indien das Holz aus den Wäldern gezogen hatten, die Reinigung des Schiffs in Beypore, die langen Mußestunden in den Windstillen, die brüllenden Sturmböen im Südchinesischen Meer. Ich wußte, daß die *Sohar* in wenigen Tagen den Fluß hinunter nach Hongkong zurückkehren und von dort aus nach Maskat verschifft werden sollte, wo sie ein Denkmal für die Geschichte der omanischen Seefahrt darstellen würde. Sie hatte den Zweck erfüllt, für den sie gebaut worden war.

Und jetzt stand die Crew der *Sohar* noch einmal vor mir, und ich spürte, wie mich Bedauern erfüllte, als ich daran dachte, daß es das letzte Mal sein würde, daß wir als Team zusammen waren. Wir hatten erreicht, was wir uns vorgenommen hatten: Wir waren den Spuren von Sindbad dem Seefahrer gefolgt, von Indien nach Sri Lanka, Sumatra und schließlich nach China. Unser großes Abenteuer ging zu Ende, bald würde jeder von uns in seine Heimat zurückkehren.

In der vordersten Reihe standen die Omani, prächtig anzusehen mit ihren bunten Turbanen und den leuchtenden *dishdashas*. Wie sie es fertigbrachten, ihre Kleidung so sauber zu halten, daß sie immer in ordentlichem und gebügeltem Aufzug an Land gingen, würde mir ein ewiges Rätsel bleiben. Hinter ihnen hatten die Europäer Aufstellung genommen, alle mit dichtem Bart, alle braungebrannt und gesund und kräftig. Und alle zusammen hatten sie eine prächtige Mannschaft abgegeben. Rechts von uns konnte ich die Spitzenkäppchen der Kantoner Moslemgemeinde sehen, die zu unserer Feier eingeladen worden war. Dann kamen die Reihen mit den Schulkindern, Zuschauermengen, die Mitglieder der Kapelle und die Löwentänzer.

Dahinter erhoben sich der Mast und die schnittigen Rundhölzer der *Sohar*. Sie war einzigartig. Seit den großen Tagen der arabischen Seefahrt war auf dem Pearl River kein Schiff wie sie gesehen worden. Ich blickte hinauf zu dem sechs Meter langen karmesinroten Wimpel der Sindbad-Reise, der an der Hauptfalleine flatterte. Das gabelförmige Ende des Wimpels wehte elegant im Wind, so daß das goldene Emblem eines fliegenden Vogels deutlich zu erkennen war. Und ich erinnerte mich daran, wie dieser rot-goldene Wimpel schon einmal aufgezogen und zu sehen gewesen war: als wir in Maskat unsere Reise begonnen hatten. Und in diesem Augenblick wurde mir auch mit aller Deutlichkeit klar, daß wir es einzig und allein diesem Schiff zu verdanken hatten – der *Sohar*–, daß meine Crew und ich jetzt gesund und wohlbehalten auf dem Kai in Kanton standen. Die *Sohar* hatte die Reise Wirklichkeit werden lassen. Und jetzt würde diese Reise, genauso wie die sieben Reisen von Sindbad dem Seefahrer, auch eine Geschichte sein.

Anhang

Die Mannschaft der »Sohar«

Omanische Segelmannschaft   Kapitän: Timothy Severin

Khamees Humaid al Araimi	Maksat	bis	Kanton
*Musalam Ahmed Saleh al-Shaiady	Maskat	bis	Kanton
*Khamees Said Sbait al-Mukhaini	Maskat	bis	Kanton
Jumah Matar Mubarak al-Saad	Maskat	bis	Kanton
*Abdullah Mubarak Salim a-Salhi	Maskat	bis	Kanton
Eid Abdullah Saleh al-Alawy	Maskat	bis	Kanton
Saleh Usif Saleh al-Alawy	Maskat	bis	Kanton
Jumail Marhoon Jameel al-Saad	Maskat	bis	Kanton

Spezialisten

*Peter Dobbs, Großbritannien, Taucher und Waffenspezialist – Maskat bis Kanton
Andrew Price, Großbritannien, Meeresbiologe – Maskat bis Kanton
*Tom Vosmer, USA, Funker – Maskat bis Sri Lanka (gesonderte Aufgaben Sumatra),
Sumatra bis Kanton
David Bridges, Großbritannien, Filmkameramann und Regisseur – Maskat bis Suma-
tra (gesonderte Aufgaben Sumatra), Sumatra bis Kanton
Terry Hardy, Großbritannien, Tonmeister – Maskat bis Sumatra (gesonderte Aufga-
ben Sumatra), Singapur bis Kanton
Bruce Foster, Neuseeland, Standfotograf – Maskat bis Sri Lanka
Shanby al Baluchi, Pakistan, »Koch« – Maskat bis Indien
John Harwood, Großbritannien, Meeresbiologe – Maskat bis Indien
Robert Moore, Großbritannien, Ozeanograph – Maskat bis Indien
Trondur Patursson, Dänemark (Färöer), Künstler – Maskat bis Indien
*Mohammed Ismail, Indien, Schiffbauer – Maskat bis Indien
Dave Tattle, Neuseeland, Taucher – Maskat bis Indien

* Für einen Teil der Reise zum Leiter der Wache ernannt

251

Ibrahim Hasan, Indien, Koch – Indien bis Kanton
Peter Hunnam, Großbritannien, Meeresbiologe – Indien bis Sri Lanka, Sumatra bis Kanton
Nick Hollis, Großbritannien, Arzt – Sri Lanka bis Kanton
Tim Readman, Großbritannien, Taucher und Zahlmeister – Sri Lanka bis Kanton
Richard Greenfield, Großbritannien, Standfotograf – Sri Lanka bis Kanton

Literatur

Sindbads Reisen

Für diejenigen, die daran interessiert sind, die sieben Reisen von Sindbad dem Seefahrer im ganzen zu lesen, ist die gängigste Ausgabe der deutschen Fassung: 1001 Nacht, Märchen für Erwachsene in 3 Doppelbänden, Hamburg 1982, in der Übersetzung von Gustav Weil. Ihre zahlreichen Neuauflagen lassen erkennen, wie populär diese Geschichten auch heute noch sind. Die Erzählungen von *Tausendundeine Nacht* beinhalten nicht nur die Abenteuer von Sindbad dem Seefahrer, sondern berichten auch von Aladin mit der Wunderlampe. Natürlich gibt es noch eine Reihe weiterer Übersetzungen, Kurzfassungen und Adaptionen einschließlich einer sehr charakteristischen, von einem viktorianischen Reisenden und Linguisten, Sir Richard Burton, der ein spezielles, archaisches Englisch verwendet. In *The Art of Story Telling* (Leiden 1963) hat Mia Gerhardt eine literarische Analyse von *Tausendundeine Nacht* gegeben und verschiedene Quellen des Sindbadschen Geschichten-Zyklus aufgedeckt und auch einige Varianten angeführt.

Es sollte jedoch darauf hingewiesen werden, daß es keine definitive Version der Geschichten von *Tausendundeine Nacht* gibt, weder auf arabisch noch auf deutsch, noch in irgendeiner anderen Sprache, denn nachdem die Erzählungen von *Tausendundeine Nacht* acht Jahrhunderte lang immer wieder bearbeitet worden sind, gibt es von ihnen eine ganze Reihe verschiedener Versionen. Was Sindbads Reisen betrifft, so stimmen die verschiedenen Versionen im großen und ganzen überein, mit einer wichtigen Ausnahme, daß nämlich das Ende von Sindbads siebenter Reise zwei verschiedene Versionen hat: In der einen Version hat Sindbad das Abenteuer im Elefantenfriedhof und kehrt dann nach Bagdad zurück; in der zweiten Version hat er das Abenteuer mit den Elefanten und fährt dann weiter zu neuen Abenteuern in einem Land, dessen Menschen einmal im Monat Flügel bekommen und fliegen. Sindbad überlebt den Ritt auf dem Rücken eines dieser Vogelmenschen, heiratet ein einheimisches Mädchen und nimmt es mit zurück nach Bagdad.

Über alte arabische Reisen und Schiffe

Der Ausgangspunkt für jede Untersuchung der Geschichte arabischer Reisen, die über große Entfernungen führten, ist noch immer G. F. Houranis *Arab Seafaring in Ancient and Early Medieval Times* (Princeton 1950). Und G. Ferrands Sammlung früher arabischer Texte über den Orient ist die bequemste Grundlage für alte arabische geographische Texte über den Osten. Ferrands Sammlung wurde 1913/14 in Paris unter dem Titel *Relations de voyages et textes géographiques arabes, persans et turcs relatifs à l'Extrème Orient du VIII au XVIII siècles* (2 Bände) publiziert.

Ausgezeichnete Beiträge, seit diesen Grundlagenstudien, stammen von T. M. Johnstone, Esmand Martin, A. H. J. Prins, R. B. Sergeant, Paul Wheatley und David Whitehouse.

G. R. Tibbets Untersuchungen der arabischen Navigationstechniken sind von großer Bedeutung. Besonders sein *Arab Navigation in the Indian Ocean before the Coming of the Portuguese* (London 1971) ist ein unerläßlicher Lesestoff. Neue Ausgaben der Arbeiten der wichtigsten mittelalterlichen arabischen Geographen – Idrisi, Masudi, Ibn Khardadbeh und andere – sind gerade erschienen oder in Vorbereitung und werden durch G. S. P. Freeman-Grenvilles Ausgabe und Übersetzung von *The Book of the Wonders of India, Mainland, Sea and Islands* von Buzurg ibn Shahriyar of Ramhormuz (East-West Publications, London & The Hague 1981) ergänzt, in dem die Quellen von einer ganzen Reihe Hintergrundmaterial für die Abenteuer von Sindbad enthüllt werden.

Die anderen beiden, erst kürzlich erschienenen Bücher, die erwähnenswert sind: Oman, *A Seafaring Nation,* veröffentlicht 1979 vom omanischen Informationsministerium und größtenteils von Will Facey zusammengestellt; es beschäftigt sich speziell mit der Geschichte der omanischen Seefahrt, während Clifford Hawkings Buch *The Dhow* (Lymington 1977) bei weitem die beste Studie über indische Hochseedaus im allgemeinen ist. Beide Bücher haben ausgezeichnete Bibliographien.

Die »Sohar«

Die Maße

Der Rumpf der *Sohar* besaß eine Gesamtlänge von 80 Fuß[*] und war 20 Fuß, 4 Zoll[*] breit; oberhalb der Wasserlinie betrug die Länge 53 Fuß. Sie hatte einen Tiefgang von 6 Fuß, und ihre Segelfläche belief sich auf insgesamt 2900 Quadratfuß[*], wobei auf den Klüver 370 Quadratfuß, auf das Großsegel 1625 Quadratfuß und auf das Besansegel 815 Quadratfuß entfielen.

Der Bau

Als erstes wurde der 52 Fuß lange Kiel des Schiffs ausgelegt, und zwar in Teilen von jeweils 12 mal 15 Zoll. Als nächstes kamen das Bugstück, 36 Fuß, 3 Zoll lang, und das Heckstück, 18 Fuß lang, die aneinandergefügt wurden. Dann wurden die unteren Planken ausgelegt und an Ort und Stelle in Höhe der 15. Planke genäht. Jede Planke war, je nach Lage, 8 bis 12 Zoll breit und zwischen 2 ¼ und 3 Zoll dick. Spleißgänge wurden nicht verwendet. Die Planken wurden normalerweise in vier oder fünf Sektionen aufgeteilt, die zwischen 5 und 15 Fuß lang und von einem Ende zum anderen mit Nuten und Federn ineinandergefügt wurden. Die Oberflächen, die mit den Kanten aneinanderlagen, waren zwischen den Planken flach; das heißt, es gab keinen Absatz und keine Furche, obgleich etwa alle 18 Zoll Dübel verwendet wurden. Und dieses Gerüst wurde von Kokosfaserstichen zusammengehalten, die mit 4 Fadensträngen verarbeitet wurden. Die Nahtlöcher lagen ungefähr 4 Zoll voneinander und 2 Zoll von den Kanten der Planken entfernt.

Nachdem die fünfte Planke an Ort und Stelle angebracht war, wurden die Fußbodenrahmen verlascht, wieder mit vier Fadensträngen. Die Rahmen waren in 4 mal 6 Zoll große Teile aufgeteilt, und der überwiegende Teil waren gewachsene Rahmen. Dann wurden die Planken bis zur 12. zusammengesetzt und dann die Püttingsrahmen

---

[*] 1 Fuß = 0,3048 m; 1 Zoll = 2,54 cm; 1 Quadratfuß = 929,029 cm²

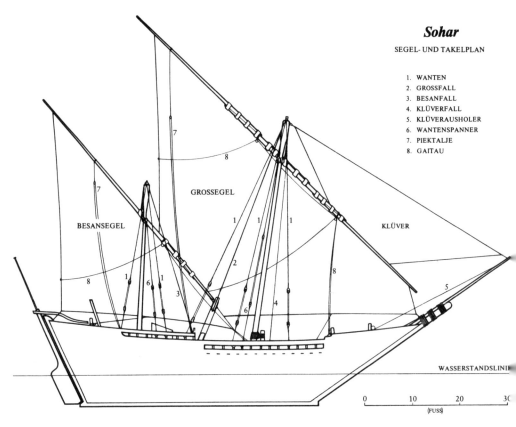

Sohar

SEGEL- UND TAKELPLAN

1. WANTEN
2. GROSSFALL
3. BESANFALL
4. KLÜVERFALL
5. KLÜVERAUSHOLER
6. WANTENSPANNER
7. PIEKTALJE
8. GAITAU

GROSSEGEL

BESANSEGEL

KLÜVER

WASSERSTANDSLINIE

```
0        10        20        30
         (FUSS)
```

Sohar

DECKSPLAN

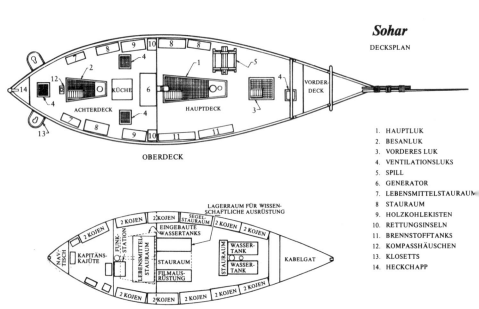

KÜCHE

VORDER-
DECK

ACHTERDECK

HAUPTDECK

OBERDECK

1. HAUPTLUK
2. BESANLUK
3. VORDERES LUK
4. VENTILATIONSLUKS
5. SPILL
6. GENERATOR
7. LEBENSMITTELSTAURAUM
8. STAURAUM
9. HOLZKOHLEKISTEN
10. RETTUNGSINSELN
11. BRENNSTOFFTANKS
12. KOMPASSHÄUSCHEN
13. KLOSETTS
14. HECKCHAPP

LAGERRAUM FÜR WISSEN-
SCHAFTLICHE AUSRÜSTUNG

2 KOJEN   2 KOJEN   SEGEL-
                     STAURAUM   2 KOJEN   2 KOJEN

EINGEBAUTE
WASSERTANKS

NAV.-
TISCH

KAPITÄNS-
KAJÜTE

FUNK-
STATION

LEBENSMITTEL-
STAURAUM

STAURAUM

FILMAUS-
RÜSTUNG

WASSER-
TANK

WASSER-
TANK

STAURAUM

KABELGAT

2 KOJEN   2 KOJEN   2 KOJEN   2 KOJEN   2 KOJEN

UNTERDECK

eingelascht. Die Püttingsrahmen paßten in die 2 Fuß breiten Zwischenräume in den Fußbodenrahmen und waren nicht an ihnen befestigt. Die Planken setzten sich bis in die Höhe des Decks fort, dann wurden die Oberflächenrahmen eingesetzt. Und auch sie waren nicht an den Püttingsrahmen befestigt, sondern befanden sich in der gleichen Ebene wie die Fußbodenrahmen. Laienhaft ausgedrückt bedeutete das, daß jede »Rippe« des Schiffs buchstäblich in fünf voneinander unabhängigen Teilstücken gebaut war, die jedes für sich funktionierten. Zwei Querbalken stützten den Groß-mast auf jeder Seite ab und trugen das Gewicht seiner 60 Fuß, die schräg nach vorn geneigt waren. Er war aus einem einzigen Baumstamm geschnitzt. Der 46 Fuß hohe Besanmast stand senkrecht. Die Deckplanen waren 2 ¼ Zoll dick. Der Ballast umfaßte 15 Tonnen Sandsäcke (die später auf 12 ½ Tonnen reduziert wurden). Der Tiefgang betrug vorn und achtern 6 Fuß.

Segel und Takelung

Alle Blöcke der *Sohar*, einschließlich des großen, niedrigen Hauptblocks, der sich etwa in Brusthöhe befand, waren aus ganzen Holzstücken gehauen, mit Holzrädern und Holzpinnen. Die einzelnen Angaben für die Takelage waren sehr präzise und reichten von 8-Zoll-Seilen für die Hauptfalleine bis zu 2-Zoll-Leinen für die Stags. Alle Stags waren laufende Stags. Die *Sohar* wurde zuerst mit Kokosseil aufgetakelt, das aber später vor allem durch Manilahanf ersetzt wurde, je länger wir unterwegs waren und als das Schiff in Länder kam, in denen es Manilahanf gab.
Der erste Satz Segel war aus 18-Unzen-Baumwolltuch, Qualitätsstufe 3, gemacht, das aus 24 Zoll breiten Bahnen mit Hand zusammengenäht war. Diese Segel wurden in Indien durch größere ersetzt (das Großsegel wurde erweitert, so daß es 2000 Quadratfuß umfaßte); diese neuen Segel waren aus 22-Unzen- und 24-Unzen-Baumwollstoff in fast 1 m breiten Bahnen genäht. Ein drittes Großsegel von ungefähr 1800 Quadratfuß Größe war von den Bewohnern der Insel Minicoy genäht worden und erwies sich in der letzten Woche, durch das Südchinesische Meer, als äußerst tauglich. Dieses Segel war aus einem 20-Unzen-Stoff in 18-Zoll-Bahnen.
Der 72 Fuß hohe Großbaum aus *poon*-Holz bestand aus drei sich überschneidenden Einzelteilen. Als dieser Baum im Indischen Ozean brach, wurde das Holz (welche Art, ist nicht bekannt), das ihn ersetzte, auf 81 Fuß erhöht, um beim Setzen der größeren Großsegel mehr Spielraum zu gewinnen. Genauso wurde der ursprüngliche Klüverbaum, der 11 Fuß lang war, in Beypore auf 16 Fuß erweitert, um mehr Segelfläche vor dem vordersten Mast zu gewinnen.

Segelleistung

Mangels genauer Instrumente, um die Leistung des Schiffs zu messen (es gab nicht einmal einen ordentlich funktionierenden modernen Block), können hier nur verall-gemeinerte Werte wiedergegeben werden. Die größte Tagesstrecke, die die *Sohar* zurücklegte, betrug, von einem Mittag zum nächsten im Südchinesischen Meer, 130 Meilen. Ihre Höchstgeschwindigkeit betrug etwa 8 bis 9 Knoten. Andererseits lag sie oft in Windstillen fest, wurde von Strömungen zurückgetragen oder driftete ab. Daher betrug ihre durchschnittliche Fahrtgeschwindigkeit auf der gesamten Strecke von Maskat bis Kanton ein bißchen mehr als zwei Knoten. Das entspricht fast genau der Geschwindigkeit, die arabische Handelsschiffe im 9. und 10. Jahrhundert auf dieser Strecke erzielten, wie sich aus den alten Texten errechnen läßt.
Gegen den Wind segelte die *Sohar* mit etwa 45 Grad. Durch ihren Leeweg kamen

noch 20 bis 25 Grad dazu, so daß sie effektiv 65 bis 70 Grad erzielte. Aber dazu benötigte sie wenigstens Windstärke 4. Sie hatte die Angewohnheit, sich gegen den Wind zu stellen, und es hing viel von der Größe und Stellung der Großsegel ab, wie wir zurechtkamen. Auf der Fahrt zwischen Sri Lanka und Sumatra wurde das Besansegel verkleinert und umgeformt.

Die omanische Mannschaft achtete sehr auf die genaue Stellung des Großbaums und auch auf den Verlauf des Großsegels. Trotz aller Versuche, die wir immer wieder unternahmen, bin ich sicher, daß wir aus der *Sohar* immer alles herausholten, was sie zu geben hatte; die verschiedenen Kombinationen von Segelgröße, Segelposition und Neigung des Baums sind zahllos, und die Zeit eines Lebens wäre zu kurz, um sie unter all den besonderen Bedingungen von Wind, Wasser, Fracht und Endballast samt und sonders durchzuexerzieren. Andererseits lag mir sehr viel daran, mit dem Schiff so sicher und einfühlsam wie möglich umzugehen, genauso wie es wahrscheinlich ein arabischer Handelskapitän getan hätte. Die *Sohar* funktionierte, wenn man auf sie einging, absolut zuverlässig, und sogar bei dem unruhigen Wetter im Südchinesischen Meer vermittelte sie einem noch das Gefühl großer Sicherheit.

Die *Sohar* überstand die Reise in ausgezeichneter Verfassung. Mit einem Satz neuer Segel hätten wir umkehren und uns bei Beginn des nächsten Nordostmonsuns von China aus wieder auf den Weg nach Maskat machen können. Das traditionelle Holzschutzmittel hatte den Rumpf vor dem Zugriff der Schiffsbohrwürmer bewahrt, während die unbehandelten Hölzer, vor allem Splintholz, vom Schiffsbohrwurm durchlöchert waren.

Eine letzte Bemerkung zur Sicherheit: Die *Sohar* hatte Rettungsflöße, Schwimmwesten, Funk- und Leuchtsignale an Bord, um die Sicherheit ihrer Crew zu gewährleisten. Und für die Sicherheit des Schiffs gab es drei große Anker, dazu schwere moderne Taue. Glücklicherweise wurde nichts von all dem in einem Ernstfall benötigt, aber ohne diese Ausrüstung wäre ich nicht losgesegelt.